外国经济学说与中国研究报告（2023）

RESEARCH REPORT ON FOREIGN ECONOMICS AND CHINA

中华外国经济学说研究会◎编

程恩富　张衔◎主编

中国经济出版社
CHINA ECONOMIC PUBLISHING HOUSE
·北京·

图书在版编目（CIP）数据

外国经济学说与中国研究报告．2023／程恩富，张衔主编；中华外国经济学说研究会编．--北京：中国经济出版社，2023.12

ISBN 978-7-5136-7557-4

Ⅰ.①外… Ⅱ.①程… ②张… ③中… Ⅲ.①经济学-文集 Ⅳ.①F0-53

中国国家版本馆 CIP 数据核字（2023）第 217818 号

责任编辑 严 莉
责任印制 马小宾
封面设计 任燕飞设计室

出版发行 中国经济出版社
印 刷 者 北京艾普海德印刷有限公司
经 销 者 各地新华书店
开 本 787mm×1092mm 1/16
印 张 19
字 数 377 千字
版 次 2023 年 12 月第 1 版
印 次 2023 年 12 月第 1 次
定 价 128.00 元
广告经营许可证 京西工商广字第 8179 号

中国经济出版社 网址 www.economyph.com 社址 北京市东城区安定门外大街 58 号 邮编 100011
本版图书如存在印装质量问题，请与本社销售中心联系调换（联系电话：010-57512564）

编委会名单

名誉主编 吴易风 丁 冰

主　　编 程恩富 张 衔

副 主 编 杨 静 徐则荣

目　录

/第一部分　马克思主义经济理论研究/

/第二部分　西方经济理论研究/

/第三部分　中国经济问题研究/

/第四部分 国际经济问题研究/

/第一部分/

马克思主义经济理论研究

价格背离价值量运动表象分析

白暴力　白瑞雪[1]

（北京师范大学）

西方经济学常常用价格对价值的背离来否定马克思劳动价值理论。本文依据马克思在《资本论》中的论述，使用数学推论说明价格对价值的背离起源于价值形式本身，并非对价值的否定，反而恰好是价值的存在形式和表现形式。

价格是价值的表现形式，在这一表现形式上，展现了一系列价格背离价值量表象。这些表象根源于相对价值形式（relative form of value）；在价格形式上展开，并成为虚幻的"世纪之谜"；在劳动力价格（工资）形式上，实现其发展形式，"掩盖了现实关系，正好显示出它的反面"，"甜蜜"地掩盖了现实的悲剧。

经济范畴运行的现实表现，在经济运行当事人的头脑中会取得一些表象形式，甚至是假象。而这些包括假象在内的表象形式，会以经济理论的形式表现出来。"这种种形式恰好形成资产阶级经济学的各种范畴。对于这个历史上一定的社会生产方式即商品生产的生产关系来说，这些范畴是有社会效力的。因而是客观的思维形式"。[2] 这种以经济理论表现出来的思维形式，往往将事物的表面现象看作就是事物本身。正如马克思指出的："事物在其现象上往往颠倒地表现出来，这是几乎所有的科学都承认的，只有政治经济学例外。"[3]

价格背离价值量的表象，也往往以某种经济理论的思维形式出现，掩盖了价值的本

---

① 基金项目：北京市习近平新时代中国特色社会主义思想研究中心重点项目、北京市社会科学基金重点项目（18KDAL038）。

作者简介：白暴力，北京师范大学教授（二级）、理论经济学博士生导师，西北工业大学控制科学与工程博士生导师；中国政治经济学学会副会长，中华外国经济学说研究会副会长。白瑞雪，北京师范大学经济与资源管理研究院副教授，生物学博士（2009），经济学博士后（2011 年出站），2017 年获得"北京市第十四届哲学社会科学优秀成果奖一等奖（第一完成人）"。

② 马克思、恩格斯：《马克思恩格斯全集》第 23 卷，人民出版社 1972 年版，第 93 页。

③ 马克思、恩格斯：《马克思恩格斯全集》第 23 卷，人民出版社 1972 年版，第 588 页。这里的"政治经济学"是指"资产阶级政治经济学"。

质。马克思在《资本论》中揭示了价格表象背后的价值本质，科学地说明了价值本质如何展现为价格表象。本文在马克思经济理论的基础上，用数学方法，进一步探讨价格背离价值量的表象，并说明其背后的价值本质和真实的价值关系，从而说明西方经济学对劳动价值理论的否定是根本不能成立的。

一、在相对价值形式上的根源：内在的逻辑起点

价格背离价值量的运动表象根源于简单的相对价值形式（relative form of value），简单的相对价值形式上的分析是讨论价格背离价值量运动表象的逻辑起点，因此，我们从简单价值形式开始。

首先需要对价值形式在概念上给予明确。在《资本论》的中文版中，将两个不同的概念同样翻译为“价值形式”。第一个概念是 form of value，即“价值的形式”，也就是，“价值自己的表现形式”。第二个概念是 value - form（of labour），即“（劳动的）价值形式”，也就是价值作为（劳动的）表现形式。这是两个不同层次的概念。[①]本文所涉及的“价值形式”是“价值自己的表现形式”（form of value），讨论的是其中的相对价值形式，也就是价值自身的相对形式（Relative form of value）。

（一）相对价值量的表现：与价值运动背离的种子

最简单的价值关系是一个商品同另一个不同种商品之间的价值关系。这两个商品的价值关系为一个商品的价值提供了最简单的表现形式。简单的价值的（表现）形式可写为：

xA 值 yB 或 $x \cdot A = y \cdot B$

在简单的价值的（表现）形式中，商品 A，通过“xA 值 yB”或“$x \cdot A = y \cdot B$”，表现出自己的价值。这里，商品 A 的价值不是绝对地直接表现出来，而是通过“值 yB 商品”或“$= y \cdot B$ 商品”相对地间接表现出来。因此，我们说，商品 A 处在“价值的相对（表现）形式”（relative form of value）位置。

在交换中，商品 B 的自然形式起着价值形式（value - form）的作用，商品 A 的价值表现在商品 B 的使用价值（自然形式）上。所以，商品 A 取得了商品 B 的自然形式作为自己的价值表现材料和价值（表现）形式（value - form）。

“价值形式不只是要表现价值，而且要表现一定量的价值，即价值量”。[②]A 是一定量的商品，因此也是一定的人类劳动量凝结。商品 A 要表现的不仅是其价值，而且是其价值

① 这两个不同概念的同一翻译，产生了不少理论上的误解和歧义。不过，这不是本文的讨论内容。

② 马克思、恩格斯：《马克思恩格斯全集》第 23 卷，人民出版社 1972 年版，第 67 页。

量。因而，商品 B 的使用价值不仅表现商品 A 的价值，而且表现商品 A 的价值量。商品 A 以商品 B 的使用价值量来表现自己的价值的相对量。所以，商品 A 的价值量也就通过商品 B 的使用价值（自然形式）的量相对表现出来。正是这种相对表现包含着与价值运动背离的种子。

（二）相对价值形式与价值运动的背离

在商品的相对价值形式上，会出现相对价值形式与价值量运动的背离。正如马克思在论述相对价值形式时指出的："价值量变化不能明确的，也不能完全地反映在价值量的相对表现即相对价值量上。即使商品的价值不变，它的相对价值也可能发生变化。即使商品的价值发生变化，它的相对价值也可能不变，最后，商品的价值量和这个价值量的相对表现同时发生的变化，完全不需要一致。"①

下面，展开对马克思论述的讨论和论证。

价值的相对形式量，是商品 A 和商品 B 这两个商品价值量的比例关系，所以，等价物商品 B 的价值，也是决定商品 A 价值的相对形式量的因素之一。当等价物商品 B 的价值随生产力变化而变化时，商品 A 价值的相对形式量的变化就不能完全准确地反映商品 A 的价值量的变化，只能相对表现出商品 A 的价值量的变化。

用 p_r 表示价值的相对形式的量，w_r 表示价值的相对形式（商品 A）的价值量，w_e 表示等价物（商品 B）的价值量，则有

$$p_r = \frac{w_r}{w_e} \tag{1-1}$$

将其对时间 t 求导，有

$$\frac{dp_r}{dt} = \frac{w_e \frac{dw_r}{dt} - w_r \frac{dw_e}{dt}}{w_e^2}$$

$$\frac{dp_r}{dt} = \frac{w_r}{w_e}\left(\frac{\frac{dw_r}{dt}}{w_r} - \frac{\frac{dw_e}{dt}}{w_e}\right)$$

$$\frac{\frac{dp_r}{dt}}{p_r} = \frac{\frac{dw_r}{dt}}{w_r} - \frac{\frac{dw_e}{dt}}{w_e}$$

上式也可写为：

---

① 马克思、恩格斯:《马克思恩格斯全集》第 23 卷，人民出版社 1972 年版，第 69 页。

$$\dot{p}_r = \dot{w}_r - \dot{w}_e \tag{1-2}$$

由上式可见，价值的相对形式（商品 A）的量 p_r 的变化率，取决于价值的相对形式（商品 A）的价值量 w_r 的变化率与等价物（商品 B）的价值量 w_e 变化率的差。正如马克思指出的："商品的价值量和这个价值量的相对表现同时发生的变化，完全不需要一致。"

当价值的相对形式（商品 A）的价值量 w_r 的变化率大于等价物（商品 B）的价值量 w_e 变化率时，即当 $\dot{w}_r - \dot{w}_e > 0$ 时，（商品 A）价值的相对形式量的变化率 $\dot{p}_r > 0$，即（商品 A）价值的相对形式量提高。在这种情况下，无论商品 A 的价值量 w_r 提高还是降低，其价值的相对形式量 p_r 都会提高，即：当商品 A 的价值量 w_r 提高时，它的相对价值形式 p_r 会提高；当商品 A 的价值量 w_r 降低时，它的相对价值形式 p_r 还会提高。

当价值的相对形式（商品 A）的价值量 w_r 的变化率小于等价物（商品 B）的价值量 w_e 变化率时，即当 $\dot{w}_r - \dot{w}_e < 0$ 时，（商品 A）价值的相对形式量的变化率 $\dot{p}_r < 0$，即（商品 A）价值的相对形式量下降。在这种情况下，无论商品 A 的价值量 w_r 提高还是降低，其价值的相对形式量 p_r 都会降低，即：当商品 A 的价值量 w_r 提高时，它的相对价值形式 p_r 会降低；当商品 A 的价值量 w_r 降低时，它的相对价值形式 p_r 还会降低。

当价值的相对形式（商品 A）的价值量 w_r 的变化率等于等价物（商品 B）的价值量 w_e 变化率时，即当 $\dot{w}_r - \dot{w}_e = 0$ 时，（商品 A）价值的相对形式量的变化率 $\dot{p}_r = 0$，即（商品 A）价值的相对形式量不变。在这种情况下，无论商品 A 价值发生怎样的变化，它的相对价值形式量 p_r 也不会变。这正是马克思所说的"即使商品的价值发生变化，它的相对价值也可能不变"的情况。

由以上分析可见，只有在等价物（商品 B）的价值量 w_e 不变时，即 $\dot{w}_e = 0$ 时，商品 A 价值才与它的相对价值形式 p_r 等量变化；在其他情况下，都会出现相对价值形式与价值背离的运动。这里，正如马克思指出的："事物在其现象上往往颠倒地表现出来。"这种相对价值形式与价值背离的运动，正是价格与价值运动背离的内在起源。

二、在商品价格形式上的展开：虚幻的"百年之谜"的产生

根源于相对价值形式与价值背离运动的表象，在价格形式上展开，表现出价格背离价值运动的表象，并产生了更加耀眼而虚幻的"价值价格世纪之谜"。在马克思经济理论的基础上，进一步分析，可以发现这些表象背后的价值本质和真实关系，可以看到这些表象并无"迷"人之处。

（一）价格运动与价值量的背离

商品价值量通过货币作为价值尺度来度量就是价格或价值的价格形式（price – form）。

“商品在金上的价值表现是商品的货币形式或它的价格”。[①]当金作为货币时，商品在货币（金）上的价值的相对（表现）就是它的价格形式。一种（A）商品的价格形式可写为

1 件 A 商品 $=a$ 克金

在价格形式上，商品的价值表现得像简单价值的（表现）形式一样，只不过其等价物是金而已。因此，正如马克思指出的，“价格和价值量之间的量的不一致的可能性，或者价格偏离价值量的可能性已经包含在价值形式本身中”[②]，“至于商品价格的变动，前面阐述的简单相对价值表现的规律也是适用的”。[③]

下面，展开对马克思论述的讨论和论证。

用 p_g 表示价值的价格形式的量，也即价格量，简称价格，w 表示商品的价值量，w_g 表示货币的价值量，则有[④]

$$p_g = \frac{w}{w_g} \tag{2-1}$$

将其对时间 t 求导，有

$$\frac{dp_g}{dt} = \frac{w_g \frac{dw}{dt} - w \frac{dw_g}{dt}}{w_g^2}$$

$$\frac{dp_g}{dt} = \frac{w}{w_g}\left(\frac{\frac{dw}{dt}}{w} - \frac{\frac{dw_g}{dt}}{w_g}\right)$$

$$\frac{\frac{dp_g}{dt}}{p_g} = \frac{\frac{dw}{dt}}{w} - \frac{\frac{dw_g}{dt}}{w_g}$$

上式可写为：

$$\dot{p}_g = \dot{w} - \dot{w}_g \tag{2-2}$$

由上式可见，价格 p_g 的变化，取决于商品的价值量 w 的变化率与货币的价值量 w_g 变化率的差。这正是马克思所指出的：“如果这些商品的价值比货币价值增加得慢或增加得快些，那末，商品的价格的降低或提高，就由这些商品的价值变动和货币的价值变动的差额来决定。”[⑤]

当商品的价值量 w 的变化率大于货币的价值量 w_g 变化率时，即当 $\dot{w}-\dot{w}_g>0$ 时，价格

① 马克思、恩格斯:《马克思恩格斯全集》第 23 卷,人民出版社 1972 年版,第 113 页。
② 马克思、恩格斯:《马克思恩格斯全集》第 23 卷,人民出版社 1972 年版,第 120 页。
③ 马克思、恩格斯:《马克思恩格斯全集》第 23 卷,人民出版社 1972 年版,第 117 页。
④ 马克思、恩格斯:《马克思恩格斯全集》第 23 卷,人民出版社 1972 年版,第 87 页。
⑤ 马克思、恩格斯:《马克思恩格斯全集》第 23 卷,人民出版社 1972 年版,第 117 页。

的变化率 $\dot{p}_g > 0$，即价格提高。在这种情况下，无论商品 A 的价值量 w 提高还是降低，它的价格都会提高，即：当商品 A 的价值量 w 提高时，它的价格 p_g 会提高；当商品 A 的价值量 w 降低时，它的价格 p_g 还会提高。

当商品的价值量 w 的变化率小于货币的价值量 w_g 变化率时，即当 $\dot{w} - \dot{w}_g < 0$ 时，价格的变化率 $\dot{p}_g < 0$，即价格降低。在这种情况下，无论商品 A 的价值量 w 提高还是降低，它的价格 p_g 都会降低，即：当商品 A 的价值量 w 提高时，它的价格 p_g 会降低；当商品 A 的价值量 w 降低时，它的价格 p_g 还会降低。

当商品的价值量 w 的变化率等于货币的价值量 w_g 变化率时，即当 $\dot{w} - \dot{w}_g = 0$ 时，价格的变化率 $\dot{p}_g = 0$，即价格不变。在这种情况下，无论商品 A 的价值量发生怎样的变化，它的价格也不会变。这正是马克思所说的“某些商品的价值和货币的价值同时按同比例提高，这些商品的价格不会改变”①的情况。

由以上分析可见，只有在货币的价值量 w_g 不变时，即 $\dot{w}_g = 0$ 时，商品 A 的价格才与它的价值等量变化；在其他情况下，都会出现价格与价值背离的运动。这里，再一次如马克思指出的，“事物在其现象上往往颠倒地表现出来”，然而“虚幻的价格形式……又能掩盖实在的价值关系或由此派生的关系”。②

（二）一个虚幻的“百年价值价格之谜”③

价格背离价值量的表象，往往以某种经济理论的思维形式出现，掩盖着价值的本质。正是在这种价格与价值运动背离的表象以及由此产生的思维形式④之上，一个虚幻的“百年价值价格之谜”⑤被提了出来。其逻辑过程如下：

一方面，马克思劳动价值理论认为：第一，商品的价格由价值决定；第二，商品的价值与生产商品的劳动生产率成反比；第三，在历史的发展中，劳动生产率是在不断地提高的。以此推理，在历史的发展中，商品的价格应该不断地降低。另一方面，在现实中，在历史的发展中，商品的价格是不断地提高的。由此，理论和现实出现了背离，这个关系无法解释，成为一个“谜”。这就是所谓的“百年价值价格之谜”。

---

① 马克思：《马克思恩格斯全集》第 23 卷，人民出版社 1972 年版，第 117 页。

② 马克思：《马克思恩格斯全集》第 23 卷，人民出版社 1972 年版，第 121 页。

③ 关于“百年价值价格之谜”这个论题，笔者曾在《商品价格与劳动生产率变化之间的关系》（《当代经济研究》2012 年第 7 期）一文中，从劳动生产率的角度给予了讨论。这里讨论的学术意义在于从价格与价值运动背离的角度讨论，从而揭示由此产生的虚幻假象。

④ 不过“这些范畴是有社会效力的，因而是客观的思维形式”。马克思：《马克思恩格斯全集》第 23 卷，人民出版社 1972 年版，第 93 页。

⑤ Е И 布宁：《科学技术革命与世界价格》，赵盛武、王冰译，中国社会科学出版社 1982 年版，第 25 页。

根据前面的讨论，可以清楚地看出，实际上，这个虚幻的“百年价值价格之谜”，并无一点“迷”人之处。

首先，说明在金属货币体系也就是金本位制时期。在金属货币体系中，一种（第 i 种）商品的以金属货币表现的价格是由该商品的价值量与金属货币本身的价值量之比决定的，可用公式表示为

$$P_{gi} = \frac{w_i}{w_g} \tag{2-1a}$$

式（2－1a）是式（2－1）的具体化。

马克思经济理论指出：一种商品的价值量取决于生产该商品的劳动生产率，并且与生产该商品的劳动生产率成反比，[①]因此，式（2－1a）可以写为

$$P_{gi} = \frac{f_g}{f_i} \tag{2-3}$$

其中，f_g 为生产金属货币的劳动生产率。由式（2－3）可以看到，以金属货币表现的一种商品的价格是由生产金属货币的劳动生产率与生产该种商品的劳动生产率之比（相对量）决定的。由式（2－3）可得：

$$\frac{\frac{\mathrm{d}P_{gi}}{\mathrm{d}t}}{P_{gi}} = \frac{\frac{\mathrm{d}f_g}{\mathrm{d}t}}{f_g} - \frac{\frac{\mathrm{d}f_i}{\mathrm{d}t}}{f_i} \tag{2-4}$$

由式（2－4）可以看出，一种商品的以金属货币表示的价格的相对变化率等于生产金属货币的劳动生产率的相对变化率减去生产该种商品的劳动生产率的相对变化率。

根据式（2－1a），可以看出，如果在历史的进程中，货币的价值量 w_g 下降得比商品的价值量 w_i 快，那么，在商品价值量 w_i 下降的同时，商品的价格 P_{gi} 就会降低。进一步，根据式（2－4）可以看出，在历史的进程中，虽然生产商品的劳动生产率提高，商品的价值量下降，但是如果生产金属货币的劳动生产率的提高率大于生产商品的劳动生产率的提高率时，即当

$$\frac{\frac{\mathrm{d}f_g}{\mathrm{d}t}}{f_g} > \frac{\frac{\mathrm{d}f_i}{\mathrm{d}t}}{f_i}$$

时，在商品价值量下降的同时，商品的价格会提高。在“货币拜物教”的人类历史中，对金的狂热追求，致使生产金的劳动生产率提高得快于生产其他商品的劳动生产率，因此，在生产商品的劳动生产率提高的人类历史进程中，在商品的价值量不断下降的同时，商品

① 马克思、恩格斯：《马克思恩格斯全集》第 23 卷，人民出版社 1972 年版，第 53 页。

的价格总是在不断提高。

可见，在金属货币体系中，也就是金本位制时期，马克思劳动价值理论与现实没有一点背离。这里并没有一点“迷”人之处。

其次，进一步说明纸币体系，也就是非金本位制。在纸币体系中，一种商品的以纸币表示的价格是由该商品的价值量与单位纸币所代表的价值量之比决定的，可用公式表示为

$$P_i = \frac{w_i}{w_p} \tag{2-5}$$

其变化率为①

$$\frac{\frac{\mathrm{d}P_i}{\mathrm{d}t}}{P_i} = \frac{\frac{\mathrm{d}M}{\mathrm{d}t}}{M} + \frac{\frac{\mathrm{d}N}{\mathrm{d}t}}{N} - \frac{\frac{\mathrm{d}\sum W}{\mathrm{d}t}}{\sum W} - \frac{\frac{\mathrm{d}f_i}{\mathrm{d}t}}{f_i} \tag{2-6}$$

根据式（2－5）可以看出，如果在历史的进程中，纸币代表的价值量 w_p 下降得比商品的价值量 w_i 快，那么，在商品价值量 w_i 下降的同时，商品的价格 P_i 就会提高。进一步，从式（2－6）可以看出，如果纸币数量增长快于社会总价值量和生产商品的劳动生产率的增长，那么，在商品价值量 w_i 下降的同时，商品的价格 P_i 就会提高。历史与现实向我们表明，实行了纸币体系后，纸币数量的增长超过了一切人类制造物和制造能力的增长，纸币代表的价值量 w_p 的降低速度超出了人类的想象能力。因此，在生产商品的劳动生产率提高的人类历史进程中，在商品价值量不断下降的同时，商品的价格总是在不断提高。

可见，在纸币体系中，也就是非金本位制时期，马克思劳动价值理论与现实也没有一点背离。这里也没有一点“迷”人之处。

综上所述，所谓“百年价值价格之谜”只是在这种价格与价值运动背离的表象上产生的一个虚幻的思维形式而已。然而，“庸俗经济学以惯有的机警利用了价值量和它的相对表现之间的这种不一致现象”。②

三、在劳动力价格（工资）形式上的发展：“甜蜜”地掩盖了现实的悲剧

当价格与价值运动背离表现在劳动力价格即工资上时，所产生的虚幻的颠倒发展到了极点。工资是劳动力的价格，是劳动力价值的表现形式。“这种表现形式掩盖了现实关系，正好显示出它的反面。工人和资本家的一切法权观念，资本主义生产方式的一切神秘性，这一生产方式所产生的一切自由幻觉，庸俗经济学的一切辩护遁词，都是以这个表现形式

① 白暴力、白瑞雪：《物价总水平上涨理论》，经济科学出版社2012年版，第11页。

② 马克思：《马克思恩格斯全集》第23卷，人民出版社1972年版，第69页。

为依据的"。[①]

在工资这种劳动力价格形式上，出现"劳动力的价格同它的价值相偏离"[②]的现象。这种偏离以劳动力价格的货币工资和实物工资形式提高的"甜蜜"表象，掩盖了劳动力价值下降的现实悲剧，即掩盖了资本对劳动者剥削程度加深的现实悲剧。[③]

（一）劳动力价值降低取得货币工资提高的表象

马克思指出，在资本雇佣劳动制度中，资本的目的是对剩余价值的追求，在相对剩余价值生产中，劳动力价值必然下降。在资本雇佣劳动制度中，劳动力价值降低是必然的趋势和存在的现实。

然而，劳动力价值降低可以表现为货币工资和实物工资的提高。货币工资和实物工资是劳动力价格的存在形式，它们的提高可以成为劳动力价值降低的表现形式。这种劳动力价格与劳动力价值背离的运动，掩盖了劳动力价值降低的实质和真实现实。

劳动力价值降低可以表现为工人货币工资的提高。只要货币的价值或货币代表的价值比劳动力价值下降得更快，在劳动力价值下降的同时，货币工资就会提高，劳动力价值降低就可以取得货币工资提高的表现形式。下面的数学推导可以清楚地看到这一点。[④]

用 A 表示劳动力价值，A_g 表示货币工资，w_g 表示单位货币的价值（或货币代表的价值），则有：

$$A_g = \frac{A}{w_g}$$

对其求导：

$$\frac{\mathrm{d}A_g}{\mathrm{d}t} = \frac{w_g \dfrac{\mathrm{d}A}{\mathrm{d}t} - A\dfrac{\mathrm{d}w_g}{\mathrm{d}t}}{w_g^2}$$

等号两边同除以 A_g，得

$$\frac{\dfrac{\mathrm{d}A_g}{\mathrm{d}t}}{A_g} = \frac{1}{A_g}\,\frac{w_g \dfrac{\mathrm{d}A}{\mathrm{d}t} - A\dfrac{\mathrm{d}w_g}{\mathrm{d}t}}{w_g^2}$$

由此得

---

① 马克思：《马克思恩格斯全集》第 23 卷，人民出版社 1972 年版，第 591 页。

② 马克思：《马克思恩格斯全集》第 23 卷，人民出版社 1972 年版，第 590 页。

③ 资产阶级经济学者常常"以惯有的机警利用了价值量和它的相对表现之间的这种不一致现象"，来否定资本对劳动者剥削程度加深的现实。

④ 白暴力、白瑞雪：《物价总水平上涨理论》，经济科学出版社 2012 年版，第 159 页。

$$\frac{\frac{\mathrm{d}A_g}{\mathrm{d}t}}{A_g}=\frac{\frac{\mathrm{d}A}{\mathrm{d}t}}{\mathrm{d}A}-\frac{\frac{\mathrm{d}w_g}{\mathrm{d}t}}{w_g} \tag{3-1}$$

由式（3－1）可以看到：当货币的价值或货币代表的价值 w_g 比劳动力价值 A 下降得更快，在劳动力价值 A 下降的同时，货币工资 A_g 就会提高，劳动力价值降低就会取得货币工资提高的表现形式。这里，正如马克思指出的：“这种表现形式掩盖了现实关系，正好显示出它的反面。”劳动力价值降低，就是资本对劳动者剥削的加深。这里，资本对劳动者剥削的加深，取得了货币工资提高的表现形式，因此而被掩盖。

（二）劳动力价值降低取得实物工资提高的表象

劳动力价值降低可以表现为工人实物工资的增加。只要生活资料的价值比劳动力价值下降得更快，在劳动力价值下降的同时，工人的实物工资就会增加，劳动力价值降低就可以取得实物工资增加的表现形式。下面的数学推导可以清楚地看到这一点。

用 A_s 表示实物工资，w_s 表示单位实物工资的价值（或平均价值），则有

$$A_s = \frac{A}{w_s}$$

由此可得

$$\frac{\frac{\mathrm{d}A_s}{\mathrm{d}t}}{A_s}=\frac{\frac{\mathrm{d}A}{\mathrm{d}t}}{\mathrm{d}A}-\frac{\frac{\mathrm{d}w_s}{\mathrm{d}t}}{w_s} \tag{3-2}$$

由式（3－2）可以看到：当生活资料的价值 w_s 比劳动力价值 A 下降得更快，在劳动力价值 A 下降的同时，工人的实物工资 A_s 就会增加，劳动力价值降低会取得实物工资增加的表现形式。这里，再一次如马克思指出的：“这种表现形式掩盖了现实关系，正好显示出它的反面。”劳动力价值降低，就是资本对劳动者剥削的加深。这里，资本对劳动者剥削的加深，取得了实物工资提高的表现形式，因此而被掩盖。

可见，当劳动力价值降低取得了货币工资和实物工资提高的表现形式时，劳动力价值降低的本质和真实现实就被劳动力价格提高的现象所掩盖，劳动力价值下降的现实悲剧就被货币工资和实物工资提高的“甜蜜”现象所掩盖，资本对劳动者剥削加深的现实悲剧就被货币工资和实物工资提高的“甜蜜”形式所掩盖。

综上所述，价格是价值的表现形式，在这一表现形式上，展现了一系列价格背离价值量的表象。这些表象根源于相对价值形式，在价格形式上展开，并成为虚幻的“世纪之谜”；在劳动力价格（工资）形式上实现其发展形式，“掩盖了现实关系，正好显示出它的反面”，“甜蜜”地掩盖了资本家对工人剥削程度加深的现实悲剧。马克思在《资本论》

中揭示了价格表象背后的价值本质，科学地说明了价值本质如何展现为价格表象。在马克思经济理论的基础上，能够通过对价格背离价值量运动表象的深入研究，揭示其背后的价值本质和真实关系，说明价格对价值的背离起源于价值形式本身，并非对价值的否定，反而恰好是价值的存在形式和表现形式，西方经济学对劳动价值理论的否定是根本不能成立的。

提高劳动收入份额与提高投资效果的一致性论析

——基于马克思社会再生产公式

陶为群[①]

（中国人民银行南京分行）

一、基于马克思社会再生产公式的劳动收入、资本收入份额

马克思经济增长理论主要是马克思社会总资本再生产（通常简称“社会再生产”）理论，在两大部类社会再生产公式得到集中体现。马克思社会总资本再生产理论及其公式可以为劳动收入、资本收入份额的规范研究提供坚实的理论基础。

有研究提出：马克思社会再生产公式是表示社会再生产中生产资料、消费资料两个部类的产品价值构成和生产资料、消费资料总产品的供给与需求平衡的一组具有特定结构的线性方程式。在马克思社会再生产公式里，社会生产部门划分成生产生产资料、消费资料的两个部类，分别记为第Ⅰ部类、第Ⅱ部类。第 j 部类（j = Ⅰ，Ⅱ。下同）在 t 年初时点的总资本分解成用于购买生产资料的不变资本、购买劳动力的可变资本两个部分，分别记为 $C_j^{(t)}$ 和 $V_j^{(t)}$。$C_j^{(t)}$ 和 $V_j^{(t)}$ 都是每年周转一次；可变资本 $V_j^{(t)}$ 带来剩余价值 $M_j^{(t)}$。第 j 部类产品当中消耗的不变资本对于可变资本的固定不变倍数 h_j 表示该部类的资本有机构成。剩余价值 $M_j^{(t)}$ 与可变资本 $V_j^{(t)}$ 之间保持固定不变的比率，以 e_j 表示，是第 j 部类的剩余价值率。以 $Y_j^{(t)}$、$X_j^{(t)}$ 分别表示第 j 部类新创造价值、总产值，那么在每个部类内部，不变资本、可变资本、剩余产品、新创造价值（增加值）、总产值之间的关系被下面的定义方程所确定。

---

① 作者简介：陶为群，中国人民银行南京分行研究员，主要研究马克思主义经济学。

$$\begin{cases} V_j^{(t)} = C_j^{(t)}/h_j \\ M_j^{(t)} = e_j V_j^{(t)} \\ Y_j^{(t)} = V_j^{(t)} + M_j^{(t)} \\ X_j^{(t)} = C_j^{(t)} + Y_j^{(t)} \end{cases} \quad j = \mathrm{I}, \mathrm{II} \tag{1}$$

马克思社会再生产公式中假定劳动者工资没有储蓄，工资全部支出用于消费，因此每个部类的剩余价值 $M_j^{(t)}$ 是形成本部类的新增资本和投资者的剩余价值消费的唯一来源。以 $M_{xj}^{(t)}$ 表示第 j 部类投资者把本部类的剩余价值用于个人消费的部分。对确定了含义的字母前面加符号 Δ 表示在当年再生产过程中所形成的增量，于是形成剩余价值使用行为方程式，即式（2）。

$$\Delta C_j^{(t)} + \Delta V_j^{(t)} + M_{xj}^{(t)} = M_j^{(t)} \qquad j = \mathrm{I}, \mathrm{II} \tag{2}$$

政治经济学教科书中指出扩大再生产的基本实现条件是：生产生产资料部类的原有不变资本加新增不变资本再加投资者的个人消费等于生产消费资料部类的原有不变资本加上新增不变资本。也就是需要满足两大部类之间产品交换关系式（3）。

$$C_{\mathrm{II}}^{(t)} + \Delta C_{\mathrm{II}}^{(t)} = V_{\mathrm{I}}^{(t)} + \Delta V_{\mathrm{I}}^{(t)} + M_{x\mathrm{I}}^{(t)} \tag{3}$$

将剩余价值使用行为方程式（2）代入式（3），得到式（4）。

$$\Delta C_{\mathrm{I}}^{(t)} + \Delta C_{\mathrm{II}}^{(t)} = Y_{\mathrm{I}}^{(t)} - C_{\mathrm{II}}^{(t)} \tag{4}$$

式（4）中的 $Y_{\mathrm{I}}^{(t)} - C_{\mathrm{II}}^{(t)}$ 是第Ⅰ部类的总产品扣除两个部类的生产资料消耗之后的多余部分，在实物形态上是生产资料，是扩大再生产可用的全部生产资料来源，是相对既定的。扩大再生产的不变资本积累就是将相对既定的 $Y_{\mathrm{I}}^{(t)} - C_{\mathrm{II}}^{(t)}$ 在两个部类之间进行分割。所以，式（4）表明了两个部类的不变资本积累之间的平衡关系，是不变资本积累平衡方程。根据式（1）每个部类的不变资本积累、全部资本积累具有固定比例关系，所以只要两大部类的不变资本积累平衡则全部资本积累平衡，因而可以把式（4）称为社会再生产的资本积累平衡方程。

劳动收入、资本收入份额是两个紧密关联的理论概念，二者具有对立统一关系，将二者一同研究，便于全面、完整地认识和把握。按照马克思社会再生产公式，两大部类的新创造价值就是国民收入。第 j 部类的可变资本 $V_j^{(t)}$ 和可变资本积累 $\Delta V_j^{(t)}$ 都是工资，全社会劳动收入份额是两大部类工资对于国民收入的比率，以 $rw^{(t)}$ 表示劳动收入份额，有定义式（5）。

$$rw^{(t)} = \frac{\sum_{j=\mathrm{I}}^{\mathrm{II}} [V_j^{(t)} + \Delta V_j^{(t)}]}{\sum_{j=\mathrm{I}}^{\mathrm{II}} Y_j^{(t)}} \tag{5}$$

第 j 部类的劳动收入份额 $rw_j^{(t)}$ 是工资对于增加值的比率，为 $\frac{V_j^{(t)}+\Delta V_j^{(t)}}{Y_j^{(t)}}$。

$$rw_j^{(t)}=\frac{V_j^{(t)}+\Delta V_j^{(t)}}{Y_j^{(t)}}=\left[1+\frac{\Delta V_j^{(t)}}{V_j^{(t)}}\right]\frac{V_j^{(t)}}{Y_j^{(t)}}\qquad j=\mathrm{I},\mathrm{II}\tag{6}$$

将式（6）代入式（5）并根据社会再生产的定义方程式（1），可以清晰表明全社会劳动收入份额 $rw^{(t)}$ 是两个部类劳动收入份额以各部类增加值占全社会增加值比重加权的平均数，有 $rw^{(t)}$，即式（7）。

根据社会再生产的定义方程式（1）和剩余价值使用行为方程式（2），$Y_j^{(t)}-[V_j^{(t)}+\Delta V_j^{(t)}]=\Delta C_j^{(t)}+M_{xj}^{(t)}=M_j^{(t)}-\Delta V_j^{(t)}$。以 $rk_j^{(t)}$ 表示第 j 部类的资本收入份额，有式（7）。

$$rw^{(t)}=\frac{\sum_{j=\mathrm{I}}^{\mathrm{II}}w_j^{(t)}Y_j^{(t)}}{\sum_{j=\mathrm{I}}^{\mathrm{II}}Y_j^{(t)}}\tag{7}$$

社会扩大再生产是将剩余价值用作资本积累，成为不变资本积累和可变资本积累。以 $\mu_j^{(t)}$ 表示第 j 部类的剩余价值积累率，则 $\mu_j^{(t)}M_j^{(t)}$ 代表第 j 部类的资本积累，包含不变资本积累 $\Delta C_j^{(t)}$、可变资本积累 $\Delta V_j^{(t)}$ 两部分。根据定义方程式（1）有式（8）。

$$\Delta C_j^{(t)}+\Delta V_j^{(t)}=\mu_j^{(t)}M_j^{(t)}\qquad j=\mathrm{I},\mathrm{II}\tag{8}$$

根据定义方程式（1）和式（9），得到变量替换关系式（9）。

$$\Delta C_j^{(t)}=\frac{h_j}{1+h_j}\mu_j^{(t)}M_j^{(t)}\qquad j=\mathrm{I},\mathrm{II}\tag{9}$$

由于在社会再生产公式里每个部类内部各构成部分之间保持固定不变关系，可以用两大部类新创造价值之间的比例 $\varphi^{(t)}=\frac{Y_{\mathrm{II}}^{(t)}}{Y_{\mathrm{I}}^{(t)}}$ 总体表示两大部类之间的结构。$\varphi^{(t)}$ 表示在 t 年初时点的两大部类比例状况，并且随着时间 t 而变化。两大部类比例 $\varphi^{(t)}$ 与资本有机构成、剩余价值率参数 h_j 和 e_j 共同体现了两大部类社会再生产系统的完整结构。

将变量替换关系式（9）以及两大部类比例 $\varphi^{(t)}$ 代入资本积累平衡方程式（4）并根据定义方程式（1），得到以两个部类积累率表示的资本积累平衡方程式（10）。

$$\frac{h_{\mathrm{I}}e_{\mathrm{I}}}{(1+h_{\mathrm{I}})(1+e_{\mathrm{I}})}\mu_{\mathrm{I}}^{(t)}+\varphi^{(t)}\frac{h_{\mathrm{II}}e_{\mathrm{II}}}{(1+h_{\mathrm{II}})(1+e_{\mathrm{II}})}\mu_{\mathrm{II}}^{(t)}=1-\frac{h_{\mathrm{II}}\varphi^{(t)}}{1+e_{\mathrm{II}}}\tag{10}$$

实现社会扩大再生产需要两个部类的资本积累达成平衡，也就是满足资本积累平衡方程式（10）。式（10）表明两个部类的积累率互相依赖、互为约束的关系，如果二者当中确定了任何一个，另一个也就随之被确定。于是，可以把第Ⅰ部类积累率 $\mu_{\mathrm{I}}^{(t)}$ 作为自变量，从式（10）获得第Ⅱ部类积累率 $\mu_{\mathrm{II}}^{(t)}$ 与第Ⅰ部类积累率 $\mu_{\mathrm{I}}^{(t)}$ 之间的函数关系式（11）。

$$\mu_{\text{II}}^{(t)}=\frac{(1+h_{\text{II}})(1+e_{\text{II}})}{h_{\text{II}}e_{\text{II}}\varphi^{(t)}}\left[1-\frac{h_{\text{I}}e_{\text{I}}}{(1+h_{\text{I}})(1+e_{\text{I}})}\mu_{\text{I}}^{(t)}\right]-\frac{1+h_{\text{II}}}{e_{\text{II}}} \tag{11}$$

根据社会再生产的定义方程式（1）以及变量替换式（9），将第j部类的劳动收入份额$rw_j^{(t)}$，即式（6）改变为式（12）。

$$rw_j^{(t)}==\frac{1+\frac{e_j}{1+h_j}\mu_j^{(t)}}{1+e_j}\qquad j=\text{I},\text{II} \tag{12}$$

将式（12）代入式（7）并根据定义方程式（1）以及两大部类比例$\varphi^{(t)}$，得到式（13）。

$$rw^{(t)}=\frac{1}{1+\varphi^{(t)}}\left[\frac{1+\frac{e_{\text{I}}}{1+h_{\text{I}}}\mu_{\text{I}}^{(t)}}{1+e_{\text{I}}}+\varphi^{(t)}\frac{1+\frac{e_{\text{II}}}{1+h_{\text{II}}}\mu_{\text{II}}^{(t)}}{1+e_{\text{II}}}\right] \tag{13}$$

将第Ⅱ部类积累率函数式（11）代入劳动收入份额$rw^{(t)}$式（13），得到全社会劳动收入份额$rw^{(t)}$与第Ⅰ部类积累率$\mu_{\text{I}}^{(t)}$的关系式（14）。

$$rw^{(t)}=\frac{1}{h_{\text{II}}(1+e_{\text{I}})[1+\varphi^{(t)}]}\left[1+h_{\text{II}}+e_{\text{I}}-(h_{\text{I}}-h_{\text{II}})\frac{e_{\text{I}}}{1+h_{\text{I}}}\mu_{\text{I}}^{(t)}\right] \tag{14}$$

根据式（14）如果两个部类的资本有机构成相同即$h_{\text{I}}=h_{\text{II}}$，劳动收入份额$rw^{(t)}$不受第Ⅰ部类积累率$\mu_{\text{I}}^{(t)}$的取值影响，简化为式（15），是相对既定的。

$$rw=\frac{1+h_{\text{II}}+e_{\text{I}}}{h_{\text{II}}(1+e_{\text{I}})[1+\varphi^{(t)}]}\qquad \text{当}\ h_{\text{I}}=h_{\text{II}} \tag{15}$$

其经济意义是：对于两个部类的资本有机构成相同即$h_{\text{I}}=h_{\text{II}}$的特别情形，不管由第Ⅰ部类积累率$\mu_{\text{I}}^{(t)}$导致的总的不变资本积累在两个部类之间如何分布，全社会总的可变资本积累是不变资本积累的$\frac{1}{h_{\text{II}}}$；根据资本积累平衡方程式（4）全社会总的不变资本积累$\sum_{j=\text{I}}^{\text{II}}\Delta C_j^{(t)}=Y_{\text{I}}^{(t)}-C_{\text{II}}^{(t)}$是相对既定的，所以全社会总的可变资本积累也是相对既定的。对于$h_{\text{I}}=h_{\text{II}}$的特别情形，根据劳动收入份额定义式（5）与资本积累平衡方程式（4）以及社会再生产的定义方程式（1）和两大部类比例$\varphi^{(t)}$，也同样得到式（15）。

所以，无论是对于两个部类的资本有机构成不相同即$h_{\text{I}}\neq h_{\text{II}}$的一般情形，还是对于两个部类的资本有机构成相同即$h_{\text{I}}=h_{\text{II}}$的特别情形，全社会劳动收入份额$rw^{(t)}$与第Ⅰ部类积累率$\mu_{\text{I}}^{(t)}$的关系式（14）都成立。

劳动收入与资本收入之和就是国民收入即两大部类的增加值，因此社会再生产的劳动收入份额与资本收入份额之和是1。以$rk^{(t)}$表示资本收入份额，$rw^{(t)}+rk^{(t)}=1$。

二、社会扩大再生产的投资效果及其与劳动收入份额之间关系

经济增长以投资为前提，投资效果系数一般被定义为新增国民收入与当年投资额的比

率。刘慧勇（1985）提出，这样定义的投资效果系数，同资金（资本）有机构成、工资利润率（或剩余价值率）的关系密切。

按照宏观经济理论，对于投资的定义是资本财货当年比上年的增加量。在马克思社会再生产公式中，劳动者工资没有储蓄，第 j 部类的工资 $V_j^{(t)}$ 和新增工资 $\Delta V_j^{(t)}$ 都在当年消费掉而计入了消费。所以，只有新增不变资本 $\Delta C_j^{(t)}$ 可以成为投资，只能够将来源于新创造出来的国民产品当中没有被人们消费掉的生产资料投资形成下一年新增的生产资料。因此，马克思社会再生产公式中的投资就是两大部类的新增不变资本 $\Delta C_{\mathrm{I}}^{(t)}+\Delta C_{\mathrm{II}}^{(t)}$。以 $I^{(t)}$ 表示全社会投资，根据式（4）有投资式（16）。

$$I^{(t)}=Y_{\mathrm{I}}^{(t)}-C_{\mathrm{II}}^{(t)}=\Delta C_{\mathrm{I}}^{(t)}+\Delta C_{\mathrm{II}}^{(t)} \tag{16}$$

第 j 部类新增的新创造价值 $\Delta Y_j^{(t)}$ 反映了投资 $\Delta C_j^{(t)}$ 所获得的效果，全社会新增的新创造价值 $\Delta Y^{(t)}=\sum_{j=\mathrm{I}}^{\mathrm{II}}\Delta Y_j^{(t)}$ 表示全社会投资产生的结果。实现社会扩大再生产意味着全社会投资为正数即 $I^{(t)}>0$，$\Delta Y^{(t)}$ 与全社会投资 $I^{(t)}$ 之间的比率 $\frac{\Delta Y^{(t)}}{I^{(t)}}$ 是全社会投资效果。

$$\frac{\Delta Y^{(t)}}{I^{(t)}}=\frac{1}{Y_{\mathrm{I}}^{(t)}-C_{\mathrm{II}}^{(t)}}\left[\frac{1+e_{\mathrm{I}}}{h_{\mathrm{I}}}\Delta C_{\mathrm{I}}^{(t)}+\frac{1+e_{\mathrm{II}}}{h_{\mathrm{II}}}\Delta C_{\mathrm{II}}^{(t)}\right] \tag{17}$$

将变量替换关系式（10）和第Ⅱ部类积累率函数 $\mu_{\mathrm{II}}^{(t)}$ 以及定义方程式（1）和两大部类比例 $\varphi^{(t)}$ 代入式（17），可得全社会投资效果 $\frac{\Delta Y^{(t)}}{I^{(t)}}$ 与第Ⅰ部类积累率 $\mu_{\mathrm{I}}^{(t)}$ 之间的关系式（18）。

$$\frac{\Delta Y^{(t)}}{I^{(t)}}=\frac{1+e_{\mathrm{II}}}{h_{\mathrm{II}}}+\frac{1+e_{\mathrm{II}}}{1+e_{\mathrm{II}}-h_{\mathrm{II}}\varphi^{(t)}}\left[1-\frac{h_{\mathrm{I}}(1+e_{\mathrm{II}})}{h_{\mathrm{II}}(1+e_{\mathrm{I}})}\right]\frac{e_{\mathrm{I}}}{1+h_{\mathrm{I}}}\mu_{\mathrm{I}}^{(t)} \tag{18}$$

在两个部类的资本有机构成不相同即 $h_{\mathrm{I}}\neq h_{\mathrm{II}}$ 的一般情形下，第 j 部类的不变资本积累 $\Delta C_j^{(t)}$ 需要匹配的可变资本积累是 $\Delta V_j^{(t)}=\frac{\Delta C_j^{(t)}}{h_j}$，所以由第Ⅰ部类积累率 $\mu_{\mathrm{I}}^{(t)}$ 导致的总的不变资本积累在两个部类之间如何分布影响全社会的可变资本积累，从而影响劳动收入份额、资本收入份额。根据式（14），在 $h_{\mathrm{I}}\neq h_{\mathrm{II}}$ 的情形下，劳动收入份额 $rw^{(t)}$ 与第Ⅰ部类积累率 $\mu_{\mathrm{I}}^{(t)}$ 之间具有明确的函数、反函数关系，从而可通过式（14）获得第Ⅰ部类积累率 $\mu_{\mathrm{I}}^{(t)}$ 作为 $rw^{(t)}$ 的反函数。将从式（14）获得的 $rw^{(t)}$ 的反函数 $\mu_{\mathrm{I}}^{(t)}$ 代入下年经济增长率与当年第Ⅰ部类积累率 $\mu_{\mathrm{I}}^{(t)}$ 之间的关系式（18），得到下年经济增长率 $\frac{\Delta Y^{(t)}}{Y^{(t)}}$ 与当年劳动收入份额 $rw^{(t)}$ 之间的关系式（19）。

$$\frac{\Delta Y^{(t)}}{I^{(t)}}=\frac{1+e_{\mathrm{II}}}{h_{\mathrm{II}}}+(1+e_{\mathrm{II}})\frac{h_{\mathrm{I}}(1+e_{\mathrm{II}})-h_{\mathrm{II}}(1+e_{\mathrm{I}})}{(h_{\mathrm{I}}-h_{\mathrm{II}})\left[1+e_{\mathrm{II}}-h_{\mathrm{II}}\varphi^{(t)}\right]}$$
$$\times\left[rw^{(t)}(1+\varphi^{(t)})-\frac{1}{h_{\mathrm{II}}}\left(1+\frac{h_{\mathrm{II}}}{1+e_{\mathrm{I}}}\right)\right]$$

$$\text{当 } h_{\mathrm{I}} \neq h_{\mathrm{II}} \tag{19}$$

第 j 部类新增的新创造价值 $\Delta Y_j^{(t)}$ 与投资 $\Delta C_j^{(t)}$ 之间的比率是该部类的投资效果系数。根据定义方程式（1）第 j 部类的新创造价值与不变资本之间的比率保持固定不变是 $\frac{1+e_j}{h_j}$，也就是该部类的投资效果。在两个部类的投资效果相同即 $\frac{1+e_{\mathrm{I}}}{h_{\mathrm{I}}}=\frac{1+e_{\mathrm{II}}}{h_{\mathrm{II}}}$ 的特别情形下，由式（19）得到全社会投资效果简化为常数 $\frac{1+e_{\mathrm{II}}}{h_{\mathrm{II}}}$，和按照式（18）得到的结果完全相同。所以，在两个部类的资本有机构成不相同的一般条件下，无论两个部类的投资效果相同或者不相同，全社会投资效果与劳动收入份额之间的关系式（19）都能够成立。

将式（19）中的 $rw^{(t)}$ 替换成 $1-rk^{(t)}$，就成为全社会投资效果和资本收入份额之间的关系。

三、提高劳动收入份额与提高投资效果具有一致性的经济机理

剩余价值用作投资者个人消费时根本不产生新增可变资本，只有当剩余价值用作资本积累时才产生作为劳动报酬的新增可变资本。所以全社会的剩余价值积累率越高劳动收入份额也越高，全社会积累率是影响劳动收入份额、资本收入份额的最重要因素。

全社会劳动收入份额 $rw^{(t)}$ 是两个部类劳动收入份额的加权平均数，因此两大部类比例 $\varphi^{(t)}$ 也是影响劳动收入份额、资本收入份额的因素。

提高劳动收入份额需要提高全社会的剩余价值积累率，而提高全社会的剩余价值积累率需要生产资料在社会总产品中所占比重逐年提高，于是需要生产资料优先增长。已经有研究论证了可以通过生产资料优先增长提高投资效果。因此，生产资料优先增长既能够提高劳动收入份额也能够提高投资效果，是提高劳动收入份额、投资效果的共同路径；提高劳动收入份额与提高投资效果具有一致性。

在两个部类的资本有机构成不相同即 $h_{\mathrm{I}} \neq h_{\mathrm{II}}$ 的一般情形下，可以通过投资效果与劳动收入份额之间的关系式（19），证实提高劳动收入份额与提高投资效果具有一致性。

两大部类比例蕴含了既定的全社会总资本在各部类的分布结构，而既定的全社会总资本分布结构制约着各部类的资本积累，所以，各部类的资本积累必然受到两大部类比例的约束。这种约束由第Ⅱ部类积累率函数的定义域得以表现。有研究证明：若是社会扩大再生产持续进行，则资本积累的第Ⅱ部类积累率函数 $\mu_{\mathrm{II}}^{(t)}$ 和式（12）中的自变量、第Ⅰ部类积累率 $\mu_{\mathrm{I}}^{(t)}$ 的定义域为式（20）和 $\mu_{\mathrm{I}}^{(t)}>0$。

$$\max\left\{0,\frac{(1+h_{\mathrm{I}})(1+e_{\mathrm{I}})}{h_{\mathrm{I}}e_{\mathrm{I}}}\left[1-\frac{\varphi^{(t)}}{\varphi^{\max}}\left(1+\frac{e_{\mathrm{II}}}{1+h_{\mathrm{II}}}\right)\right]\right\}\leqslant\mu_{\mathrm{I}}^{(t)}$$
$$\leqslant\min\left\{\min(1,\mu_{\mathrm{I}}^{*}),\ \frac{(1+h_{\mathrm{I}})(1+e_{\mathrm{I}})}{h_{\mathrm{I}}e_{\mathrm{I}}}\left[1-\frac{\varphi^{(t)}}{\varphi^{\max}}\right]\right\} \tag{20}$$

式（20）中 $\mu_{\mathrm{I}}^{*}=\frac{e_{\mathrm{II}}(1+h_{\mathrm{I}})}{e_{\mathrm{I}}(1+h_{\mathrm{II}})}$ 是个常数，经济含义是第Ⅱ部类利润率与第Ⅰ部类利润率之间的比值。

因为明确了社会扩大再生产持续进行的第Ⅰ部类积累率 $\mu_{\mathrm{I}}^{(t)}$ 的定义域，“生产资料优先增长”就不单是一个资本积累的方针，而是能够成为一个可以实行的确切资本积累方案。这个方案就是：每年将第Ⅰ部类积累率 $\mu_{\mathrm{I}}^{(t)}$ 按照式（20）中的定义域上限取得最高值 $\max[\mu_{\mathrm{I}}^{(t)}]$，再按照第Ⅱ部类积累率函数 $\mu_{\mathrm{II}}^{(t)}$ 式（11）相应获得第Ⅱ部类积累率，从而形成当年的两大部类资本积累匹配。

各部类的资本积累必然导致之后社会总资本的分布结构变化，这种变化反映在两大部类比例 $\varphi^{(t)}$ 的变动上。鉴于“生产资料优先增长”能够成为一个可以实行的确切资本积累方案，有研究证明若是实行刚刚所述资本积累方案，必然使两大部类比例 $\varphi^{(t)}$ 分别在第Ⅰ部类资本利润率不高于、高于第Ⅱ部类即 $\frac{e_{\mathrm{I}}}{1+h_{\mathrm{I}}}\leqslant\frac{e_{\mathrm{II}}}{1+h_{\mathrm{II}}}$、$\frac{e_{\mathrm{I}}}{1+h_{\mathrm{I}}}>\frac{e_{\mathrm{II}}}{1+h_{\mathrm{II}}}$ 条件下，从某年起分别缩减成为最小值常数 φ^{*}、φ^{**} 并从此保持不变。这里常数 φ^{*} 和 φ^{**} 由式（21）表明。

$$\varphi^{*}=\frac{1+e_{\mathrm{II}}}{h_{\mathrm{II}}(1+e_{\mathrm{I}})},\ \varphi^{**}=\frac{(1+h_{\mathrm{II}})(1+e_{\mathrm{II}})}{h_{\mathrm{II}}(1+h_{\mathrm{II}}+e_{\mathrm{II}})}\left[1-\frac{h_{\mathrm{I}}}{1+e_{\mathrm{I}}}\left(\frac{e_{\mathrm{II}}}{1+h_{\mathrm{II}}}\right)\right] \tag{21}$$

四、结语

运用马克思社会再生产公式进行劳动收入、资本收入份额的规范研究，获得劳动收入份额与投资效果的关系式，可以从一个重要视角认识提高劳动收入份额对宏观经济效益产生的影响。提高劳动收入与提高投资效果具有一致性，生产资料优先增长可以作为提高劳动收入份额、投资效果的共同路径。

马克思在《资本论》中用社会再生产公式阐明社会总资本的总体运行，通过设立一些假定对社会再生产的结构作了最大简化，以便能够最简洁地获得基本的重要结论。鉴于此，运用马克思社会再生产公式阐明提高劳动收入份额与提高投资效果具有一致性，具有非常概略的理论意义。而由此获得概略的经济含义是，保持较高积累（和较高投资相对应）和优先发展上游产业，可以作为提高劳动收入份额与提高投资效果的政策选择。这些可以为关于提高我国劳动收入份额与提高投资效果的实证研究提供启示或者参考。

马克思共同富裕思想阐释

——基于马克思分配理论视角

王　森[①]

（吉林大学）

一、从按劳分配到按需分配：共同富裕的推进过程

马克思的分配理论也同其他理论一样，经历了一个逐步形成、发展和完善的过程。从19世纪50年代起，马克思将主要精力放在对政治经济学的研究方面，全面深入地探究了资本主义，对其本质、经济运动规律、基本矛盾、发展趋势等做出了思考和论证，在此基础上得出了资本主义必然灭亡和共产主义必然胜利的结论，并提出了对共产主义分配方式的设想，逐渐明确了共同富裕不是一蹴而就的，而是要经历一个从按劳分配到按需分配发展的渐进过程。

在这一政治经济学研究时期，马克思对于未来社会分配问题做出论述的最初成果，就是《1857—1858年经济学手稿》。他在这部手稿中指出，在未来的共产主义社会，实行的是生产资料公有制，生产所采取的形式是集体生产，其直接就具有社会性，生产出来的产品属于共同生产的一部分。即由于共产主义社会否定了私有制，生产者不再交换自己的劳动产品，消灭了私人劳动和社会劳动的矛盾，因此个人的劳动不再像资本主义社会那样以价值和使用价值的形式表现出来，使个人获取消费品的数量取决于其为社会提供的劳动而不是交换价值。虽然上述观点是马克思在这一时期对于分配问题的初步思考，但在此时他已经形成了关于分配理论的核心思想。

在《资本论》中，马克思对分配理论予以了进一步深化，提出了他对未来社会生产资料所有制形式的总体规划，其中包含着对未来社会分配方式及目的的思考，为后来他的分

---

① 作者简介：王森，吉林大学马克思主义学院教授、博士生导师，吉林大学中国道路与中国化马克思主义协同创新中心副主任。

配理论的最终形成打下了牢固基础。在这里，他将社会总产品分为两部分：归社会所有的被重新当作生产资料来使用的部分和归全体社会成员个人所有的并在他们中间进行分配的被用于消费的生活资料的部分。对于后一部分而言，分配的方式会随着社会生产本身的变化以及生产者随之发生的相应变化而改变。在此处，马克思对于按劳分配的基本原理给出了清晰的说明。他认为，未来社会在分配方面，在对社会总产品做出了用于社会再生产的必要扣除之后，就以消费品的形式在个人中间进行分配，个人所能得到的消费品的数量是由劳动时间决定的，实行的是按劳分配方式。

马克思分配理论的更进一步发展，集中体现在他于晚年时期所写的《哥达纲领批判》一书中。在该书中，马克思在对拉萨尔派的分配理论进行深刻批判的基础上，首次划分了共产主义的发展阶段，阐释了各个阶段的基本特征与分配方式，完整而全面地论述了他的分配理论，形成了关于分配的科学理论体系，深入地思考了社会总产品的分配问题和个人消费品的分配问题，突出强调了按劳分配和按需分配是未来社会不同发展阶段推进和实现共同富裕的具体方式。

马克思认为，根据社会发展成熟程度的不同，未来的共产主义将被分成社会主义社会和共产主义社会两个发展阶段。在社会主义社会阶段，实行的是生产资料公有制，并且在整个社会范围内，单一的、全面的公有制已经建立起来。在此种条件下，消费品的分配不再受到其他因素的影响和制约，而是一律根据劳动的数量和质量在包括工业部门、农业部门以及国民经济其他部门在内的全社会范围内对其进行分配。即此阶段的分配方式是按劳分配——每个生产者在“社会储存中领得一份耗费同等劳动量的消费资料”①。马克思意识到，由于社会主义社会是从资本主义发展而来的，所以它在各个方面还会复刻后者的烙印，② 在这种情况下，劳动的性质并未改变，依旧是谋生的手段，由此在分配方面实行按劳分配是必然的。

显然，社会主义社会作为共产主义的第一个阶段，由于各项社会条件的限制，只能实行按劳分配。而这种分配方式又只是将劳动者的劳动量作为分配消费资料的依据，未能考虑到个人存在的不同及其家庭负担的差异。由此，根据劳动者社会劳动贡献的多少来分配消费资料，势必会形成个人在收入方面的差距，导致劳动者之间实际上的不平等，出现贫富分化。也就是说，按劳分配方式对于不同劳动者的劳动是按照劳动者提供的劳动的质和量这一相同的标准来衡量的，而由于劳动者存在着先天素质和后天努力以及抚养子女数量的差异，决定了他们得到的消费资料的量以及家庭的富裕程度必然也是不同的。马克思对

① 《马克思恩格斯文集》第 3 卷，人民出版社 2009 年版，第 434 页。

② 《马克思恩格斯文集》第 3 卷，人民出版社 2009 年版，第 434 页。

于这种个人之间存在的差别予以了具体说明。他认为，一个人如果在体力和智力上比另一个人强，那么他就能够在相同的时间内从事更多的劳动，或者从事劳动的时间会更多，于是，在体力与智力上占优势的人便能获得更多的收入。他还指出，劳动者之间存在着的已婚和未婚、子女较多和较少等情况，即家庭负担轻重程度的不同，也会导致收入的不同。① 因此，马克思才将按劳分配视为具有资产阶级特征的资产阶级的法权，但同时又将其视为共产主义第一个阶段必须采用的分配方式。在他看来，社会历史发展的条件还没有达到足以使得资产阶级权利完全被消除的程度，其还有存在的空间、土壤或经济基础，所以，按劳分配方式虽然存在着缺陷，但其却是与一定社会历史发展阶段的社会条件相符合的分配方式，原因在于：以劳动作为劳动者分配个人消费品的唯一尺度，肯定劳动者之间存在着的智力、体力等方面的差别，能够避免按人口数量进行分配的平均主义的错误。

马克思的按劳分配思想，被美国学者埃尔斯特理解成"贡献"原则。他认为，在社会主义社会中人们受到的奖赏不是由天赋而是由工作时间和对社会生产的贡献决定的，② 倘若忽视激励机制和个体技能的差异，人们的积极性与创造性就难以发挥出来，因为"受自私驱动的个人""将试图逃避劳动，并十分享受他人劳动创造的社会产品"③。即奖惩机制的缺乏会导致具有特殊劳动技能的人无法得到相应的报酬，进而影响到社会的发展速度。他还指出，按劳分配原则导致不容置疑的不平等：具有较高生产技能的人会获得较高的收入；付出同样劳动的生产者可能会由于抚养孩子数量的不同导致生活水平的差异；以同一标准来衡量具有不同个性的人难以顾全到每个人不尽相同的特性。从埃尔斯特的表述中可以看出，按劳分配方式尽管比资本主义的分配方式具有正义性，但它与实现了真正平等的按需分配方式相比较，还属于一种处于次优地位的实现有限平等的分配方式。

马克思指出，按劳分配方式同其他分配方式一样，也是一种历史性的存在。随着生产力水平的提高和生产方式的变革，按劳分配的方式也会随之发生变化，为新的、更高一级的分配方式所取代。在社会生产力处于高度发达水平、可以生产出种类和数量极为丰富的产品的共产主义的高级阶段，按劳分配方式将会为按需分配方式所取代，根据劳动及其报酬来界定的平等将被超越，从而使平等无论是在形式、内容还是实质上都能够得以实现。需要注意的是，根据马克思的看法，在未来的共产主义社会，将社会总产品完全分配给社会成员既是不现实的，也是不符合社会经济发展规律的，这是因为，在生产资料公有制的条件下，每年生产的社会总产品要在扣除一定数量之后即扣除供社会各种用途使用的产品之后，才能分配给社会成员。

---

① 《马克思恩格斯文集》第3卷，人民出版社2009年版，第436页。

② ［美］乔恩·埃尔斯特：《理解马克思》，何怀远等译，中国人民大学出版社2008年版，第192页。

③ ［美］乔恩·埃尔斯特：《理解马克思》，何怀远等译，中国人民大学出版社2008年版，第219页。

总之，在马克思那里，社会主义的分配方式，在变革生产方式的基础上完成了对资本主义分配方式的超越，其采取的是劳动者的贡献与报酬成正比的分配方式，将劳动者的劳动数量与质量作为个人消费品分配的依据，因此消灭了剥削。但是，由于人们之间存在着智力、体力等方面的天赋条件和家庭情况的差异，所以这种分配方式必然会导致结果上的不完全平等。即作为社会主义分配方式的按劳分配，尽管克服或超越了资本主义社会分配的形式平等，实现了分配的形式平等和内容平等的统一，然而却仍未消除分配在事实上的不平等。只有到了“各尽所能，按需分配”的共产主义社会的高级阶段，真正的分配平等才会变成现实，共同富裕的景象才能被最充分、最完全地呈现出来。

二、人的自由全面发展：共同富裕的最终旨趣

人的自由全面发展问题，是马克思一生中关注的最重要问题。对此，有的西方学者指出，马克思批判资本主义的原因之一，就在于它使人类的发展扭曲并使个体的潜能受到碾压。① 更有西方学者将《资本论》的“中心思想”表述为“把人和人类从压迫他们的种种势力的支配下解放出来的思想，对自身命运和全人类命运负责的个性的形成的思想”②。从这个角度来看，马克思所追求的是“自由在现代社会中的真正可能性”③。而就马克思的分配理论而言，他之所以提出消灭资本主义分配制度，建立实现共同富裕的全新社会分配制度，最终的价值旨趣就在于实现人的自由全面发展。

与马克思处于同时代的资产阶级学者们，在当时极力鼓吹资本主义社会的自由。他们认为，资本主义私有制是实现自由的条件，因为支配资本主义社会的“价值规律”这个“看不见的手”在等价交换和自由竞争中发挥作用的同时，也使人们获得了自由。在这方面，斯密是典型的代表，他的《国富论》从根本上来说可以被视为为资产阶级社会的合法性进行论证的资产阶级的“护教学”，其结论“是自信、完美的自由主义”。④ 但在马克思看来，现实社会中所存在的异化和不自由的根源恰恰就在于资本主义私有制。人们在此种私有制的条件下，由于受到物的奴役，因而处于片面的、畸形的、不自由的发展状态，所以尽管就形式上来看人们是有自由的，但实际上这只是虚假的而非真实的自由。

马克思深刻地意识到，资产阶级引以为傲的所谓自由，不过是建立在资本统治基础上

① ［美］麦卡锡：《马克思与古人：古典伦理学、社会正义和19世纪政治经济学》，王文扬译，华东师范大学出版社2011年版，第8－9页。

② ［苏］马·莫·罗森塔尔：《马克思主义辩证法史 从马克思主义产生到列宁主义阶段之前》，汤侠声译，人民出版社1982年版，第76页。

③ ［美］麦卡锡：《马克思与古人：古典伦理学、社会正义和19世纪政治经济学》，王文扬译，华东师范大学出版社2011年版，第2页。

④ ［英］伯尔基：《马克思主义的起源》，伍庆、王文扬译，华东师范大学出版社2007年版，第75页。

的带有局限性的自由。在资本主义私有制条件下，主体和客体颠倒了，人和物之间的关系颠倒了，工人成为受资本统治的、为资本增殖而存在的失去了个性和自由的工具。换句话说，在资本主义私有制条件下，由于交换价值成为生产的目的和追求，支配和决定着现代社会的生产，因此不仅导致“活动的社会性质”和“产品的社会形式”的异化，而且也造成个人的社会关系和能力的异化。这一事实可以从资产阶级政治经济学家对于人的看法中充分体现出来。由于自身的阶级立场，这些经济学家把追求“财富本身和财富生产”作为目标，并未考虑到财富对于人的发展的意义，所以资产阶级政治经济学尽管在表面上对人予以了肯定，然而实质上却彻底地否定了人。因此，资本主义私有制下的自由绝不是个人的自由，而仅仅是资本的自由。资本的独裁和专政使得一种新的奴隶制——“资本奴隶制”产生了。

按照马克思的想法，当生产“以所有的人富裕”① 和“所有人共同享受大家创造出来的福利”② 为目的时，劳动者就不再受到奴役。即对于马克思来说，共同享有社会发展成果或社会财富是每个个人自由和全面发展的基础和前提，为此他提出了在变革生产方式的基础上变革分配方式以实现包括无产阶级在内的全体人民共同富裕的主张。马克思认为，随着原有的导致人异化的生产方式与分配方式的不复存在，生产的目的和人的存在方式也发生了彻底改变：社会“通过有计划地组织全部生产，使社会生产力及其成果不断增长，足以保证每个人的一切合理的需要在越来越大的程度上得到满足”③。到那时，包括物质财富和精神财富在内的所有财富以及在此基础上产生的人类一切生存与发展领域的财富都为所有人共享，生产是为了满足人的全面发展和多样性的需求；劳动不再是外在的、强制性的活动，而是成为人的自由的、自主的活动，个人的天赋与才能将会得到完全、充分的发展。一言以蔽之，在共产主义，“建立在个人全面发展和他们共同的、社会的生产能力成为从属于他们的社会财富这一基础上的自由个性”④ 将得以实现。

---

① 《马克思恩格斯全集》第 31 卷，人民出版社 1998 年版，第 104 页。

② 《马克思恩格斯文集》第 1 卷，人民出版社 2009 年版，第 689 页。

③ 《马克思恩格斯全集》第 25 卷，人民出版社 2001 年版，第 137 页。

④ 《马克思恩格斯文集》第 8 卷，人民出版社 2009 年版，第 52 页。

列宁帝国主义论的当代实践价值

汪洪涛　翟佳欣　徐承志①

（同济大学；共青团黑龙江省委；上海财经大学）

一、帝国主义在当代的新发展

（一）垄断财团嬗变为跨国公司

当今世界，垄断财团对世界的统治，是以跨国公司的全球经营形式展开的，今天的跨国公司主导并推动形成了一种新的世界帝国主义体系、一种《资本论》中并没有明确说明的全球剥削体系、一种掠夺弱势地区劳动力价值和使用价值的剥削新范式。

跨国公司是当下资本主义全球化的主要经济主体，不同于过去帝国主义世界体系中殖民地提供原材料、帝国主义国家加工销售赚取利润的简单供应的互补关系，当今的跨国公司可以凭借对高科技和高素质人才的占有优势，创新运用其系统集成能力将全球高价值商品进行模块化生产（即全球化流动的主体是由市场交易机制协调的投入要素而非直接产品，加工呈现出前所未有的碎片化特征）来攫取高额垄断利润。

（二）新帝国主义占据着一家独大的统治地位

当今世界，伴随着苏联的解体，"统治着技术领域和生产领域的美国，成为全球最具支配力量的国家，拥有着至高无上的美元和远远领先于其他国家的军事力量"。一家独大的帝国主义用尽各种手段维持其自身的国家利益，在排他性的基础上更具有独断性和破坏性。

---

① 基金项目：2021 年度同济大学马克思主义学院院内项目《习近平人类命运共同体思想的逻辑架构》（TJMYKT2021A005）。作者简介：汪洪涛，经济学博士，同济大学马克思主义学院硕士生导师，同济大学中国特色社会主义理论研究中心特聘研究员；翟佳欣，法学硕士，共青团黑龙江省委选调生；徐承志，上海财经大学法学院博士研究生。

（三）过度金融化成为帝国主义国内经济的主要特征

在列宁的帝国主义理论中，金融寡头的统治是帝国主义的基本特征。列宁指出“帝国主义，或者说金融资本的统治，是资本主义的最高阶段”，可见在列宁的语境里，“金融资本”与“帝国主义”有着共同指向，在某种程度上是可以同义替换的。在新帝国主义时期，金融资本已经“脱实向虚”，衍生为缺乏实质物质支持的虚拟资本。

（四）资本逻辑形成文化霸权进一步强化了帝国主义对世界的控制力

当代帝国主义对世界的控制是通过资本逻辑操纵民众，利用国家利益绑架民意，是帝国主义在文明学和人类学意义上的隐性空间扩张。资本逻辑在“赢者通吃”的丛林法则和“无限增殖”的扩张趋势中培养“新自由主义”意识形态，正是这种意识形态使中心和依附、宗主与殖民、统治与服从等“二元对立逻辑”被固化为国际格局。

二、当代帝国主义发展的新特征

（一）垄断组织掌控了国家政权

帝国主义是垄断的资本主义，随着生产和资本的集中越来越高度化，实施资产阶级民主化政治运作的国家政权在民主选举的政治操作流程中，通过民间捐款的方式实现了“大财团捐助候选人——候选人当选后回报捐助人”的垄断资本集团同政府的“联合”，进而实现了垄断资本集团对国家机器的掌控，成为资产阶级民主国家的实际统治者。超级大国的这种由隐身家族（金融寡头）通过向“政治行动委员会”注资，并由“政治行动委员会”向总统、州长候选人和国会议员参选人提供资金、介入选举的模式在事实上把控了选举的整个过程，从候选人的产生到意中人的当选，都是寡头集团联合或博弈的结果，当选者当选后的施政纲领都是以捐款人（即垄断集团）的利益导向为优先考虑，充分体现了以资本家利益为中心的帝国主义国家政权运行的本质。“三权分立”、相互制衡的政治表象背后的实质是立法、行政、司法三方面的权力都受垄断资本的操纵，国家机器实际上是掌握在各大垄断组织手中的。

（二）金融资本成为当代帝国主义国家的主宰

二战后，以美元为中心的国际货币体系确立，金融资本成为帝国主义国家整个社会系统的主宰，也成为帝国主义国家主宰世界的核心武器。随着作为货币、商品和生产资料三种形态的资本在不同的空间内流动，金融资本改变了整体资本积累的空间动态，作为一种全新推动力，金融资本加剧了国家地缘政治性和货币流动性的矛盾，或者说政治的领土逻辑和财富的资本逻辑之间的矛盾，使得资本逻辑对相关区域的政治有着更强的制约能力。

（三）资本输出在积累的社会结构变动中规模大增

二战以后资本输出的规模与之前相比，发生了空前的飞跃，发达国家之间的相互输出成为主流，对政局稳定的发展中国家的资本输出成为发达国家资本输出的热点。同时，科学技术的快速发展也在改变着新帝国主义国家的“积累的社会结构”，进而改变了全世界的工作组织方式。

积累的社会结构变动体现在国际方面，就是全球商品价值链的形成，资本、劳动和货币在不同地理空间内的流动，区域经济结构的形成与消解，全球商品价值链吸纳了新兴产业国家的加入。这些新变化一方面搁置了旧有的殖民地争端等帝国主义国家间的问题，另一方面产生了新的食利者阶层的崛起和霸权的竞争与转移等新帝国主义困境。

（四）当代帝国主义用各种圈子拓展势力范围

二战以来特别是苏联解体以后，新帝国主义国家以美国为中心，划定了“中心—近外围—远外围”的全球等级体系，并设计了不同的针对性交往战略。“中心—近外围”是指美国与其传统盟国如英国、法国等，构成了帝国主义的紧密合作层，在保证中心国美国利益的基础上，通过合作来共同剥削世界其他国家，分享收益。“中心—远外围”的关系，如美国—中国的关系、美国—巴西的关系，则是根据远外围国家的特质来展开的，或是接受安排承接中低端制造业的生产，或是作为资源提供者和产品倾销地，接受剥削安排，一旦制造业国家出现新技术的突破，就会遭受包括经济贸易摩擦、军事极限施压等措施的打击，以确保帝国主义国家的所谓安全需要。

三、帝国主义在不同时代的异同

（一）帝国主义的垄断性大大提高通过布局全球价值链实现对世界经济走势的控制

随着垄断资本由一般私人垄断发展到国家垄断资本主义再到今天的国际垄断资本主义，帝国主义在时间轴上逐渐演变为表现形式、掠夺手段、实现条件、存在范围等都与传统殖民型帝国主义大相径庭的当代帝国主义，也就是新帝国主义。当代帝国主义遵循着生产高度社会化与私人占有制这一资本主义制度的基本矛盾，经济危机更加频生，为挽救危机，国家运用货币、财政手段强力干预经济却形成了大量财政赤字，出现滞胀。为追逐高额利润，发达资本主义国家出现过度金融化倾向，大型垄断财团对国家机器深度渗透，金融脱离实际产业自我膨胀的趋势愈来愈显著，上述特征构成了新帝国主义的新常态。垄断集团的主体转化为跨国财团，垄断组织的活动范围由国家内部延伸至国家外部，经济危机的国际延展性被加强，当超级大国发生经济危机时，其灾难性后果很快就会传播到全球各个国家和地区，形成全球性的灾难。基于列宁有关帝国主义基本特征的论述，我们认为，新帝国主义是巨型垄断财团操纵发达资本主义国家政权，运用二战后的国际货币体系、经济运作机制以及国际间的组织、协议、机制等国际公共产品对世界劳动人民进行控制和剥削的一整套垄断机制。新帝国主义在垄断主体、垄断形式、资本形式和思维模式这四个维度都有了新的表现形式，且达到了新的高度，但是，究其实质，则是基于列宁帝国主义论所述特征来展开运作的。

（二）帝国主义的寄生性和腐朽性更加明显表现为为维护其霸权而在国际政治和经济舞台上利用其实力地位霸凌竞争对手

列宁帝国主义论所论及的帝国主义的寄生性和腐朽性主要表达了生产和技术出现停滞趋势、食利者阶层和食利国的形成、政治上对国际社会的戕害等意思。

（三）帝国主义的垂死性特征伴随着资本主义为化解危机而展开的社会结构的调整不断显性化

列宁所说的帝国主义的垂死性是指其基本矛盾和各发展阶段主要矛盾的激化，注定了资本主义必然会被社会主义所取代。其实，自资本主义兴起以来，在其发展的每一个阶段都会爆发种种危机，每次危机积累到大的爆发阶段，都会促使资本主义在其自身体系内进行调整。

四、列宁帝国主义理论的当代实践价值

（一）有助于正确认识我国正面临的当今世界变局的性质和任务

列宁的帝国主义论是以构建为目的来展开论述的，是为了构建而批判。列宁从本体论出发，以垄断作为帝国主义理论的基石，认为只要垄断资本还存在，就无法改变帝国主义的本质，就无法改变帝国主义对世界其他国家剥削和掠夺的本性，就无法改变帝国主义要把全世界都纳入其控制的全球价值链体系之中的内在追求。现代科学技术的发展日新月异，各国间实力均衡的态势一直处在变化之中，但是，当“我们一旦把资本全球积累格局中出现的新变量带入列宁帝国主义论的分析框架后，其强大的阐释能力便立刻呈现出来”，

列宁帝国主义论揭示了帝国主义的固有本质、普遍特征、内在矛盾和发展动力，为我们指明了认识资本主义运行规律的路径。

（二）有助于认清历次世界变局的实质都是帝国主义征服世界的活动体现

毛泽东同志曾经说过，一切帝国主义都是纸老虎。作为资本主义的最高阶段，当代帝国主义的一切活动都是受金融寡头左右的，资本对利润和剩余价值的狂热追求，会驱使它们放下一切伪装进行赤裸裸的掠夺和欺压活动。但是，资本家又是“最理性的物种”，当它们的掠夺和欺压活动遭到狙击，迟迟不能取得胜利，且损失惨重的时候，基于成本的考虑，它们就会冷静下来进行妥协和让步，以确保把损失降到最低。这一“理性”基因决定了“只要我们拿起钢刀进行战斗，周边的强盗就会变成能歌善舞的种群”论断的客观实在性。

五、结语

距离列宁写作《帝国主义是资本主义的最高阶段》已经过去了106年，世界格局也发生了翻天覆地的变化，但是，列宁所揭示的帝国主义的基本特征和本性并未随着时间的流逝和生产力的快速发展而有所改变，相反，帝国主义的基本特征和本性随着时事的变化反而愈加显性化。

综合考察当今世界的发展格局，美国作为世界唯一超级大国继续领先世界，欧洲特别是西欧国家的发展受其自身发展格局的特征影响而陷入衰弱态势，欧洲特别是西欧国家追随美国步伐的总体格局未有根本性转变，但是，二战以后美国限定其追随者发展框架和步伐的国策也造成了欧美紧密型一体行动的内在动力在欧洲国家开始松动。新兴国家的崛起和欧美之间的矛盾，造成了二战后的秩序规则开始失范，重构国际公共产品成为各主要国家都在紧锣密鼓地谋划和行动的主题。总体来说，就是二战后的国际秩序和经济格局正在被打破，新的格局正在孕育和形成，大国竞争及其竞争结果正在重塑着人类世界，百年未有之大变局正在发生。

美国作为当下唯一的超级大国，希望继续保持其世界霸主地位，希望通过重新构建新的“圈子”来打造能够维持其绝对领导力的国际公共秩序，提供相应的国际公共产品，即各种可以维护其利益的国际往来机制，维护以美元为中心的国际中心货币体系，在全球价值链的重新构型过程中，利用其实力的优势地位，继续着垄断全球高端核心技术、控制高端产业核心环节的行为，美联储发挥着全球经贸大循环的“心脏”供血作用，其金融资本对世界的统治在当今时代达到了顶峰，跨国公司的实际控制人大多集中在美国，跨国公司同盟瓜分世界已经从二战前的实际控制殖民地升级为直接控制全球供应链体系，进而比殖民地时代更加高明地、更加多地攫取超额垄断利润，对世界的瓜分升级为对全球利润的掌控，全世界已经没有一寸土地可以摆脱由帝国主义国家跨国公司所掌控的全球价值链系统的左右，战争成为帝国主义国家金融寡头可以随心所欲使用的手段，对新兴国家的刻意打压也成为帝国主义国家在当下的主要任务。

当下，我们要更加清醒地认识到，一百余年来帝国主义的实质和本性依然如旧，梦想帝国主义可以放下屠刀的梦想注定不会实现，必须拿出进行斗争的决心，开展伟大斗争是实现中华民族伟大复兴这一伟大梦想的唯一途径。

开展伟大斗争，就是要牢固树立文化自信、理论自信、制度自信、道路自信，在习近平新时代中国特色社会主义思想的指引下，与国内外一切阻碍我们发展、阻碍中华民族伟大复兴的障碍进行坚决的斗争；在党的领导下，从列宁帝国主义论的论述中掌握帝国主义的基本特征和本性，结合当下的实际，综合运用我党革命战争时期、新民主主义建设时期和社会主义建设初步探索时期以及改革开放时期形成的、经过实践检验的斗争方式与各种敌人和困难进行坚决的斗争。

习近平总书记关于区域协调发展重要论述的科学内涵、精神实质和实践要求

王　丰　杜思杰
（西南大学马克思主义学院）

一、习近平总书记关于区域协调发展重要论述的科学内涵

（一）区域协调发展的重大意义：解决发展不平衡问题，朝着共同富裕方向稳步迈进

中国特色社会主义进入新时代，我国社会主要矛盾已经发生历史性转变，发展不平衡不充分问题成为制约共同富裕取得实质进展和实现第二个百年奋斗目标，以建成社会主义现代化强国的最大阻碍。为了解决非均衡发展中的问题，党中央开始围绕衔接各类区域发展、完成脱贫攻坚、促进共同富裕的发展主线，不断调整优化区域发展方针和政策，逐步勾勒出“区域协调发展方针—区域发展总体战略—区域协调发展战略”的政策脉络轨迹。党的十八大以来，以习近平同志为核心的党中央站在实现中华民族伟大复兴的全局高度，立足我国区域发展实际作出新时代实施区域协调发展战略的重大部署。习近平总书记指出：“协调发展注重的是解决发展不平衡问题。”① 区域协调发展战略以供给侧结构性改革为主线，对接“一带一路”建设，通过黄河流域生态保护和高质量发展、京津冀协同发展、长江经济带发展、粤港澳大湾区建设、长三角一体化发展“五大战略”引领西部大开发、东北等老工业基地振兴、中部地区崛起、东部地区优化发展“四大板块”建设；坚持“发展为了人民、发展依靠人民、发展成果由人民共享”② 的基本理念，逐渐厘清了均衡发展、脱贫攻坚、共同富裕的区域协调发展逻辑主线。

---

① 《习近平新时代中国特色社会主义思想学习问答》学习出版社、人民出版社2021年版，第230页。
② 《习近平谈治国理政》第二卷，外文出版社2017年版，第200页。

（二）区域协调发展的基本原则：秉持新发展理念，适应我国经济高质量发展的新阶段

坚持和贯彻新发展理念既是适应“高质量发展”新阶段和“双循环互相促进”新格局的内在体现，也是实施区域协调发展战略的实践原则。这是因为：第一，创新对发展的驱动作用越来越大。第二，协调成为区域发展的内生特点。第三，绿色成为协调发展的普遍形态。第四，开放成为协调发展的必由之路。第五，共享成为协调发展的根本目的。为了“让人民群众真真切切感受到共同富裕不仅仅是一个口号，而是看得见、摸得着、真实可感的事实”就必须使区域发展改革成果更多更公平地惠及全体人民，不断缩减贫富差距。[①] 可见，我国推进区域协调发展的目标是补齐实现共同富裕的短板，奠定实现共同富裕的物质基础。

（三）区域协调发展的主要内容：建立多层次全方位立体式协调发展新格局

习近平总书记关于区域协调发展的重要论述从“四大板块”“五大战略”到“特殊类型地区”的协同发展，再到发达地区与欠发达地区之间、城市之间、城乡之间统筹均衡发展，最后到健全区域协调发展新机制等方面，阐释了我国应努力开创多层次、多类型的全方位立体式协调发展新格局。第一，以地理板块和经济板块为依托，从空间“横向”层面推进区域协调发展。第二，以推进城镇化为重点，从历史“纵向”层面推进区域协调发展。第三，以制度建设为保障，优化区域协调发展的制度环境。习近平总书记强调，要不断探索和建立更加有效的区域协调发展新机制；通过机制体制建设，确保从区域“横向”和历史“纵向”上构建起多层次、网络化、全方位、立体式协调发展新格局。

（四）区域协调发展的关键举措：提升城市群综合承载力，拓宽资源要素流动空间

区域协调发展的重要内容是城镇化，而城镇化应以城市群作为主体形态，促进大中小城市和小城镇合理分工、功能互补、协同发展。随着我国区域协调发展战略的深入实施，在“一带一路”建设、京津冀协同发展、长江经济带高质量发展、粤港澳大湾区建设、黄河流域生态保护和高质量发展方面都取得十足成效，但也呈现出区域经济分化、发展动力极化、东北地区西北地区发展弱化[②]三种态势。因此，习近平总书记认为，应该尊重客观

---

① 张洋、鞠鹏：《深入学习坚决贯彻党的十九届五中全会精神 确保全面建设社会主义现代化国家开好局》，《人民日报》2021 年 1 月 12 日。

② 《习近平谈治国理政》第三卷，外文出版社 2020 年版，第 270 页。

规律、发挥比较优势、完善空间治理。以城市群为主要形态，形成高质量发展动力源，促进各类要素合理流动和高效集聚，这样既解决发展动力极化问题，又有助于与其他区域形成主体功能分区，增强其他区域的主体功能。同时，在东北地区和西北地区，注重发挥重要城市对区域发展的带动作用。树立城市群在区域协调发展中的主体地位，以形成优势互补、高质量发展的区域经济布局，要求东部城市群逐步建立健全大城市与中小城市间的产业分工合作体系，立足比较优势，实现协同发展；加快培育中西部地区、东北地区城市群，重点在提升城市群的综合承载力。中西部城市群综合承载力的提高，将为经济发展的资源要素拓宽流动空间，促进东、中、西以及东北地区经济资源按照市场规律流动，客观上也能巩固我国中西部地区生态涵养与东北地区粮食生产的主体功能。对于本身就具有一定人口集聚能力的中小城市和小城镇，人口承载力的进一步提高将为降低大城市人口密度、完善城市群结构奠定基础。

二、习近平总书记关于区域协调发展重要论述的精神实质

（一）贯彻新理念铸牢区域协调发展的“人民至上”主基调

习近平总书记关于区域协调发展的系列重要论述始终贯穿了“人民至上”的思想主线。第一，全体人民实现共同富裕是区域协调发展的价值旨趣。一方面，持续促进各地区之间、城乡之间向更高水平更高质量协调发展迈进，在发展中营造新的相对平衡，是推动共同富裕的重要举措。另一方面，共同富裕是社会主义的本质要求，是人民群众的共同期盼。第二，缩小区域间发展差距让各地区人民共享经济发展成果。第三，高标准高水平实施区域发展战略要坚持以人民为中心。无论是区域发展、城市群与城市建设还是城乡融合发展，习近平总书记都提到了要贯彻以人民为中心的发展思想。

（二）运用辩证法揭示区域协调发展的“相对平衡”总思路

习近平总书记辩证地揭示了区域协调发展的相对性。区域协调发展的这个总思路及其方法，为区域协调发展的实践提供了根本遵循。第一，切忌用单一指标片面地评价区域发展差距。第二，不能简单要求各地区在经济发展上达到同一水平。第三，正确看待主体功能区的分工差异所造成的经济发展水平差异。我国区域自然条件差异巨大，使得中西部某些省份和地区肩负着生态涵养、粮食生产的主体功能，经济发展受到国土空间开发的政策性约束。而东部沿海地区则不同，交通基础设施通达加上国家政策的扶持，各类资源要素流通不断汇聚，成为带动全国经济高质量发展的动力源。主体功能区的分工差异，客观上导致了区域发展在经济层面的差距。探索和建立多元生态补偿制度，增强国内市场对中西

部生态产品与农副产品的需求，逐步解决主体功能区间经济发展差异的矛盾，竭力营造"受益者付费、保护者得到合理补偿的良性局面"。[①]

（三）树立系统观构建区域协调发展的"整体协同"大格局

习近平总书记对区域协调发展有系统性的认识。区域协调发展是涉及多地域、多领域、多场域的系统性工程。只有整体把握、协同推进，激发内部各要素参与，积极和扎实推进区域协调发展，才能实现全体人民共同富裕的战略目标。第一，按照经济政治化与政治经济化相结合的思路，深刻认识和正确把握区域协调发展的整体性和全局性。第二，用系统观引领区域发展的整体协同。唯物辩证法认为，组成一个整体或系统的各个要素是相互联系的，联系是事物内部各要素之间和事物之间的相互影响、相互制约和相互作用的关系。就事物内部各要素之间通过相互作用推动区域协调发展而言，习近平总书记提出要通过以点带面的方式来实现区域发展的整体突破。就事物之间的相互作用推动区域协调发展而言，习近平总书记强调了"四大板块""五大战略"之间的区域政策整体协同、城市群建设和城乡融合之间的互相支撑、各种空间经济形态发展的衔接配合，打通各种"肠梗阻"和"断头路"。习近平总书记提出，坚决花大气力破除一切不合时宜的体制机制，促进产业、交通、市场一体化发展，增强各区域政策法规间的衔接配合，聚焦生态保护与绿色发展，实现区际政策、各领域建设、上下产业链的联动和互促互进。[②]

（四）坚持战略性推动区域协调发展的"与时俱进"创造性

习近平总书记关于区域协调发展的重要论述是马克思主义社会发展理论与中国区域发展实际相结合的最新成果，蕴含着丰富的战略性认识。主要表现在：第一，与时俱进地完善主体功能区战略。主体功能区战略发轫于党的十六届五中全会，目的是解决各区域经济发展、社会发展和生态环境之间的不协调以及空间开发无序的问题。[③] 第二，与时俱进地深化实施区域发展总体战略。与过去强调单一的落后地区的发展振兴不同，习近平总书记设计了"四大板块""五大战略""城市群建设""城乡融合发展""新型城镇化""乡村振兴"的协同推进政策。

---

① 习近平：《推动形成优势互补高质量发展的区域经济布局 发挥优势提升产业基础能力和产业链水平》，《人民日报》2019 年 8 月 27 日。

② 《习近平关于社会主义经济建设论述摘编》，中央文献出版社 2017 年版，第 265 页。

③ 《习近平谈治国理政》（第三卷），外文出版社 2020 年版，第 378－379 页。

三、习近平总书记关于区域协调发展重要论述的实践要求

（一）解决区域间发展不平衡问题的关键在于全面深化改革

在深入实施区域协调发展战略解决发展不平衡问题过程中，“思路要明确，坚持改革先行，有序配套推出改革举措”。① 第一，通过全面深化改革打破地区封锁，统一国内大市场。第二，全面深化区域经济发展评价模式改革，促进产业一体化。第三，坚定不移深化改革开放，增强微观主体活力。第四，健全区域协调发展新机制。包括：健全帮扶机制；② 统筹全国养老保险，要在全国范围内实现制度统一和区域间互助共济；改革土地管理制度，使优势地区有更大发展空间；完善能源消费双控制度，对于能耗强度达标而发展较快的地区，能源消费总量控制要有适当弹性；全面建立生态补偿制度，要健全区际利益补偿机制，形成受益者付费、保护者得到合理补偿的良性局面。完善财政转移支付制度等。③

（二）发达地区加快发展与欠发达地区跨越式发展并举

实现区域协调发展，根本途径还是要促进发达地区加快发展、欠发达地区跨越式发展，这是统筹区域发展的核心。第一，提高自主创新能力是发达地区加快发展的核心关键。第二，加大政府转移支付力度是欠发达地区跨越式发展的重要内容。第三，积极探索欠发达地区跨越式发展的新路子。一方面，要增强欠发达区域高质量发展动能，越是欠发达地区，越需要实施创新驱动发展战略。另一方面，欠发达地区应该发挥比较优势，主动接轨国内外发达市场，加快培育特色经济，开拓跨越式发展新道路。④

（三）立足“五大战略”区域发展新格局联动培育世界级城市群

习近平总书记高度重视城市群建设在推动区域协调发展中的作用。第一，增强城市群人口与经济承载力，强化城市群成为区域发展的主要承载形式。第二，优化提升东部城市群与联动培育中西部城市群相结合。第三，推进城市群内部合理分工与布局，不断提升城市发展一体化水平。目前，城市群建设存在极化和弱化并存的突出矛盾。一方面，中心城

---

① 《习近平关于社会主义经济建设论述摘编》，中央文献出版社 2017 年版，第 261 页。

② 习近平：《适应形势任务变化 弘扬脱贫攻坚精神 加快推进农业农村现代化 全面推进乡村振兴》，《人民日报》2021 年 4 月 9 日。

③ 《习近平谈治国理政》（第三卷），外文出版社 2020 年版，第 272 - 273 页。

④ 习近平：《干在实处走在前列——推进浙江新发展的思考与实践》，中共中央党校出版社 2006 年版，第 208 页。

市集聚了本城市群中更多的要素资源，有些中心城市属于国家中心城市，因此，服务空间和辐射范围甚至超过城市群本身。另一方面，不科学、不合理的城市群结构，将会导致核心城市不仅不能带动城市群中其他中小城市的发展，而且还可能会由于空间与资源挤压，资源由中小城市向中心城市的单向流动，使得中小城市在与中心城市的联系中更加被动而逐渐边缘化。打通城市群的内外经济社会资源和各类生产要素的循环，必须加强城市群的市场一体化、交通一体化建设，促进产业链的衔接和延伸，不断提升城市群一体化水平，实现区域协调发展。

（四）深化东西部协作与定点帮扶工作促进城乡融合发展

习近平总书记特别强调，“开展东西部协作和定点帮扶，是党中央着眼推动区域协调发展、促进共同富裕作出的重大决策”。[①] 第一，深化实施东西部协作，推动区域协调发展。第二，做好定点帮扶工作，促进共同富裕。统筹城乡发展，是区域协调发展的重要内容。第三，健全城乡融合发展的体制机制，缩小城乡差距。包括：整体推进城乡产业结构战略性调整，着力形成一、二、三产业协调发展的新格局；整体推进城乡就业结构战略性调整，着力形成城乡一体的就业新格局；整体推进城乡规划建设与生态环境建设，着力形成城乡建设互动共进的新格局；整体推进城乡社会保障和公共服务体系建设，着力形成经济发展与社会进步相互促进的新格局；整体推进城乡配套改革，着力形成统筹城乡发展的新体制；[②] 整体推进城乡利益补偿机制，着力提升利益补偿的运作效率，鼓励乡村提供更多高质量的生态产品和粮农副产品。

---

① 习近平：《适应形势任务变化 弘扬脱贫攻坚精神 加快推进农业农村现代化 全面推进乡村振兴》，《人民日报》2021 年 4 月 9 日。

② 习近平：《干在实处走在前列——推进浙江新发展的思考与实践》，中共中央党校出版社 2006 年版，第 157 - 159 页。

以中国式现代化为中国特色社会主义政治经济学的理论创新方向

——基于马克思政治经济学理论品格视域

徐　艳　何爱平

（西北大学）

一、马克思政治经济学理论生成的基本品格

马克思政治经济学所具有的理论品格实质上是辩证唯物主义和历史唯物史观在理论研究中的深刻体现，也正是马克思政治经济学具有超强的现实解释力、严密的逻辑体系、客观严谨的科学性以及与时俱进的创新性的根本原因，为中国特色社会主义政治经济学及其理论创新提供了根本遵循。

第一，实践性。马克思政治经济学的实践性在马克思选择以英国为主要研究对象时就已经展露。第二，抽象性。抽象性是马克思政治经济学最显著的品质特征，也是其最核心的研究方法。第三，本质性。立场问题体现了一门学科的本质特性，是不同经济学说相区别的根本决定因素。第四，时代性。马克思曾指出“问题是时代的格言，是表现时代自己内心状态的最实际的呼声”，“主要的困难不是答案，而是问题”。[①] 因而马克思政治经济学的时代性首先表现为问题导向。继马克思、恩格斯创立马克思政治经济学之后，列宁依托垄断资本主义时代的新变化创造性地提出帝国主义经济理论，归纳了帝国主义的五大基本特征，指出“垄断代替自由竞争，是帝国主义的根本经济特征，是帝国主义的实质”[②]。其后，中国共产党人立足不同的时代方位，从把马克思政治经济学引入中国革命和经济建设，到开创性地提出社会主义市场经济命题、创建中国特色社会主义基本经济制度，再到提出以人民为中心的发展思想、五大新发展理念等新的理论和术语[③]，充分展现了时代性对马克思政治经济学创新发展的强大驱动力。

---

① 《马克思恩格斯全集》第 1 卷，人民出版社 1995 年版，第 203 页。

② 《列宁选集》第 2 卷，人民出版社 2012 年版，第 704 页。

③ 刘伟：《马克思主义中国化进程中的政治经济学发展》，《经济学动态》2021 年第 11 期。

二、面向中国式现代化开展理论创新的品格承继

（一）面向中国式现代化有助于高效利用实践素材

立足新的历史方位，习近平总书记在建党百年大会上庄严宣告我们“创造了中国式现代化新道路，创造了人类文明新形态”①，这标志着中国特色社会主义道路以及中国独特的发展模式已经日趋成熟，“中国式现代化”已经从改革开放之初的一个目标构想变成中国当前的发展现实。中国特色社会主义政治经济学正是以改革开放以来中国经济发展的典型实践为基础、反映中国特色社会主义生产方式及其运行规律的理论学科，可见“中国式现代化”这一范畴不仅是在时段节点上贯穿于中国特色社会主义政治经济学所要考察的实践历程，更在内涵演变上与中国特色社会主义政治经济学的理论内容相契合，面向中国式现代化进行理论创新能够使中国特色社会主义政治经济学更好地继承马克思政治经济学的实践性。

（二）面向中国式现代化有助于科学运用抽象方法

“中国式现代化”不仅是对中国特色社会主义政治经济学考察历程所呈现的任务目标、生产方式等经验事实的表征性抽象，还是对这一历程背后思维理念、价值立场等本质特征的深层次抽象，是抽象与具体相统一的概念范畴。面向“中国式现代化”进行理论研究，首先将中国特色社会主义政治经济学的抽象边界限定在“中国特色社会主义”以及“现代化发展”的范围内，以特定的“具体”为前提提升了理论抽象的科学性和合理性。

更深层地，“中国式现代化”实质上是对中国模式多维特征的抽象凝练，面向中国式现代化有助于推动中国特色社会主义政治经济学散点式的理论成果联结成一个完整的结构体系。“中国式现代化”首先是一个综合性的范畴，既蕴含着构建人类命运共同体、开创人类文明新形态的宏大愿景，也代表了中国独创的混合所有制、社会主义市场经济体制等经济制度，还包含着中国特有的由央地关系、政企关系等有机结合形成的经济运行方式，更是中国术语革命和话语体系建构的突破性标志，“它是许多规定的综合，因而是多样性的统一”②。

（三）面向中国式现代化有助于充分展现本质属性

事实上，把人作为社会发展最重要、最核心、最活跃的因素，为满足人生存与发展的

---

① 《习近平：在庆祝中国共产党成立100周年大会上的讲话》，http://jhsjk. people. cn/article/32146278。

② 《马克思恩格斯文集》第8卷，人民出版社2009年版，第25页。

物质需要不断发展生产力，为激发人的生产能动性和个性创新性不断调整生产关系，以人认识自然、改造自然的能力提升为内核动力、以人的世界历史性规律使然为必然趋势，正是中国特色社会主义道路超越性的体现。同时，“中国式”代表着中国特色社会主义的制度属性，面向中国式现代化的理论创新能够推动中国特色社会主义政治经济学更充分地挖掘中国制度的优越性。中国特色社会主义进入新时代以来，以习近平同志为主要代表的中国共产党人，深刻总结并充分运用党成立以来的历史经验，从新的实际出发阐明“中国特色社会主义最本质的特征是中国共产党领导，中国特色社会主义制度的最大优势是中国共产党领导”①。

（四）面向中国式现代化有助于直接面向时代课题

新时代中国的现代化发展是在世界百年未有之大变局的复杂国际背景下推进的，围绕现代化目标展开的诸如关键核心技术突破、现代化经济体系建立、国家现代化治理能力及治理体系建立、绿色发展及生态文明的建设、对外开放新格局的建立等一系列重大问题是马克思主义经典作家未曾讲过、也未曾遇到过的问题，这对中国特色社会主义政治经济学提出了更高、更紧迫的要求。中国道路具有“现代化”的一般性，中国特色社会主义政治经济学面向中国式现代化进行理论创新，能够为世界各国的现代化发展提供更好的方案：一是挖掘发展中国家如何在落后条件下，快速实现工业化、信息化、城镇化、农业现代化相叠加的并联式发展，同时保持国家的独立自主性，为发展中国家打破对发达国家的路径依赖提供规律性经验；二是梳理社会主义国家以社会主义发展方式推进现代化建设的客观规律，以及在快速发展的同时有效规避重大经济危机的内在逻辑，使世界更加了解社会主义国家的制度优势；三是揭示中国始终践行和平共处、共同发展的现代化道路与西方资本主义国家自工业革命以来伴随资源掠夺、政治控制、文化渗透等的现代化道路的本质区别，呈现出中国式现代化道路的科学性、文明性及超越性。由此，提升中国特色社会主义政治经济学作为理论学科的一般性和普适性，为世界更多国家提供理论参考和政策借鉴。

三、面向中国式现代化开展理论创新的境界开拓

（一）深化理论前提：面向人口规模巨大的中国式现代化

“人口规模巨大”作为中国式现代化的第一大特征，为现代化建设的一切实践活动和理论工作确立了基本前提。一方面，人口规模巨大是我国国情的基本特征，也是我国现代

① 《习近平：中国共产党领导是中国特色社会主义最本质的特征》，http://jhsjk.people.cn/article/31784847。

化发展的客观前提；另一方面，“人口规模巨大”的深层含意在于中国道路对“人民至上”价值理念的坚持以及对“人”的主体性地位的重视。人是生产力中的主导性、决定性因素，人的现代化主要是指人的知识、观念、品质、能力等个人综合素质的现代化①。面向中国式现代化，驱动中国特色社会主义政治经济学深化对人口规模巨大这一理论前提的科学认识。这意味着，理论创新要坚守马克思主义的实践观点，从研究对象最大的现实特征出发，解构现实特征背后的实际困难点。理论创新要坚守“中国式”的价值立场，从人的主体性地位出发厘清“人的现代化”的实质内涵、基本特征和实现路径，引导实践活动进一步挖掘和释放人口规模巨大的潜在优势，为现代化强国建设提供有力保障。最关键的，理论创新要深入探究如何通过“人的现代化”将现代化强国建设的现实困难转化为发展的助推力，就是要梳理清楚人的现代化与国家的现代化之间的内在关联、作用机制及影响因素等基本问题。

（二）明确理论目标：面向全体人民共同富裕的中国式现代化

共同富裕是社会主义的本质要求，也是中国特色社会主义制度的优势所在，更是中国道路理想性与现实性高度融合的体现。党的十八大以来秉持“共同富裕路上，一个也不能掉队”② 的坚决态度打赢脱贫攻坚战、全面建成小康社会，为“共同性”提供良好社会条件，中国共产党人始终在带领人民朝着共同富裕的理想目标迈进。在新的历史条件下，习近平总书记深刻指出“现在，已经到了扎实推动共同富裕的历史阶段”③，要使“人民生活更加美好，人的全面发展、全体人民共同富裕取得更为明显的实质性进展”④。面向中国式现代化，驱动中国特色社会主义政治经济学面向全体人民共同富裕的目标追求进行理论创新。理论创新应以完善相关基本理论为首要任务，以如何真正实现共同富裕为根本落脚点。中国特色社会主义政治经济学的理论研究在理想与现实的张力之间，明确将共同富裕的社会理想作为理论目标，不仅以鲜明的研究目的推动理论学说的创新发展，还为当前西方世界两极分化的社会困境提供了一种崭新的发展思路，开拓了社会形态理论的新境界。

---

① 张三元：《以新发展理念推动和引领人的现代化》，《思想理论教育》2021 年第 8 期。

② 《新时代要有新气象更要有新作为 中国人民生活一定会一年更比一年好》，http://jhsjk. people. cn/article/29609028。

③ 《扎实推动共同富裕》，http://jhsjk. people. cn/article/32255147。

④ 《中共中央关于制定国民经济和社会发展第十四个五年规划和二〇三五年远景目标的建议》，http://www. gov. cn/zhengce/2020 - 11/03/content_5556991. htm。

（三）挖掘理论深度：面向物质文明和精神文明相协调的中国式现代化

“物质文明和精神文明相协调”既是社会现代化发展向更高水平形态演进的客观要求，也是人的美好生活向更高层次升级的主观需求，是中国式现代化主观性与客观性相一致的共同要求。面向中国式现代化，驱动中国特色社会主义政治经济学面向物质文明和精神文明相协调的高层级要求提升理论深度。其一，要运用辩证唯物法全面系统地厘析“物质”与“精神”的独立性与交互性，进一步探究物质生产与精神生产、物质性消费与精神性消费、物质财富分配与精神财富分配、物质产品交换与精神产品获得等重大关系问题，以及由此衍生的劳动时间与自由时间、分工效率与人的全面发展等矛盾关系问题，为推进物质文明与精神文明的协同发展提供理论基础。其二，要运用科学抽象法将“劳动”这一抽象的生产要素还原为具体的“人”，从现实的人，即人的本质出发来研究社会“物质—精神”文明相协调的内在逻辑，通过考察新时代“人”的再生产对于“物质—精神”的双重需求，探寻个人层面接受教育、参加就业、知识创造、文化交流等活动对于社会“物质—精神”文明建设的作用机制，以及社会层面政治、经济、生态、文化、民生等多方面建设对于个人“物质—精神”生活的影响效应。

（四）延展理论视野：面向人与自然和谐共生的中国式现代化

当前人们对于美好生态的向往日益强烈，良好的生态环境已然成为人民美好生活需要中至关重要的组成部分，人与自然和谐共生不仅是资源约束条件下的现实需要，也是新时代美好生活样态的内在要求。面向中国式现代化，驱动中国特色社会主义政治经济学面向人与自然和谐共生的样态构建延展理论。一方面，需要探究如何通过财政税收、金融优惠、法律法规等多层次的政策组合和机制设计，激励不同经济主体以更集约的方式获取、利用自然资源，以更环保的方式处理生产废料和生活垃圾，从而使人对自然资源取用性的交互方式既满足现期社会生产的总需求，又有益于人类社会的永续发展。另一方面，需要研究如何在“山水林田湖草沙”系统治理的具体环节中，挖掘出相关生态产业的潜在经济价值，创造出具有交换价值的高质量生态产品，从而使人对自然生态保护性的交互方式在提升生态系统可持续性的同时能够创造出驱动当前经济发展的新兴增长点。

（五）拓宽理论格局：面向走和平发展道路的中国式现代化

走和平发展道路是经济全球化趋势下现代化建设的必由之路，也是以“国内—国际”两个大局的联动关系推动我国迈向高水平现代化发展的重要选择。党的十九届五中全会提出加快构建以国内大循环为主体、国内国际双循环相互促进的新发展格局，正是在维护和平发展环境的基础上，通过对“国内—国际”两个市场、两种资源的充分利用来促进自身发展的重大战略布局。进一步地，从世界各国乃至全人类的发展来看，和平发展是世界各国共同携手应对自然灾害、气候变化、疾病蔓延、金融危机等全球性问题的重要基石。当前世界正处于百年未有之大变局，习近平总书记结合新的国际形势提出人类命运共同体的发展理念，号召各国共商、共建、共享“持久和平、普遍安全、共同繁荣、开放包容、清洁美丽”① 的世界家园。人类命运共同体的理念是对马克思共同体思想与精神的创造性继承，也是对中华文化“天下大同”胸襟与情怀的时代性升华，更是对世界性的价值观、发展观和方法论等上层建筑的重塑，真正开创了人类文明的新形态。

面向中国式现代化，要求中国特色社会主义政治经济学拓宽理论格局：一是要拓展认知域，二是要开阔思维面。构建人类命运共同体是一个涉及多个领域的综合性命题，经济领域无疑是其中至关重要的一个方面，但与此同时其他领域尤其是其他领域与经济领域的协同性对于构建人类命运共同体的作用也不容忽视。

---

① 《中共中央关于党的百年奋斗重大成就和历史经验的决议》,http://jhsjk.people.cn/article/32284363。

基于多主体建模与仿真的置盐定理研究

刘　勇　罗啸潇[①]

（四川大学）

一、引言

一般利润率是整个资本主义经济系统的核心变量，聚焦了众多的学者对此进行研究，特别是置盐信雄提出一般利润率趋于上升的论断，与马克思提出的一般利润率下降截然不同，更是吸引了大量的学者对此进行研究。同时，越来越多的证据表明资本主义经济系统是一个典型的复杂适应系统，其中的劳动者、资本家和政府等经济主体具有智能性和适应性，在这些主体间的交互中，资本主义经济系统会涌现出复杂的现象，使得我们对其中的单个核心变量“一般利润率”的研究更趋复杂。只有在整个复杂适应系统中去分析这类核心变量，才能得出更贴近现实的而且是动态化的结论。有鉴于此，对置盐定理的批判也应该嵌入复杂适应系统的建模框架之中，使其在更贴近现实的具有复杂适应系统特征的仿真环境中暴露其理论的缺陷。

二、研究现状分析

既有研究从置盐定理的前提条件以及概念入手对其进行了批判。比如该定理假设正利润就一定有正的净产出，这在简单再生产过程中不一定成立[②]。错误的假设还包括工资是决定一般利润率的唯一因素以及将生产成本构成与资本有机构成混为一谈[③]。特别值得注意的是薛宇峰[④]的研究结论表明置盐定理的论证前提存在“静态与动态不统一”的矛盾，

---

① 作者简介：刘勇，四川大学经济学院教授。罗啸潇，四川大学经济学院博士研究生。

② 冯金华、卢文璟：《马克思主义基本定理的再证明》，《财经科学》2014 年第 10 期，第 40－51 页。

③ 彭必源：《用马克思理论分析“置盐定理”》，《湖北工程学院学报》2012 年第 6 期。

④ 薛宇峰：《利润率变化方向是“不确定”的吗？——基于经济思想史的批判与反批判》，《马克思主义研究》2015 年第 7 期。

混淆了新技术引进后在各部门内部和整个社会之间的竞争过程。由此可见，该定理对资本主义经济系统的动态性和互动性特征几乎没有涉及。此外，置盐定理也未区分不同产业之间新技术和劳动生产率的差异。该定理基本概念的混乱还表现在未将劳动与其他商品进行区分①，导致其对劳动剥削的解释存在重大缺陷，与此类似的结论来自马艳和严金强②的研究。对置盐定理假设前提的批判还包括其混淆了剩余价值的生产和实现过程③，并且错误地将简单再生产公式应用到转型理论中。

既有研究还从不同的研究层面对置盐定理进行了解剖，特别是该定理与马克思主义是处于不同的研究层面。马克思讨论的是整个经济体系的资本积累问题，而置盐定理则聚焦于资本家对新技术的选择，引起置盐定理与一般利润率下降规律相悖的根本原因在于马克思价值体系和斯拉法价值体系的差异。更进一步，裴宏④通过数理模型同样证明了马克思和置盐定理的差异主要源于对技术进步的不同见解，根本原因在于两者不属于同一理论层次。

既有研究采用了多种研究方法，包括数理模型来证明置盐定理的错误和局限性。比如将固定资本纳入数理模型，用比较静态分析法推演了一般利润率的变化过程⑤。以资本为突破口的数理模型还包括建立固定资本价值流通和周转动态模型。还有包括两部门经济的利润率方程和曲线模型⑥、博弈模型以及非均衡条件下的多变量模型⑦。

由此可见，既有研究对置盐定理进行了深入分析，采用了多种方法，深刻揭示了其理论的缺陷。但是，基于复杂适应系统理论，从该理论本身的前提和理论架构着手，构建仿真模型，在更贴近资本主义经济系统的现实和长期的演变过程中对其进行批判的研究，在公开发表的文献中还没有发现。因此，接下来将以该定理为基础构建多主体仿真模型并设定仿真周期进行动态研究，最终揭示置盐定理的缺陷。

---

① 裴宏：《国外学者对劳动价值论和剥削理论数理研究的发展——对“非斯拉法”分支的评论》，《政治经济学评论》2015 年第 6 期。

② 马艳、严金强：《现代政治经济学“重大难题”的理论脉络与新解》，《学术月刊》2012 年第 12 期。

③ 王生升、李帮喜、顾珊：《价值决定向价值实现的蜕化：置盐定理的逻辑推理困境》，《世界经济》2019 年第 6 期。

④ 裴宏：《马克思的固定资本理论：原理、建模及与联合生产模型的比较》，《政治经济学评论》2020 年第 5 期。

⑤ 杨帅泓、朱安东：《马克思—斯拉法生产价格体系下的利润率下降规律——对置盐定理的一个修正》，《当代经济研究》2021 年第 4 期。

⑥ 孟捷、冯金华：《非均衡与平均利润率的变化：一个马克思主义分析框架》，《世界经济》2016 年第 6 期。

⑦ 孙小雨：《真实竞争和利润率下降：真实竞争理论与 MF 模型的比较》，《世界经济》2018 年第 3 期。

三、多主体仿真模型

（一）理论模型

理论模型是整个多主体仿真模型的基础，包括理论模型框架以及各个经济主体的设计。置盐定理主要涉及的经济主体（*agent*）包括资本家、工人、市场。资本家按照成本节约型原则引入新技术以降低成本，如果工人的实际工资不是上升得足够高，那么资本家总是可以获得利润，进而提高一般利润率。按照这种逻辑，构建的理论模型包括资本家或者企业。资本家分为成本节约型技术首家引入者，同时鉴于资本家之间对有利可图技术的模仿行为①，将另一类资本家区分为成本节约型技术模仿者。这些资本家为了实现对利润的追逐，都需要准备足够的“资本”和“工人”进行生产，通过市场销售实现“惊险的跳跃”以获得利润。由于现实中资本家会继续进行生产，因此，通过再生产使得这些过程得以循环。这个过程还涉及其他的变量，比如实际工资增长率。在“市场”环节，还涉及市场增长率（低增长率和高增长率）、市场份额等（图1）。

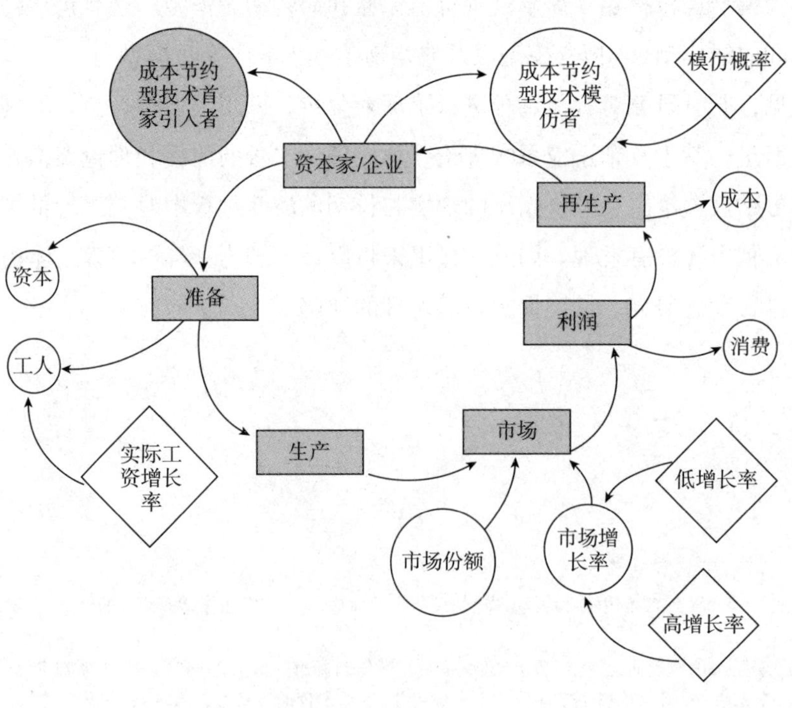

图1　理论模型框架

① Giachetti C. ,Lanzolla G. Product Technology Imitation Over the Product Diffusion Cycle：Which Companies and Product Innovations do Competitors Imitate More Quickly? Long Range Planning, 2016,49(2):250 – 264.

理论模型中的变量。以置盐定理为理论依据设计模型变量，为计算机仿真模型的构建奠定基础。比如 *costSavingTechnology - capitalists* 表示引入成本节约型技术的资本家。为了使得该模型更贴近资本主义经济系统的现实，还设计一些辅助变量，比如 *technologyImitation - capitalists* 表示模仿成本节约型技术的资本家。因为一旦特定的技术被采用而且给资本家带来了利润，势必引起其他竞争者的关注，包括模仿者，其数量的多少受到模仿概率（*technologyImitation - probability*）的影响（见表 1）。

表 1　模型的主要变量

变量	描述
initial - capitalists	初始资本家数量
costSavingTechnology - capitalists	引入成本节约型技术的资本家
technologyImitation - capitalists	模仿成本节约型技术的资本家
technologyImitation - probability	模仿概率
Profits Rate	利润率
consumption	资本家消费金额
market	市场
BasicProductIndustry - max - market - share	基本品生产行业的最大市场份额
market - growth	市场增长率
high - growth - probability	高市场增长率概率
low - growth - probability	低市场增长率概率
marketGrowthRegulator	市场增长调节，诸如资本主义政府影响市场的相关规制
prepare	生产的准备阶段
produce	生产阶段
reproduce	再生产阶段
reproduction - threshold	是否进行再生产的阈值
reproduction - cost	再生产成本
realWageGrowthRate	实际工资增长率

（二）仿真模型

仿真模型以理论模型为基础，以模型变量为工具，构建计算机可以识别的仿真程序。整个模型包括设计系统仿真流程、确定系统变量初始值、运行仿真平台三部分。

首先是系统的仿真流程。系统的仿真周期设为 50 年（ticks = 50），达到该值时，程序自动停止仿真。引入成本节约型技术的资本家以及模仿成本节约型技术的资本家在仿真程序中作为具有智能性的经济主体，纳入资本主义经济系统的运行过程。利润率（*Profits Rate*）作为核心变量与系统中的其他变量和主体行为相互影响，共同演绎出整个系统的涌现规律。鉴于资本家对利润的追逐和贪婪，利润率的变化将直接导致资本家数量的变化，如果 *Profits Rate* 小于 0，则该资本家死亡“*die*”，也即退出仿真系统。当 *Profits Rate* 大于 *reproduction* – *threshold* 时，该资本家得以存活并存续在系统中，进入再生产环节，可以是扩充生产资料，也可以是设立子企业，都表现为规模或者数量的增加。由此可见，该仿真流程中资本家的数量与利润率是直接关联的，资本家的数量可以有效反映出利润率的上升或者下降，之所以采取这种仿真设计，是因为利润率作为数值变量不具备经济能动主体的特征，诸如智能性、适应性和反馈性等。资本家则完全具备这些特征并且利润率是资本家存活的关键，有鉴于此，将利润率的变化附着于资本家的数量变化，可以生动而且有效地刻画出利润率的变化趋势（图 2）。

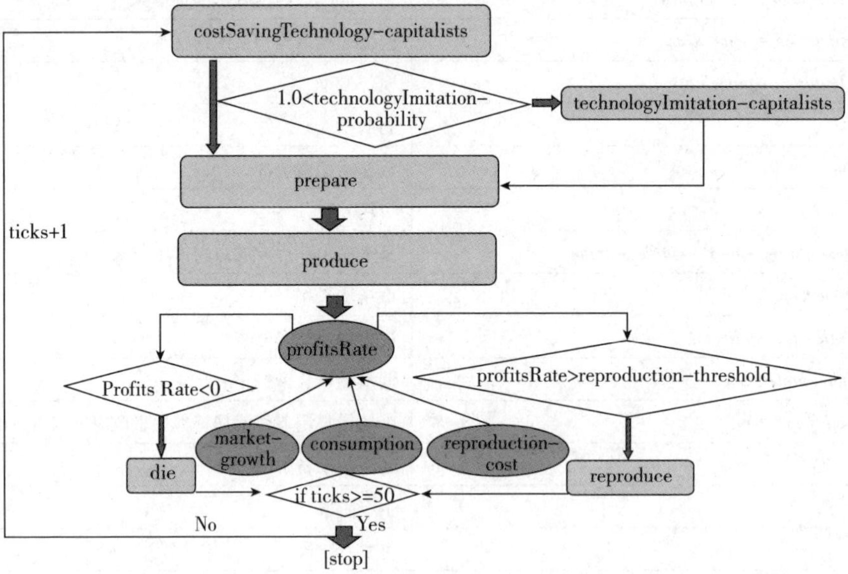

图 2　系统仿真流程

然后，确定系统变量的初始值。基于图 2 的系统仿真流程，需要对系统的各个变量进行赋值，以最终完成系统程序的运行。这些变量的初始值来源包括欧美国家的实际数据，以及作为调控变量由作者根据资本主义经济系统的特点而设计的数值情景。比如 *realWageGrowthRate* = 1.51%，根据 Giachetti 和 Lanzolla[①] 的针对欧盟 25 个国家和地区 2004 年至 2016 年的平均实际工资增长率而来。系统中资本家数量的初始值 *initial* – *capitalists* = 135，就是作为调控变量由作者设计（见表 2）。

① Giachetti C, Lanzolla G. Product Technology Imitation Over the Product Diffusion Cycle: Which Companies and Product Innovations do Competitors Imitate More Quickly? Long Range Planning, 2016, 49(2): 250 – 264.

表 2　主要变量的初始值

变量	初始值	依据
initial - capitalists	135	调控变量，可以根据实验需要设定数值［0，200］
realWageGrowthRate	1.51%	欧盟 25 个国家和地区 2004 年至 2016 年平均实际工资增长率［0，30%］（Ramskogler P，2021）
technologyImitation - probability	0.3，［0，1］	资本家之间存在技术模仿，概率值［0，1］（Giachetti and Lanzolla）
consumption	10%，［0，100］	调控变量，可以根据实验需要设定数值
reproduction - cost	60%，［0，100］	调控变量，可以根据实验需要设定数值
marketShareRevenue	70%，［0，100］	调控变量，可以根据实验需要设定数值
reproduction - threshold	60%，［0，100］	调控变量，可以根据实验需要设定数值
BasicProductIndustry - max - market - share	20，［1，100］	调控变量，可以根据实验需要设定数值
high - growth - probability	50，［0，100］	调控变量，可以根据实验需要设定数值
low - growth - probability	20，［0，100］	调控变量，可以根据实验需要设定数值
marketGrowthRegulator	5，［0，100］	调控变量，可以根据实验需要设定数值

最后，运行仿真平台。采用可以免费获取的开源平台 NetLogo，该平台继承了 Logo 语言但又改进了其只能控制单个主体的不足。基于 NetLogo 的仿真平台能够有效地捕捉微观个体之间的互动行为和宏观涌现之间的动态机制，特别适合具有复杂适应特征的资本主义经济系统。对系统中各个主体的行为模式直接采取命令实现，比如：对资本家的再生产行为可以通过“to reproduce”实现，其中设置条件“if profitsRate ＞ reproduction - threshold”，续以“［set profitsRate profitsRate － reproduction - cost hatch 1］”，最后以“end”命令结束整个子程序。由于该平台对复杂适应系统的复杂性和非线性有着精准的识别和仿真，已经被广泛而且成功地运用于各个领域的研究①（图 3）。

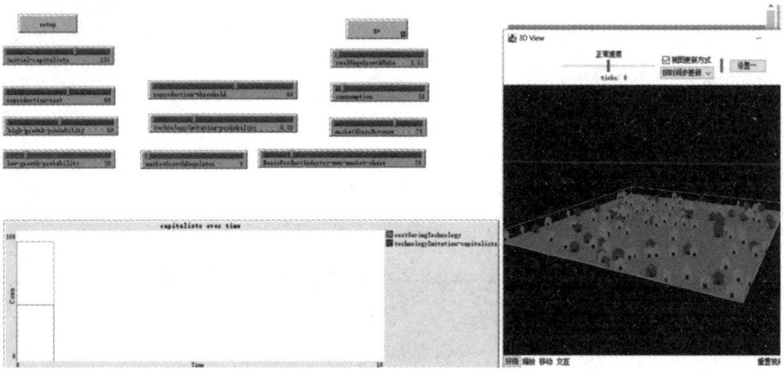

图 3　NetLogo 仿真平台

① Liu Y. Relationship between industrial firms, high - carbon and low - carbon energy: An agent - based simulation approach, Applied Mathematics and Computation, 2013, 219(14): 7472 - 7479.

如图 3 所示，该平台可以实现仿真对象的 3D 展示，还可以通过左侧的滑动变量条块，实现不同变量值的情景仿真，并将特定的变量值进行存储和输出。

四、研究结果与分析

NetLogo 仿真平台最大的优势在于可以通过滑动变量模块进行调控，设计出不同的仿真情景，在动态中观察系统的涌现规律。为了揭示资本主义经济系统利润率的变化趋势，设计了三种仿真情景。变量的初始值作为初始情景（S0）。为了分析资本家之间对技术的模仿所导致的利润率的变化，设计情景 1（S1）*technologyImitation – probability* 的数值提升为 0.6，其他变量的值不变。资本家要实现对劳动力的剥削，需要到市场上实现“惊险跳跃”，因此，市场份额的增长与否对利润率的影响也至关重要，将情景 2（S2）*high – growth – probability* 的值提升为 60，假设资本家所在的市场处于高增长阶段，其他变量的值不变。

分别输入仿真平台，三种情境的仿真结果均表明：首先拥有成本节约型技术的资本家数量和模仿成本节约型技术的资本家数量均呈现倒“U”形特征，在长期内趋于下降，进而表明资本家获得的利润率在长期是下降的。首先引进成本节约型技术的资本家数量，在情景 S0 和 S2 短期内都获得了增长，特别是在市场处于高增长的情景 S2 中，最大值是所有情景中最高的，尽管在情景 S1 中，由于模仿的资本家不断进入，分割了一部分利润，但资本家的总量都是在增长。置盐定理充其量只能解释这种短期内的资本家数量因为利润率的上升而带来的增长。随着仿真周期的推进，资本家的数量急剧下降，由于仿真程序将利润率与资本家的数量设置为正相关，因此，利润率在长期内趋于下降（图 4）。

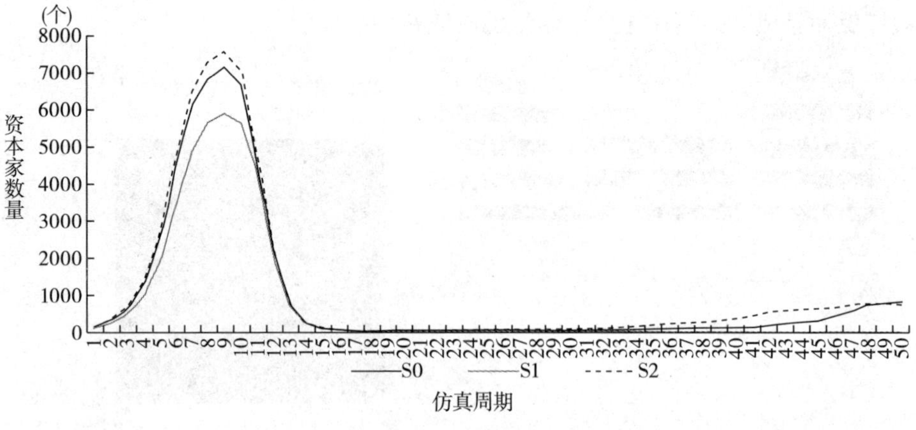

图 4　三种情境下首先拥有成本节约型技术的资本家数量

三种情境下，模仿成本节约型技术的资本家数量在长期内也趋于下降，其中在情景 S1

中，模仿概率的增加导致该类资本家的数量在三种情景中最多，但仍改变不了在长期内趋于消亡的宿命（见图5）。

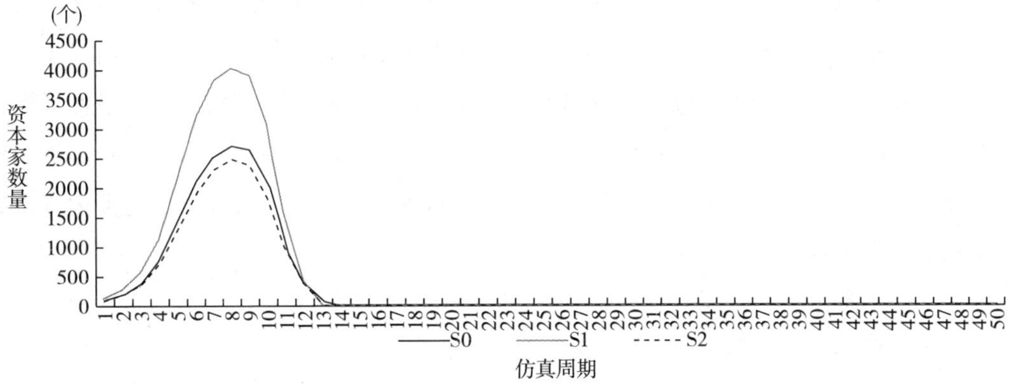

图5　三种情境下模仿成本节约型技术的资本家数量

三种情景下，两类资本家数量的总和在长期内趋于下降，从图6可以看出，情景S1和情景S2的资本家数量均多于情景S0，表明成本节约型技术的模仿和扩散以及市场的高增长，均有利于资本家获得利润，使其在短期内数量得以增长，但是在长期内，仍无法克服资本主义生产关系固有的基本矛盾，总数量趋于减少，其利润率也趋于下降（图6）。

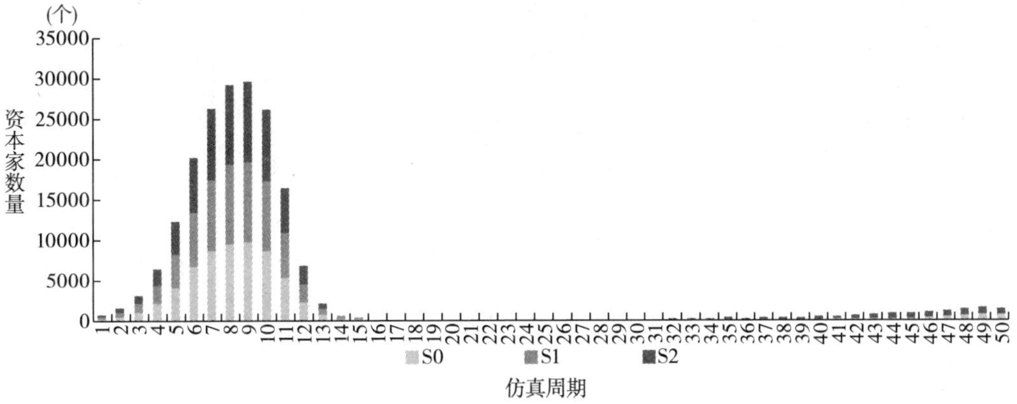

图6　三种情境下资本家数量总和

五、研究结论

以置盐定理为理论基础，构建多主体仿真模型。设计了三种仿真情景：S0系统变量的初始值作为初始情景，S1资本家之间对技术的模仿行为增加，S2市场份额的高增长。在50年的仿真周期中，三种情境下，资本家的数量均呈现倒“U”形特征，在长期内趋于下降，进而表明资本家获得的利润率在长期内是下降的。置盐定理只是捕捉到了倒

"U"形曲线的上升阶段，没有关注利润率长期内趋于下降的事实。同时，仿真情景表明成本节约型技术在资本家之间的模仿和扩散在一定程度上增加了资本家短期内获得的利润，市场的增长也可以增加资本家的利润，延长了资本家数量和利润率下降的拐点。

因此，置盐定理在长期内无法成立，其根源在于该定理对资本家的现实行为过于简单的理论抽象和假设，不但直接忽略了资本家逐利的本性导致的技术模仿行为，进而导致技术扩散，还忽略了资本主义经济系统的动态复杂特征，试图用线性和静态的分析方法去解剖非线性且动态变化的资本主义经济系统，因而只是管中窥豹，仅仅捕捉了短期内资本家利润率瞬时上升的现象。

价值形式论是否应该引入商品所有者的存在？

——对宇野学派商品理论原点的探析

尤歆惟①

（南京大学）

一、商品价值的双重逻辑和形式优先的理论路径

马克思的论述过程是：首先，指出商品具有使用价值和交换价值，交换价值“首先表现为一种使用价值同另一种使用价值相交换的量的关系或比例”；然后，对交换价值的这种交换的比例关系进行反思。在这里，马克思首先已经设定了商品之间存在着交换以及交换的量的比例关系这个横向关系，然后试图从这个横向关系里寻找到一个商品的更深层次的内属性，而商品交换的横向关系是这个内属性的表现形式。不过这也意味着，商品价值这个内在的东西，需要采取交换关系的这种横向关系才能得到表现，交换是商品价值表现的特殊方式。

宇野弘藏继承的正是价值形式的这个横向逻辑，并把它给强化出来。宇野弘藏的观点是：既然价值的表现问题首先是在商品的交换、流通领域发生的，那么在这个时候，我们其实并不需要在设定商品之间存在着基于投入劳动这个纵向的实体等置关系之后再来探讨交换中的价值表现。我们完全可以率先基于交换的横向逻辑探讨以价值形式为代表的所谓“流通形式”，从商品经济的流通形式出发先获得货币、资本生成的必然性，然后再通过探讨资本控制一个社会的劳动生产后形成的资本主义生产方式，获得商品价值的实体性规定。这种创造性的做法为一些长期以来在理论上存在争议的问题给出了独特解答：首先，它避免了那种认为《资本论》第一卷的商品章所探讨的是资本主义生产方式之前的小所有

① 基金项目：本文为国家社会科学基金青年项目“德国‘新马克思阅读’运动的理论与思想史效应研究”［项目编号：19CZX005］和中央高校基本科研业务费专项资金资助（Supported by the Fundamental Research Funds for the Central Universities）［项目编号：012414370107］的阶段性研究成果。作者简介：尤歆惟，日本北海道大学博士。现为南京大学马克思主义学院助理研究员。研究方向为马克思主义哲学、政治经济学、国外马克思主义。

者生产方式所生产的商品的思路；其次，也一定程度上避开了在之后的理论中所需要面对的转型问题的困境。可以说，宇野弘藏通过强化马克思那里已经存在的价值形式的横向关系的逻辑，以形式统摄实体的思路，给出了他的不同于一些传统观点的理解。

二、引入商品所有者的存在对于理解价值表现的两极性的重要意义

在上述形式优先的思路的基础上，宇野弘藏针对价值形式等式进一步提出：在诸如“20码麻布 =1件上衣”的价值等式中，如果不引入商品所有者的存在，以及商品所有者的欲望（麻布所有者对1件上衣的欲望），我们无法理解为什么上衣会被置于等价形式的一方，从而无法理解为什么麻布作为相对价值形式的一方，和被置于等价形式一方的上衣具有不可颠倒的两极关系①。

价值形式论，是在将一定的方程式作为既定的东西所设定的同时，分析和阐明其中所包含的价值表现的关系——即等式左边的商品的价值通过右边商品的使用价值来表示，因而左边的商品获得了和自己的使用价值的形式所不同的价值的形式的这个关系。②

宇野弘藏认为：“如果没有麻布所有者对上衣的欲望，那么上衣在这里就不能以使用价值的形态表现出来。如果我们把欲望也抽象掉，那么上衣自身的价值也会通过麻布得到表现，‘相对的’就会变成‘相互的’关系。”③ 因而，如果真正立足于价值形式这个横向逻辑去透视价值表现中两个商品的两极性地位，让“一方的价值相对地通过另一方的使用价值表现出来”的单方向关系不至于变成“两个商品的价值相互表现”的相互关系，商品所有者的存在及其欲望关系是不能被轻易抽象掉的④。

引入了商品所有者的存在及其欲望和交换行为，宇野弘藏重新诠释了价值形式所表达的意义。关于简单价值形式“20码麻布 =1件上衣”，宇野弘藏给出的解读是这样的：“这一形式并不是指这样一种关系，即在所谓物物交换中所看到的、麻布所有者和上衣所有者在现实中彼此对立着并相互交换其所有物的这样一种相互表现对方价值的关系。在这里麻布的所有者从他的作为商品的麻布里取二十码去和自己想要的一件上衣相对，如果有谁希望用一件上衣来交换的话，就将二十码麻布让渡给对方。以这样一种形式，麻布的价

① ［日］向坂逸郎、宇野弘藏等：《資本論研究》，至誠堂1958年版，第157－159页。

② ［日］久留间鮫造：《価値形態論と交換過程論》，岩波書店1957年版，第52页。

③ ［日］向坂逸郎、宇野弘藏等：《資本論研究》，至誠堂1958年版，第162页。

④ 需要提及的是，马克思虽然没有明确指明这种不对称结构的背后隐藏着交换者的欲望关系的基本结构，但是在论述“等价形式”时指出：“一个商品的等价形式就是它能与另一个商品直接交换的形式”，并且基于这一判断指出了等价形式具有的“谜的性质”：置于等价形式的商品仿佛天然具有能与其他商品直接交换的属性。参见马克思：《资本论》（第一卷），人民出版社2018年版，第70－73页。笔者以为这意味着马克思已经将交换关系中的不对等地位纳入对价值形式的不对称地位的理解中来了，而且它构成我们理解货币形式所特别呈现出的拜物教问题的关键。

值才得到了表现。”① 不难看出，《资本论》第二章“交换过程”中谈到的商品所有者的交换行动出现在了对价值形式的解读中。不过在这里商品并不是一开始就处于两个能够直接等置的地位上，不如说此时此刻商品交换还并没有发生，发生的只是一方对另一方的交换要求，处于相对价值形式一侧的商品只是处于交易所里所陈列的货品那样的地位②，而不是处于直接可交换的地位。之所以如此，很显然是由于商品所有者的欲望具有不对称的性质：麻布所有者欲求着上衣，但这并不意味着上衣所有者就同时也欲求着麻布，因此交换从一开始只能是一方所有者对另一方所有者的交换要求，而不是两个商品直接被置于可以物物交换的地位。这样一来，虽说两个商品之间发生了“20 码麻布 = 1 件上衣”这样的价值等式关系，但也仅仅意味着麻布一方的所有者主观上存在着“愿意用20 码麻布去交换1件上衣”的评价，而不意味着两个商品直接被置于可供直接交换的这样一种比例关系中。因此在这里，商品所有者的存在是不能被抽掉的。换言之，价值等式两侧商品所处的相对价值形式和等价形式的两极地位，是一个需要引入商品所有者的存在及其交换行为才能真正理解的东西。

在这样一种理解下，价值形式从简单形式向扩大的价值形式、一般价值形式和货币形式过渡的动力也得到了强调：正因为价值形式体现出的不是物物交换的关系，而是商品所有者欲望关系驱动下寻求交换的关系，因此我们可以沿着商品所有者的交换行动的逻辑去理解为什么简单价值形式必然要进一步发展为更复杂的价值形式，为什么等价物最终会定着为货币形式。

三、行动论的方法：导入流通主体的理论意义的完善化

宇野学派引入商品所有者来理解价值形式的思路，其意义不仅在于理解价值等式两极地位的不同，还在于这个思路服务于他们对资本主义基本逻辑的理解，即：虽然从唯物史观出发，资本主义的发生需要以一定的社会生产为前提，但是当我们试图逻辑地把握资本主义时，不能从生产这个“实体”出发，而需要从商品交换这个“形式”出发；资本主义固然是要建立在社会生产的基础上的，但是其基本逻辑却在于商品流通领域，流通的诸形式构成了整个资本主义社会真实的现象形式。这就需要我们首先在理论上独立地展开流通这个“形式”的基本逻辑。而要真正理解流通形式的基本特征，我们不能离开流通主体的导入。这一观点由宇野弘藏理论的后继者之一山口重克所完善。

山口重克认为，宇野弘藏本人在论述商品论中导入流通主体的必要性时，更侧重于使

---

① ［日］宇野弘藏:《経済原論》,岩波書店 1964 年版,第 22－23 页。

② ［日］向坂逸郎、宇野弘藏等:《資本論研究》,至誠堂 1958 年版,第 158 页。

用“基于使用价值来表现价值这一点如果不以商品所有者的欲望为前提那么是无法想象的”这一“偏于消极的说法”。山口重克的理解，符合宇野学派基于商品论相比于生产论、流通形式相比价值实体具有逻辑优先性的基本观点。在他的观点下，流通过程相对于资本的生产过程而言，并非只具有附庸的或表皮的地位，而是具有更积极和能动的意义，这个能动的意义需要体现在商品流通所特有的无政府性、不确定性的规定上。山口重克引用川合一郎的观点，将宇野学派的这种方法称为“行动论的方法”，进一步补充和完善了“理解价值形式有必要引入商品所有者的存在”这个宇野弘藏的基本命题。

四、宇野弘藏价值形式论存在的问题：价值关系和欲望关系的不整合性

然而，宇野学派引入商品所有者的欲望和交换行动来理解价值形式的做法存在着一个重要的问题，那就是在用商品所有者的交换行动去理解价值形式的等式的时候，产生了欲望关系和价值关系的不整合性。因此，从价值表现的角度来看，20 码麻布虽然处于其价值被 1 件上衣相对地表现出来的关系中，这是不对称、不等置的关系，但从价值关系的角度来看，20 码麻布和 1 件上衣具有相同的价值，这是对称的、等置的关系，而后一层关系其实被宇野弘藏轻视了。关于这一问题，久留间鲛造在对宇野弘藏的批评中已经指出：“一方（上衣成为麻布的价值形式）是等置的关系，一方（麻布所有者对上衣的欲望）是不等置的关系。想要通过思考不等置关系的原因来解释等置关系的原因，很显然是不可能的。”① 久留间鲛造在指出价值形式中存在着等置关系而宇野弘藏只考虑到了不等置关系这一点上，的确是切中了宇野弘藏理论的要害。

然而，在本文看来，这些做法其实是为了一个错误而犯下的另一个错误。

首先，在价值形式论的论域内，“交换性”是一个意义不明的界定。因为，正如宇野弘藏所指出的，价值形式论一开始并不是设定了一种已经能够实现交换的普遍可能性的物物交换，也正因为如此，宇野弘藏才特别强调价值形式仅仅表明一方商品所有者对另一方商品所有者持有商品的交换要求，而不是表明两个商品被置于平等地位的一种相互作用关系。

其次，如果抽掉商品内在具有的作为等置关系的价值属性，将价值概念往交换价值这个现象形式上靠拢的话，那么结果是价值概念本身都变得没有意义，直接使用价格这个现象就已经足够说明问题了。

最后，为了强调欲望关系而主张用箭头“→”来取代等号“＝”的做法也是有问题的，因为欲望关系是商品所有者对商品的关系，而不是商品之间的关系。

---

① ［日］久留间鲛造:《価値形態論と交換過程論》,岩波書店 1957 年版,第 5－6 页。

对于宇野弘藏的观点中存在的问题，宇野学派的另一些新锐学者（比如小幡道昭、清水真志）也发现并指出了。他们认为，其实当麻布商品所有者提出想要用自己持有的 20 码麻布去交换 1 件上衣时，这里已经发生了欲望关系和价值关系的双层关系结构了。

当我们立足于价值的形式去思考价值的定义时，如何重审价值等式所表达的等值关系是一个重要的课题，而引入商品所有者的欲望关系和交换行动，不仅不是对这个问题的破坏，而且为问题的解决打开了新的思路。既然价值形式遵循着一条不同于投入劳动决定价值实体这个纵向逻辑的横向交换逻辑，那么在形式上来看，如果价值关系本身具有的等值性不能无视，那么商品之间的等值关系也需要寻找到一条基于交换行为这个横向关系而得以触发的原则。这是一个重要的新课题，因为这个课题的解决，意味着我们能够在引入资本主义生产这个规制商品价格的实体性依据的同时，还能够找到一条流通过程中触发的但并非仅仅基于供需而形成的具有一定稳定性的价格机制，这个价格机制能够弥合生产过程中的实体性因素和交换过程中的偶然性之间存在的隔阂。该课题已经超出了本论文的范围，需要另撰文阐述，但宇野弘藏的思路本身具有展开新思路的可能性这一点，是毋庸置疑的。

五、总结

由前面的论述可知，宇野弘藏及其后续学者认为价值形式论中引入商品所有者及其欲望关系的重要意义主要体现在两个方面：①明确了在价值形式的层面上价值被表现的商品（麻布）和表现价值的商品（上衣）在地位上具有的不对称的两极性；②明确了商品流通所具有的无政府性、不确定性的根据，从而强化了从商品的流通形式出发把握资本逻辑的思路。本文认为，将价值形式作为价值的横向规定提取出来，力主导入商品所有者的存在把商品交换对于理解价值形式的重要性凸显出来，这固然是宇野弘藏价值形式论的一个特点，但这个主张的贡献并非仅仅在于只是形式上明确了价值表现两端的两极性的不对称性；更重要的地方在于，当宇野弘藏指出我们不能将商品置于平等的地位、以物物交换的思路来理解价值关系时，他其实重审了我们对商品交换方式的理解，即：商品交换其实是一方按照其欲望而对另一方的寻求关系。这种寻求关系是具有诱发整个现代资本主义社会的原发意义的单方向非平等关系。所谓商品价值的等值性、交换的普遍实现可能性、货币的生成逻辑乃至资本的生成逻辑，都需要在这样一个非平等关系的大前提的基础上来加以重新思考。这种不平等关系体现出的是现代经济社会在解放了人们的欲望诉求时所呈现出的基于欲望本身具有的单方向性特征的不平等关系，因此它不是前资本主义社会里的那种权力关系下的不平等关系。如果忽视了这个并非权力不平等造成的经济关系的不平等性，我们往往会从一开始就把商品交换视为自由、平等的商品所有者互通有无的交换，这会导致我们从一开始就忽视了现代经济社会所具有的结构问题，从而在一种美化的意识形态上构建出对现代社会经济学、哲学的理解，而这些美化的理解在阐述货币、资本内在于商品交换过程中的诱发机制的必然性时往往是无力的，对今天资本主义的金融化和产业空洞化等最新发展状态也会缺乏足够的原理性认识。可以说，主张导入商品所有者的宇野学派价值形式理论，并非一种有特色的“一家之言”，也是有待我们进一步研究和借鉴、理解当今资本主义世界最新形势的鲜活理论。

/第二部分/

西方经济理论研究

从2021年度诺贝尔经济学奖看西方主流经济学的“天然缺陷”

张新宁　陈书伟[①]

（复旦大学；河南财经政法大学）

一、2021年度诺贝尔经济学奖获得者戴维·卡德的学术贡献

（一）最低工资对就业的影响

20世纪90年代，卡德（Card）与当时在普林斯顿大学的同事阿伦·克鲁格（Alan B. Krueger）利用双重差分法，发现新泽西州提高最低工资标准并没有对该州快餐业总体就业状况造成系统性影响，由此打破经济学者的普遍认知，备受学界关注。

1992年4月，美国新泽西州将每小时最低工资从4.25美元提高至5.05美元，与此同时，与其毗邻的宾夕法尼亚州保持其最低工资标准不变。卡德和克鲁格敏锐地意识到上述变动可以帮助他们识别最低工资和就业之间的因果关系。他们的想法是，若是在两个极为类似的劳动力市场中出现最低工资差异，就可以通过比较二者的就业水平变化的差异，孤立地分析最低工资对就业的影响。[②]卡德和克鲁格调查了新泽西州和宾夕法尼亚州东部（那里的最低工资保持在每小时4.25美元）的410家快餐店在新泽西州引入更高的最低工资之前和之后的就业人数，开始了他们的研究。

在分析了BNW的数据、卡德和克鲁格的原始调查数据、公开的BLS数据，以及最重要的BLS ES－202快餐店的数据后，卡德和克鲁格得出以下结论：新泽西州最低工资的增加可能对新泽西州快餐店的总就业人数没有影响。在食品工业，可能产生较小的积极影响。

---

① 作者简介：张新宁，复旦大学马克思主义学院教授、博士生导师；陈书伟，河南财经政法大学公共管理学院教授、硕士生导师。

② 胡毅、马键：《2021年度诺贝尔经济学奖获得者研究工作评述》，《管理评论》2021年第10期。

（二）移民对劳动力市场的影响

通过研究20世纪80年代的迈阿密劳动市场（短期内大量古巴移民涌入），卡德发现：尽管劳动力供应大幅增加，受教育程度低的迈阿密当地居民并没有受到负面影响。通过这次自然事件的案例，卡德将所获得数据进行分析得出结论：即便是瞬间增加7%这么大的劳动力冲击，对当地的非移民的失业率和薪酬也并没有任何显著影响。这一点从根本上削弱了对移民的敌视政策的合理性。并且卡德还分析说，因为迈阿密长期以来都有古巴移民的传统，这也是它的短期劳动力市场如此有弹性的原因。沿着这个观点，卡德注意到移民倾向于与以前的移民一起定居，因而使用以前的定居模式作为移民流入的工具变量，对1970—1980年美国120个城市移民流入的长期影响进行了研究，他们的工具变量估计表明，移民对当地工资产生了相当大的负面影响；然而，就业并没有受到影响。①

（三）教育投资的影响

卡德关于瞬时间劳动供给的经验分析，利用并改进了他早期的研究成果及其他探索生命周期模型的经济学家的论著。通过对部门之间劳动时间的考察，卡德发现，在30岁到50岁年龄段的人中，受过高等教育的人的工资曲线显著上升，而未受教育的劳动者则不呈现这一变化。假定教育的偏好参数相同，那么这种工资形式应该使受过高等教育者的劳动时数曲线比高中生相对上升更快，但实际上这两类人的劳动时数曲线图大体相同。

卡德还在学校资源对学生未来在劳动力市场上取得成功的影响方面做出了重要贡献。卡德和克鲁格通过对受教育工人的教育资源及收入相关分析，找到了解决上述问题的经验突破口。为了检验学校资源是否对学生未来在劳动力市场上的成功有影响，卡德和他的合作者比较了住在美国同一州但在不同州长大的人的教育回报。卡德发现：在个人成长的州，教育回报随着教师密度的增加而增加。这项研究也激发了许多新的研究，有强有力的实证支持表明，教育投资会影响学生以后在劳动力市场上的成功；对于来自弱势背景的学生来说，这种影响尤其明显。

二、卡德的研究推动实证方法论的“革命”

在卡德的研究中，他运用所谓的“倍差法”对一些社会科学领域难以回答的问题进行了解答。比如，移民如何影响工资和就业水平？长期的教育如何影响一个人未来的收入？这些问题都涉及因果关系。因为我们不知道如果移民减少或者那个人没有继续学习会发生

① 胡毅、马键:《2021年度诺贝尔经济学奖获得者研究工作评述》,《管理评论》2021年第10期。

什么。卡德通过自然实验回答了这些和类似的问题，并且研究偶然事件或政策变化导致不同人群受到不同对待的情况，就像医学临床试验一样。然而，卡德的验证结果却是颠覆了人们传统的认知。

在最低工资对就业影响这个问题上，传统观点认为，最低工资的上涨会导致裁员，尤其是低技能工人更容易被裁掉，因为增加了成本。而卡德和克鲁格选择了最低工资发生变化的加州快餐店作为控制组，而最低工资未发生变化的亚利桑那州、佛罗里达州、佐治亚州、新墨西哥州以及达拉斯市作为对照组。通过构建工资与就业水平的倍差法模型的比较，发现提升最低工资对就业率的负面影响有限。这颠覆了此前的认知，对学术界冲击极大。

在移民对劳动力市场影响这个问题上，传统观点认为，新移民会对当地经济带来冲击。而卡德的研究结果表明，接受更多的移民并不一定会夺走美国本国工人的工作机会，也不会降低他们的工资水平。不过卡德发现，“马列尔偷渡事件”实际上并未对本地的低技能工人的工资水平和失业率造成影响，甚至那些早期移居美国的古巴移民的工资和就业率也未因此受到很大的影响。

在教育投资这个问题上，多年来甚嚣尘上的是“读书无用论”，我们付出那么多努力和金钱上学，真的会在以后的生活中获得“投资回报”吗？安格里斯特和克鲁格通过自然实验，研究教育时长和未来收入的因果关系。研究显示，接受 12 年教育的人比接受 11 年教育的人的收入增加 12%，接受 16 年教育的人比接受 11 年教育的人的收入高出 65%。

卡德推动实证方法论的“革命”，表现之一在于推动经济学从理论研究向实证性研究转移。

卡德推动实证方法论的“革命”，表现之二在于西方经济学并没有能力解决西方经济增长的困境，对西方经济陷入低迷、经济增长乏力等突出问题未能提出有效的解决方案。

卡德推动实证方法论的“革命”，表现之三在于西方经济学进行了“自我革命”的阶段，即用实证性研究否定以往“流行”的观点，这从侧面说明了西方经济学的理论体系并不是一个严谨的科学体系。

三、马克思主义经济学首先是一门实证性的科学

事实上，一些马克思主义学者运用马克思主义的实证方法，也得出了同西方经济学者相似甚至是更合理的结论。

在对待最低工资问题上，马克思主义经济学者认为，最低工资制度不仅是对劳动力再生产的基本保障，也是对劳资间相对权力关系和积累的制度环境的协调。最低工资增长标示着普通劳动者收入提升，亦可能通过正向的生产率效应和需求效应，驱动就业与工资的

同向增长。①

在对待移民问题上，一些学者研究了移民多样性与城镇劳动者收入之间的关系，认为，由分化指数构建的城市移民多样性指数每增加1%，城镇劳动者的年收入显著提高0.59%。城市移民多样性主要对本地户口劳动者和低教育程度劳动者的收入具有显著的正向影响。②

在对待教育投资问题上，一些学者基于1989—2015年中国健康与营养调查数据，在县市、年份和出生队列三个维度构建了三重差分模型，评估了中国九年义务教育政策实施对居民收入的长期影响效应，并检验了其背后的影响机制。研究结果表明：中国九年义务教育政策对居民未来进入劳动力市场后的工资收入存在显著的正向影响，即九年义务教育对个体长期收入提升具有促进作用。③

由上可知，马克思主义经济学其实也可以解决诺贝尔经济学奖获得者解决的实证问题。换句话说，诺贝尔能够解决的问题，马克思早就解决了。

四、从2021年诺贝尔经济学奖看西方主流经济学的非科学性

经济学家卡德运用所谓的“倍差法”对一些社会科学领域难以回答的问题进行了回答，而这些回答却颠覆了传统经济学观点的认知，充分说明了西方主流经济学的非科学性。就整体看，它们仍然保持着当年马克思揭示的资产阶级经济学的非科学的固有特征。这些特征主要是以下几个方面。

第一，表面性（即庸俗性）。西方经济学的观点纠结于提高最低工资是否影响就业水平、增加移民是否降低当地人的工资水平、增加教育投入是否会有更高的回报这样的问题上，看不到影响这些问题的实质是阶级关系，是生产资料所有制决定的生产关系和分配关系。对阶段关系的分析是辩证唯物主义和历史唯物主义这个政治经济学基本方法和基本理论的重要构成部分，是马克思主义关于生产力与生产关系相互关系理论以及所有制理论的自然延伸和运用，也是正确认识社会经济、政治关系的重要方法。④ 西方经济学家囿于立场的局限，是看不到这些实质问题的。

第二，主观性。卡德的研究推动了实证研究方法的“革命”，而实证研究方法注重得分和匹配估计、断点回归设计、双重差分法和机器学习等方面的运用。这些方法大多是为了更严谨、更精确地分析经济运行中的具体因果关系，为解决社会广泛的复杂问题提供更

① 李怡乐：《中国最低工资增长及其就业效应的马克思主义经济学解析》，《当代经济研究》2018年第7期。
② 温兴祥：《移民多样性与城镇劳动者收入》，《世界经济文汇》2021年第5期。
③ 卢盛峰、时良彦、马静：《九年义务教育政策的长期收入效应研究》，《财经问题研究》2022年第3期。
④ 吴宣恭：《阶级分析在我国政治经济学中的地位》，《政治经济学评论》2011年第2期。

加可靠、可信的因果实证分析结果与经验证据。虽然计量经济学方法的不断改进和创新能够为研究者提供更强大的“工具”，但实证研究中容易存在投机取巧的现象，实证结果具有统计学意义的文章更容易发表。①

第三，片面性。西方主流经济学单纯用“自私经济人”假设来解释和演绎整个微观经济和宏观经济复杂的经济运动，因而得到的许多观点是片面的，经不起实证的检验和历史的检验。马克思主义政治经济学的研究对象既是总体的，又是具体的。这一特点决定了马克思主义政治经济学对现实世界的准确把握。作为对社会经济生活的总体性质的研究，马克思主义政治经济学视野下的生产，总是在一定社会发展阶段上的、一种广义性质的生产。这种社会生产总是在一定生产关系下进行的。作为具体的研究，广泛的生产所涵盖的生产、分配、交换、消费等，却又“构成了一个总体的各个环节，一个统一体内部的差别”②。这样，就使得其研究对象既能全面反映经济生活的全貌和基本规律，又能独立说明各个经济现象的特点。而这一点，西方主流经济学家是不可能认识到的。

第四，虚伪性和辩护性。现代西方微观经济学和宏观经济学充斥着规范判断，其目的都是为资本主义制度的合理性进行辩护，而这些规范判断难以经得起实证方法的推敲和历史发展的检验。西方主流经济学家在进行实证研究之前，就已经有一个资本主义制度天然合理、应该永存的价值判断在起作用了，它的实证是资本主义的实证。在这个规范判断之下，无论是把经济学理解为对这一制度下的财富生产和资源配置进行实证研究，还是把它理解为对这一制度的宏观结构进行实证研究，都包含着巨大的规范判断。因此，西方微观经济学和宏观经济学的实证主义并不是如它所宣称的那样是纯粹的实证主义。③

综上所述，2021 年诺贝尔经济学奖获得者卡德教授虽然运用“倍差法”等实证方法验证了社会科学领域难以回答的问题，但西方主流经济学存在天然的缺陷，他们仅从表面分析分配关系而认识不到其背后隐藏的阶级关系及生产关系，他们运用主观经验作出规范判断进而随机找一些数据进行分析，而看不到现实经济现象的复杂性和实证研究的随机性；他们片面地解释和演绎复杂的经济运动，而看不到既要总体的经济研究又要具体的经济研究；他们的立足点是为资本主义制度的合理性进行辩护，而看不到资本主义终将会被社会主义所取代的历史发展大趋势。诺贝尔经济学奖授予这些具有天然缺陷的经济学理论，只能说诺贝尔经济学奖也是一个具有天然缺陷的奖项。

---

① 洪霓、于泠：《吉多·因本斯对因果关系分析的方法论贡献——2021 年度诺贝尔经济学奖得主学术贡献评介》，《经济学动态》2021 年第 11 期。

② 《马克思恩格斯全集》第 30 卷，人民出版社 1995 年版，第 40 页。

③ 王今朝、金志达：《实证经济学与规范经济学二分法的终结》，《外国经济学说与中国研究报告（2019）》，中国经济出版社 2019 年版，第 110 页。

金融中介功能的经济分析与金融危机应对的经验教训

——2022年度诺贝尔经济学奖得主主要经济理论贡献述评

李宝良　郭其友　郑文智[①]

（华侨大学；厦门大学；华侨大学）

一、金融中介功能的经济分析

（一）期限转换及内在脆弱性

戴蒙德和迪布维格证明，银行提供的合同有两个纳什均衡：一个是正常均衡，即明天消费的消费者明天提款，后天消费的消费者后天提款；另外一个是挤兑均衡，即如果后天消费的消费者相信有足够多的后天消费的消费者会提前提款，其最优选择就是提前到银行提款，这就造成了银行挤兑，银行必须提前变现长期资产来应付短期提款需要。这两个均衡哪个会成为现实，取决于消费者的信念，而且这种信念具有自我实现的特征。这就是伴随银行的期限转换功能而生的内在脆弱性。银行自身无法解决这种脆弱性，必须借助外力才能解决。戴蒙德和迪布维格认为，存款保险是一种更好的替代机制，因为暂停可兑换性的时机难以确定。此外，他们还论证了中央银行作为“最后贷款人”也可以达到相同的效果。

戴蒙德—迪布维格模型的贡献在于，它提供了一个建立在微观经济学基础上的连贯理论。在他们的模型中，银行不是假设给定的，而是在一个统一和逻辑一致的模型中推导出来的，被公认为为现代金融中介理论提供了基础。后续的研究从不同的方面对他们的基本模型进行了扩展。

---

① 作者简介：李宝良，华侨大学经济与金融学院副教授，经济学博士；郭其友，厦门大学经济学院教授，经济学博士；郑文智，华侨大学工商管理学院教授，管理学博士。

（二）代理监督

在戴蒙德（Diamond，1984）之前，尽管许多文献指出银行等中介金融可以降低信息不对称的成本，但戴蒙德对代理监督功能的研究，为这一机制提供了第一个正式模型，并已成为金融中介文献中的一篇开创性论文。在戴蒙德的后续研究中，放松其中一些假设并获得了关于金融中介的新见解。对代理监督理论最重要的扩展和应用是最优金融监管政策的设计。这方面最重要的贡献是由戴蒙德本人及其合作者特别是拉古拉迈·拉詹[①]（RaghuramRajan）共同完成的。他们对基本模型进行了不同的扩展，以分析不同的法规和政府政策对金融稳定的影响，并推导出对最优金融监管设计的含义（Diamond and Rajan，2012）。他们的研究发现，对破产银行不受约束的救助，破坏了存款的纪律作用，并可能导致银行过度创造流动性，从而增加产生危机的风险。这些研究对世界各国金融监管政策的设计产生了深远的影响。

（三）信贷传导渠道

在伯南克看来，弗里德曼和施瓦茨的解释并不完整。他提出了一种新的解释，试图补充弗里德曼和施瓦茨的解释。为了论证他的观点，伯南克提出了信贷中介成本（cost of credit intermediation，CCI）概念，将其定义为“将资金从最终的储户转移到良好的借款人手中的成本”。信贷中介成本包括筛选、监督和会计成本，以及不良借款人造成的预期损失。他采用 1921—1941 年的月度数据进行实证分析，对工业产出对货币冲击和信贷中介成本代理变量的影响进行时间序列回归，在回归中包括了产出的多期滞后变量以控制产出下降的影响。结果发现，货币冲击虽然显著，但是它只能解释一小部分的产出波动，而信贷中介成本代理变量则可以解释大萧条时期大部分的产出下降。可见，采用信贷中介成本更具有解释力。此外，伯南克认为，与其他理论相比，信贷中介成本代理变量也可以更好地解释大萧条持续的时间为何如此之长，因为持续时间长短取决于信贷渠道修复的快慢，然而重组银行或者创建新的银企关系则是一个困难而且缓慢的过程。

（四）金融加速器理论

在伯南克对大萧条的研究中，他强调的信贷传导渠道是通过银行发挥作用的，因此也被称为银行信贷传导渠道。但是，信贷传导渠道还可以通过其他金融中介或者其他的方式发挥影响。后来伯南克和许多研究者考虑了金融摩擦因素，从而构建模型探索了信贷传导

---

① 拉古拉迈·拉詹在 2013 年 9 月至 2016 年 6 月期间曾担任印度中央银行行长。

的更多方式，丰富了信贷传导渠道的概念。在这方面，伯南克最重要的贡献是与其合作者一起，将金融摩擦纳入动态随机一般均衡框架。它不仅提出了信贷传导的资产负债表渠道使得对信贷传导渠道有了更全面的认识，更重要的是提出了金融加速器理论，加深了人们对金融传播机制（propagation mechanism）的理解。

二、金融危机应对的经验教训

（一）全球金融危机的相关理论解释

其一，资产证券化和影子银行的发展埋下了次贷危机及随后全球金融危机的祸根，这与戴蒙德—迪布维格模型（Diamond and Dybvig，1983）对期限转换功能及其伴随的内在脆弱性有关。在次贷危机爆发前，经济的繁荣特别是房地产业的繁荣增加了贷款需求。而随着证券化等金融创新的发展，传统银行通过证券化将发放的贷款重新打包销售给其他金融中介，贷款本质上是这些金融中介提供的。可以预期，对需要不断展期的短期债务的依赖，使得这些影子银行与传统银行一样具有内在脆弱性。然而，这些影子银行却游离于金融监管之外。另外，资产证券化也削弱了金融中介筛选和监督的激励，这与戴蒙德对代理监督的研究（Diamond，1984）一致。

其二，全球金融危机的爆发是影子银行挤兑以及由此导致的金融恐慌自我实现的结果。随着 2006 年美国房价的下跌，家庭抵押贷款的违约率逐渐上升，进而导致抵押贷款信贷损失的增加和影子银行偿付能力的恶化，这给批发融资市场带来了压力。自我实现的恐慌可以由对基本面的负面冲击引发，正是艾伦和盖尔对戴蒙德—迪布维格模型扩展的结论（Allen and Gale，2010）。

其三，影子银行挤兑导致了金融恐慌使得金融危机迅速蔓延并外溢至全球。资产证券化的过程涉及了许多影子银行部门，在影子银行部门形成了一个金融中介链条。事实上，影子银行的挤兑最终引起了很少涉及次贷的其他金融中介的挤兑。而影子银行部门之间的链条将许多金融中介串联起来，使得金融危机在美国迅速蔓延并扩散到欧洲和世界其他地区。

其四，与伯南克（Bernanke，1983）对“大萧条”时期的研究一样，影子银行挤兑和金融恐慌引起全球金融危机期间信贷中介成本的迅速增加。影子银行的倒闭又引发大型投资银行的倒闭，如贝尔斯登、雷曼兄弟和美林等。受金融恐慌影响，传统银行也减少银行信贷供应作为应对。没有存款保险的影子银行，以及资产负债表上有更多非流动性资产的银行，开始削减贷款，并增加流动资产取代贷款，这些是金融加速器理论的体现（BernankeET AL.，1999）。金融危机最终影响到实际活动，信贷供应下降导致企业在金融危机中削减投资。

其五，全球金融危机应对围绕金融机构的救助和信贷传导渠道的修复展开。按照戴蒙德—迪布维格模型，金融中介的内在脆弱性是其与生俱来的靠自身力量无法解决的问题，必须依靠存款保险和最后贷款人等外力才能克服。美国财政部启动了问题资产救助计划（TARP），加上对这些银行的债务提供临时担保，极大地恢复了投资者和债权人对金融机构偿付能力和生存能力的信心。

而信贷传导渠道的修复则围绕非常规货币政策的实施展开。非常规货币政策的构想脱胎于伯南克 2012 年在华盛顿特区国家经济学家俱乐部的一次演讲[①]，其精髓是在常规货币政策传导受阻的情况下通过非常规的货币政策手段修复货币政策传导渠道。为了修复信贷传导渠道，美联储启动了一系列令人眼花缭乱的计划，包括旨在为存款机构提供长期资金的定期拍卖便利（TAF）、允许一级交易商用非流动性资产交换国债定期证券贷款便利（TSLF）等，开量化宽松（Quantitative Easing，简称 QE）的先河。

（二）全球金融危机的经验教训

目前，对全球金融危机的爆发原因和应对措施还有一些争议。例如危机期间对影子银行的救助是备受争议的问题之一。政府以牺牲纳税人为代价，对承担过度风险的银行进行救助，这引发了是否公平的讨论。从金融监管的角度而言，更重要的是这种救助是否会加重金融中介的道德风险。但是，如何从全球金融危机的爆发和应对措施中吸取经验教训，却是一个值得深入研究的问题。

其一，有关影子银行监管的缺失问题。全球金融危机表明了将涉及期限转换的金融中介纳入监管体系的重要性。戴蒙德—迪布维格模型所作的理论分析，对哪些金融创新应纳入重点监管提供了判断标准：凡是涉及期限转换的金融中介，必然有着内在的脆弱性，必须纳入金融监管的范畴。

其二，有关宏观审慎监管以防范金融危机问题。全球金融危机之前的金融监管着眼于单个金融中介安全性与稳健性，要解决的是单个银行的冒险问题[②]。可见，对银行监管仅

---

① 原文参见 https://www.federalreserve.gov/boarddocs/speeches/2002/20021121/default.htm。非常规货币政策的具体做法是，美联储首先大幅下调联邦基金利率，然而，联邦基金利率的下调受到利率零下限的限制。如果联邦基金利率下调到零仍然不见效，就直接买入长期国债或者直接购买风险资产来压低长期风险利率，因为这时虽然短期利率降无可降，但是由于期限利差和风险溢价，长期利率仍然大于零；如果这些手段还不见效，那就大规模地减税和扩张财政支出并大量发行货币弥补财政赤字。

② 这也是全球金融危机前《巴塞尔协议Ⅱ》存在的缺陷。《巴塞尔协议Ⅱ》资本要求是顺周期的，这导致金融危机中信贷周期的进一步恶化。另外，《巴塞尔协议Ⅱ》对可能的流动性枯竭没有给予足够的重视。全球金融危机后出台的《巴塞尔协议Ⅲ》通过引入反周期资本缓冲、对银行杠杆率的“绝对”上限以及新的流动性要求等措施试图解决这些问题。

关注个别银行的冒险行为是不够的，政策制定者需要考虑宏观的一般均衡效应，将金融体系作为一个整体来考虑其安全性和稳健性。这也是全球金融危机之后有关宏观审慎监管政策（macro - prudential policy）讨论的由来（Gertler et al.，2020）。

其三，对大型金融中介的救助问题。如前所述，资产证券化将许多金融中介串联成一个中介链条，这是导致危机传染和扩散的重要因素。大型金融中介通常是这个链条的核心，这些大型金融中介的倒闭可能导致整个链条的断裂并加剧危机的扩散。在全球金融危机中，雷曼兄弟的破产引爆了金融恐慌就是证明。目前，理论上难以证明如果当时美国政府对雷曼兄弟进行救助而不让其破产倒闭全球金融危机是一个什么样的状况，但是，对大型金融中介进行救助的措施，无疑是切断金融危机进一步扩散路径的一个重要手段。当前，世界各国都强调对有系统重要性金融机构（systemically important financial institutions，SIFIs）的识别以及对这些金融机构进行压力测试以防范风险，正是这一宝贵经验的体现。

三、结语

伯南克、戴蒙德和迪布维格的贡献深刻揭示了金融中介尤其是银行在经济中的作用。戴蒙德和迪布维格的研究表明，一方面，通过期限转换功能将短期资金转化成可用于长期投资的资金；另一方面，通过代理监督功能对投资项目进行筛选并监督资金的使用。这两大功能克服或缓解了金融摩擦，便利了储蓄向投资的转化，进而对经济增长和经济发展大有裨益。戴蒙德和迪布维格还进一步指出了金融中介脆弱性的根源，表明了金融中介特别是银行的期限转换功能与具有自我实现特征的内在脆弱性紧密相连。伯南克的研究则表明，在金融危机期间，金融中介的倒闭堵塞了通过金融中介将储蓄转化为投资的渠道，而金融摩擦的增加会放大对宏观经济的冲击。

首先，他们的贡献对如何构建一个高效运行的金融体系给出了一般性的思考。任何社会都面临着资源的最优配置问题。货币以及在货币基础上衍生出来的金融体系有助于降低资源配置过程中的各种市场摩擦。作为金融体系最基本的要素——货币的出现解决了交易中的需求双重巧合难题从而便利了交易，而各种金融创新可以看成是以货币作为原材料，创造出期限性、流动性、风险性和收益性等不同特性的金融工具，从而更好地实现资源配置。而货币和金融创新同样受制于各种金融摩擦，金融体系的高效运作取决于金融体系如何解决这些金融摩擦，从而更好地实现资源的最优配置。金融中介体系内生于这个过程之中，并受到许多其他因素的影响。因此，金融体系的高效运行有赖于社会各方面尤其是金融基础设施的发展和完善。

其次，他们的研究对各国金融监管政策的设计和金融监管框架的完善有直接的借鉴价值。就金融监管而言，存款保险制度可能诱发银行的道德风险是最为人诟病的问题之一。

在金融创新浪潮中哪些应该管以及如何管，都是金融监管部门要考虑的问题。在这方面戴蒙德—迪布维格模型指明了一个方向并提供了判断的标准，即凡是涉及期限转换的金融创新都必须纳入金融监管范畴。这与莫顿提出的功能性金融监管理论一致（Merton，1993）。据此，将余额宝这样提供非常灵活的取款方式的互联网金融创新纳入监管之中无疑是正确的做法。

最后，他们的贡献有助于货币政策和宏观审慎政策双支柱调控框架的进一步健全和完善。如前所述，全球金融危机的一个教训是，微观审慎监管不足以防范金融危机，政策制定者需要考虑宏观的一般均衡效应，将金融体系作为一个整体来考虑其安全性和稳健性，即所谓的宏观审慎政策。事实上，作为研究大萧条和金融危机的权威，伯南克在全球金融危机之前对该问题已经有所考虑。伯南克是通货膨胀目标制的支持者，他认为通货膨胀目标制有助于实现币值稳定，同时为防范金融危机留有余地，避免利率零下限对货币政策的掣肘，这样一种“有约束的相机抉择”将带来经济增长和稳定（Bernanke et al.，2006）。伯南克与其合作者提出了纳入金融摩擦的动态随机一般均衡模型，该模型有助于探讨如何对货币政策和宏观审慎政策双支柱调控框架进行动态调整，因而有助于双支柱调控框架的进一步健全和完善。

西方经济学与马克思主义政治经济学的对立

王今朝①
（武汉大学）

一、西方经济学与马克思主义政治经济学的研究任务对立

（一）西方经济学的研究任务

西方资本主义已有数百年的历史，其社会结构发生了极大的变化，但西方经济学的研究任务始终如一，即在不断变化的对立中倡导、维护和巩固资本主义。在十八世纪，以英国经济学为代表的西方古典经济学的对立面在理论上是重商主义、重农主义，在实践上则是封建制度。亚当·斯密的理论表面上是解释国民财富的性质和原因，实际上是反对英国封建制度和为英国资产阶级唱赞歌，因为他所解释的是资本主义时代的财富。这种财富是同资产阶级相联系，而同地主阶级相对立的。同为古典学者代表的李嘉图也是借助自由贸易理论反对英国封建制度和为英国资产阶级唱赞歌。

在资产阶级通过对封建贵族血腥革命确立了它在英国的统治地位之后，英国的经济学，以马歇尔的《经济学原理》为代表，其对资本主义的倡导、维护和巩固就变成英国社会的主流意识形态了，其理论对立面就变成马克思主义及其所主张的社会主义了，实践对立面就变成无产阶级可能的反抗了。二战后，西方经济学的重心转移到美国，其数理化程度得到空前的提高，实证化程度得到空前的加强，但其对立面依然是马克思主义和现实的社会主义。在21世纪，当人们开始穿透西方经济学的制度迷雾之后，西方人又把西方经济学说成是一种运用特定工具研究经济的方式,② 主张经济学没有意识形态，没有任何预设的政策结论，而只是一套方法。③ 其实，它只是理解资本主义和改良资本主义的一套方

---

① 作者简介：王今朝，武汉大学经济发展研究中心教授、博士生导师。

② 丹尼·罗德里克：《经济学规则》，刘波译，中信出版社2017年版，第6页。

③ 丹尼·罗德里克：《经济学规则》，刘波译，中信出版社2017年版，第196页。

法。它是以破坏社会主义为其任务的主要方面的。

西方经济学不仅以倡导、维护和巩固单个资本主义为研究任务，还以倡导、维护和巩固资本主义内部诸部门秩序和资本主义国际体系为己任。西方产业经济学、西方公共经济学等是关于资本主义内部诸部门的研究，西方国际经济学是关于资本主义体系的研究。这些研究也都是研究资本主义如何运行和如何稳定的。

（二）马克思主义政治经济学的研究任务

马克思主义政治经济学的研究任务是在资本主义的现实统治之下找到新社会，即社会主义社会产生的依据和必须遵从的基本原则。马克思以“研究人类各种社会进行生产和交换并相应地进行产品分配的条件和形式的科学”为己任。马克思主义政治经济学最为重视广大直接生产者的解放。广大的直接生产者被过去一切的社会生产方式给桎梏了，虽然在资本主义条件下获得了相对封建主义下更多的自由，但也只是从封建农奴转变为工资奴隶。这种工资奴隶只有进一步解放为真正的自由人，建立起真正的自由人联合体，才能最大限度地解放生产力，才能以最快速度最大限度地发展生产力，才能共享生产力发展的成果。这样，马克思就为自己提出了消灭剥削、消灭压迫这一伟大的学术任务，并主要在《资本论》的写作中加以完成。

作为无产阶级革命领袖的列宁、斯大林和毛泽东其实也为自己提出了诸多经济学研究任务，并且沿着马克思所指明的方向承担了诸多历史使命。就列宁而言，他不仅研究了俄国资本主义的发展，而且研究了马克思主义哲学，奠定了俄国社会主义的政权基础，还进行了战时共产主义和新经济政策的实践。斯大林的《苏联社会主义问题》以及在他主持下编写的《苏联政治经济学教科书》完成了对社会主义政治经济学的初步创立工作。就毛泽东而言，他不仅在革命战争年代里提出了土地改革、土地革命的理论和“保障供给”的命题，而且确立了社会主义工业化的理论，提出了社会主义现代化理论、人民内部矛盾理论、十大关系理论、鞍钢宪法理论、读《苏联政治经济学教科书》的批语等。它们共同构成马克思主义政治经济学的建设工程，指导了十月革命和中国新民主主义革命、社会主义革命，指导了苏联社会主义建设和中国社会主义建设的伟大实践。

二、西方经济学与马克思主义政治经济学的研究方法对立

（一）西方经济学的唯心主义和形而上学方法论

当代西方经济学最基本的理论（即供求理论）建立在严重违背事实的唯心主义假设基础之上。根据唯物辩证法的对立统一观念，任何事物都是一分为二的，因此，一个事物不

可能只具有一种属性。当供求理论假设一个客体只具有某种属性，并把它作为逻辑推理，特别是因果推理的基础的时候，它的体系就再唯心不过了。第一，它把资本家在某些情况下所表现出的某种精明抽象成无限理性。资本家的人性是高度复杂的。有的资本家很辛苦地工作，如瓦特、福特等人，而且表现出极大的坚韧和理性。中国今天一些企业家也很辛苦地工作，而且有着深刻的人文关怀和企业家特质。第二，它把这种无限理性的概念推广到所有人（包括无产阶级，而且仅仅从消费者的角度来看待无产阶级）乃至所有经济主体上。实际上，任何人、任何经济主体都不具有绝对的静止的无限理性。第三，它只是假设而不是论证了如下命题：只要市场上完全理性的供给主体和需求主体在市场销售量和价格上达成一致，就是这个市场最理想的状态了。第四，它认为，如果所有市场都达到这样一种理想状态，那么，整个社会就处于理想状态了。实际上，诸多市场都会失灵。第五，它把这个基于唯心假设推演出的具有预设结论的体系作为几乎唯一的经济学体系。这个体系是以交换为核心和统御的，生产在其中只是一个环节。而事实是，生产是第一位的，交换是第二位的。

供求理论不仅是极强的唯心主义体系，而且是极强的形而上学体系。供求理论的消费者行为理论仅仅关注理性假设下消费需求与收入、价格的关系，而割裂了作为无产阶级的消费者无论怎样理性，都不可能有真正的消费自由。供求理论的企业行为理论仅仅关注投入决策与成本、要素价格的关系，对技术创新这一推动生产进步的重要变量避而不谈。

与西方微观经济学一样，西方宏观经济学的形而上学也在于它的理论中缺少不可或缺的联系，以及它用次要联系替代主要联系。本来，一个国家的经济基础主要是由供给侧（生产方式）决定的，但西方宏观经济学把经济危机问题归结为需求侧，而不是供给侧，或者把问题虽然归结为供给侧，但又把供给侧的问题仅仅归结为税率过高、税收过多，而不是归结为阶级结构。西方宏观经济学把经济危机归结为需求侧问题时，它关注的仅仅是政府需求的增加，而不是作为消费者的无产阶级的需求增加。

（二）马克思主义政治经济学的辩证唯物主义方法论

马克思主义政治经济学的辩证唯物主义方法论是一种“总体方法论”，即整体主义方法论。彼此联系、局部联系整体的辩证唯物主义方法论分为两个部分，一个是客观的事物，另一个是事物内部以及事物之间的关系。前者是唯物论，后者是辩证法。马克思《资本论》正是因为贯彻了辩证唯物主义，才成为全世界无产阶级的“圣经”。

第一，马克思主义政治经济学是唯物主义的体系。从经济学方法论的角度看，所谓唯物主义，就是认为客观存在的事物是第一位的，主观要符合客观，就是要求依据客观事物的本性来为其命名、定性、分类，依据不同事物或同一事物不同方面的客观的联系来建立联系。马克思主义政治经济学正是用这个方法论去考察了人类一切主要社会形态的生产方式，其中特别是资本主义生产方式，并在对资本主义生产方式的否定性考察中得出了社会主义生产方式的必然性。

第二，马克思主义政治经济学是辩证的体系。马克思主义的辩证法建立在唯物论的基础之上。由于客观事物本身是矛盾的统一体，是不断变化的，客观事物之间的联系也是不断变化的，因此，唯物观必然也蕴含着辩证法。事物有多重属性，并且在不同时间各种属性的重要性变动不居，不能用其中一种属性当作这个事物的唯一属性或者本质属性。一个事物的属性往往是与其他事物相联系的，当其他事物变化后，这个事物的属性可能也就变化了，这个事物就会向其对立面转化了。当作为体系的基石的事物发生变化后，这个体系也就必然变化了。

第三，马克思主义政治经济学是高度重视调查研究的体系。"纸上得来终觉浅，绝知此事要躬行"。但对于许多人（领导人、学者）来说，躬行是不可能的，也是不必要的。这时，调查研究的必要性就上升了，就成为马克思主义理论与实践联系的中心环节了。调查研究是一个调查者和被调查者的从群众中来和到群众中去的双向互动过程。只有通过调查研究，才能掌握真实的情况，才能为事物定名、定性，才能找到事物间的联系，才能在事物间的联系中找到解决问题的方案。调查研究也是一个思维过程。调查者从被调查者（群众）那里得到信息，形成概念（对事物定性），进行推理，做出判断，同时也把自己的观点和思想传达给被调查者，以此达到明辨是非、确定方案的目的。

三、西方经济学与马克思主义政治经济学的研究效率差异

（一）西方经济学的研究效率

西方经济学体系庞大，仿佛其研究效率极高，实则不然。马歇尔被视为新古典经济学的集大成者，他的《经济学原理》成为流行数十年的西方经济学教材。但在高明学者的眼里，他的理论存在着重大缺陷。按照西方经济学的逻辑，其最重大的理论缺陷就是忽视经济危机发生的可能性。然而，试图弥补这一缺陷、一度被诸多西方学者封神的凯恩斯，其理论也在 20 世纪 60 年代遭遇西方理论的攻击，在 70 年代遭遇滞胀的难题。一般均衡理论在 20 世纪 50 年代被熊彼特称为西方经济学的最高成就，从二战后到 70 年代，成为经济学时尚和前沿，甚至发展为可计算的一般均衡理论。但到了 20 世纪 80 年代，人们对博

弈论的兴趣增加，使之黯淡下来。[①] 到了20世纪90年代，新古典经济学就已经在西方无可争辩地衰败了，只是西方30余个经济学流派中的一个支流了。[②] 西方学者往往选择一些次要变量、一些特定函数形式来进行经济推理，这是他们理论无效的方法论根源。

当西方学者亟亟于空中楼阁式的理论构建时，他们即使看似也关注重大问题，但也是无效的。当他们不得不面对一些重大问题时，西方经济学家甚至提出了一些早已经在马克思主义那里得到回答的问题。2007年爆发了世界性的金融危机，并迅速转变为经济危机。这不是一场普通的经济危机。罗德里克[③]问，20世纪70年代以来，为什么美国的贫富差距大幅拉大？为什么2008年会发生资本主义经济危机？按照马克思主义的观点，美国贫富差距大幅拉大，不过是资产阶级对无产阶级的压榨更大罢了。美国发生2008年经济危机，不过是资本主义制度不能正常运转罢了。

西方经济学研究上的无效率归根结底是由它的唯心主义和形而上学的方法论所决定的。他们不能直面西方社会的重大现实问题，他们在臆想的神话世界里建立一种片面的联系。

（二）马克思主义政治经济学的研究效率

马克思主义政治经济学是一个已经产生出并且会继续产生出丰富成果的体系。《共产党宣言》《资本论》一经问世，就成为超越洛克、配第、斯密、李嘉图、穆勒等西方哲人作品的经典。列宁的《帝国主义论》在《共产党宣言》《资本论》等基础上继续揭露资本主义发展到帝国主义阶段的本性即垄断性、寄生性、腐朽性和垂死性等特征，为社会主义的一国胜利论打下基础，直接催生了十月革命。十月革命一声炮响，又给中国送来了马克思列宁主义，使得中国共产党成立，催生了中华人民共和国。中华人民共和国成立后，马克思主义又对中国社会主义建设产生了强大的指导作用。马克思主义之所以对世界产生这么大的影响，就是因为它使得广大的资本主义社会和半殖民地半封建社会的无产阶级认识到，在资本主义社会里，他们仍然是受奴役的，他们仍然是奴隶，只不过是拿工资的奴隶。这绝不是他们所能达到的最好的境况，这只是资产阶级施加于他们的境况！他们可以如马克思所说的那样得到整个世界。他们为了得到整个世界，必须做资产阶级的掘墓人，他们唯一的前途是资本主义这个统一体向社会主义这个更高水平的统一体的转化。

马克思主义政治经济学还使得社会主义国家的无产阶级认识到，他们要捍卫前辈的革

---

① 杰弗里·M. 霍奇逊：《经济学是如何忘记历史的，社会科学中的历史特性问题》，中国人民大学出版社2008年版，第6－7页。

② Akerlof G. The new case for Keynesianism, interview with George Akerlof, Challenge, July－August, 2007, pp. 5－16.

③ 丹尼·罗德里克：《经济学规则》，刘波译，中信出版社2017年版，第138－142、152页。

命成果，享受自己的劳动成果，就必须承认矛盾的普遍性，就必须把矛盾作为一切社会的一切运动发展的动力。他们必须认识到，那种把市场分析作为经济学分析核心的思维模式理论体系对于他们来说是一种思想的枷锁，而不是分析的工具。只有以马克思主义为指导，他们才可能创造出自己的美好未来。只有以马克思主义为指导，他们才可能继承中华民族的优秀传统文化，创造出支撑民族伟大复兴的社会主义新文化。

马克思主义预算观与西方公共预算观的比较研究

马蔡琛　朱雯瑛①

（南开大学）

一、对于公共预算的共性认识

（一）预算编制的一般性原则

公共预算作为公共财政存在的具体形式，其决策过程需要遵循某些基本原则。在这个问题上，马克思主义预算观与西方公共预算观有几点共性认识，具体表现在这几方面：①预算的完整性原则，都认为公共预算须将政府所有的收支活动包括在内。②预算的年度性原则，都认为应按预算年度或财政年度来编制公共预算。③预算的公开性原则，都认为全部预算收支要经过议会审查批准，除了少数事关国家机密的之外，应无一例外地向社会公布。④预算的分类性和明确性原则，即各项财政收支要按性质分门别类、清楚列出，也都强调预算支出条目应尽可能细化，这样表决才有效。⑤预算的准确性原则，都赞同预算编制应以上年执行情况为依据，且根据上一年度的预算执行结果推测本年度经济状况和政治状况，以期提升预算编制的准确性。另外，对于公共预算的具体呈现形式，马克思主义预算观与西方预算观一致认为，包含收支两翼的平衡表应是政府预算的基本载体，用以反映财政资金的来龙去脉及财政活动的总概况。

（二）凸显立法机构的预算权力

在十九世纪，孟德斯鸠的“三权分立”思想成为西方资产阶级革命的指导和核心，西方公共预算观也正是在此时诞生于限制国王滥用财权的斗争之中。以议会（立法机构）取

---

① 作者简介：马蔡琛，南开大学经济学院教授，主要研究方向：政府预算、财税管理；朱雯瑛，南开大学经济学院财政系博士研究生。

代国王掌握财政税收决定权为标志，资产阶级议会对于公共预算“至高无上”的权力得以确立。赋予和凸显立法机构的预算权力，以“法治”替代“人治”、以“公权”制约“私权”，从历史的视角来看，确实具有极大的进步意义。然而在西方代议制民主下，预算权力中心内部的不同党派议员往往互相掣肘和拆台，公共预算的程序被复杂化，成为垄断寡头之间的经济斗争手段和政治“分肥”工具（即政党分赃制）。

马克思主义预算观也十分强调和维护立法机构的预算权力。列宁曾猛烈抨击了沙皇政府对杜马的预算权力所设的烦琐限制：“这难道不是嘲弄吗？凡是合乎法律、编制、计划以及圣旨的东西，一律不得作任何改变！既然如此，还谈论俄国国家杜马的预算权岂不十分可笑吗？”同时，列宁的预算思想折射出与西方预算观的显著区别，由全体人民赋予人民代表机关的预算权力，不应是阶级之间经济斗争妥协的手段，而应是体现人民财政、人民监督的制度化方式；人民代表机关审议、表决、监督预算，不应是政治“分肥”的过程，而应是“维护社会共同利益”的过程。

（三）注重各利益相关方的分析

马克思主义与西方公共预算观都十分注重对预算参与各方的利益分析。公共选择学派的布坎南认为，预算的决策过程是一个公共选择过程，参与各方既是“政治人”，更是“经济人”，因而代议制下的预算参与者受自身利益的驱使而相互影响和制约①。分析公共预算的最终受益方和受损方同时也是马克思财政思想的一贯传统。所谓预算收入的削减带来的减税实际上只会使富人获益，而这部分税负最终要落到劳动者的身上。通过分析各利益相关方的获益情况，进而证明资产阶级公共预算的剥削本质，是马克思抨击资产阶级国家公共预算虚伪性与欺诈性的有力武器。

二、对于公共预算的差异性认识

政府与市场之间的关系问题不仅是财政实践问题，也是重大的财政理论问题。回溯西方财政理论的演化历程，大体循着一条政府与市场关系变迁的主线，分别在古典自由主义学派、凯恩斯主义学派、货币主义和供给学派的框架下交融发展。② 公共预算是财政的重要构成部分，公共预算观也是财政理论的一个重要分支。有鉴于此，本文对公共预算观的比较研究也循着这条线索，分别比较马克思主义与古典自由主义、凯恩斯主义、货币主义和供给学派的公共预算观之差异，用以进一步阐释马克思主义预算观的当代意义。

---

① ［美］詹姆斯·布坎南：《民主财政论》，穆怀朋译，商务印书馆 1993 年版，第 76 页。

② 李俊生、姚东旻：《重构政府与市场的关系——新市场财政学的“国家观”“政府观”及其理论渊源》，《财政研究》，2018 年第 1 期。

（一）公共预算的逻辑起点之争：国家职能所需还是市场失灵所致？

1. 古典自由主义与马克思主义：以剖析国家职能为逻辑起点

“财政为庶政之母，预算乃邦国之基。”① 古典自由主义的公共预算观将财政置于国家职能的层面把握。在该框架下，公共预算体现的是私有制基础上的“大市场、小政府”的财政分配关系。为顺应资本和市场自由发展的要求，政府预算在收支规模和活动范围上均较为有限：“国家对社会资源的需求应仅限于其保护人民生命财产的基本职能的需要，以及那些不能由私人部门所提供的服务的供给。”② 在批判继承的基础上，马克思又对其进行发展。马克思认为，包括预算在内的财政诸范畴是以国家公共权力为政治基础的。在马克思主义视阈下，包括预算政策在内的各项财政政策都是国家调节宏观经济的手段。

2. 凯恩斯主义：以纠正市场失灵为逻辑起点

不同于古典自由主义与马克思主义，凯恩斯主义把纠正市场失灵作为分析政府预算活动的逻辑起点，强调预算中的一收一支皆为政府干预经济、克服经济危机的政策工具。在凯恩斯主义看来，包括公共预算观在内的国家财政理论本身处在一个并不重要的位置，只是弥补市场机制不足的一个附属结论。然而，以“纠正市场失灵”为逻辑起点的国家财政理论是不符合逻辑的，也是违反历史发展进程的。马克思主义和古典自由主义均不认为市场失灵是需要国家调节的充分条件。

（二）公共预算管理理念上的差异：繁荣经济还是服务人民？

1. 预算的平衡原则：轻重权衡与取舍

从19世纪初到第一次世界大战，西方国家都将古典自由主义的健全财政原则奉为圭臬，力求预算收支平衡。一战后，预算赤字的数额空前增大且日益成为不治之症。但在凯恩斯主义产生前，预算赤字仍被各国视为必须解决的问题。在马克思生活的年代，预算赤字也还未被提到政策角度来研究和运用。但由于资本主义社会的固有矛盾已十分尖锐，加上战争频繁，预算赤字也经常发生。马克思对其所处时代的赤字现象作了深刻的剖析，从保护无产阶级的利益出发，主张减少财政开支、消灭赤字、恢复财政平衡。这与古典自由主义从有利于资本主义自由发展的角度主张财政收支平衡是不同的。

2. 预算赤字的补缺之法：工具表象与剥削本质

公共预算的表现或者说其执行结果有三种基本形态，即收支平衡、收大于支（即盈

---

① ［英］亚当·斯密：《吴汝纶序．国富论》，严复译，世界图书出版公司2012年版，第4页。

② ［英］亚当·斯密：《国富论》，杨敬年译，陕西人民出版社2011年版，第654－682页。

余）、收小于支（即赤字）。受凯恩斯主义下的“功能财政论”的影响，预算赤字逐步成为资本主义国家的常态。在凯恩斯看来，政府预算是周期性的平衡，可以用经济繁荣时的盈余来弥补萧条时的赤字。而马克思则认为，预算赤字的补缺之法唯有增税和发债两条，无论是增加税负，还是政府债务的还本付息——最终都是由劳动人民负担的。马克思揭露了资本主义国家利用延期偿债和增加税收以弥补和掩盖预算赤字的欺诈性与剥削本质，体现了马克思主义预算观坚定的人民立场，也为我们观察预算赤字问题提供了更为深刻的洞见。

3. 预算的功能定位：监督控制与为民理财

无论是古典自由主义、凯恩斯主义，还是货币主义和供给学派，都将监督控制作为政府预算的主要功能。预算编制、执行与审查的目的就是约束政府的支出行为，促使政府加强财政管理。而西方国家的议会之所以片面强调预算的监督控制功能，主要是由资本主义制度安排决定的。西方政府并非人民的政府，而是代表垄断资本及其党派利益的政府，预算实际上沦为各政党之间博弈的工具。强化预算的监督控制定位，不仅体现了各利益相关方争夺财政资源的显性特征，更反映其所代表各党派、利益集团和选区的政治博弈。因而，西方国家有时出现各利益集团无法相互妥协而导致预算不能通过、政府只得临时关门的“笑话”。

（三）预算绩效管理之辩：效率第一还是公平正义？

1. 西方现代预算绩效观：经济效率优先

西方现代绩效预算发轫于企业部门的管理实践，而后被应用于公共部门，由此展开了绩效评估运动。以新自由主义为指导的西方现代预算绩效观，主张紧缩政府职能，重塑政府与市场的关系，将市场机制、私有化等基于个人主义方法论的管理手段，引入公共预算管理领域，用以提高财政支出的效率。西方的现代预算绩效观，是以“经济人”假设为前提、以结果和产出为导向的，强调经济效率优先。公平并非西方国家政府绩效评估的实质取向而只是其政治表征。

2. 马克思主义预算绩效观：效率与公平兼顾

理论界和实务界对预算绩效的研究始于20世纪四五十年代，因此马克思的财政思想中没有直接对预算绩效的表述，但马克思对财政支出效率的关注实际上蕴含着丰富的绩效管理理念。政府主要通过税收筹集社会再生产过程创造的经济剩余，再通过政府支出将这些剩余用于追加社会投资和社会消费，为社会再生产提供了物质生产资料和劳动力。

对于以扩大再生产为目的的生产性支出，提高预算资金的筹集与拨付效率，提升资金周转速度，能够为扩大再生产提供必要的社会生产条件，也有助于提高宏观资本循环的运转效率①。对于消费性预算支出，如公共医疗卫生支出、文化教育支出和住房保障支出等，其目的是为人民提供尽可能多的公共产品（或服务）的使用价值，同时降低劳动者的生活成本，提升其生活质量。因此，此类支出的技术水平越高，资本有机构成越高，则劳动者获得一定使用价值所需花费的预算支出就越少，也即花费一定预算支出能提供的使用价值越大。

三、中国公共预算改革的沧桑正道

基于以上分析，可以清楚地看到西方公共预算观的根本局限，突出表现为：西方公共预算观看似蕴含着科学、民主、法治的思想，但本质仍为克服经济危机、巩固资产阶级统治的工具。以马克思主义为指导和引领，我国的公共预算制度改革应至少包括以下几方面：

（一）完善法律制度：筑牢针对预算软约束的法律保障

坚持收支平衡、不搞赤字预算是马克思主义预算观的一项重要原则。预算收支存在着客观数量界限，量入为出，这是财政分配的客观规律。坚持预算收支平衡就是自觉运用财政分配规律的结果。新中国成立初期，邓小平同志作了《关于一九五四年国家预算草案的报告》，提出财政工作必须贯彻毛泽东同志“增产、节约、多留后备力量，是巩固国家预算的可靠的三道防线”的指示。这些思想都是我国社会主义建设中的宝贵经验，也是财政工作实践中不断得到证明的真理。

然而近年来，个别地方政府违反预算收支平衡原则和人大审批通过的预算，违法违规举债融资，造成地方政府隐性债务膨胀。预算法制的不健全会导致政治权利的僭越，突出表现为财政收入权力的违规扩张②。可以说，预算软约束是地方政府债务持续膨胀的重要原因。对此，应从法律法规层面硬化预算约束机制，摒除预算软约束和中央政府的隐性担保。根据马克思主义公共预算观，经过人大批准的预算体现的是人民的意志，不得随意改变。因此，应对地方政府违反人大通过的预算、违规举债的行为加以规制。党的十九大报告要求“建立全面规范透明、标准科学、约束有力的预算制度，全面实施绩效管理”，针对预算软约束问题，需要运用法治思维构建起约束有力的预算制度。因此，筑牢针对预算软约束的法律保障，是新时代预算制度改革必须解决的问题。

---

① 赵峰、谭璇：《收入分配、政府支出结构和增长体制的政治经济学分析》，《经济学动态》，2021 年第 11 期。

② 谢长安、彭冬冬：《在深化财税体制改革中推进国家治理体系和治理能力现代化》，《海派经济学》，2015 年第 4 期。

（二）增强人大监督：夯实预算管理制度的保障机制

从制度安排上看，全国人大及其常委会在预算审查与监督中奋力作为，是代表人民行使预算表决权、预算监督权等权力的“行为主体”。中国特色“两上两下”的部门预算编制流程，既是落实“人民财政、人民监督”的具体路径，也是对马克思“建立工人阶级的预算”的贯彻落实。进一步巩固和创新人大预算审查监督机制，突出对“人民财政”审查监督的人民地位，既是真正落实“以人民为中心”的发展思想的要求，更是夯实预算管理制度的根本保障。

（三）以人为本、精于善治：凸显预算绩效管理的价值取向

针对新自由主义“市场决定性作用论”下政府只是“守夜人”的观点，马克思主义认为，对于关乎社会发展、人民福利的教育、医疗、就业等领域，不能依赖市场配置资源①，而应积极发挥财政的作用。

基于“财政是国家治理的基础和重要支柱”这一全新定位，党的十九大报告提出“全面实施预算绩效管理”的要求，目的就是全面提升预算资金的配置效率和使用绩效。新时代下的预算绩效管理既是推进国家治理体系和治理能力现代化的内在要求，又是优化财政资源配置、提升公共服务质量的关键举措。以马克思主义预算观为指导，在全面实施预算绩效管理的进程中，评价预算支出绩效的原则应至少包括以下三条：一是注重社会效益；二是支出结果与人民美好生活需要的结合度；三是资金使用效率。前两条原则的设置是考虑了社会主义制度下“人民财政为人民”的本质特征，并以此区别于以经济效率为优先目标的西方预算绩效管理理念。综合来看，以人为本、精于善治，是全面实施预算绩效管理的理论研究和实践创新中需要进一步凸显的价值取向。

---

① 程恩富：《要分清两种市场决定性作用论》，《中华魂》，2014 年第 3 期。

马克思经济学可持续发展理论内涵及实现路径

——兼与西方经济学可持续发展理论比较

张嘉昕　于　珊①

（中国民航大学；吉林大学）

一、马克思经济学可持续发展理论的核心思想

马克思生活在19世纪的西方资本主义国家，那时的工业革命正在如火如荼地展开，尽管工业革命让很多人提升了生活水平，并为部分人创造了巨大财富，但是，与此同时工业革命也成为工人阶级的人间炼狱。马克思注意到工人们每天经过漫长的劳作后，收到的却是微薄的薪水，妇女和儿童也被迫成为雇佣工人，劳动条件又是如此艰苦，因此，在他的著作里饱含了对受压迫大众的同情。马克思经济学包含了马克思和恩格斯对可持续发展的理论研究，其内核是人类与自然关系。

（一）人类在自然界中的双重属性

人客观存在于自然界，具有普遍性和特殊性，马克思指出人是自然存在的。人直接在自然中生存，人是有生命的自然存在物，而人需要靠自然界才能生存。正如马克思所论述的，人类生命生于自然是客观事实。肉体层面：人是自然存在的，表现为人是能动的、有生命力的、有肉体的存在物。同自然界中所有生命体一样，人靠自然界生活。这也反映出人是受自然限制的，具有自然依赖性。精神层面：人是自然存在的，表现为人的精神。人的精神并不高于自然，马克思解释了人类的精神世界来源，其来源于自然界，自然的一草一木正是人类的意识源泉。恩格斯认为诸如神、宗教等是自然力人格化的表现，因此也是基于自然界衍生而来。因此，人的思维的本质和基础是自然，以及人类活动所引起的各种

① 作者简介：张嘉昕，中国民航大学三级岗教授、博士生导师、马克思主义学院学术委员会主任；于珊，吉林大学经济学院博士研究生。

自然变化，一切的宗教和信仰都来源于人对自然的未知和崇敬，在人未了解和掌握自然规律前，更多的是将自然力进行人格化，虚拟出想象的神。因此，无论在肉体层面或是精神层面，人彻彻底底的是自然的人，人是真实的自然界的产物。由此我们应该清醒地认识到，不单单指个体人而言，乃至整个人类的生存和发展都与自然界休戚相关，更确切地说是自然界与自身相互联系，因为人也是自然界的一部分。

（二）自然规律与人类发展的相互作用

人类“征服自然”源于对自然规律的掌握。劳动是人类生存的手段，最初人们只进行简单的劳动来满足自身的生存需要，渐渐地简单生产已经无法满足自身更多的要求，人开始通过掌握自然规律来提高生产力。马克思认为土地的产能是无限的，只要人类能正确地运用和支配自然力，那么土地可以永葆产能。而除去资本的增加和人口的增长，科学地应用自然力是生产力提高的决定性因素。正是因为在工业生产的过程中将自然力融入进去，所以生产率才大大提高了。随着科学技术的发展，大规模的工业生产逐渐普及，人类通过工业生产在自然界打下了烙印，人与自然之间原始状态被打破，人们认为人类正在逐步“征服自然”。恩格斯劝说人们不要过分陶醉于对自然界的胜利，人类对自然的支配源于人类“能够认识和正确运用自然规律”，也就是说人类对自然界的“征服”是通过认识和了解自然规律开始的，人类依赖于自然、改造自然。同时，也提出这仅是从认识自然规律到改变自然物质的运动方式，人类不能够脱离自然创造物质和规律，所谓的“征服自然”可能会引起自然界的报复。

（三）人与自然在发展中的辩证关系

劳动作为媒介使人与自然互相影响。人是类存在物，而人类的生活是类生活，人类正是在改造对象世界的过程中才真正地证明自己是类存在物。因而，劳动才是人的类本质，是人成为类存在物的关键。可以理解为，正是因为有了劳动，人与自然之间才建立了联系，从而形成了人类世界的历史。因此，正因为人类能进行有意识的劳动生产创造，才将人与除人类以外的自然界区分开来，因而劳动才是真正意义上联系人与自然的媒介，劳动使人与动物区分开来。从更广泛意义上的生产出发，劳动作为生产的主要要素，是“财富的源泉”。

二、马克思经济学可持续发展的实现路径

（一）马克思经济学可持续发展理论下人与自然异化的根源

当人类社会由传统的农业和手工业向资本主义大生产过渡后，人类劳动出现异化。在马克思看来，从人的意识到人的生命运动是单向进行的，人是有意识的存在物，因而产生自我的生命运动，而异化劳动将这种关系颠倒过来。它将人变成了只进行运动的机器，而运动的本质也变成了维持自我生存的手段。显然，资本主义生产方式下的异化劳动打破了人类与自然的统一，这种存在不是天然形成的，因此会使人们开始感受到意识或是精神世界的不确定性，这一切使得人们对这个世界的真实感受变得不和谐，空气不再清新，房屋不再舒适，精神世界得不到任何满足，一切都是那么的不和谐。特别是人与自然界的不和谐，将导致严重的问题产生：首先，人与自我异化。因为，人存在的最终目的演变成了维持个人生存，所有的一切生命运动都将围绕着生存而进行，人的精神世界变得空白，结果导致人与自我身体的异化。其次，人与自然界异化。人没有时间去享受也享受不到新鲜的空气、鸟语花香、美丽的自然环境，结果导致人与自然界的异化。最后，人与劳动产品相对立。

（二）马克思经济学可持续发展理论下人与自然统一的实现路径

马克思认为工人阶级被资本家不断地压榨进行生产劳作得不到休息，从而造成赤贫并产生各种疾病，异化劳动使人逐渐傀儡化，沦为生产的工具，工人生活十分悲惨。而一切起因是人与自然的异化，只有将劳动产品完全归还给劳动者，人自身才能成为统治人的异己力量，人与人、人与自然才能回归和谐、统一。而无产阶级劳动者要想改变现状，只有进行革命，彻底推翻资本主义制度。依据马克思经济学的可持续发展理论，通过对比资本主义制度和社会主义制度，强调人类应该积极探究自然，掌握自然规律，发展科学技术。科学技术的发展是人类进步的动力，消除异化劳动的前提是极大地提高生产力。因此，人类社会的发展进步需要人们积极努力探究自然，掌握更多的自然规律，发展科学技术，发展生产力，才能实现可持续发展。

三、马克思经济学与西方经济学可持续发展理论的比较

（一）生活资料供给限度

关于供给限度的问题，归根结底无论西方经济学者还是马克思和恩格斯都在谈论的是

自然资源最终是否能跟上人口增殖的速度。而关于人口增长，西方经济学者中不少人认为人口将无限增殖下去，例如马尔萨斯提到的每25年人口将要增长一倍，由此，他对人类的可持续发展产生了质疑。但是马克思和恩格斯认为随着社会的发展尽管人口在不停地增长，但是人口增殖受到控制是可能的。恩格斯在《政治经济学批判大纲》中批判马尔萨斯观点，他强调人类是会接受教育的，人类是有道德性的，到了一定的程度，人类是会进行自我约束和控制的。人类区别于动物的主要特征是主观能动性，会在特定的时候采取措施限制自我的生殖本能。

（二）自然资源开发水平

关于自然资源的开采，马克思注意到，首先，人们通常会认为在自然资源提取部门，生产是相对容易的。其次，开采者之间存在竞争，这导致产品被以很便宜的价格出售，其结果就是矿产拥有者以矿产资源地租形式获取的利益并不代表真实的剩余价值劳动。换句话说，地租不高是自然资源提取部门的总特点。采矿业是具体的事例，在那里，资本的要求高于其他自然资源提取业。和亚当·斯密相一致，马克思持有这样的立场，即在以自然资源为基础的生产部门中，不存在收益按比例递减的情况。未来年代里，富足可能比稀缺更真实。有很多理由可以提出来支撑其解释。首先，科学和技术的进步，会走在以自然资源为基础的生产部门（包括农业在内）遭遇的实际困难的前面。因为农业技术的进步，贫瘠的土壤可以转化为有生产能力的土地。随着自然资源提取技术的发展，难以开采的矿藏可能被投入运营。其次，进步的交通方式。它可以使得更好的土壤、更富饶的矿藏投入使用。最后，制度变革能够发展生产。马克思把诸如土地等自然资源视为大自然的馈赠。即使没有任何人力劳动成本，它也具有重要的交换价值。根据马克思的思想，存在四种可能的地租理论即垄断地租理论、级差地租理论、资本地租理论和马克思自己的地租理论。

（三）社会经济发展趋向

马克思经济学的可持续发展理论包含重要的经济发展理论，阐述了一个由劳动创造的持续资本积累的过程。就是说，积累是剩余价值向资本的转化。在资本不断积累的过程中，越来越多的劳动被要求与越来越多的以自然资源为基础的商品生产并行发展。劳动可以获得基本生活资料，以便让工人可以维持其身体能力和再生产的能力。资本家扣除他们希望消费的东西，余下的就用作再投资。但是，由于可获得利益，在这里资本家的心里存在积累还是消费的冲突。对积累率的追求，增强了强加于工人头顶上的更多的劳动、更长的劳动时间以及与其难解难分的更恶劣的条件。劳动力需求的增加有时可能超过供给，这样工资将得到提升，但是终归好景不长。此外，得到改进的生产方法，将会削减劳动需求，创造剩余劳动，这是产业的保留武器，只要需要，以此可以找到劳动力。不过资本主义制度将永远从工人中掠夺技术和生产的好处。因为这个制度只需要确保工人的工资仅够维持其工作精力和家庭生计，就能源源不断地得到新一代工人。工人们除了接受资本家开列的工资和劳动条件外，别无选择。首先，由于受圈地运动将农民从土地上驱逐到城市的影响，他们失去了别的生活前景。其次，工人的数量如此庞大，以至于他们处在为工作机会而互相竞争之中，这样就不可能改变他们的底层地位。马克思表明，基于众多原因资本主义生产方式是不可持续的。由于工人被剥夺了剩余价值而缺乏购买力，生产产量的扩大必定有一个供过于求的结果。生产将被削减，失业会加剧，剩余价值即利润将衰减，从而让经济扩展暂时停顿下来。在剩余商品售罄后，这个制度又开始运转，直到下一次危机降临。但是，长远来看，随着资本主义的发展，繁荣和经济萧条相生相伴的过程将变得更加严峻而不可收拾。

马克思和李嘉图对经济危机趋势的思考是绝对不同的。首先，李嘉图对利润下跌的解释是根据土地的收益递减律作出的，而马克思通过分析得出的结论是，危机是资本主义工业进程中内在固有的。其次，由于经济按照周期性样式增长，越来越多的财富被聚集到少数人和少数集团手中。同时，小企业和手工业者无法生存，因而加入工人阶级行列。进一步看，技术革新会缩减工人的工作机会，因为他们的工作可以被机器代替。最后，环境因素，尤其是当土壤被以最疯狂的方式使用时，将使得制度不可持续。马克思相信，尽管资本主义是历史的事实，但通过革命，或迟或早，它终究会让位给无产阶级的共产主义社会。在那里，一切人的富足和幸福将成为现实。马克思对从资本主义废墟中崛起的新阶级社会中的未来环境状态和自然资源富余，持有乐观主义态度。

除了在以上三个内容上具有差别外，马克思经济学的可持续发展理论与西方经济学的可持续发展理论还在其他诸多方面有着较大的差别。首先，研究对象不同，马克思经济学的研究对象为广大的无产阶级，而西方经济学的研究对象为资产阶级。其次，研究的角度不同，马克思经济学的可持续发展理论从始至终围绕着人与自然之间的和谐发展展开，从人类在自然界中的属性、人与自然的相互作用和人与自然的关系去探讨实现可持续发展的路径。而西方经济学的可持续发展理论则是随着资产阶级认知变化不断地改变研究视角，分阶段、分问题地对实现人类社会的永续发展进行分析。古典经济学时期主要以财富的增长为目标；近现代时期则从需求入手，探讨人类的欲望满足；进入当代后则多从分配的角度，利用各种方法制度考虑资源的配置。最后，研究方法不同，马克思经济学的可持续发展理论是通过对人类社会与自然界的观察，从理论层面对可持续发展问题进行总结。而西方经济学的可持续发展理论则多从应用的角度提出解决环境问题的具体方法和手段。

综上所述，西方经济学可持续发展理论的科学性和批判性达不到马克思经济学可持续发展理论的高度。马克思经济学的可持续发展理论指出资本主义生产方式是破坏人和自然的和谐、统一的症结所在，异化劳动致使人同自身异化、人同人异化、人同自然异化，最终结果是广大无产阶级生活在水深火热中，而资产阶级却享受着劳动人民的劳动成果。马克思经济学深刻地批判了资本主义生产方式，认为其本质是资产阶级为了达到资本私有化从而不断地剥削工人阶级，这种违背自然运行规律的社会制度终将走向灭亡。而革命才是推翻压迫的必由之路，只有让无产阶级掌握自己的劳动果实，人类才能自由地决定自我的发展，人才能回归到人类的本质，才能实现人与自然的和谐统一。

马克思主义经济学价值观的主要特征与现代形态

——兼论马克思主义经济学与西方经济学价值观区别

于金富[1]

（辽宁大学）

一、西方经济学价值观的古典形态与现代形态

在西方，个人主义与自由主义传统源远流长。从新教改革、文艺复兴时代的人文主义思潮到洛克自由主义思想以至于现代西方的自由主义思想，都是同出一辙、一脉相承的。古往今来西方各种个人主义思想尽管其具体表现形式不同，但我们可以从中抽象出一种共同的个人本位与自由至上的个人主义价值观。这种个人主义价值观主要包括三个方面内容：①人本身就是目的，具有最高价值，物质（如生产、财富乃至各种政党与国家等各种组织和设施）只是达到人的目的的手段；②个人是价值的中心，个人自由是天赋人权，个人权利是国家权力的基础和来源；③一切个人在道义和法律上都是平等的，任何个人都没有凌驾于他人之上而压迫他人的权力。从资本主义制度在西方得以确立以来，个人主义价值观一直居于主流地位，其影响之大是其他价值观所无法比拟的。从总体上看，西方经济学坚持个人主义的价值取向，它从个体的经济理性与个人的经济社会权利的视角出发，来探析个体之间、个体与群体、个体与社会之间的经济社会关系，从而将个人理性作为解释人们经济行为与社会经济关系的主要依据，将个体自由与个人权利作为衡量社会经济制度与经济关系的根本标准。

从古典政治经济学到新政治经济学，西方经济学贯穿着一条基本的思想主线，那就是这些学者始终站在个人主义立场，从个人的自由、权利、私欲与理性的视野出发，来思考个人理性与集体行动、个人利益与社会利益的关系。在西方经济学家的视野中，个人理性

---

① 作者简介：于金富，辽宁大学中国经济转轨研究中心主任，二级教授，博士生导师，中国《资本论》研究会常务理事，全国马克思主义经济学说史研究会常务理事。主要研究方向：马克思主义政治经济学。

是理解一切经济社会关系的前提。在他们看来，只有独立的个人才是真正的经济主体，只有通过对个体经济行为与动机、个人利益与自由的考察，才能增进人们对人类的经济社会关系的理解。在个人与社会的关系中，个人的权利、自由和私欲应当置于优先考虑的地位。具体来看，西方经济学的价值取向经历了长期的历史演进过程，表现为两种不同的具体形态：以古典经济学与新古典经济学的价值取向为代表的古典形态和以新政治经济学的价值取向为代表的现代形态。

从总体来看，古典经济学价值观的主要特征在于它是以“双面性经济人”为核心的个人主义价值观。它倡导经济人与道德人相统一、国富与民强相统一。它一方面肯定个人作为经济人的利己理性，另一方面倡导个人应当具有同情心、怜悯心和正义感等道德品质；一方面以个人为价值主体，充分肯定个人产权与经济自由，另一方面以国家为分析单位，主张努力增加一国之国民财富。经济人是具有独立人格和尊严，并在法律的庇佑下拥有财产权，能够自由支配、交换和处置自身资产的人。立法的主要目的在于保护个人的生命财产安全和自由，使每个人不受社会上任何其他人的侵害或压迫。国家应当尽可能地减少对人们经济生活的干预，让市场机制来自发调节人们之间的经济社会关系。斯密认为，“经济人”的经济行为首先受到市场机制这只“看不见的手”的调节，建立在价值规律基础上的市场机制之手，调节着人们之间的经济关系，推动人们在竞争性的市场上合理追逐自己的私利。“经济人”的经济行为还要受到道德之手的调节，道德调节也具有自发的属性，它指导人们在追求私利的过程中如何克制和控制自己的欲望，如何使人们富有同情心、怜悯心和正义感。从总体上说，斯密虽然强调了人的行为是自由、私利和道德的统一体，但他始终把个人的私利和个体的主体性选择视为一切经济社会关系的出发点。

新古典经济学价值观的主要特征在于它是以“原子化经济人”为核心的“极端个人主义”的价值观。新古典经济学在继承古代政治经济学的个人主义与自由主义思想时，由于过度强调自由和私利的人性基础，抛弃了人的道德属性与社会属性等宝贵遗产。新古典经济学的极端个人主义价值取向一方面使经济人脱离了道德的保护层，成为没有情感、没有思想、没有正义感和良心的理性动物；另一方面割裂了个人与社会的有机联系，否定了个人的互助精神与社会责任，把人们之间的关系归结为赤裸裸的市场交换的经济关系。新古典经济学对个人主义的价值取向进行了重申和张扬，特别是它将个体自由视为观察和分析一切经济社会现象的基本出发点，突出了自由在经济社会关系中的重要地位。以哈耶克、贝克尔、舒尔茨、波普金、奥尔森等为代表的现代西方自由主义经济学家，明确将个人主义视为其价值追求、突出自利的人性假定，认为市场中的人是自由人，政府的目的是保护人的自由而不是限制和消灭自由。

新政治经济学虽然也坚持个人本位、自由至上的个人主义价值观，但是新政治经济学在很多方面克服了主流经济学个人主义价值观的缺陷。新政治经济学价值观的主要特征在于它是以“双重理性经济人”为核心的个人主义价值观。新政治经济学主张在个人利益与社会利益相协调、个人理性与集体理性相对接的基础上实现个人自由与个人权利，是一种新型的个人主义价值观。新政治经济学个人主义价值观的主要特征在于一方面它沿袭了主流经济学个人主义的价值观；另一方面新政治经济学在制度分析、集体行动分析等方面做了许多有益的尝试，扩大了对人类价值和人们行为的考察范畴，从而扩大了新古典经济学的假设，拓宽了新古典经济理论的价值范畴和价值取向，使西方经济学个人主义价值观表现为现代的新型个人主义价值观。在这种新型个人主义价值观的指导下，现代资本主义国家开始干涉社会经济生活，调整个人与社会的关系。

从古典政治经济学到新政治经济学，贯穿着一条基本的思想主线，那就是这些学者始终站在个人主义立场，从个人的自由、权利、私欲与理性的视野出发，来思考个人行动与集体利益、个体经济行为与社会整体利益、个人利益与国家命运的关系。在个人与社会的关系中，个人的权利、自由和私欲应当置于优先考虑的地位。同西方经济学价值观相比，马克思主义经济学价值观的主要特征在于它一方面反对以“原子人”与“经济人”为核心的极端个人主义价值观，另一方面又肯定以个人为主体、以自由为核心的个人主义价值观的合理内核，坚持实现个人自由、保障个人权利的基本理念。

二、马克思主义政治经济学价值观的经典形态与传统形态

19 世纪中期，马克思恩格斯批判地继承古典政治经济学的科学成分并对其进行了彻底改造，创建了马克思主义政治经济学。马克思主义政治经济学以辩证唯物主义和历史唯物主义作为方法论指导，揭露资本主义生产方式的本质，阐明了它的产生、发展及灭亡的规律，从而揭示了资本主义必然灭亡、共产主义必然胜利的历史趋势。马克思主义政治经济学的价值取向，是以人的自由和全面发展为中心、以“真正共同体”为目标的“个人—集体”主义。马克思、恩格斯在《共产党宣言》中明确指出：“代替那存在着阶级和阶级对立的资产阶级旧社会的，将是这样一个联合体，在那里，每个人的自由发展是一切人的自由发展的条件。”未来社会主义社会的真正形态将是一个“自由人联合体”。恩格斯对自由联合体思想非常重视，给予了高度评价。

从本质上说，马克思主义经济学的价值指向是实现个人自由与社会联合的统一、个人理性与社会理性的统一。从总体上来说，马克思主义经济学既批判鼓吹原子式孤立个人和单纯追求物质利益的极端个人主义，也肯定其坚持个人主体地位与个人权利的合理内核；既强调集体的重要作用，也揭露虚幻的、冒充的和异化的“共同体”的本质；既肯定个人的自由、全面发展，又主张实行社会联合、发挥共同体的重要作用。

传统社会主义经济学虽然声称要坚持马克思主义经济学价值观，但在其内容上却偏离了马克思主义经济学价值观的科学轨道。如果说西方主流经济学价值观是一种倡导绝对个人权利、否定共同体作用的极端个人主义的价值观，那么传统社会主义经济学价值观则是一种否定个人主体地位、倡导国家集权的绝对的“集体主义”价值观。传统社会主义经济学价值观的主要特征在于它坚持国家至上的“国家本位”价值取向，因而是一种以“神圣国家观”为核心的“国家社会主义”价值观，这是同西方经济学集体虚无主义价值观相对立的另一种极端化的价值观——个人虚无主义价值观。

从总体上看，传统社会主义经济学的价值观具有其合理的因素，即它肯定了集体（共同体）的重要作用，它的主要缺陷在于：一是它只重视集体这一共同体形式的重要性，忽视乃至否定个人的主体地位，倡导一种虚幻的集体主义；二是它忽视个人权利，强调国家的集权管理，倡导一种集权的集体主义。传统社会主义经济学在反对极端个人主义价值观的同时完全抛弃了西方经济学个人主义价值观的合理内核，在倡导集体主义价值观的同时肯定了否定个人主体地位的集权主义价值观。改革开放以来，中国经济学一方面补充、修正与拓展传统社会主义价值观的内容，但另一方面仍没有突破传统社会主义集权价值观的总体框架与基本取向。同传统社会主义经济学价值观相比，马克思主义经济学一方面肯定共同体或集体的主要作用，倡导集体主义价值观，另一方面又反对否定个人自由、侵害个人权利而以集权主义为核心的绝对集体主义价值观，主张构建以个人为主体、以自由为基础、以每个人全面发展为目标的真正共同体——自由人联合体。因此，马克思主义经济学价值观的主要特征在于它坚持基于个人主体性的“社会本位”的价值取向，坚持以“自由联合观”为核心的“联合社会主义”价值观。

三、构造马克思主义政治经济学价值观的现代形态

从总体上分析各种经济学价值观，我们可以清楚地看到：西方主流经济学集体虚无主义的极端个人主义价值观与传统社会主义经济学个人虚无主义的绝对集体主义价值观，是片面强调个人地位或集体地位的两种完全对立的极端化价值观；西方古典政治经济学、新政治经济学价值观与经典马克思主义经济学价值观都重视个人与集体的地位，因而既有重要区别又有内在联系。在建设中国特色社会主义的新的历史条件下，我们应当对各种经济学的价值观进行系统研究、认真梳理，摈弃极端化的价值观，整合具有内在联系与相通性的经济学价值观，创新经济学的价值观，构造马克思主义经济学价值观的现代形态。

马克思主义政治经济学认为，集体主义和个人主义分别是在自然经济和商品经济条件下个人自我实现的两种不同形式。传统社会主义国家以往对集体主义的过分强调，是和它们的商品经济不发达或者未能最终摆脱自然经济的历史影响等状况分不开的。中国特色社

会主义是以商品经济为基础的新型社会主义模式，这就要求我们应当创造性地探索个人自我实现的崭新形式。对此，我们应当以马克思主义政治经济学价值观的经典形态为指导，摒弃西方经济学极端个人主义价值观，同时吸取西方经济学个人主义价值观的合理成分，摒弃传统社会主义价值观忽视个人主体地位的错误观念，同时吸取其集体主义价值观积极因素，根据时代特征、实际国情与发展要求提出现代马克思主义经济学价值观的新观点，创造现代马克思主义经济学价值观的崭新形态。为此，我们应当深入研究并完善马克思主义关于个人发展与社会发展、个人的自我价值与社会价值相统一的价值原则和理论体系。马克思主义关于个人的自我价值与社会价值相统一的原则和理论，无论对于西方个人主义价值观还是对于传统社会主义集体主义价值观都是一种批判与超越。尽管人的自由全面发展只有在共产主义社会才能真正而全面地实现，但在我国社会主义初级现阶段我们可以把它作为社会发展追求的奋斗目标，并把这个目标内化到社会的现实制度之中，使社会主义的实践一步步地趋向并接近这一目标。所以，我们必须确认：社会主义发展的前提和基础在于每一个人的自由与健康发展，依附性、萎缩性的个人绝不能建成社会主义社会；我们应当宣示：马克思主义和社会主义不是要否定个人的主体地位与个人自由，而是要实现个人自由、联合与全面发展，在此基础上使个人的发展和社会的发展相协调、相促进，实现个人的自我价值与社会价值的真正统一与和谐发展。作为马克思主义经济学价值观的现代形态，现代马克思主义经济学价值观的主要特征应当是坚持个人自由与社会联合的科学社会主义基本原则，确立个人主体地位与集体联合形式相结合的基本价值取向，确立个人权利与集体本位相统一的现代社会主义的新型价值观。

西方公平效率理论、马克思主义革命与新马克思经济学综合学派公平效率同向互动论的提出

姚　宇[①]

（陕西师范大学）

一、西方公平效率研究的理论演进

西方对公平效率的研究自古希腊就已开始，亚里士多德（公元前384—前322年）关于“数量平等”（平均分配）和“比值平等”（贡献分配）之间应做到平衡的论述，伊壁鸠鲁（公元前347—前270年）关于无碍他人口腹快乐是善（效率）与正义（公平）统一的论述，都对西方后世研究产生了深远的影响。

近代以来，西方关于公平效率的研究大体可分为四个阶段。

第一阶段是古典经济学时期，其主流思想是：基于个体的规则正义（公平）即可达到集体的社会效率。其代表人物是曼德维尔、休谟、亚当·斯密、边沁、萨伊、西尼尔和巴师夏等。斯密（1776）认为当每个人以无碍他人的行为追求个人的安乐时会有一双“看不见的手”引导他达到对社会效益的最大促进。

第二阶段是新古典经济学时期，其主流思想是：交换的公平和供求的均衡会带来最优的市场效率。其代表人物是杰文斯、瓦尔拉斯、埃奇沃斯、马歇尔、帕累托和克拉克等。马歇尔（1890）不仅以局部均衡方法系统论述，并用科学形式论证了经济领域“看不见的手”：市场中厂商和居民只要遵循自由交易机制（公平）社会效率就会达到最优；还以消费者剩余、生产者剩余和总剩余等概念对“最大多数人的最大幸福原则”“总体功利”等功利主义社会效率目标进行了经济领域更加具体的阐释。

第三阶段是凯恩斯主义经济学时期，其主流思想是：以政府的干预政策弥补自由放任

---

① 基金项目：国家社科基金一般项目“虚拟资本时代社会公平与效率矛盾的解决路径研究”（16BKS040）。作者简介：姚宇，经济学博士，哲学博士后，陕西师范大学国际商学院副教授，硕士生导师，主要从事自由主义经济学批判、西方经济学与马克思主义经济学比较等方向研究。

市场机制在应对失业和通货膨胀上的不足，提升社会效率。其代表人物是凯恩斯、卡尔多、希克斯、萨缪尔森和罗宾逊夫人等。凯恩斯（1936）基于边际消费倾向递减规律认为收入差距缩小可以增加有效需求进而提升社会整体效率。卡尔多（1939）和希克斯（1939）的效率提升标准是：一种对有些人有利对有些人有损的政策，是否改善了社会的福利，在于"如果所有遭受这种政策损害的人都充分得到补偿，社会上其他人的境况依然要比以前好。"

第四阶段是自由主义经济学的复兴时期，出现了新古典宏观经济学和新制度经济学等主要经济流派，其主流思想是：经济干预既会破坏社会公平，也会破坏社会效率，只有维持私有权的神圣和市场的自由放任，公平和效率才能同时实现。其代表人物是科斯、诺思、奈特、弗里德曼和卢卡斯等。科斯（1962）反对庇古提倡的政府干预解决市场外部性，主张明确产权是解决市场外部性问题的关键，并认为产权赋予对社会效率和公平有着重大影响。斯蒂格勒（1966）所总结的"科斯定理"思想更为清晰、指向更加明确，这就是：自由市场的真谛不是价格，而是产权，只要有了产权，人们自然会"议出"合理的价格。

不难看出，西方关于公平与效率研究的主线是规则正义的机会公平和主观效用评价的个体效率，而机会公平的前提基础是排他性产权，理论演化从广泛意义的规则正义到集中于经济分析的交换公平、均衡公平再到产权公平，越来越接近"所有制"这一公平效率关系问题的关键，研究中尽管出现了公平效率关系一方主导、各自对立和相互替代等不同理论，但探索和发展却始终无法实现根本突破，其原因就在于它无法跨过排他性产权——"私有制"这一鸿沟。而在理论上否定产权属于历史范畴，否定排他性产权的历史阶段性，就必然意味着这些理论对公平效率概念的定义出现根本错误，就必然导致他们在理论上的难以自恰和现实上的解释贫乏，必然意味着他们只能在机会公平和个体效率之间徘徊，必然意味着阶级权力的不公和社会整体效率无法达成。西方关于公平效率的主流研究尽管有其先天缺陷和根本错误，但其对市场经济体制社会效率的系统化机制研究仍存在值得我们借鉴和有效利用之处，如价格信号对资源配置信息的有效传导机制、市场化分配对个人劳动潜力的激励机制等等。

二、马克思主义对西方公平效率理论的革命性颠覆

马克思主义对西方公平效率观的革命性颠覆就在于，它以历史唯物论为基石彻底地跨越了横亘于西方社会研究之前的鸿沟——私有制。当私有制由西方社会研究者眼中永恒的范畴转变为马克思主义者眼中历史的范畴，一个科学的公平效率理论就开始逐步形成，一个崭新的以公有制为基础实现公平效率同向发展的社会主义制度就开始从构想转变为现

实。马克思主义公平效率研究大体可分为三个阶段。

（一）空想社会主义者的公平效率思想

作为马克思主义产生的“序曲”，16 世纪初空想社会主义思想已经开始在欧洲出现。早期空想社会主义者莫尔（1516）在《乌托邦》中就认为私有制是一切社会丑恶问题之源，并设想了在公有制、按需分配、人人积极劳动下乌托邦社会中公平与效率的统一。空想平均共产主义者摩莱里（1755）在《自然法典》中将公有制、劳动权和劳动义务作为共产主义中公平与效率统一的条件。批判的空想社会主义将空想社会主义思潮推向了高峰。空想社会主义者的研究和实践为科学马克思主义理论体系的建立做了铺垫。

（二）马克思、恩格斯等关于公平效率的经典论述

马克思和恩格斯基于历史唯物主义（1846）、科学社会主义（1848）和剩余价值学说（1867）三大理论对公平和效率问题主要进行了三方面的论述。

首先是对公平效率的整体认识。马克思认为公平是历史的范畴，具有显著的阶级属性。他指出，“公正不是某个自身存在的东西，而是存在于人们的互相交往中。”恩格斯在《论住宅问题》中指出：“关于永恒公平的观念因时因地而变，甚至因人而异。”马克思和恩格斯都认为只有大力发展社会生产力，创造出足够多的物质财富和精神财富，才能不断满足人们的生活需求。

其次是对资本主义不公平和无效率的论证。马克思认为，在资本主义社会中，商品等价交换、一切经济主体自由进出市场是资本主义平等观的现实基础，但资本主义强调的机会平等、公平竞争从来就是极其虚假的平等。出身、财产、受教育程度等的限制，使得广大的底层劳动者不可能与资本所有者取得平等地位，而资本家的阶级地位“天然”赋予了他们无偿占有工人剩余价值的权力，所有制的不平等是最根本的不平等。根源于私有制、根源于资本家“致富欲”的资本主义经济制度所造就的不公平和无效率具有同一性，生产资料所有制不仅带来了资本家对工人剩余价值的无偿占有，还带来了社会再生产的无效率，而社会再生产的无效率又会进一步加剧工人阶级与资本家阶级之间的不公平。

最后是对未来社会公平效率有机统一的制度构建思考。马克思认为，公有制是未来社会公平效率统一的基础；在公有制基础上，未来社会个人消费品的分配方式应该是“等量劳动领取等量产品”。

（三）基于中国社会主义实践的理论探索和总结

1. 中国共产党领导人的公平效率思想

毛泽东的公平效率观体现为一种重视公平、以公平促效率的思想。新中国成立后，出于对新中国成立后农村中出现类似旧社会两极分化可能的担心，毛泽东认为这一问题“只有在新的基础之上才能获得解决。这就是在逐步地实现社会主义工业化和逐步地实现对于手工业、对于资本主义工商业的社会主义改造的同时，逐步地实现对于整个农业的社会主义的改造，即实现合作化，在农村中消灭富农经济制度和个体经济制度，使全体农村人民共同富裕起来”。

2. 我国学者对公平效率的研究探索

随着社会主义新中国的成立，以马克思主义基本原理结合我国社会主义建设实践的公平效率研究在我国逐步展开。改革开放之前此方面的文献较少，李任之（1959）的研究较为典型，他指出社会主义建设合理使用劳动力、提高劳动生产率的主要经验是加强党的领导、充分发动群众、推进技术革命和技术革新以及改进企业管理和改进领导作风。

党的十八大之后，我国社会生产力进步所推进的社会主要矛盾开始由量变走向质变，中国特色社会主义走进新时代，社会公平效率矛盾研究也开始出现了新的方向。毫无疑问，马克思主义对西方公平效率理论实现了一次颠覆性的革命，这一革命的方法论是历史唯物论，这一革命的飞跃在于对资本主义私有制不公平、低效率的批判和对社会主义公有制公平效率同向互动的肯定。但我们还要认识到马克思主义是发展的科学，马克思主义公平效率理论同样处于不断地发展中。从空想社会主义者的设想到马克思、恩格斯理论体系中的科学阐释，从列宁、斯大林基于苏联实践的总结到中国共产党人和我国学者基于中国实践的发展，马克思主义公平效率理论一直在不断进步，新时代中国特色社会主义建设仍需要我们理论工作者不断推进马克思主义公平效率理论的发展。基于前述梳理，我们认为以往马克思主义公平效率理论的不足主要包括三个方面：其一，未能实现马克思主义理论公平效率思想的理论体系构建；其二，未能对西方公平效率思想进行整体批判和系统吸收；其三，未能提出中国特色社会主义建设中公平效率关系的系统化政策方案。针对以上三个方面，以程恩富教授为代表的新马克思经济学综合学派（以下简称“新马综合学派”）守正创新地提出了“公平效率同向变动论”，并希望借此对马克思主义公平效率理论进行来自中国学者的系统化发展。

三、新马克思经济学综合学派“公平效率同向互动论”的提出

1996 年针对新制度经济学领军人物张五常先生对我国收入分配以及经济体制的批评，

程恩富教授在《学术月刊》撰文进行了针锋相对的反驳，并在反驳中应用马克思主义经济学原理首次创新性地提出了公平与效率同向互动的思想。其后，他又在《文汇报》（2001）、《经济纵横》（2005）、《华南师范大学学报》（2009）、《中国社会科学》（2007，2016）、《政治经济学评论》（2018）、《上海经济研究》（2021）先后撰文，全面系统地对这一思想进行了阐述，从而建立起了新马综合学派又一个重要的理论基础——公平效率同向互动论。“公平效率同向互动论”是新马综合学派秉承马列主义关于公平效率矛盾基本认识、充分吸收西方经济学合理内涵、总结中国特色社会主义伟大实践基础上的守正创新，完全符合习近平新时代中国特色社会主义思想，是新马综合学派经济理论的重要组成。

“公平效率同向互动论”能够被东西方历史长期的经济实践所证实（至少至今还未被证伪），也已经被自由主义经济学之外的不同经济理论从多个角度所论证，如马克思在宏观层面关于资本积累规律和经济危机发生过程阐述中所揭示的私有制市场经济下社会不公最终会通过经济危机对社会效率发生毁灭性破坏，以及新凯恩斯经济学者斯蒂格里茨、阿克洛夫等在微观企业层面基于行为实验发现的一定社会环境下一定程度提升工人工资可以提升社会效率。在资本主义社会，由于生产资料私有制“神圣不可侵犯”，正的同向互动关系作用发挥受到限制，只是在资本主义社会替代封建社会过程中以及“雇佣工人为自己铸造的金锁链已经够长够重，容许把它略微放松一点”时才会出现，而负的同向互动关系则是资本主义因私有制而决定的宿命，伴随着资本积累的增加、资本有机构成的提升最终会推动资本主义走向终结。在以公有制为基础的社会主义社会体制下，这一规律的表现更为清晰。我国社会主义的伟大建设实践充分说明了在社会主义初级阶段的当代，公平与效率正的同向互动最优结合的载体就是公有制主体地位保证下的市场型按劳分配。市场型按劳分配显示的经济公平，具体表现为含有差别性的劳动的平等和产品分配的平等。这种在起点、机会、过程和结果方面既有差别又维持平等的分配制度，相对于按资分配，客观上是最公平的，并不存在公平与效率哪个优先的问题。只要不把这种公平曲解为收入和财富上的“平均”或“均等”，通过有效的市场竞争和国家政策调节，按劳分配不论从微观还是宏观角度来看，都必然直接或间接地促进效率达到极大化。以下基于“公平效率同向互动论”的论断和政策建议具有一般意义和科学性：其一，在初级社会主义分配制度上，应以按劳分配为主体，按资分配为补充或辅体；其二，在高度重视效率的同时应更加注重社会公平，建立和完善公平与效率的和谐互动机制；其三，当前应重点强调收入和财富分配上的“提低、扩中、控高、打非”。

基本创新与大国兴衰：新熊彼特长波视角的审视

张海丰　张晓玥　司叶林①

（广西师范大学；西部乡村振兴研究院；广西师范大学）

一、基本创新动力机制的历史考察

熊彼特认为创新的出现和扩散本身是一个不均衡的过程，有时是爆炸性的，有时会非常缓慢。他非常重视创新在一定行业或一定时期“集群”的趋势，以及“集群”对世界经济范围内可能影响经济周期和长波形成的作用（纳尔逊、莫利和法格博格，2021）。可以看到的是，在近现代的发展中，内燃机、化学、电力及电子设备这三个“集群”，影响着20世纪美国的经济和创新，且一些重要创新都非常依赖于广泛的基础设施的投资（Mowery and Rosenberg，1999）。不仅如此，基本创新引致的创新蜂聚也可能引发下一阶段的技术革命。而科技革命不仅是人类社会发展的源动力，也是推动国际秩序变迁的核心要素之一（郑华和聂正楠，2021）。同时，随着国际秩序的变迁，大国之间的博弈也会倒逼基本创新的产生（图1）。

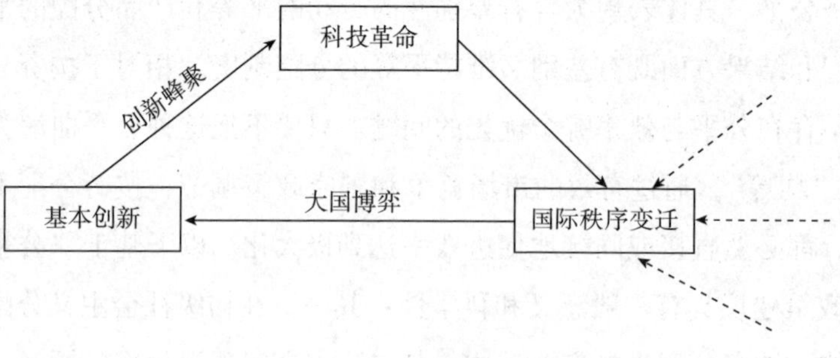

图1　基本创新的动力机制

① 作者简介：张海丰，经济学博士，广西师范大学经济管理学院副教授，珠江—西江经济带发展研究院研究员，西部乡村振兴研究院研究员，研究方向：演化与创新经济学；张晓玥，广西师范大学经济管理学院硕士生，研究方向：政治经济学；司叶林，广西师范大学经济管理学院硕士生，研究方向：政治经济学。

自近代民族国家的世界体系诞生以来，每一组革命性的技术都会爆发在一个特别的国家，有时甚至是一个特别的地区。但其共同之处在于：每次技术革命都起源自某一核心国家，且该核心国家在当时正是世界的经济领袖。随着技术革命日渐逼向高潮，其核心技术也逐渐向外围辐射。从长期来看，这属于世界性的现象。细数历次技术革命，我们知道英国领导了前两次技术革命，美国领导了第四次和现在的第五次技术革命，而第三次技术革命发生在一个复杂的三角核心区，包括老牌领导者英国和两个跃跃欲试的挑战者——德国和美国。大国之间的竞争与博弈是催生基本创新的重要动力之一，尤其是促进科技创新。

两次世界大战后，科学技术维护国家安全与发展的重要作用越来越明显，甚至可以成为国际合作或冲突的决定因素。主要表现为：各主要国家都把战略科技力量与国家安全、发展和国际竞争胜负相挂钩，并按照国家战略目标，集中资源进行建设和发展（樊春良，2021）。

在20世纪90年代，各主要国家选择在信息技术、生物技术、纳米技术等新兴技术领域布局战略科技力量，开启了第五次长波的赶超。通过对历史的简要回顾，我们发现基本创新往往伴随着国家战略科技力量的演进，影响着国际秩序的变化，这将影响着新一轮长波的开启。而国家之间的竞争也将伴随着新一轮基本创新的产生，倒逼开启新一轮技术长波。

二、基本创新与大国兴衰的内在逻辑

基本创新和大国兴衰之间存在相互影响的关系。因此，为进一步探讨两者的内在演化机制，笔者决定从国家层面和产业层面寻找证据，以期更好地梳理出两者的内在逻辑。

在找寻证据之前，首先需要明确的是“大国”一词的概念。国内外许多学者依据自身研究的目的，对其做了不同的概念划分，大体上可以分为两类：其一，以国土面积、人口规模等单项和多项总量指标来划分；其二，依据经济学的定价原理来界定大国的概念。1883年，普鲁士历史学家利奥波德·冯·兰克在《论列强》一文中提及：“如果一个国家可以定义为一个大国，那么即使其他国家联合起来，它也能够与之抗衡（兰克，1973）。”可以说，兰克的观点准确抓住了大国的核心特质，即独立、威望和实力。因此，在笔者看来，本文中所论述的“大国”不应简单地局限于一些总量指标，也应该涉及一些诸如GDP等经济学指标。

（一）国家层面的证据

1. 德国

19世纪末期随着工业技术的变化，涌现出了一系列新的技术和产业。新技术和产业的兴起，使得第二次产业革命的重心发生转移，即从英国较为成熟的基础性产业（钢铁、煤炭、纺织和机械工程）渐渐转移至欧洲和美洲大陆的新工业部门（化学、光学和电学等），由此，随着产业部门的转移，技术领导地位也渐渐由英国移向德国和美国（法格伯格、莫利和纳尔逊，2021）。德国化工产业的发展，起因是英国海军的封锁，这使得处于原材料断供状态的德国只能转而求助于科学，最著名的是哈伯对氨气的合成并成功找到了化学提高合成率的方法，自此之后，德国的炸药基本上都是通过此方法产生（文一，2021）。除此之外，德国化工产业的发展还得益于企业内部成立的 R&D 实验室，这也为快速获取和发展有机化学带来了一定的商业价值。德国国家创新系统的制度转变，使得德国的化工企业以科学为基础，更加重视 R&D 实验室对专利的保护，积极游说政府支持化工企业的各类研究实验和加大对高等教育的支持，尤其是增设化学教师岗位的数量。有别于大学在英国所扮演的角色，德国大学引领了 19 世纪“研究型大学”的发展，培养了一系列高技术人才（表 1）。这些受过良好教育的高技术人才，在德国企业中担任着高级管理的职位，强化了企业战略和产业研究之间的关联（法格伯格、莫利和纳尔逊，2021）。由此，德国凭借着化工产业和电器设备业的发展实现了对英国的赶超。

表 1　英国和德国对高等教育的支持和招生人数对比

项目	英国	德国
1911 年工程和科学学位的招生人数	2700 人	11000 人
1899 年政府对高等教育的支持	2.6 万英镑	47.6 万英镑
1991 年政府对高等教育的支持	12.3 万英镑	70 万英镑

资料来源：根据法格伯格、莫利和纳尔逊的《牛津创新手册》第 442－443 页内容整理而成。

2. 苏联

不同于美国的发展模式，苏联的崛起是基于农奴制的废除，依赖于工业化的发展。苏联的产业结构形成于斯大林工业化时期，并随着指令性计划经济体制和斯大林模式的确立和巩固而进一步固化和畸形（郭晓琼，2011）。在经历了十月革命、国内战争等战役后，苏联经济基础薄弱，直至 20 世纪中期还处于一个落后的农业国状态。随后，在计划经济体制下，经济发展的战略和措施直接影响了苏联产业结构的调整。尽管在当时，农业和工业部门的发展差距在逐步缩小，但工业的发展速度仍然快于农业的发展，这在很大程度上应该归功于军事目的。尤其在战后，国际政治格局发生剧变，在冷战局势不可维系的形势下，苏联的产业结构难以及时调整，积累和消费比例进一步失衡，以至于出现经济增长不可持续的局面（郭晓琼，2011）。图 2 为苏联部分部门在工业总产值的比重。

然而，虽然以军事竞赛为目的优先发展重工业的工业化发展模式取得了一定的成绩，但从美苏两国的对外贸易额来看（图 3），在 20 世纪 70 年代中期以前，苏联和美国的经

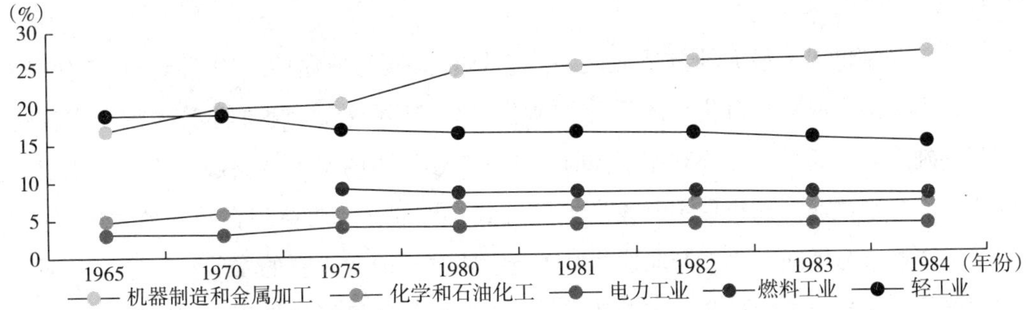

图 2　苏联部分部门在工业总产值的比重

资料来源：根据陆南泉、张础、陈义初等《苏联国民经济发展七十年》第 130 页内容整理而成。

济实力差距在不断缩小，但在 70 年代中期经济停滞之后，两国之间的差距反而日渐扩大（陆南泉，2007）。苏联剧变是由多方面因素导致的，有其长期积累的历史原因。但从基本创新和产业发展的角度来看，苏联的科技潜力可以说与美国不相上下，但较为不同的是，苏联的新技术成果在国民经济中的应用数量少、周期长，未及时形成商业化的利润反馈，再加上管理体制对科技进步的阻碍，苏联机械化水平提高速度缓慢，从而影响了经济的发展（陆南泉，2007）。这也为之后苏联的衰败埋下了隐患。

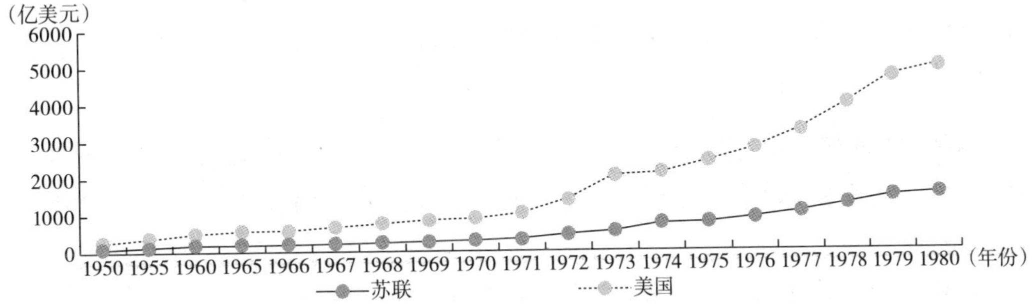

图 3　美苏历年对外贸易额比较

资料来源：根据《对外贸易》杂志 1969 年第 1 期、1973 年第 5 期、1974 年第 11 期、1975 年第 1 期、1980 年第 5 期、1981 年第 5 期、1982 年第 6 期以及联合国《统计月报》1982 年 7 月内容整理而成。

（二）产业和企业层面的证据

如果说国家层面的赶超反映的是在长波的发展视角下，大国竞争与大国博弈的结果，那么产业和企业层面的赶超便是国家层面赶超的中观和微观体现。产业层面的成功赶超，取决于技术追赶过程是如何组织的，其中产业绩效的关键决定因素在于不同国家学习效率的不同（张海丰，2021）。

1. 石油化工产业

化学工业是世界上最大的制造业之一，它具有很强的独立性。19 世纪 90 年代左右，德国超过了英国并成为当时化工产品生产的领先者。德国化工产业的迅速发展，不仅建立于创新基础之上，而且也充分利用了当时有机化学领域中的重大性突破。相比于德国，美国的化工产业则是通过加快集中开发资源的方式发展的，主要体现在技术精度的提高上。在第二次产业革命期间，化工产业这一基础行业得到了前所未有的发展。在这一时期，美国和德国的化工产业主要强调了与创新有关的新制度和新组织的作用，突出反映到化工创新绩效上。此外，通过对比 1939 年和 1940—1994 年这两个时期德、美、法、英等几国获得诺贝尔化学奖的次数（表 2），也可以明显地看出石油化工产业的领导重心已渐渐由德国移向美国（法格伯格、莫利和纳尔逊，2021）。

表 2　1939 年和 1940—1994 年德、美、法、英获得诺贝尔化学奖次数对比

时间	德国	美国	法国	英国
1939 年	15 次	3 次	6 次	6 次
1940—1994 年	11 次	36 次	1 次	17 次

资料来源：根据法格伯格、莫利和纳尔逊《牛津创新手册》第 447 页内容整理而成。

化工产业的发展极大地帮助了 20 世纪初汽车内燃机的引入，满足了随后的液体燃料大量开发的需求，进一步刺激了石油精良产业的发展，满足了后续汽车需求的增长。

2. 通信业与电子产业

20 世纪 90 年代，计算机、电信设备和半导体装置已成为全球信息和通信产业的三大领域。作为第五次长波发展中的通用技术，通信业与电子产业的发展已经给世界带来了翻天覆地的变化。

19 世纪，电信、电话和广播事业以民营的方式首先开始在美国发展。在第一次世界大战期间，联邦政府将电信电话事业改为由国家管理，并以此为契机，不断对电话公司进行整合。事实上，美国的电信电话事业是由 AT&T 公司垄断，并一直持续到 1984 年通信自由化开始。相较于美国，日本的电信、电话和广播事业却是从国营开始的，技术也是从国外引进的。这种依赖国家的事业结构，给日本电子信息通信领域的企业造成了很大的影响，其事业发展和研究开发或多或少地受到了国家的干预（西村吉雄，2016）。1955 年，日本经济高速成长，其家庭电话的普及率仅为 1%，原因主要是申请者的申请速度高于电话网的扩充速度，进而造成了积滞现象。因此，“积滞解除”和“全国通信自动化”成为日本电信电话公社的首要目标。随着电话在每一个家庭的普及，电信事业发生了翻天覆地的变化。发达国家在 20 世纪 80 年代实现了综合业务数字网（Integrated Services Digital Network，ISDN），而日本则是在 1984 年开始进行实验，并于 1988 年开始将其应用于商用服务（西村吉雄，2016）。互联网的出现使得信息处理和通信以一种不同于 ISDN 的形式融为了一体，这种万能的基础设施的自由化给通信业造成了很大的打击。通信设备产值的下降，给 21 世纪后日本电子产业的衰落带来了很大的影响（西村吉雄，2016）。

三、中国在第六次长波的崛起之路

由于对经济长波研究方法的不同，各学者在时间上的划分也有所不同。尽管各学者在对长波的开始和结束的时间划分上存在争议，但普遍上都已确认了四次长波的存在。佩蕾丝指出，康德拉季耶夫、熊彼特和大多数后继者每次划分长波都倾向于从波谷到波谷，即从上一次技术革命的后半段到下一次技术革命的前半段（胡乐明、刘刚和高桂爱）。通过前人综述研究和上述讨论，笔者认为，当前世界经济发展应当正处于第六次长波发展的浪潮中。其前五次长波发展分别为：第一次产业革命中的“珍妮纺纱机”的问世标志着以棉花、铁制品为主导产业的第一次长波，以生铁、煤炭为核心投入的铁路、蒸汽机等主导产业是其第二次长波发展阶段，随后以卡耐基和福特公司为标志的钢铁、汽车等主导产业分别代表着第三次和第四次长波，20 世纪 70—90 年代芯片产业的发展，开启了以计算机、电信设备和微电子产品为主导产业的第五次长波。从前五次长波发展中，我们可以看出历次长波的开启的本质往往都是由于形成了新的技术范式。新技术范式的产生会改变原有的产业结构，进而影响着企业的组织形式。从核心国家来看，这些国家的兴起往往都是抓住了产业革命中的核心能源和动力部门，及时完成了从上一次长波到下一次长波的效率转化，并形成“市场化—利润”反馈机制。也就是说，核心国家的兴衰往往与长波发展中能否抓住主导产业以及能否形成市场化利润反馈机制有关。当前，中国正处于世界发展浪潮的中心，也处于第六次长波发展的核心，中国能否在第六次长波中崛起不仅关乎着本国的发展，也影响着世界的发展局势。然而，劳动力成本低廉已不再成为中国市场的独特优势。因此，中国必须坚定不移地走本土创新的道路。在第三次产业革命的浪潮中，要紧紧抓住“第二机会窗口”，发挥本土巨大市场的优势，构建安全的产业链和本土创新协调机制，发展内循环，解决重大技术的“卡脖子”问题（封凯栋，2021）。

休谟与李斯特的经济发展思想：比较、评述及启示

特格西毕力格　王来喜　陶　阳[①]

（内蒙古师范大学）

一、休谟与李斯特经济发展思想之差异

（一）自由贸易与贸易保护

用现代博弈论的术语来说，休谟十分反对重商主义者关于国际贸易的零和博弈观点。毕竟“货币只是一种代表劳动和商品的象征，一种评价和估计劳动和商品的方法”。且促使货币不均衡现象得以矫正的因素在其失衡的同时就产生了，随着均衡因素作用的不断强化，最终会使货币同每个国家的工业发展水平及技艺相匹配，也就意味着通过外部作用和暴力维系的货币不均衡是不可持续的。除了探讨货币数量论与自由贸易论的密切关系外，休谟还研究了一国贸易平衡以及贸易与货币数量和一般价格水平之间的关系，并从这个角度驳斥了贸易差额理论，提出了国际自由贸易主张。休谟认为，国际间自由贸易对参与双方都是有利的，国家间的经济合作可以互相弥补经济发展上的不足，在刺激自身经济增长的同时带动邻国的商业发展。

反观李斯特的经济发展思想，他的观点与休谟可谓大相径庭。李斯特认为，国家的发展过程中存在不同的阶段，表现为经济增长的阶段性特征，如原始未开化时期、畜牧时期、农耕时期、农工业时期以及农工商业时期等，不同的经济增长阶段决定着国际贸易政策的导向和制定，没有普遍适用于任何历史节点的贸易政策准则。关于何时可以进行自由贸易，李斯特给出的回答是，一个国家只有在达到工业成熟之后，才可以转向自由贸易，否则应该对那些发展羸弱、关乎国计民生的产业予以保护，从而建立起自身完整发达的制

① 作者简介：特格西毕力格，内蒙古师范大学经济管理学院教授、硕士研究生导师，中央民族大学博士，主要从事经济思想史研究；王来喜，内蒙古师范大学副校长，教授，博士生导师，主要从事马克思主义政治经济学研究；陶阳，内蒙古师范大学经济管理学院经济史硕士研究生，主要从事经济思想史研究。

造业生产能力，以确保战争发生时的工业独立性，这一观点被后来学者称之为幼稚产业理论。再者，关于李斯特的国际贸易主张，需要清楚认识到李斯特并非绝对的贸易保护主义者，他认为只有以促进和保护国内工业力量为目的时，才有理由采取保护措施，且应当有所节制，因为所有这些保护方式，没有一个是绝对有利或绝对有害的。然而保护的对象并不包括古老成熟的农业。

（二）财富增长与生产力发展

在对财富概念的理解上，休谟吸取了贝克莱的观点，即“真正的财富”是一国所拥有的大量物资。休谟不赞成财富是由货币构成的，花费大量的时间研究如何增加货币数量对于增进国家内部的幸福是徒劳的，真正能够代表财富的则是劳动产品的储备，这种储备是一切实力和财富的根本，那么国家应该调动一切可以调动的力量以维持国内生产积极性，从而最大限度地增加劳动产品储备。休谟的财富观建立在他对货币本质的理解上，既然货币仅仅是满足商品交易的工具，是促成交换的催化剂，那么其多寡也就对国家无任何实质性影响，任何社会的真正力量只存在于人和物上。

对李斯特而言，财富本身较之财富的生产能力而言并不重要，重要的是动态的生产力，这是比静态的财富更值得经济学家关注的存在。李斯特认为，使得一国富裕的本质是生产力的增长，并不在于交换价值的占有。综观李斯特的经济发展思想，可以明显察觉出李斯特经济学的理论核心在于生产力。“国家生产力的来源是个人的身心力量，是个人的社会状况、政治状况和制度，是国家所掌握的自然资源，或者是国家所拥有的作为个人以前身心努力的物质产品的工具（即农业的、工业的与商业的物质资本）”。李斯特多向的经济主义思维使得他对国家生产力来源的认识有着以往经济学家所不可比拟的通透，更为重要的是李斯特看到了“精神资本”的重要性，“即个人所固有的或个人从社会环境和政治环境得来的精神力量和体力”。

二、休谟与李斯特经济发展思想之共性

作为古典学派先驱的休谟和历史学派先驱的李斯特，他们的经济发展思想在以下四个方面多有契合：

首先，都对知识、精神、科学艺术等非物质资本十分重视。①休谟认为，工业和机械技术进步与文化艺术进步在某种程度上是相辅相成、互相促进的。当愚昧无知渐渐在思想觉醒中褪去，进取心会促使人们思索技艺及科学的进步；同样，如果技艺渐趋发达，则可供支配的闲暇时间也就越多，交流学习知识、倾心交谈的次数也会增多，不知不觉中文化素养得到了提高，人性得到了完善。与此同时，休谟还认为，对外贸易中的出口盈余并不

是一国经济对外开放的重点，重点是发展技术和本国工业，提升人力资本对于经济增长的贡献。②李斯特也表述了类似的观点，即工业是科学与技术的成果，也是其支持者和哺育者。科学技术的进步促进了一切可以提高生产效率的机器的发明，使得人们有更多闲暇用于自然科学原理的探索，反过来科学原理又指导着新技术的发明创造。李斯特看到了非物质资本在经济发展中的深刻作用，对教育尤为赞赏，教育推动着知识的传播，有利于提高劳动者的智力水平和劳动熟练程度，培养了国家未来生产力。

其次，都强调了政体、制度对经济社会发展的引领性及保障性作用。①休谟的法治思想暗含着中庸之道，法治建设应“以人性的自私和有限的同情心为起点”，把维护个人私有财产和财产权作为目标指向，只有个人的财产和财产权得到社会层面上的保护时，才能激发每个人对财富追求的欲望，但“欲望过度的彰显会产生道德维度的危机，阻碍了财富增殖的进程”，这就需要利用公法以矫正欲望在道德上的偏离，从而形成社会向前发展的合力。②李斯特认为，国家的财富同人民的智力、道德与勤奋是成正比例的，但是如果没有内政上的自由、适当的公共制度与法律、国家行政与对外政策，尤其是国家的团结和权力这些方面的支持，那么个人的勤奋与节俭、创造与进取就绝不会有任何重大的成就。李斯特提及的制度涉及面较广，包含内政制度、银行制度、商业制度、财政制度、贸易制度、公民制度、海关制度等，对于这方面制度的选择、确立与评判，应该以能否保障个人自由及财产以及能否维持个人高度的创造财富、实现目标的积极性为准绳。

再次，都提出了分工协作的必要性和对经济发展的重大意义。①休谟认为，人类社会初期的分工协作建立在毗邻之乡的基础上，由于地域范围的有限，很容易了解彼此需求，从而实现互助合作、互通有无。随着交易范围的扩大延伸，依旧需要互相协作来解决商品生产与消费的问题，只不过需要商人或经纪人在中间起到调剂信息、调配货物的作用。分工协作是为了解决个人精力有限与需求无限之间的矛盾而产生的，这也是商业产生的原因之一。②李斯特的分工思想建立在对斯密分工理论辩证性批判的基础上，认为斯密的分工原则忽视了对整个地区和省区的考察，进而提出“假使各市各省能够专心致志地，或者至少主要地，从事于在自然条件上最适宜的那些农业部门的生产，那么商业行为的划分与生产力协作的影响，这时就表现得格外突出”。在李斯特看来，地理位置及气候决定了这个地区发展何种产业，如制造业只有在温带地区才能发展起来，而热带地区则不能涉足，热带地区应该产出热带产品，同温带地区的制成品进行交换，这就是分工存在的意义。

最后，都把推进工业化进程作为促进经济发展的关键动力。①休谟认为，工业的生产得益于商业的发达，而商业繁荣与否的关键在于消费欲望引致下的需求，那么需求下降在任何时候都可以看作是对经济的致命伤。②李斯特在提及工业发展的原因时也强调了商业关系的促进作用，他举例说“如果农民在努力中主要盼望的是上天保佑的话，工业者的生存和发展所依靠的却主要是他的商业关系”。

三、休谟与李斯特经济发展思想评述

尽管休谟是公认的伟大哲学家，但还是能在零星的经济论文中窥探到休谟经济学大家的气质。在哈耶克看来，休谟不仅是现代认识论的奠基者，也是经济理论的奠基者。在所有的古典经济学先驱者中，休谟的经济学思想与亚当·斯密最为接近，倘若他能够著有完整而系统的经济学文集，那么他将成为最杰出的经济学创始人之一。休谟在经济学上的贡献主要集中在货币论和基于经济自由主义的贸易政策这两方面，其中货币论对马克思货币理论的产生有着重要的启发意义，马克思在其经典著作《政治经济学批判》中花费了大量的笔墨评述休谟的货币理论，借此创建自身的货币理论，而自由贸易主张则对斯密的自由主义经济思想的形成有着深远影响。休谟经济学是为英国统治世界服务的，其理论成为英国对外扩张、发展殖民地的依据，但客观上也推动了国际交往的深入和资本主义世界市场的形成，扩大了国际分工的范围，加快了全人类的开化和进步的步伐。

与此同时，他还对经济社会生活的其他方面阐述了自己的看法，涉及技艺的日新月异、贫富差距、社会信用、赋税等很多方面。例如，解决贫富差距是实现共同富裕的题中应有之义，这也是长期以来经济学家孜孜不倦努力探索的重要内容，在这个问题上，休谟有着自己的认识。“公民之间贫富过于悬殊，会使国家受到削弱”。按照休谟的说法，既然财富被少数人占有，那么这些人必然也就掌握着全部权力，进而凭借公权转嫁负担给穷人，使得他们也会因为不堪忍受沉重赋税而逐渐失去劳动热情和勤奋品质，只有当财富分散时，才能使所有人的负担变轻，赋税的调整至多体现为各人的生活方式有轻微差别。

没有哪个理论家的观点是完全由自己独创的，形成系统学说的人往往能够融化别人的观点和自己所获得的知识。李斯特固然也不例外，其理论溯源于汉密尔顿、雷蒙德和费希特，有关学说可以从《有关制造业的财政部长报告》《闭关的商业国家》中得到印证，李斯特在他们研究的基础上进一步系统化、规范化、理论化，融入了对国家利益的考量，采用史料、史学与经济学理论结合的研究范式。李斯特重视历史现实、注意经济学理论与经济学说史相结合的研究范式，对以后历史学派、制度经济学以及发展经济学的发展都有深远影响。这种对经济的分析方法有一个显著特点，即十分重视对历史事实的分析，试图从历史中寻找经济学命题的答案，以此证明经济学假设和推断是否成立，并强调演绎和归纳的结合，这无疑完善了旧有经济学分析范式，也奠定了其历史学派先驱者的地位。

然而，我们也应该注意到李斯特经济发展思想的不足，如过于重视生产力，而忽视了对生产关系的研究，且生产力理论中夹杂着狭隘的民族主义观念。人的本质是社会性，作为生产力载体的人总是处于各种各样复杂的社会关系中，生产力的发展必然会引起生产关系的调整，李斯特的研究只考虑了生产力问题，而没有进一步对生产力发展产生的生产关系变化以及两者的矛盾运动进行综合考察。

四、结论及启示

第一，经济政策的制定要因时、因地制宜，符合中国国情，切不可照搬西方理论。当前，国家依旧是最高形式的联盟，这是历史所处特殊阶段决定的，即意味着国家政策仍然要以维护国家利益和民族利益为出发点，无论是自由贸易还是贸易保护，终究是发展经济的一种手段，应坚持局部动态调整、整体平稳运行的方针，在充分了解经济规律的基础上，改进上层建筑中阻碍经济基础发展的部分。

第二，充分认识物质资本和精神资本在经济发展全局中的重要性和地位。发展经济既不能只靠物质资本，也不能只靠精神资本，缺少任何一个都会造成经济的畸形发展，两者对实现经济增长和发展的推进作用毋庸置疑，应齐抓共管，只有两者协调配合、相互促进，才能创造出经济向前发展的源源不断的动力。

第三，以人为本，坚持以人民为中心的发展思想。历史唯物主义认为，人民群众是历史的创造者，是精神财富和物质财富的创造者。在建构当代中国马克思主义政治经济学时，必须始终坚持以人民为中心的基本思想。必须牢牢把握贯穿于中国特色社会主义政治经济学发展的主线：发展的动力来源是人民，发展的目标指向是人民，发展的成果惠及人民。

第四，重视国家力量，加强和完善制度建设。稽考史籍，一个国家要想走向繁荣富强，必须有一个强大的政府作后盾，而强大的政府背后一定是强势的综合国力，这是毋庸置疑的。辩证地认识国家力量，既要增强物质力量，又要充分运用非物质力量。另外，国家力量的建设需要依靠制度的保障和促进，重视制度同经济发展的适配性。

对凯恩斯的有效需求原理的批判性考察

王智强①
（首都师范大学）

一、凯恩斯的有效需求原理的重新表述

（一）凯恩斯的总收入或总供给

凯恩斯的要素成本与三位一体公式中的工资、利息、地租相对应，不同的是，在三位一体公式中被视作企业主的劳动报酬的工资，在凯恩斯那里成为企业家利润。凯恩斯的国民收入或总供给价格的本质是生产过程中工人耗费的活劳动凝结形成的价值。这部分价值被分割为劳动力价值 v 和剩余价值 m（生产的而非实现的剩余价值），后者又根据资本的所有权、资本的使用权、土地的所有权被依次分割为利息、企业主收入、地租。表 1 为凯恩斯的经济范畴与马克思的经济范畴比较。

表 1　凯恩斯的经济范畴与马克思的经济范畴

凯恩斯创立或使用的经济范畴	马克思创立或使用的经济范畴
产品价值 A	$\delta c^{\mathrm{F}}+c^{\mathrm{L}}+v+m$
为生产而购买的制成品 A_1	$\delta c^{\mathrm{F}}+c^{\mathrm{L}}+\Delta c^{\mathrm{F}}$
使用者成本 U	$\delta c^{\mathrm{F}}+c^{\mathrm{L}}$
要素成本 F	工资 + 利息 + 地租
企业家利润	企业主收入
总投资	$\delta c^{\mathrm{F}}+\Delta c^{\mathrm{F}}$
净投资	Δc^{F}
期初的机器设备价值 $G'-B'$	第 t 期期初的 c_t^F

① 作者简介：王智强，经济学博士，首都师范大学马克思主义学院副教授，硕士生导师，中国社会科学院马克思主义研究院访问学者，研究方向为马克思经济理论及其应用。

续表

凯恩斯创立或使用的经济范畴	马克思创立或使用的经济范畴
期末的机器设备价值 G	第 $t+1$ 期期初的 c_{t+1}^{F}

说明：δ 为固定资本折旧率，c^{F} 为固定资本，Δ 表示追加，c^{L} 为流动不变资本，v 为劳动力价值，m 为剩余价值。

（二）凯恩斯的总需求

凯恩斯将总需求分为“社会愿意消费的数量”和“社会愿意投资的数量”，也就是消费 C 和投资 I，消费为工人和资本家的个人消费，投资为固定资本投资。按照马克思的劳动价值论理解，消费在量上等于劳动力价值 v 加上用于资本家个人消费的剩余价值 m/x，投资在量上等于用于追加固定资本的剩余价值 Δc^{F}。在凯恩斯那里，追加的流动不变资本和追加的可变资本为零。因此，凯恩斯的总需求为 $v + m/x + \Delta c^{F}$。

（三）凯恩斯的有效需求不足

有效需求“为总需求函数上的一点……该点相当于能使企业家的预期利润最大的就业量”。有效需求不足可概括为随着就业量及国民收入的增加，工人和资本家的消费以及固定资本投资形成的总需求小于“相应的就业量的总供给价格”。凯恩斯认为，由于边际消费倾向递减，总消费增加的程度不如国民收入增加的程度大，资本边际效率递减且流动性偏好的心理动机导致利息率很难以相同的或更快的速度递减，未被消费的国民收入所形成的储蓄不能全部转化为投资，在这种情况下，有效需求对应的就业量小于充分就业量。按照劳动价值论理解，有效需求不足可表述为 $v + m/x + \Delta c^{F} < v + m$，或 $\Delta c^{F} < m - m/x$。

二、凯恩斯的有效需求原理未能揭示生产过剩的根源

（一）从西斯蒙第到马尔萨斯再到凯恩斯

凯恩斯的有效需求原理继承并发展了马尔萨斯仿制西斯蒙第的有效需求不足理论。法国古典经济学家西斯蒙第感觉到资本主义生产的矛盾：“一方面是生产力无限制发展和财富的增加……另一方面……生产者群众却被限制在生活必需品的范围内。”他准确地指出，资本主义生产与消费的矛盾不是萨伊、李嘉图、詹姆士·穆勒所说的偶然的、局部的、暂时的，而是必然的、普遍的、周期的。然而，站在小资产阶级立场的西斯蒙第没有科学的唯物史观为指导，虽然中肯地批判了资本主义生产的矛盾，但却不能理解这个矛盾。在解决矛盾方面，西斯蒙第“常常求救于过去”，意识不到用一种更高的生产方式取代资本主

义生产方式。

被马克思划为庸俗经济学家的马尔萨斯"巧妙地剽窃"了西斯蒙第的观点。在同李嘉图的论战中，马尔萨斯指出，资本主义存在"大量的生产能力未能加以利用"的现象。马尔萨斯认为，资本家未消费掉的生活资料不能通过资本积累来化解，因为这样只能加剧生产与消费的矛盾，因此，他主张要扩大官僚、地主、教会、军队等非生产消费阶级的消费。

虽然马尔萨斯对萨伊—李嘉图—穆勒定律发起了挑战，但却无济于事，他的观点被压制了百余年，直到凯恩斯革命才得以焕发生机。马尔萨斯接受斯密教条，抹去不变资本，忽视商品在使用价值上的不同，因而无法做出解释，凯恩斯利用边际消费倾向递减、资本边际效率递减、流动性偏好心理动机，似乎解决了马尔萨斯"未能清楚地解释"的难题。

（二）凯恩斯的有效需求原理存在内在缺陷

凯恩斯批判了萨伊定律，区分了总供给（创造的价值）与总需求（实现的价值），根据三大心理规律解释了有效需求不足。然而，凯恩斯的有效需求原理并没有真正超越马尔萨斯的"仿制品"，因而不能揭示失业和生产过剩的真正原因。有效需求原理存在缺陷，首先是因为凯恩斯对"三个基本的心理因素"的理解有局限性。

第一，边际消费倾向递减。凯恩斯正确地指出，随着工人活劳动创造的价值增加，用于工人消费的劳动力价值和用于资本家消费的剩余价值占价值的比例趋向下降。不过凯恩斯将其视作"一条基本心理规律"，这是因为凯恩斯的资产阶级立场使他未能意识到边际消费倾向递减是资本主义生产的必然结果。"自由竞争使资本主义生产的内在规律作为外在的强制规律对每个资本家起作用"，获取超额剩余价值的内在动力和抢占市场份额的外在压力迫使资本家研发新技术、采用新机器，因此，资本家不得不减少用于个人消费的剩余价值份额，增加用于追加固定资本的剩余价值份额，而这又导致在技术进步的同时劳动力价值相对于剩余价值下降。

第二，资本边际效率递减。资本边际效率是一种贴现率，根据这个贴现率，固定资本在执行生产资本职能期间提供的预期收益的现值等于固定资本的供给价格或重置成本。资本边际效率递减的原因在于：当固定资本的供给增加时，受心理因素影响的预期收益下降；固定资本的增加使它的供给价格或重置成本提高。凯恩斯再一次正确地指出资本主义特有的经济规律：随着固定资本的增加，单位资本创造的利润趋向下降。凯恩斯不懂得劳动二重性，没有区分不变资本和可变资本，因而不能真正解释这个规律。

第三，流动性偏好的心理动机。交易动机、谨慎动机和投机动机是人们持有货币的三个心理动机，交易动机和谨慎动机形成的货币需求取决于国民收入和货币流通速度，投机动机形成的货币需求与利息率存在负向关系。凯恩斯的流动性偏好其实是在探讨货币的三种职能，然而，凯恩斯没有根据交换和价值形式的发展说明货币的起源和本质，不理解货币的三种职能，因而将流动性偏好动机归结为心理动机。凯恩斯的流动性陷阱往往出现在危机后的萧条时期，此时，剩余价值实现困难，即使利息率很低，职能资本家借入货币进行扩大再生产的欲望也十分微弱，面对低利息和高风险，货币持有者没有足够的动力将货币转化为生息资本。因此，货币当局增发的纸币被人们持在手中或者以超额准备金的形式留在银行，很难经过货币创造形成借贷货币资本供给。

与马尔萨斯一样，受斯密教条影响，凯恩斯抹去了不变资本，没有划分两大部类，这是凯恩斯的有效需求原理存在内在缺陷的重要原因。抹去不变资本，不划分两大部类，导致凯恩斯略去对资本主义商品经济基本矛盾的分析，只看到未被资本家消费的生活资料与用于投资的生产资料作为价值物的同，而忽视了它们作为使用价值物的异。因此，在他的思维逻辑中，未被消费的生活资料不通过交换这个“惊险跳跃”自然而然地成为货币储蓄，这样一来，储蓄因资本边际效率递减而未全部转化为投资就成为有效需求不足唯一合理的原因。这个缺陷进一步导致凯恩斯混淆了未被消费且未实现的剩余价值和未被消费且实现的剩余价值没有转化为投资的两种情况，颠倒了投资不足和有效需求不足的因果关系。

事实上，解释有效需求相对不足的正确逻辑如下：在竞争的强制规律作用下，两大部类的资本家必然减少个人消费 m/x，在这种情况下，第Ⅱ部类形成供给的生活资料价值Ⅱ $(c+m-m/x)$ 增加，第Ⅰ部类用于个人消费的货币Ⅰ $(v+m/x)$ 减少，Ⅰ $(v+m/x)$ = Ⅱ $(c+m-m/x)$ 变为Ⅰ $(v+m/x)$ = Ⅱ $(c+m-m/x-\Delta x)$，$\Delta x>0$。生活资料无论是降低市场价格卖出，还是以库存的形式堆积，总有一部分价值 Δx 不能实现。因此，未被消费的生活资料的价值不能全部形成货币储蓄，进而不能全部转化为投资，这与资本边际效率同利息率的相对关系无关。在资本竞争推动劳动生产率不断提高的情况下，一方面总产品价值比单位活劳动有更大比例的增加，另一方面总需求未能同单位活劳动成比例增加，于是，第Ⅱ部类的有效需求相对不足加剧。第Ⅱ部类在接下来的再生产过程中，一方面，由于有效需求相对不足，将部分旧的固定资本闲置；另一方面，迫于竞争压力，仍然将未被消费且实现的剩余价值用于投资。当有效需求相对不足和利润率相对下降发展到边际利润率小于利息率甚至为负值的程度时，第Ⅱ部类会将未被消费且实现的剩余价值以货币储蓄的形式持有。由此可见，竞争的强制规律→m/x 相对下降，技术进步→第Ⅱ部类有效需求相对不足→第Ⅱ部类补偿的 c^F 和投资下降→第Ⅰ部类有效需求相对不足。

以上的批判性考察没有考虑信用货币执行流通手段职能而货币执行支付手段职能的情

况。资本主义的信用十分发达，商品流通的交易媒介主要是信用货币，一旦信用货币执行流通手段职能，第Ⅱ部类价值为 Δx 的生活资料可以“转化”为投资。第Ⅱ部类可以联合银行诱导工人信用消费，或者在利息率降低时向银行借款投资，这两种方式用信用扩张掩盖了而不是解决了有效需求的相对不足。凯恩斯给出了第三种解决有效需求不足的方案，即政府采用赤字财政进行公共投资。根据前文分析，有效需求不足首先是生活资料有效需求不足，私人投资不仅不能化解反而会使之加剧，那么凯恩斯的财政政策为什么在短期有效呢？第一，政府公共投资能够增加就业从而增加生活资料需求；第二，政府公共投资可以化解第Ⅱ部类生产过剩引起的第Ⅰ部类生产过剩；第三，公共投资生产的商品与两大部类的商品不存在竞争关系。然而，政府公共投资所需的货币主要通过向中央银行发行国债获取，这必然导致货币贬值，物价总水平上涨。政府通过增加税收的方式偿还债务将削弱有效需求。此外，政府公共投资化解有效需求不足，利润率因此上升，会强化两大部类的再生产过程，资本主义生产的内在规律和竞争强制规律再次引起两大部类有效需求不足，而政府部门却不能持续增加债务进行公共投资。于是，一方面是财政赤字，物价总水平上涨；另一方面是两大部类有效需求不足，大量工人失业。

凯恩斯抛开商品经济基本矛盾和资本主义基本矛盾研究有效需求不足和失业问题，导致他提出的化解生产相对过剩的经济政策不仅是无效的而且是保守的。凯恩斯相信“相当大的财富和收入的不平等是合理的”，尽管他认为提高消费倾向的收入再分配政策有利于经济增长。凯恩斯不接受“囊括绝大部分社会经济生活的国家社会主义”，而赞同投资社会化以及使国家干预和私人的主动性结合的折衷方案。

非福利主义的“福利”新图景及其对共同富裕的启示

张九红　李　星①

（华东理工大学；南开大学）

一、现代福利经济学的困境及非福利主义转向

根据熊彼特在《经济分析史》中的论述，福利经济学是神圣而古老的，“现代经济学家只不过复活了边沁的传统而已”。旧福利经济学采用基数效用方法，把包含效用、满足或福利等概念定量化。然而，20 世纪 30 年代，随着逻辑实证主义对经济学的深入影响，以罗宾斯为代表的经济学家，坚决反对基数效用论。由此，罗宾斯、卡尔多、希克斯、伯格森、萨缪尔森、阿罗等众多经济学家，转向序数效用论，以个体偏好排序代替个体效用比较，构建社会福利函数。

然而，当经济学家们把福利经济学的基本定理集中于“帕累托最优”时，他们发现福利经济学最初的目的发生了根本性变异。所谓“帕累托最优”，是指在其他人的福利没有变得更糟的情况下，有人变得更好，这种变化就是帕累托改进。如果这种帕累托改进一直改进到不能再改进时，就达到了帕累托最优状态。依据这种标准，一种社会状态，在不降低富人财富的情况下，穷人的境况不能有任何改善，也符合帕累托最优标准；尽管在这种社会状态，富人和穷人之间存在严重的不平等。由此可见，帕累托最优标准不关注分配问题，甚至它的提出和发展是为了消除福利分配的向度。

尽管经济学家们试图突破帕累托最优的局限解决福利分配问题，然而，经由伯格森—萨缪尔森社会福利函数和阿罗社会福利函数的发展，最终阿罗得出的结论是：在其基本假

---

① 张九红，华东理工大学；李星，南开大学。

设①前提下，不存在“对于一个相当广泛的范围内的个人排序集合，社会福利函数能够给出一个真正的社会排序”。

最后，现代福利经济学陷入双重困境。一是方法论困境。福利经济学剔除价值判断，采用序数效用方法和帕累托标准，构建社会福利函数的一般公式，阐明社会福利增长的数学逻辑，最终走向科学化和逻辑化的狭窄路径。二是理论与实践的矛盾困境。由于社会福利函数坚持人际间效用不可比较性，个人效用排序与社会福利状况并不能构成某种函数关系。

为了摆脱上述困境，福利经济学界产生了一系列争论，其中影响较大的是 20 世纪 70 年代阿马蒂亚·森开辟的非福利主义。阿马蒂亚·森通过研究社会选择理论与福利经济学，不断完善和发展非福利主义的基本观点、方法和基础。他在批判罗尔斯先验制度正义论的基础上，建构可行能力方法的政治哲学基础，把福利问题的规范性研究和实证性研究统一起来。由此，阿马蒂亚·森完成了非福利主义的转向。

二、非福利主义“福利”新图景的基本内涵

实际上，非福利主义的“福利”新图景，既不是上述功利主义效用的快乐内涵，也不是社会选择理论的个人偏好内涵，它是亚里士多德式的规范性福利。这种规范性福利有两层含义。其一，它是人的一种功能性活动。其二，人们依据实现这种功能性活动的机会和权利来确定个人最终能够获得的实质自由。

为此，非福利主义“福利”新图景采用可行能力方法。这种方法聚焦于两个问题：一个是一个人实现了的功能性活动，即一个人实际上能够做到的。另一个是一个人所拥有的由可选组合构成的可行能力集。而且，“福利”新图景关注个人的异质性、差异化，“可行能力是一种一般方法，着眼于有关个人优势的信息，并且根据机会来判断这种优势，而不是如何组织一个社会的具体设计”。

综上所述，阿马蒂亚·森的可行能力方法勾勒出非福利主义“福利”新图景的基本内涵，并为此提供了一个总体性框架：“关注实际的生活与现实，而不只是停留在抽象的制度和规则之上；关注如何减少不公平，而不是局限于寻找绝对的公正；可以遍布全球，而不只是局限于某个国家的边界范围内；允许多种不同的正义缘由同时存在，而不是只允许一种正义缘由存在。”

---

① 限制 1:集体博弈选择方面,但是对博弈论本身不加讨论。限制 2:假定个人价值是给定的,个人价值观不受社会选择方案的影响。限制 3:社会中的所有人都是理性的,都以追求其自身效用最大化为目标。由理性经济人构成的市场活动,社会福利原则遵循帕累托效率标准。理性经济人的个体偏好是交往的,通过交往来保证合作行为符合社会整体利益。[美]肯尼斯·阿罗:《社会选择与个人价值》,丁建峰译,上海人民出版社 2010 年版。

三、非福利主义“福利”新图景的实践导向

基于以上论述，阿马蒂亚·森提供了一个总体性框架。纳斯鲍姆认为森提出的能力是一种混合能力。为此，她着重阐释能力的“生存”和“行动”两个维度，并提出这种能力由三个部分构成：即内在可行能力、综合可行能力和人类核心能力。由此可见，可行能力方法同样坚持了马克思所强调的人的特殊性和普遍性的辩证统一性。

为了采用可行能力方法实际地解决人的现实生活质量和尊严生活问题，纳斯鲍姆列出具体的人类核心能力清单。当然，正如她所言“这份清单本身是灵活开放的，并在过去进行过修正……它是一种最低程度的核心资格的解释”。

这份人类核心能力清单具体内容如下：

生命。能活到人类正常生命长度的尽头；不会过早死亡或者由于不值得活而过早地缩短生命。

身体健康。能够有好的健康。包括生殖健康、营养充足、有充足的庇护所。

身体完整。能够自由地从一个地方搬到另一个地方；保护其不受到暴力攻击，包括性侵犯和家庭暴力；有机会得到性满足和进行生殖选择。

感觉、想象和思考。能够以一种“真正的人”的方式，以一种被充分教育所告知和培育的方式（包括但不限于文学、基本数学等训练），来使用感觉、想象、思考和理性。

情感。能够爱慕除我们之外的人或物；能够爱那些爱我们和关心我们的人，为他们的离去而悲伤；总之，去爱、去悲及去经历长久、感激和适度地愤怒。不要让恐惧和焦虑给你的情感发展蒙上阴影。

实践理性。能够形成一种善观念，并且对人生规划进行批判性反思。

依存。能够与别人生活，并对其他人类表示认同和关心，从事各种形式的社会交往；能够设身处地地为他人的情境着想。具有自尊和不被羞辱的社会基础；能够被当作与其他人具有平等价值的、有尊严的个体来对待。这使得基于种族、性别、性取向、种姓、族群、宗教、民族起源的非歧视性先决条件成为必要。

其他物种。能够和动物、植物和自然界共同生活，并关心它们。

玩耍。能够笑、玩以及享受娱乐活动。

对自身环境的控制。

政治的。能够积极参与控制一个人生活的政治选择；有政治参与权，保护自由言论和自由联合。

物质的。能够拥有财产（包括地产和可动产），基于和他人一样的平等基础拥有财产权；基于和他人一样的平等基础拥有寻求工作权；有免于未经授权的搜查和追捕的自由。

在工作中能够作为一个人而工作，运用其实践理性，并与其他工人达成有意义的相互认同关系。

由这份清单，我们可以看出：纳斯鲍姆不仅进一步补充了阿马蒂亚·森的可行能力框架，而且阐释了可行能力的一般普遍性。这种能力进路以一种开放式结构存在，随着不同环境而不断变化、调整和发展。纳斯鲍姆所列的上述核心能力，是人类活动的真正能力，它把人的内在尺度与外在尺度相统一，人的感性生命活动与实践生活相统一。

有了这份人类核心能力清单，我们在实践中，逐步发展、完善和保障人的这些核心能力，使人过上有尊严的生活，提升人的福利水平。诺贝尔经济学奖得主詹姆斯·赫克曼基于生命周期视角提出的"赫克曼曲线"，为践行这份核心能力清单，指出了具体路径。

所谓"赫克曼曲线"，指的是在一个给定能力的个体生命周期中，假定每个年龄段实施同样的投资，"那么，在其余条件相同的情况下，早期人力资本的回报率始终高于晚期"。针对纳斯鲍姆的人类核心能力清单，我们按照"赫克曼曲线"规律，在人们生命周期的不同阶段，按照"自我丰富性"[①] 和"多期互补性"[②] 原则，通过教育和培训活动，持续对个人进行投资，那么，个人的内在可行能力就能够得到长足发展。

具体而言：其一，聚焦于弱势群体。我们应该聚焦于那些没有就业或者技能低下、经验很少的群体，加大早期干预。这是因为"最优价值的资本是投在人身上"的，而且，"许多经济和社会问题都可以追溯到低水平的技能和低素质的人口"。当然，我们并不反对国家（政府）向全体幼儿实施早期干预政策，对弱势群体的强调是基于效率视角的政策优先性考虑。

其二，注重对非认知能力的投入。这是因为个人核心能力的塑造，不仅在于投资的时间越早，获得的回报越大，而且，从空间维度来看，区分能力发展的空间和潜力，针对性地提供具体干预技能，能够最大限度地开发个人的核心能力。

其三，根据赫克曼曲线，国家（政府）应该加大对学前教育阶段个体技能的干预力度。这内在地包含两个明确导向：一是国家（政府）干预个体能力发展非常重要，其中最核心的途径是教育。二是国家（政府）对个体能力发展实施公共资源投入的时机也非常重要。同时，国家（政府）应该把政策导向聚焦于弱势群体，一方面，这加大了政府转移支付的说服力度，为劳动力市场的长足高效发展提供高素质人力资源。另一方面，这种转移支付客观上促进了全体社会成员生活质量的提高，以及提高了差异化个体将收入、资源转

---

① "自我丰富性"意味着"生命周期早期阶段技能的蓄积在后续阶段会自动添加技能的蓄积"。Cunha, F. , J. Heckman, et al. (2005), "interpreting the evidence on life cycle skill formation", IZA Discussion Paper, No. 1675.

② 人力资本投资的"多期互补性"意味着"如果没有后期的投入作为补充，那么早期投入也将难有收获"。Cunha, F. , J. Heckman, et al. (2005), "interpreting the evidence on life cycle skill formation", IZA Discussion Paper, No. 1675.

化为生活质量的能力。

综上所述，由阿马蒂亚·森可行能力的总体性框架，到纳斯鲍姆具体的可行能力清单，再加上“赫克曼曲线”的实践导向，非福利主义的“福利”新图景直接阐释和解决人的“生活品质”和“尊严生活”的现实问题。

四、结语：“福利”新图景对共同富裕的启示

综上所述，虽然非福利主义扭转了经济学的工程学方法和效用标准，以可行能力方法代替传统的收入、资源的效用方法，强调个人福利的异质性、差异化，强调政治模式、社会环境、文化传统对个体把收入、资源转化为实际生活品质的可行能力的影响。然而，它依然是从福利分配视角，阐释经济效率和社会公平正义的关系。由此可见，由于西方国家生产资料个人所有，国有资产比重较低，国家（政府）无力协调资本方财富积累和劳动方贫困积累的“贫富分化”现象。

鉴于此，我国在推进共同富裕时，首先，必须坚持在高质量发展的过程中促进共同富裕。“走高质量发展之路，就要坚持以人民为中心的发展思想，坚持创新、协调、绿色、开放、共享发展”。在社会主义初级阶段，“社会的每一个成员不仅有可能参与社会财富的生产，而且有可能参与社会财富的分配和管理”。以劳动者的社会贡献为标准来分配社会产品，使全体成员在经济发展的过程中，共享经济发展成果，“所有人共同享受大家创造出来的福利”。由此可见，中国式共同富裕不仅关注福利分配的维度，而且关注生产力发展的维度，在经济发展和社会公平之间，开辟出一条符合中国国情的实践路径。

其次，我们在社会主义市场经济实践中，发展、壮大和完善国有资本，使其成为保障分配公平正义和供给公共服务均等化的强大力量。“如果公共资本能够保证更均等地分配资本创造的财富及其赋予的经济权力，这样高的公共资本比例可以促进中国模式的构想——结构上更加平等、面对私人利益更加注重保护公共福利的模式”。因此，我们同时坚持毫不动摇巩固和发展公有制经济，毫不动摇鼓励、支持、引导非公有制经济发展。

再次，在中国特色社会主义迈向第二个百年奋斗目标的征程上，我们“要自觉主动解决地区差距、城乡差距、收入差距等问题，坚持在发展中保障和改善民生，统筹做好就业、收入分配、教育、社保、医疗、住房、养老、扶幼等各方面工作，更加注重向农村、基层、欠发达地区倾斜，向困难群众倾斜，促进社会公平正义，让发展成果更多更公平惠及全体人民”。

最后，鉴于非福利主义强调个体“生活质量”和“尊严生活”的异质性和差异化，我们应该充分利用中国特色社会主义制度优势。一方面，关注异质性个人把收入、资源转化为生活质量的可行能力问题；另一方面，国家（政府）通过政治、经济、社会和文化方

面的具体策略和政策，为人力资本的充分开发和利用提供良好的外部条件。

中国式共同富裕既是社会主义的发展目标，也是发展的手段。作为社会经济发展的目标，共同富裕的实现程度表征着收入分配的关系和状况。马克思主义政治经济理论把收入分配与经济增长统一于生产力与生产关系的辩证运动中，因此，我们必须从收入分配的角度，来理解和践行共同富裕是社会主义的本质诉求和建设目标，而且还要把它理解为保持经济健康发展的重要手段。为此，我们党的历代领导人不仅提出社会主义的本质是实现共同富裕，而且提出必须走共同富裕的道路是实现社会主义的根本路径。

可通约性、经济核算与价值规律

——对米塞斯社会主义理论的批判性考察

夏鑫雨[①]

（浙江大学）

一、米塞斯的可通约性诘难概述

米塞斯在其1935年的论文《社会主义国家的经济计算》[②] 中质疑社会主义计划经济的可行性，当时他直接对话的对象是纽拉特，后者希望将战时所采取的实物经济计划模式移植到和平年代。此后，米塞斯又将这篇文章扩展为一本书[③]，对社会主义进行了全方面的发难，但在质疑计划经济的可行性时，基本观点仍与1935年的论文保持一致。因此，本节也主要概述米塞斯最初的论文。

在米塞斯看来，经济核算的单位只能是交换价值。其优势有三：第一，只有借助交换价值，作为"纯粹个人现象"的主观使用价值才能在不同个体之间进行间接地比较；第二，通过市场上盛行的交换比率，资本家可以注意到他是否比其竞争对手更有效率地使用货物；第三，通过交换价值进行核算使价值得以化约为一个单位。米塞斯认为，尽管货币核算有这样那样的局限性，但它仍然是经济活动中不可或缺的。由此，米塞斯赋予货币核算以至高无上的重要性：

在这些限度内，货币计算提供了经济计算所需的一切。它为我们提供了一个指导，让我们了解到大量的经济潜力。它使我们能够将价值判断扩展到所有高阶商品，这与可供消费的商品或最低阶的生产商品有关，并且在这种情况下是显而易见的。它使它们的价值能

---

① 作者简介：夏鑫雨，浙江大学马克思主义学院博士研究生。

② Mises L von. Economic calculation in the socialist commonwealth. 见：F A Hayek. Collectivist Economic Planning. Ludwig von Mises Institute，1967：87－130. 如无特别标注，本节中对米塞斯的引文均来自本文。

③ ［奥］路德维希·冯·米塞斯：《社会主义：经济学与社会学的分析》，王建民、冯克利、崔树义译，商务印书馆2018年版。

够计算，从而为我们提供了所有高阶商品经济运行的主要基础。如果没有它，所有产品都只能通过早已过时的流程来完成，所有对物料的资本主义使用的最优行为的估计都将是在黑暗中摸索。

核算只能根据单位进行，但不可能存在用于测量商品的主观使用价值的单位。边际效用不表征任何价值单位，因为很明显，两个单位给定存货的价值必然大于一单位的价值，但小于一单位的价值的两倍。价值不是一种测量手段；它们只是建立等级和尺度。

既然主观价值不可测度，那经济核算自然就只能以在主观价值的相互作用中形成的交换价值为基础了。主观价值的不可测性给合理生产带来的困难，还会被现代生产活动的迂回性和复杂性所加强。如果没有货币的帮助，“人类的心智就无法在令人困惑的大量半成品和生产潜力中正确定位。在管理和选址问题面前，它只会感到毫无头绪”。在复杂工程诸如修建新铁路的例子中，这一点表现得最突出：

如果一个人不能用一个共同的单位来表示建造和维护铁路所需的不同技能水平的劳动、铁、煤、各种建筑材料、机器以及其他东西，那么就根本不可能进行计算。只有在所有相关商品都可以表示为货币的情况下，才有可能进行经济协调。

为了进一步证明货币是唯一可行的核算手段，米塞斯考察了备选项——劳动核算的可行性。在米塞斯看来，劳动核算有两个“致命缺陷”。首先，米塞斯认为它无法合理地运用自然资源。其次，米塞斯认为劳动核算由于废弃了市场，从而无法进行复杂劳动还原。因此，米塞斯得出结论，“社会主义国家完全不可能建立劳动产品的价值与共同体之间的关系，也不可能建立前者与其产出在共同体的全部生产性活动中所占的份额之间的关系，劳动报酬只能是武断的”。

二、历史演进中的经济核算

（一）资本主义阶段：货币核算的形式理性与实质非理性

米塞斯说，“为了确定一项事业是否合理，必须进行仔细的计算”①，因此需要将货币价格作为计算的单位。另一位奥地利学派经济学家熊彼特更详细地表述了这一思想：

资本主义发展了理性，并用两种相互联结的方法增添理性的新锋芒。第一，它把货币单位——本身不是资本主义的创造物——提高为计算单位。就是说，资本主义实践把货币单位转变为合理的成本—利润计算的工具，计算的最高成就是复式簿记。我们不需深入观察就能注意到，原本是经济理性发展产物的成本—利润计算法反过来对理性起作用；成

① 路德维希·冯米塞斯：《社会主义》，王建民、冯克利、崔树义译．中国社会科学出版社2008年版，第129页。

本—利润计算法做到数字上的具体与明确，它强有力地推进企业的逻辑性，从而为经济部门确定内容与数量。①

和米塞斯、韦伯相比，马克思对经济核算采取了更加辩证的态度。首先，马克思充分肯定了经济核算的重要性，并指出这种重要性随着生产的社会化程度增加：

过程越是按社会的规模进行，越是失去纯粹个人的性质，作为对过程的控制和观念总结的簿记就越是必要；因此，簿记对资本主义生产，比对手工业和农民的分散生产更为必要，对公有生产，比对资本主义生产更为必要。②

在资本主义生产方式消灭，但社会生产依然存在的情况下，价值决定人会在下述意义上起支配作用：劳动时间的调节和社会劳动在不同的生产类别之间的分配，最后，与此有关的簿记，将比以前任何时候都更重要。③

同时，马克思也指出了经济核算的资本主义形式反映的是资本家"等量资本获得等量利润"的观念：

资本家只是忘记了……他们在互相计算不同生产部门的商品价格时彼此提出的这一切补偿理由，只是基于这样一点：所有资本家都按照他们资本的比例，对共同的掠夺物即全部剩余价值，拥有同样大的权益。相反，因为他们收进的利润和他们榨取的剩余价值不相等，所以他们以为，这些补偿理由似乎并不是使全部剩余价值的分享平均化，而是创造利润本身，因为利润似乎只是来自根据这种或那种理由对商品成本价格的加价。④

因此，在资本主义制度下，货币计算具有两重性。一方面，货币计算提高了资本家决策的合理性，另一方面，它不过是资本家为自己的行为辩护时所使用的理由。会计固然是企业组织生产的必备工具，但资本家显然不是通过精湛的会计技术在众多竞争者之间立足的。我们做一些积极的决定，其全部后果将在未来的许多天内得出，大多数，可能只能作为动物精神的结果——自发的行动冲动而不是按兵不动，而不是作为定量利益乘以定量概率的加权平均的结果。……因此，如果动物精神黯淡了，自发的乐观主义动摇了，使我们只能依赖一种数学上的期望，企业就会消逝和死亡——尽管对损失的担心可能有一个基础，并不比以前对利润的希望更合理。⑤

（二）向社会主义过渡时期："计算与监督"的辩证法

列宁明确区分了两种核算方式。一是"最严格的、无所不包的全民计算和监督"，它

① ［美］约瑟夫·熊彼特：《资本主义、社会主义与民主》，商务印书馆 2017 年版。
② 马克思：《资本论》第 2 卷，人民出版社 2004 年版，第 152 页。
③ 马克思：《资本论》第 2 卷，人民出版社 2004 年版，第 965 页。
④ 马克思：《资本论》第 2 卷，人民出版社 2004 年版，第 232 – 233 页。
⑤ ［英］约翰·梅纳德·凯恩斯：《就业、利息和货币通论》，商务印书馆 2017 年版。

的目的是使生产消费公社“诚实地计算自己的生产和消费，节省劳动，不断提高劳动生产率”①。显然这里指的是一种劳动时间核算。然而，由于布尔什维克未能在掌权后迅速建立这种全民计算和监督，以便用这种方式使资产阶级专家完全服从。苏维埃不得不采用另一种核算方式，即高薪聘请资产阶级专家进行核算。显然，由于没有全民劳动核算体系的约束，这些专家必然将旧的资产阶级的工作方式带到核算工作中来，这不仅是指他们会要求高薪，而且也意味着他们会用资本主义企业进行核算的方式（即货币核算）来进行全民计算。在《苏维埃政权当前的任务》中，列宁明确指出目前采取高薪聘请资产阶级专家来进行计算是一种迫不得已的选择，这表明他清楚地知道资产阶级专家所进行的核算与社会主义的核算具有根本区别。此外，在战时共产主义时期（从 1918 年 5 月到 1920 年 12 月内战结束），列宁在他的演讲和著作中不再提到“计算和监督”，因为此时苏俄需要的是使用价值核算而非货币核算能提供的价值核算。

（三）社会主义阶段：扬弃货币核算与采用劳动核算

1. 关于如何将个人劳动换算为社会劳动的问题

在第一阶段，共产主义还未完全摆脱资本主义的痕迹，因而“要求社会和国家对劳动量和消费量实行极严格的监督”②，也就是说实行劳动核算。在马克思的设想中，劳动核算的尺度并不是实际的劳动时间，而是“按照它的时间或强度来确定”③ 的劳动。因为此时劳动者仍然存在体力或智力上的差异，会导致不同的劳动者在同一时间内提供不同量的劳动，或能够劳动不同的时间。然而，马克思并未说明具体如何将不同人的劳动相互换算。在资本主义市场经济条件下，换算比例由市场自发地给出，不需要再进行人为换算。市场消亡后，这一换算该如何进行呢？米塞斯正是从这一角度质疑社会主义的可行性的。因此，它成为共产主义第一阶段经济核算的重要内容。

资本主义条件下劳动复杂性的第二个来源是劳动者的受教育水平。马克思说：为……成为发达的和专门的劳动力，就要有一定的教育或训练，而这又得花费或多或少的商品等价物。……因此，这种教育费用……包括在生产劳动力所耗费的价值总和中。④

进一步，关于复杂劳动的劳动力价值与其在价值形成中的作用的关系，马克思指出：比社会的平均劳动较高级、较复杂的劳动，是这样一种劳动力的表现，这种劳动力比普通

---

① 《列宁专题文集：论社会主义》，人民出版社 2009 年版，第 94 页。

② 《列宁选集》第 3 卷，人民出版社 2012 年版，第 224 页。

③ 《马克思恩格斯文集》第 3 卷，人民出版社 2009 年版，第 435 页。

④ 卡尔·马克思：《资本论》第 2 卷，中共中央马克思恩格斯列宁斯大林著作编译局译，人民出版社 2004 年版，第 200 页。

劳动力需要较高的教育费用，它的生产要花费较多的劳动时间，因此它具有较高的价值。既然这种劳动力的价值较高，它也就表现为较高级的劳动，也就在同样长的时间内对象化为较多的价值。①

2. 关于如何合理计算自然资源的问题

前文提到，米塞斯认为劳动核算不能充分处理自然资源的成本问题。其理由是，根据劳动价值而言的成本花费无法处理自然的或者非劳动的投入。毫无疑问，如何利用自然资源又不至于对自然环境造成不可逆的伤害，这是任何社会都需要考虑的问题。科克肖特认为，彻底解决自然资源问题的关键在于不能仅仅将其视为一个经济问题：

任何“经济的”决策机制，也就是基于单一目标函数的任何决策机制，都会造成生态破坏的结果。任何基于价格的决策过程都表达不了一系列行为的生态的和环境的后果，因为这些后果都很复杂，不能还原为一个会计条目。对环境影响的任何非定性评估都是具有误导性的。②

换言之，不是所有问题都能还原为资源配置问题，强制进行这样的还原只会带来灾难性的后果。

（四）超越经济核算

米塞斯将社会主义指认为“对理性经济的废除”，而纽拉特则认为社会主义是“理性精神的真正彰显”。纽拉特与米塞斯分歧的根源在于两人对实践理性完全不同的理解。因此，即使简化了单一评价类别的假设，任何规划者也不能忽视实质性的价值问题并以伦理中立的技术术语来处理一项决定。纽拉特举了米塞斯在不同能源之间进行选择的例子，并做出如下回应：

问题可能会出现，是应该保护煤矿，还是给人施加更大的压力？例如，答案取决于人们是否认为水力可能得到充分开发，或者太阳能可能会得到更好的利用，等等。如果人们相信后者，人们可能会更自由地“消费”煤炭，并且在可以使用煤炭的地方几乎不会浪费人力。然而，如果有人担心，当一代人使用过多的煤炭时，数千人将在未来冻死，那么人们可能会使用更多的人力并节约煤炭。这些和许多其他非技术问题决定了技术上可计算的计划的选择……我们看不到将生产计划简化为某种单位，然后根据这些单位比较各种计划的可能性。③

---

① 卡尔·马克思：《资本论》第 2 卷，中共中央马克思恩格斯列宁斯大林著作编译局译，人民出版社 2004 年版，第 230 页。

② 卡尔·马克思：《资本论》第 2 卷，中共中央马克思恩格斯列宁斯大林著作编译局译，人民出版社 2004 年版，第 14 章。

③ Neurath O. Economic Writings：Selections 1904 – 1945. Springer Science & Business Media，2006.

在纽拉特看来，理性的实践思维不需要涉及任何将决策简化为纯技术程序的统一单位，比较两种选项这一行为不必依赖于选项之间的可通约性，没有任何规则可以机械地应用于产生关于采用哪种计划的决定性决定，而且在最具技术性的决定中，非技术性的道德和政治判断发挥着不可或缺的作用。

三、结论

在向社会主义过渡的阶段，货币核算大体上仍然具有“计算和监督”的双重职能，此时货币核算不仅可以为资产阶级服务，也能为无产阶级及其政权所用。充分利用好货币核算不是向资产阶级妥协，反而是推进社会主义过渡、防止资本主义复辟的有力武器。米塞斯认为苏俄沿用货币核算是违背了自己的理论，这是一种错误理解。他没有意识到货币核算在无产阶级政权的介入下其职能发生了变化。

在资产阶级狭隘的理论视野内，米塞斯将资本主义生产当事人的日常经验永恒化。由于他否定了资本主义市场经济的本质关系，所以他就得以把资本主义市场经济的危机和矛盾也彻底掩盖起来，并对资本主义那些看似理性的形式大加歌颂，进而反过来指责社会主义经济计划不具备这种“理性”的形式。一旦在具体的历史情境中考察米塞斯诘难，就会发现它并未切中肯綮。

托普洛夫斯基的两卷本《卡莱斯基传》评述

杨　扬[①]

（辽宁省委党校）

一、简要介绍两卷本传记的主要内容

在第一卷中，托普洛夫斯基展现了卡莱斯基人生的上半部分，即1899—1939年。作者讲述了卡莱斯基的早年岁月，包括他的家庭、宗教信仰和教育等，他出生的城市罗兹曾爆发的动乱、他因家庭经济原因辍学后的经济新闻报道生涯，以及他在华沙经济周期和价格研究所时期的研究。卡莱斯基1933年在华沙出版的小册子*An Essay on the Theory of Business Cycle*是他经济思想的起点，但他更为学界所知是1936年到英国之后[②]，更准确地说是到剑桥之后。正是在剑桥，卡莱斯基不仅与罗宾逊夫人（Joan Robinson）、卡恩（Richard Kahn）、斯拉法（Piero Sraffa）等人建立了学术联系，进入了凯恩斯的圈子，还在剑桥完成了他的第一次理论综合，即1939年出版的*Essays in the Theory of Economic Fluctuations*。这一时期的重要事件是卡莱斯基从华沙研究所辞职之后面临的寻找工作问题[③]，作者利用档案资料详细地讲述了卡恩（最重要的人物）、凯恩斯等人对卡莱斯基的帮助，最终的结果是卡莱斯基在剑桥获得了一份工作，作为一项临时性安排的剑桥研究计划（Cambridge Research Scheme）的唯一全职雇员。尽管在剑桥相遇，但卡莱斯基和剑桥经济学家尤其是和凯恩斯之间是“相互不理解的”，卡莱斯基剑桥项目的一系列统计研究受到了凯恩斯、卡恩、鲍利（Arthur Bowley）、斯通（Richard Stone）等人的批评，而卡莱斯基对批评的回应则集中在统计处理而不是他的方法上，这进一步加深了双方之间的相互不理解，最终导致他离开剑桥。作者详细地讲述了卡莱斯基如何到剑桥以及后来离开剑桥的整个过程，并

---

① 作者简介：杨扬，中共辽宁省委党校副教授，经济学博士。

② 卡莱斯基于1936年获得洛克菲勒基金会资助，离开波兰前往瑞典和英国从事研究工作。

③ 1936年，当他在华沙经济周期和价格研究所的同事布赖特（Marek Breit）和兰道（Ludwik Landau）由于政治动机而被强制解雇时，身在英国且前途未卜的卡莱斯基辞去了华沙研究所的工作。

提出了自己关于卡莱斯基和凯恩斯之间的比较的观点。1939 年底，卡莱斯基离开剑桥前往牛津，至此第一卷结束。

在第二卷中，托普洛夫斯基展现了卡莱斯基人生的后半部分，即 1939—1970 年。卡莱斯基离开剑桥之后的下一站是牛津大学统计研究所，作者讲述了卡莱斯基在牛津的研究，包括他对战时英国经济问题的探讨、他的充分就业政治经济学、他的关于开放经济下实现和保持充分就业的思考以及 1943 年出版的文集 *Studies in Economic Dynamics*，并利用档案资料还原了卡莱斯基在牛津的生活。二战行将结束之时，卡莱斯基离开英国前往加拿大蒙特利尔的国际劳工局，随后于 1946 年在纽约的联合国秘书处任职。作者详细地讲述了卡莱斯基由于政治因素在联合国遇到的挫折以及卡莱斯基在联合国时期的研究，尤其是他 1954 年出版的文集 *Theory of Economics Dynamics* 和关于发展中国家的思考。卡莱斯基从联合国秘书处辞职之后于 1955 年返回祖国波兰，他的晚年生涯大致分为两个阶段：随着斯大林（Joseph Stalin）的去世，教条的苏联社会主义经济理论学说成为指责和批评的目标，此时作为波兰政府经济顾问的卡莱斯基提出了他的社会主义经济增长理论，这是他晚年生涯的第一阶段。尽管名声显赫，但卡莱斯基显然不善于处理与当权者之间的关系，他的一生从未加入过任何政党，还有一个重要因素是他的犹太人身份，这是波兰历史中一个非常敏感的话题，这些因素使得他的经济思想逐渐不被当权者所认同。此后卡莱斯基回到了波兰中央计划统计学院，专注于研究和教学，这是他晚年生涯的第二阶段。1968 年，由于波兰当时的政治环境，卡莱斯基和他的追随者成为一场反犹太人和反知识分子运动的目标，结果是卡莱斯基以辞职和提前退休的方式抗议解雇他的同事和合作者。卡莱斯基于 1970 年 4 月 18 日去世，至此第二卷结束。

二、卡莱斯基的方法和凯恩斯的批评

卡莱斯基 1933 年小册子探讨的中心问题是经济周期，但他的着眼点不是外部因素，而是能产生经济周期自动机制的因素，这一思路源于法国经济学家阿夫塔里昂（Albert Aftalion）。

卡莱斯基 1933 年小册子的贡献是“看到了资本积累（或投资）对资本主义增长和发展整个过程的核心重要性”（Toporowski，2013），在宏观层面产出受有效需求约束，由此卡莱斯基指出了凯恩斯“寡妇的坛子”（Widow's Cruse）。但卡莱斯基此时的论述并不严谨，尤其是价格和产出如何随投资而变化。在 1933 年的小册子中，卡莱斯基只是指出在完全竞争的情况下，价格将与边际成本或货币工资同比例下降，结果是实际工资保持不变，从而投资的预期利润率也不变，那么产出和就业也不会发生变化。而在不完全竞争情况下，价格不会与边际成本或货币工资同比例下降，工资削减的结果将是实际工资下降，因而产出和就业下降。这里有两个问题，首先卡莱斯基的论述是宏观的，缺少微观个体的行为模式。其次，工资削减可能会从两个方面影响资本家的投资决策，一个是实际工资下降意味着成本下降从而投资的预期投资回报率上升，另一个是卡莱斯基所强调的实际工资下降意味着有效需求下降从而投资的预期投资回报率下降。

卡莱斯基关于工资变化对产出和就业影响的结论与凯恩斯在《通论》中想表达的基本上是一致的，但卡莱斯基和凯恩斯在前提假设的问题上是有很大争议的，这体现了他们不同的经济学方法。

卡莱斯基似乎没有理解凯恩斯批评的真正含义。因而在 1939 年的文集中，尽管在总结中卡莱斯基意识到了一般性的问题，但他在论述中实际上隐含地假定了资本家的消费和投资支出不会立即对工资变化做出反应，而凯恩斯则认为即使允许资本家的消费和投资支出可能会对工资变化做出反应，也就是说预期有一定影响，但最终有效需求仍然是最重要的，从而结论并不会发生改变。

根本来说，凯恩斯的批评延续了他在《通论》中的观点。在《通论》第 21 章的价格论中凯恩斯写到，“在我们把使问题复杂化的因素一一分离出来并且得出暂时性的结论以后，我们还要回过头来尽量顾及各因素之间可能存在的相互作用，这就是经济学思维的性质”，因而“用虚假的数学方法把一个经济分析的体系加以公式化和形式化并假设所牵涉的各种因素之间全然相互独立，这种做法的最大的弊端在于一旦各种因素之间全然相互独立的假设条件不能成立，那么它就会失去其说服力和权威性”，因为“这些部分的不精确的程度正和它们赖以成立的假设条件是一样的”，结果是“假设条件使那些作者们能在矫揉造作和毫无用处的数学符号中忘掉现实世界的复杂性和相互依赖的性质”（凯恩斯，2006）。然而“卡莱斯基的每一个模型都或多或少地基于极端的简化，刚好适合手头的状况，而当应用于不同的状况时，可能会完全导致歧途”（Steindl，1990），这是卡莱斯基和凯恩斯之间的一个重要差异①。

这一差异更明显地体现在卡莱斯基剑桥项目的一系列统计研究中。剑桥项目的主导者是凯恩斯，他的目的是希望在《通论》出版之后在实证层面关注实际工资和产出在经济周期中的变化。由于凯恩斯在《通论》中假定完全竞争，企业被动地接受市场价格，同时凯恩斯接受了边际报酬递减的假定，因而实际工资随就业的增加而下降，但关于《通论》的一个争论点就是实际工资和产出之间的关系。卡莱斯基的一系列统计研究针对的正是这一问题，他采用的是一种“大胆的近似”，通过多个行业的实证统计表明“贸易周期内体力劳动占国民收入相对份额的稳定似乎具有独特的特征”，凯恩斯的批评正在于此。凯恩斯

① 卡莱斯基和凯恩斯之间的另一个重要差异是投资如何决定，卡莱斯基批评了凯恩斯在《通论》中的处理方法，本文没有探讨这一问题。

认为“相对稳定的工资收入份额是一个‘长期现象’，因而需要一个‘长期解释’，而垄断程度和原材料价格的变化是‘短期变化’”，同时“垄断程度和原材料价格的变化相互抵消是没有道理的”（Toporowski，2013）。

三、托普洛夫斯基关于卡莱斯基和凯恩斯之间比较的观点

托普洛夫斯基在第一卷的结束章以“相互不理解中的共同观点（Shared Ideas amid Mutual Incomprehension）”为题探讨了卡莱斯基和凯恩斯之间不同的宏观经济理论，提出了自己的观点。作者的着眼点是方法论的差异，“卡莱斯基的研究在剑桥遭到的大多数批评是方法论的”，“这一差异超越了卡莱斯基的阶级方法和凯恩斯更明显偏好从个人选择视角来解释经济现象”，而是“在剑桥和卡莱斯基的交汇处存在着形成凯恩斯的剑桥经济学传统和产生卡莱斯基的欧洲大陆经济学传统之间更大的，甚至是不带个人色彩的不相容”（Toporowski，2013）。托普洛夫斯基将卡莱斯基到剑桥视为欧洲大陆经济理论在英国经济学界的第三次出现，第一次是 1920 年代中期斯拉法来到剑桥，第二次是 1931 年初哈耶克（Friedrich Hayek）到伦敦政治经济学院，但他们在剑桥都遇到了挫折，因而作者援引约翰逊（Harry Johnson）的话在这一章的开篇处写道，“剑桥是一个非常隔绝的地方”。

托普洛夫斯基强调剑桥传统和欧洲大陆传统之间的差异固然无可厚非，但这一视角过于宏大，缺少更加深入和细致的比较。关于卡莱斯基和凯恩斯之间的比较，研究者站在不同的角度肯定会有不同的解释。卡莱斯基最初和罗宾逊夫人相识时曾寄去他自己早期的几篇文章，罗宾逊夫人当时的回应是，“遗憾的是，你在文章开头说你是在反驳凯恩斯的体系，而你的真正目的是填补这一体系”（Toporowski，2013）。也就是说，站在卡莱斯基的角度是“反驳”，站在凯恩斯的角度是“填补”，角度不同而已。

四、在今天如何看待卡莱斯基

在理论层面，卡莱斯基有他自己的一套理论框架，这一框架源自马克思。但马克思论证长期利润率下降的基础是资本有机构成的提高，是在生产领域找寻答案，而不是从需求的视角。这才有了卢森堡（Rosa Luxemburg）的疑问：“哪来的对积累的剩余价值的需求呢?”在卢森堡看来，如果资本积累确实是实现了的，那么需求就会把产出吸收掉，因此需要探讨资本积累得以实现的原因。卡莱斯基正是在卢森堡的基础上进一步扩展，在宏观层面卡莱斯基认为有效需求水平能够调节总利润量，在微观层面卡莱斯基构建了投资、价格、成本和利润之间的联系（尽管不完美），从而使得论证更加完整。但卡莱斯基又不是教条地接受马克思，他的理论完全不涉及马克思的剩余价值学说，这使得很多马克思主义者认为他不是马克思的。

同时在个性层面，卡莱斯基是固执且敏感的。“卡莱斯基几乎从不提及其他作家和他们的理论，他只介绍他本人的研究结果”（洛佩斯和阿祖兹，2011），而当他的观点没有被别人认同时，他会感到“愤怒”。在很多学者关于卡莱斯基的回忆中都指出，至少在学术争论时，他是“不善于交际的”（Koldor，1989），罗宾逊夫人用的形容词是“凶猛的”（Toporowski，2018）。根据作者的叙述，卡莱斯基从剑桥到牛津、从牛津到蒙特利尔的背后，至少在卡莱斯基自己看来他都受到了冒犯，或者说不尊重。

此外还有一点就是，卡莱斯基始终游离在经济理论发展的核心圈子之外。当凯恩斯在剑桥反驳古典理论时，卡莱斯基人在波兰，《通论》出版之后尽管卡莱斯基到了英国，但此时战争成为首要问题，很多经济学家包括凯恩斯都在为政府工作。布劳格（Mark Blaug）的评价就是：“要想对现代经济学产生什么影响，必须在适当的时间和适当的地方，还必须用适当的语言发表东西，这三点卡莱斯基都不具备。”（布劳格，1989）战争结束之后，卡莱斯基去了联合国，尽管仍参与一些学术活动，但他的理论背景和个性都不会使他融入进去。随着卡莱斯基返回波兰，他的学术活动更多是局限在波兰以及发展中国家。约翰逊在对卡莱斯基 1971 年文集的评述中写道：“如果在美国或英国的顶尖大学没有教授职位，这个人在学术上已经死了。”（Johunson，1973）

在经济思想史中，关于卡莱斯基和凯恩斯的重要争议就是他们谁先提出了《通论》的核心思想。这一争议的始作俑者是罗宾逊夫人，她是卡莱斯基经济理论的推广者，“卡莱斯基提出了关于《通论》的更条理一贯的论述……卡莱斯基的论述在某些方面是比凯恩斯的《通论》更为真正的‘通’论”（Robinson，1972）。在我们看来，这一争议本身或许意义并不那么重要。卡莱斯基和凯恩斯针对的问题都是大萧条，但两个人的理论框架和目标是不同的，卡莱斯基源于马克思，凯恩斯源于马歇尔，卡莱斯基是动态的，重在经济周期，凯恩斯是静态的，重在非充分就业均衡。相反，真正的重要意义是在随后的经济理论发展中能否将两个人的差异相融合并进一步丰富和扩展，以使经济理论分析能够有更加完整的图景。简而言之，和而不同并求同存异。

托普洛夫斯基的两卷本传记完整地讲述了卡莱斯基的一生，他的经济思想的每一个发展阶段，尽管缺少批评性的讨论，但作为传记性著作总的来说它是成功的。卡莱斯基的经济思想有其独特价值所在，但也有其自身的问题，因而需要客观地、比较地来看待他与其他经济学家之间在思想上的差异。在今天来看，卡莱斯基仍然是一个“局外人”[①]，一个不太为人所知的犹太裔波兰经济学家，我们希望托普洛夫斯基的两卷本《卡莱斯基传》能够被翻译出版，以使国内更多的人了解卡莱斯基。

---

① 引自 Solow（1975），索洛（Robert Solow）以“an outsider in the end”结束了他对 Feiwel（1975）的书评。

为人谦逊　淡泊名利　甘为人梯

——纪念郭志琦教授诞辰88周年

徐则荣①

（首都经济贸易大学）

我国著名经济学家、西北政法大学功勋教授、硕士生导师、国务院政府特殊津贴专家、陕西外国经济学说研究会前会长、名誉会长，我最崇敬的老师——郭志琦教授，不幸于2021年4月18日病逝，令人悲痛不已。这些天来，他和蔼可亲的音容笑貌、高大丰富的人品学识、甘为人梯的奉献精神，时时刻刻萦绕于我的脑海，不胜怀念。现谨以此文缅怀他教学与学术研究领域的辉煌成就，用以纪念他诞辰88周年。

郭志琦教授不仅是我国著名的经济学家，而且是坚定的马克思主义者。他学识渊博、思维敏捷，时刻关注天下大事，成果累累，出版学术著作10余部，论文100余篇，且多次获重要奖项，影响深远。

郭老师自1964年从中国人民大学经济学说史专业研究生毕业后，一直从事经济学说史的研究，对西方市场经济理论史的研究成就在国内是无出其右的。1992年中共十四大提出建立社会主义市场经济体制的重要决定，在世界历史上开辟了市场经济与公有制相结合的先河。但是，如何建立社会主义市场经济呢？这是当时摆在学界的一道必须破解的难题。郭老师经过艰苦的研究，出版了他的代表作《市场经济理论史纲》。该书认为，市场经济是一种具有二重性的经济形式，一方面，它具有自然属性和技术属性，是一种以市场和市场机制为基础的资源配置方式；另一方面，它又具有社会属性，与一定的社会制度相联系，为一定的社会制度服务，它可以分为资本主义市场经济和社会主义市场经济。该书就是根据市场经济的社会属性来分篇的。作为一部理论史专著，该书的特色在于：第一，坚持唯物史观。该书认为市场经济作为一种资源配置方式，在不同的社会制度下具有不同的社会性质。从这一历史观出发，该书把市场经济区分为资本主义市场经济和社会主义市

---

① 作者简介：徐则荣，首都经济贸易大学经济学院教授、博士生导师，长期从事外国经济思想史研究。

场经济。根据市场经济的纯技术属性，该书又把市场经济区分为古典市场经济和现代市场经济，认为现代市场经济的特征是市场调节与国家调节的有机结合。第二，资料翔实。该书在资本主义市场经济理论部分，阐释了自晚期重商主义的主要代表托马斯·孟以来的17个西方经济学史上具有代表性的经济学家和主要经济学流派的市场经济理论。对社会主义市场经济理论的研究分东欧、苏联和中国两大部分，包括了兰格、布鲁斯、锡克、科尔内、苏联西伯利亚学派和邓小平、江泽民的市场经济理论思想。第三，史论结合。作为一部理论史著作，该书把史、论有机地结合起来。运用马克思主义的理论、方法，对所述及的每一位代表人物、每一个主要流派的市场经济理论都进行了客观公正的评价，许多评价入情入理、切中要害。第四，结合我国的市场经济实践，提出“中国的市场经济道路”。该书使我们完整地掌握市场经济理论的发展脉络，使我们在市场经济的复杂实践中保持清醒的头脑，在市场经济道路问题上做出正确的选择。该书不仅具有深远的理论意义，而且有重要的实践意义。该书的出版不仅丰富了政治经济学理论的内容，而且也丰富了经济学说史的内容，它填补了我国在市场经济理论史研究方面的空白，对建立经济学的一个新分支学科奠定了一定的基础，对经济学学科建设产生了重要影响。我国著名经济学家吴易风教授认为该书是“我国国内出版的第一部系统研究市场经济理论发展史的专著”，“有一定的独创性”，是“一种有益的探索”，“观点独到，有一定说服力”。[①]该书的“书讯”也认为：“这本书是国内系统研究市场经济理论演变的第一部专著，它填补了我国这一研究领域的空白，观点新颖，脉络清晰，资料翔实，文笔朴实，很值得一读。”它“反映了作者有关市场经济理论的一系列重要观点，使人读后颇受启发”。[①]

郭老师在学术研究中所体现出来的捍卫马克思主义理论、捍卫中国特色的社会主义事业、热爱社会主义的高尚品格，敢于同新自由主义做斗争的理论勇气，十分令人敬佩。20世纪末，当新自由主义的科斯理论以“张五常热”的方式在我国流行时，很多人认为科斯的理论是“一场经济学理论革命”，是“经济学史上的一场革命”，郭老师独具慧眼地指出，“科斯要证明的是私有产权基础上的自由放任市场制度的效率，证明这种市场制度的普遍适用性，科斯的理论毫无任何革命的意义”。[①] 随后，当我国国有企业改革作为经济体制改革的关键和核心问题被提上议事日程、马克思主义者与新自由主义信奉者围绕产权改革的争论也日趋激烈的情况下，郭老师发表多篇文章，明确指出，国有企业改革要以中国特色社会主义理论为指导，不能以西方经济学为指导。他揭露了西方新自由主义经济学家如诺贝尔经济学奖得主弗里德曼、美国哈佛大学教授、俄罗斯“休克疗法”改革方案制定者萨克斯、美国加利福尼亚大学教授登姆塞茨，以及华盛顿学派经济学家、英美新自由

---

① 郭志琦、徐则荣、申米玲：《论科斯理论的历史定位》，《经济评论》2000 年第 1 期。

主义的东方代表张五常等人所主张的产权改革就是取消公有经济在中国经济中的主体地位，通过改革实现私有化，使私有经济主体化。同时，针对国内有人主张国企改革要以科斯理论为指导，提出诸如“以卖为主论”“靓女先嫁论”“细分到人论”“退出竞争行业、退出营利行业论”等谬论，郭老师对之一一给予有力的批判。今天，当再次读郭老师的这些具有战斗性的论文时，我内心有一种强烈的震撼感，他的科研工作正像他做人一样，“眼里容不得半点沙子”。他像一个战士在战场上打仗一样，将他那锐利的笔锋直接指向以弗里德曼为代表的新自由主义理论，指向那些积极鼓吹新自由主义的中国自由派，对他们的批判无私无畏、毫不留情。郭老师对新自由主义的严厉批判，对我们认清新自由主义的本质、警惕新自由主义对我国改革的消极影响仍具有重要的理论意义和现实意义。

郭老师不仅在科研上精益求精，在教学上也是一丝不苟。他讲授过《政治经济学》《经济学说史》《西方经济学专题》和《西方经济学名著选读》等课程。为了讲好《经济学说史》课程，他曾专门到中国人民大学和北京大学进行了两个多月的调研，访问了我国著名经济学家李宗正教授等人并听了他们的课。为了讲好《西方经济学名著选读》课程，他认认真真地阅读每一本要讲的名著并做好读书笔记，甚至连他非常熟悉的甚至可以说信手拈来的斯密的《国富论》和凯恩斯的《通论》也不放过。在备课过程中，他认真翻阅资料，深入研究问题，尽量做到把讲稿写得既深入浅出、通俗易懂，又有一定的深度，能反映出新问题、新进展和新的研究成果，并注意从理论回到现实之中，使学生听后有收获、有启发。20 世纪 90 年代末，西方产权理论传入我国，郭老师请西北大学的一位博士研究生为我们研究生介绍科斯理论，郭老师坐在后排像一个小学生一样也认真听讲记笔记，之后，他认真阅读了科斯的《社会成本问题》、登姆塞茨的《关于产权的理论》、巴泽尔的《产权的经济分析》等书，并对他们的理论一一做了全面客观公正的评价，使我们对西方产权理论有了更为深入的理解。

郭老师不仅在学术研究上做出了杰出贡献，而且作为高校的一名教育工作者，始终忠于党和国家的教育事业，总是尽心尽责地完成教育领导职责。1978 年郭老师任理论系主任，他组建新的系务委员会，制定新的教学计划和理论系的第一套改革方案。1988 年司法部撤销理论系，郭老师到经济法系任副主任，1991 年又到理论部任副主任兼总支书记，1992 年郭老师在西北政法学院（现为西北政法大学）原理论部、马列研究所的基础上创建了经济贸易系，任系主任，设立了市场营销和国际贸易两个本科专业，并结合学校实际，制定了以法商结合为特色的教学计划，培养既懂经济、又懂法律、还懂外语和管理的市场营销和国际贸易专门人才。经贸系的成立，打破了单科法学院在培养人才方面的不利局面，为西北政法大学办成综合性多学科大学开了个好头。之后郭老师同其他同志一起精心组织政治经济学专业硕士点的申报工作，1993 年经国务院学位委员会批准，西北政法学院政治经济学专业终于有了硕士研究生学位授予权。这为日后经济学院的成立、理论经济学一级学科硕士点的获批奠定了重要基础。建系之初仅有30名学生的经贸系如今发展成为有千名学生的学院，其中不无凝结着郭老师付出的滴滴心血。2020年，郭老师被授予西北政法大学“功勋教授”。

郭老师对老师和学生既热情关怀，又严格要求，诲人不倦，他甘为人梯的精神得到广大师生的尊敬和赞誉。1994年我从陕西财经学院毕业时被分配到了甘肃省工商银行，但怀着继续学习深造的愿望，自己通过人才市场给西北政法学院递了份求职简历。当时自己根本不知道应该主动去西北政法学院问问求职情况，也没有任何联系方式留在简历里，自己就傻傻地等着。突然有一天我们系的一位老师找到了我，让我去政法找一位姓郭的老师。原来郭老师无法联系我，就辗转找到政法一位老师的妻子，她恰好在我们系工作，幸亏还给我上过课，认识我这个学生。去政法第一个见到的老师就是郭老师，他那么平易近人、和蔼可亲，一点儿领导的架子都没有，一下就使紧张的我放松了许多。试讲顺利通过，政法决定接受我，但问题来了，我需要改派才能正式来西北政法学院工作，但是改派工作是个非常艰难的事情，为了使我能尽快入职，郭老师找政法相关部门和财院沟通才使改派成功，我也正式成为政法学院经贸系一名年轻的老师。入职的这学期我恰好没有课，郭老师鼓励我和当时一起入职的刘静老师复习考研。在郭老师的鼓励下，我俩都顺利考上了政治经济学专业研究生，我很高兴读研的愿望终于实现了，但更让我高兴的是我也成为郭老师的研究生。在随后三年的学习中，郭老师带领我们读了斯密的《国富论》、李嘉图的《政治经济学及赋税原理》、约翰·穆勒的《政治经济学原理》、马歇尔的《经济学原理》等书，我惊叹于郭老师对这些书的内容如此熟悉，但是在每次上课前他还是认真再读书和做笔记，给我们深入分析书的结构和这些人物的思想。正是郭老师的精心培养使我从对这些人物一无所知到渐渐对外国经济思想史产生了兴趣。郭老师便鼓励我报考中国人民大学外国经济思想史博士。当时一想到人民大学是全国著名高校，我就开始对自己缺乏信心，但郭老师不断鼓励我，不断给我打气。1998年我如愿考上了人民大学博士。今天回想起自己走过的求学之路，心里充满了对郭老师的感激。对我而言，我一生最大的幸运就是遇到了这么好的一位老师，郭老师给予我的支持和帮助使我没齿难忘，我只有加倍努力学习工作，方能不辜负老师对我的期望。

郭老师一生的贡献不仅限于高校之内。他长期以来一直担任中华外国经济学说研究会理事、常务理事、顾问，陕西省外国经济学说研究会理事、副会长、会长、名誉会长，长期为学会的发展无私地辛勤劳动，充分发扬老会长陈岱孙先生所倡导的“弘扬马列、锐意进取、借鉴西学、体察国情”的精神，和研究会一贯遵循的“尊老扶幼、团结奋斗、共同进步”的优良传统。研究会之所以有今天欣欣向荣的景象与他的长期无私奉献是分不开的。

郭老师不仅为人谦逊、乐于助人，更为可贵的是他矢志忠诚于马克思主义、社会主义和中国共产党。80 多岁高龄仍博览书报，时刻关心国际局势、祖国前途和学术前沿，笔耕不辍，甚至在去世前还在撰写歌颂建党 100 周年的文章。今天，郭老师虽然离我们而去，但他的贡献和风范将永世长存！

/第三部分/

中国经济问题研究

把握与运用扎实推动共同富裕的五种分配渠道

高建昆　程恩富[①]

（复旦大学；中国社会科学院）

习近平总书记指出，扎实推动共同富裕，要发挥分配的功能和作用[②]。在我国现阶段国民收入分配体系中，基本分配渠道主要包括起决定作用的“劳主资辅”分配渠道、起辅助作用的“国家法策”渠道、起调节作用的“物价变动”分配渠道、起胀缩作用的“资本市场”分配渠道以及起微补作用的“捐赠穷弱”分配渠道五种分配渠道。而分配关系是以生产资料所有制关系为基础的。因此，要发挥分配在扎实推动共同富裕中的功能和作用，就有必要理解和把握五种分配渠道发挥作用的产权制度基础，系统阐释五种分配渠道发挥作用的内在机理，并探索运用好五种分配渠道来推动共同富裕的实践要义。

一、扎实推动共同富裕的产权制度基础

习近平总书记指出，“我国基本经济制度（在此特指公有制为主体、多种所有制经济共同发展——引者注）是中国特色社会主义制度的重要支柱，也是社会主义市场经济体制的根基，公有制主体地位不能动摇，国有经济主导作用不能动摇”，是“保证我国各族人民共享发展成果的制度性保证”[③]。占主体地位的公有制经济是扎实推动共同富裕的产权制度基础。

（一）公有制在扎实推动共同富裕中的基础性作用

习近平总书记指出：“公有制经济是长期以来在国家发展历程中形成的，为国家建设、

---

① 基金项目：本文系国家社科基金重大项目“改革开放以来中国发展道路的政治经济学理论创新与历史经验研究”（项目批准号：20&ZD052）的阶段性成果。作者简介：高建昆，复旦大学马克思主义学院副教授、硕士生导师，主要从事中外经济学和马克思主义理论研究；程恩富，中国社会科学院学部委员、学部主席团成员，中国社会科学院大学学术委员会副主任、首席教授、博士生导师，中国政治经济学学会会长，主要从事中外经济学和马克思主义理论研究。

② 习近平：《正确认识和把握我国发展重大理论和实践问题》，《求是》2022 年第 10 期。

③ 习近平：《不断开拓当代中国马克思主义政治经济学新境界》，《求是》2020 年第 16 期。

国防安全、人民生活改善作出了突出贡献，是全体人民的宝贵财富。”[①] 我国社会主义公有制经济从制度保证和物质基础两方面为共同富裕奠定了基础。

首先，公有制经济通过贯彻按劳分配原则，消除了由生产资料的占有差异引起的剥削，从而为扎实推动共同富裕提供了根本的产权制度保证。生产资料所有制的性质从根本上决定了分配的性质。马克思指出：“消费资料的任何一种分配，都不过是生产条件本身分配的结果。”[②] 恩格斯进一步指出，生产资料的全面公有与按社会计划使用，能够消除不劳而获的制度基础，即“任何个人都不能把自己在生产劳动这个人类生存的自然条件中所应参加的部分推到别人身上”[③]。在我国现阶段，公有制经济的基本分配原则是体现共同富裕方向的按劳分配原则。根据我国宪法，社会主义公有制消灭人剥削人的制度，实行各尽所能、按劳分配的原则。在性质方面，我国社会主义公有制经济通过实现各尽所能、按劳分配的原则而消灭剥削、消除两极分化，是社会主义本质的根本体现。在数量比例方面，公有制经济单位通过贯彻按劳分配原则和合理确定积累与消费的适当比例，确保劳动报酬在初次分配中的合理比重，促进劳动报酬增长与劳动生产率等同步提高，为扎实推动共同富裕奠定了根本的制度保证。据统计，国有企业平均工资一直高于私有企业平均工资。例如，2020 年我国国有单位就业人员平均工资为 108132 元，不仅高于城镇集体单位就业人员平均工资（即 68590 元），更是远高于城镇私营单位就业人员平均工资（即 57727 元）[④]。这印证了习近平总书记的正确论断，“国有企业是推进国家现代化、保障人民共同利益的重要力量”。[⑤] 因此，公有制经济通过贯彻按劳分配原则，在初次分配环节消除贫富差距过大的状况，从根本上为扎实推动共同富裕奠定了产权制度基础。

其次，公有制经济通过较高的整体经济绩效，为扎实推动共同富裕奠定坚实的物质基础。恩格斯提出：“生产资料由社会占有，不仅会消除生产的现存的人为障碍，而且还会消除生产力和产品的有形的浪费和破坏”，“还由于消除了现在的统治阶级及其政治代表的穷奢极欲的挥霍而为全社会节省出大量的生产资料和产品”。[⑥] 在我国经济发展实践中，公有制经济的两种主要形式即全民所有制和集体所有制均表现出较高的经济绩效。在宏观绩效层面，我国公有制经济是国家适应社会化大生产发展要求进行经济调节的微观基础与重要手段。习近平总书记指出，公有制经济“为国家建设、国防安全、人民生活改善作出

① 习近平:《毫不动摇坚持我国基本经济制度 推动各种所有制经济健康发展》,《人民日报》2016 年 3 月 9 日第 2 版。

② 《马克思恩格斯文集》(第 3 卷),人民出版社 2009 年版,第 436 页。

③ 《马克思恩格斯全集》(第 20 卷),人民出版社 1995 年版,第 318 页。

④ 国家统计局:《中国统计年鉴 2021》,http://www.stats.gov.cn/tjsj/ndsj/2021/indexch.htm。

⑤ 习近平:《关于〈中共中央关于全面深化改革若干重大问题的决定〉的说明》(2013 年 11 月 9 日),《十八大以来重要文献选编》(上),中央文献出版社 2014 年版,第 501 页。

⑥ 《马克思恩格斯文集》(第 3 卷),人民出版社 2009 年版,第 563 页。

了突出贡献，是全体人民的宝贵财富”①。在企业绩效层面，我国国有企业既具有较高的整体经济绩效，又具有较高的微观经济绩效。例如，2020 年中央企业经营发展实现逆势上扬，实现净利润同比增长 2.1%，从而为我国率先控制疫情、率先复工复产、率先实现经济增长由负转正，以及决战脱贫攻坚和决胜全面小康作出了重要贡献。② 习近平总书记指出，新中国成立以来特别是改革开放以来，“我国国有企业为我国经济社会发展、科技进步、国防建设、民生改善作出了历史性贡献，功勋卓著，功不可没”。③

（二）巩固扎实推动共同富裕的产权制度基础

习近平总书记强调：“必须毫不动摇巩固和发展公有制经济，坚持公有制主体地位，发挥国有经济主导作用，不断增强国有经济活力、控制力、影响力。”④ 在我国新发展阶段，巩固扎实推动共同富裕的产权制度基础，核心在于坚持与巩固公有制经济的主体地位，尤其是充分发挥国有经济的主导作用。

首先，在国有制经济层面，巩固扎实推动共同富裕的产权制度基础，需要做强做优做大国有企业和国有资本，将国有企业培育成具有全球竞争力的世界一流企业。一是通过坚持党的领导、加强党的建设，提高国有企业经营管理水平，以发挥我国国有企业的独特优势。习近平总书记指出，坚持党的领导、加强党的建设，是我国国有企业的光荣传统，是国有企业的“根”和“魂”，是我国国有企业的独特优势。⑤ 在总体方向上，党的领导与党的建设要服务于生产经营活动，使国有企业党组织工作紧紧围绕提高企业效益、增强企业竞争实力、实现国有资产保值增值等经营目标。在人才建设上，党组织要在培养高素质的国有企业企业家队伍和具有责任担当的高水平国有企业科技人才队伍等方面充分发挥领导和把关作用。在组织建设上，基层党政领导班子原则上实行“双肩挑”，以利于处理好党组织、董事会、经理会、监事会和工会的内部治理关系，一心一意地做强做优做大国有企业和国有资本，在服从于国家调控目标的基础上实现企业长期利润和职工收入（含福利）的两个最大化。二是以自主知识产权为核心提高国有企业的创新力和竞争力，从而打造世界一流企业品牌。在当代全球化竞争中，企业的世界竞争力集中体现在以自主知识产权为核心的企业品牌上。国有企业应瞄准本领域的科技前沿，从产业布局、产品研发、人才建设和创新文化等方面进行科学规划与主动布局，从而系统培育打造具有世界影响力与

---

① 习近平：《毫不动摇坚持我国基本经济制度 推动各种所有制经济健康发展》，《人民日报》2016 年 3 月 9 日第 2 版。

② 《央企经营发展逆势上扬》，《人民日报》2021 年 1 月 20 日。

③ 习近平：《坚持党对国有企业的领导不动摇》，《人民日报》2016 年 10 月 12 日第 1 版。

④ 习近平：《关于〈中共中央关于全面深化改革若干重大问题的决定〉的说明》（2013 年 11 月 9 日），《人民日报》2013 年 11 月 16 日第 1 版。

⑤ 《坚持党对国有企业的领导不动摇 开创国有企业党的建设新局面》，《人民日报》2016 年 10 月 12 日第 1 版。

竞争力的世界一流品牌。

其次，在混合所有制经济层面，巩固扎实推动共同富裕的产权制度基础，需要在合作共赢的基础上重点发展公有资本控股的混合所有制经济。混合所有制经济是国有资本、集体资本等公有资本与非公有资本相互持股、相互融合的经济形式。在新时代中国特色社会主义经济中，由我国国有企业海外并购、海外参股控股形成的企业，也属于混合所有制经济的重要实现形式。发展混合所有制经济，要着眼于既发挥国有企业在规模经济、科技研发、市场渠道等方面的独特优势，又发挥公有股份在推动共同富裕方面的影响力与控制力，从而为扎实推动共同富裕奠定坚实的经济制度基础。一是在企业的产业布局上，要与科技发展趋势紧密结合，着眼于全球产业分工的价值链布局与产业链延伸，统筹规划布局国有企业所在的既有传统产业、具有战略性和前瞻性的新兴产业和现代服务业。二是要防止公有股权被稀释。在股权混合的初始阶段，公有资本资产的价值评估，需要综合考虑净资产价值、原有公有资产的盈利能力、成长性和社会影响力。在股权混合改制后的经营阶段，企业激励制度设计要重点采用不享有股权的分红权激励手段，而严格控制只增加私有资本持股、不增加公有资本持股的简单股权激励手段。三是公有股份与非公有股份在企业决策体系和企业文化体系方面须系统融合，以便提高企业的整体经济管理能力。

最后，在农村集体经济方面，巩固扎实推动共同富裕的产权制度基础，需要坚持农村土地集体所有制性质，积极探索发展新型集体经济和合作经济。我国集体经济发展比较好的村庄，既能够为村民提供较多的就业机会，又能够为本村发展提供良好的公共服务和较充足的社会保障和社会福利。[①] 邓小平强调中国农村土地的改革与发展方向的“两次飞跃论”，多次指出：“过去我讲过，农业要有两个飞跃，一是废除人民公社，搞承包责任制，再一个是将来走到新的集体化。社会主义以公有制为主体，农村的集体所有制，也是公有制的范畴。农村经济最终还是要实现集体化、集约化。农民现在希望搞联产承包责任制，不想动，但不等于将来不能动。科学种田发展了，超过了村的界限，甚至超过区的界限，到那时你不搞集体化、集约化就适应不了了。如果老是仅仅靠双手劳动，仅仅是一家一户地耕作，将来也不向集体化发展，农业现代化就不可能实现。就是一百年、二百年，还是要走集体化、集约化这条路。”[②] 习近平总书记多次指出：“集体经济是农民共同富裕的根基，是农民走共同富裕道路的物质保障。”[③] 在土地所有制层面，走共同富裕道路，需要坚持而不架空和虚化农村土地集体所有制的产权制度改革，以保障农民的合法财产权益为出发点，以提高粮食生产能力为核心，以耕地保护为基石，不断探索壮大农村集体经济，

① 赵意焕：《乡村振兴与〈资本论〉共同体理论》，《海派经济学》2021 年第 1 期。

② 中共中央文献研究室：《邓小平年谱（1975—1997）》（下），中央文献出版社 2004 年版，第 1350 页。

③ 习近平：《摆脱贫困》，福建人民出版社 1992 年版，第 143 页。

防止因土地过度集中而出现农村贫富差距过大。正如习近平总书记所指明的，“要把好乡村振兴战略的政治方向，坚持农村土地集体所有制性质，发展新型集体经济，走共同富裕道路”。[①] 在经济组织层面，走共同富裕道路，需要因地制宜，积极探索符合各地农村产业发展实际、反映农民发展权益的合作社、合作农场等农业经济组织形式，从而既能促进农业的适度规模经营，又能发挥广大农民的生产积极性，走共同富裕道路。

因此，在产权层面，扎实推动共同富裕，需要在坚持巩固公有制经济主体地位的基础上统筹推进多种所有制共同发展。一方面，我国要毫不动摇地巩固和发展公有制经济，巩固公有制经济的主体地位，依法保护各类公有产权，做强做优做大国有企业和集体合作经济，充分发挥城乡公有企业在推动劳动致富上的主导作用。另一方面，我国要毫不动摇地鼓励、支持和引导非公有制经济发展，依法保护非公有产权，引导民营企业借鉴永辉超市和华为集团的经验实行职工持股，充分发挥民营企业在稳定增长、创新创业、改善民生等方面的积极作用，全过程地监管和及时纠正中外资非公经济的各种消极作用（如网络科技巨头的垄断和资本无序扩张）。习近平总书记指出，“公有制经济、非公有制经济应该相辅相成、相得益彰，而不是相互排斥、相互抵消”。[②]

二、渠道一：起决定作用的“劳主资辅”分配渠道

习近平总书记强调实践证明，按劳分配为主体、多种分配方式并存的分配制度“有利于调动各方面积极性，有利于实现效率和公平有机统一”。[③] 从国民收入分配层次看，按劳分配为主体、按资本分配为辅体（简称“劳主资辅”）是我国现阶段生产单位内部层次的基本分配渠道，在国民收入分配体系中起决定性作用。其中，占主体地位的按劳分配制度在扎实推动共同富裕中处于主方式和主渠道的地位。

（一）按劳分配在推动共同富裕中的主渠道作用

在我国社会主义初级阶段，按劳分配制度在分配领域的主体地位对于扎实推动共同富裕具有直接决定性意义。

首先，按劳分配原则是消除不劳而获和直接推动劳动致富的分配机制，从而能够直接推动共同富裕。在国家及时科学调控经济社会发展的条件下，劳动致富主要通过在公有制经济单位贯彻按劳分配原则来实现。马克思提出，“在一个集体的、以生产资料公有为基

① 《把乡村振兴战略作为新时代“三农”工作总抓手 促进农业全面升级农村全面进步农民全面发展》，《人民日报》2018 年 9 月 23 日。

② 习近平：《毫不动摇坚持我国基本经济制度 推动各种所有制经济健康发展》，《人民日报》2016 年 3 月 9 日第 2 版。

③ 习近平：《不断开拓当代中国马克思主义政治经济学新境界》，《求是》2020 年第 16 期。

础的社会中……每一个生产者，在作了各项扣除以后，从社会领回的，正好是他给予社会的。他给予社会的，就是他个人的劳动量"；"扣除多少，应当根据现有的物资和力量来确定，部分地区应当根据概率计算来确定"①。这些扣除既包括补偿生产资料、扩大生产的部分和应付不幸事故、自然灾害等的后备基金或保险基金，又包括同生产没有直接关系的一般管理费用、用来满足共同需要的部分（学校、保健设施等）和国家管办济贫事业的部分。在我国现阶段各类公有制经济中，按劳分配原则消除了凭借对生产资料的占有而不劳而获地占有劳动产品的可能性；每个劳动者在生产中提供的劳动数量和质量是进行各项必要扣除后的劳动产品分配的基本依据，从而在生产单位内部实现劳动者之间的劳动平等与报酬平等。因此，按劳分配原则既能消除平均主义，充分促进劳动致富，又能有效防止生产资料的占有差异导致的贫富分化，从而为实现共同富裕目标奠定坚实的分配制度基础。

其次，按劳分配原则的主体地位能够通过推进劳动致富与缩小收入差距而对非公有制经济的分配发挥辐射引导作用。马克思指出，"消费资料的任何一种分配，都不过是生产条件本身分配的结果"②。我国现阶段民营企业和外资企业是占比较大的产权形式，按资本分配是这些非公有制经济的主要分配形式。在按资本分配原则下，私人资本所有者按照出资额或投入股份获取的剩余价值在生产经营单位内部初次分配中占据相当份额，劳动者报酬所占份额相对缩小，从而主要有利于资本致富而非劳动致富。不过，如果按劳分配原则在分配领域占主体地位，便能够在一定程度上矫正和调节按资本分配原则导致的贫富分化倾向。其基本事实和逻辑在于：一是在整个国民经济中，处于主体地位的按劳分配原则能够发挥示范作用，为《公司法》《劳动法》《劳动合同法》等与收入分配相关的立法提供标准与参照，从而间接影响非公有制经济的分配，使其既能体现企业出资人的合理产权利益，又能保障企业劳动者获取合理劳动报酬与享有劳动福利的权利。二是在公有资本控股的混合所有制经济中，公有股份能够通过企业经营和分配的有效控制来贯彻按劳分配原则，从而在相当程度上矫正与缓解按资本分配原则形成的贫富差距过大带来的负面影响。

（二）发挥"劳主资辅"分配渠道在实现共同富裕中的决定作用

习近平总书记强调："要建设体现效率、促进公平的收入分配体系，实现收入分配合理、社会公平正义、全体人民共同富裕，推进基本公共服务均等化，逐步缩小收入分配差距。"③ 在我国新发展阶段，发挥"劳主资辅"分配渠道在实现共同富裕中的决定作用，

---

① 马克思：《哥达纲领批判》，《马克思恩格斯文集》（第3卷），人民出版社2009年版，第432－434页。

② 马克思：《哥达纲领批判》，《马克思恩格斯文集》（第3卷），人民出版社2009年版，第436页。

③ 新华社：《深刻认识建设现代化经济体系重要性 推动我国经济发展焕发新活力迈上新台阶》，《人民日报》2018年2月1日。

核心在于坚持与巩固按劳分配原则的主体地位，推进建设体现效率、促进公平的收入分配体系。

首先，发挥“劳主资辅”分配渠道在实现共同富裕中的决定作用，需要正确处理积累与消费之间的关系，从总体上合理确定两者的比例关系，推动劳动报酬和劳动生产率同步提高，以达到和保持劳动者报酬在初次分配中的较高比重。撇开上缴税收不算，在全民所有制企业中，总收益可分为国家财产收益（主要表现为国有企业的上缴利润）、积累、劳动者报酬（即消费）三个组成部分；在独资的集体所有制企业中，总收益可分为积累与消费（包括劳动者报酬和劳动者股份收益）两个组成部分；在公私资本混合企业中，总收益在分配上可分为股份收益（包括公有股份收益和私有股份收益）、积累、劳动者报酬（即消费）三个组成部分。积累的增长构成劳动者整体利益和长远利益的源泉，而消费的增长则是社会主义生产的最终目的。因此，按劳分配原则的机制完善与规则细化，需要正确处理积累与消费之间的关系，既满足扩大再生产的积累需要，又保证劳动者消费水平日益增长的需要，实现劳动报酬和劳动生产率的同步提高，从初次分配中切实促进共同富裕。

其次，发挥“劳主资辅”分配渠道在实现共同富裕中的决定作用，需要科学区分劳动差别，从而较为充分地反映科研劳动、管理劳动和高技能劳动在生产劳动中的贡献。恩格斯认为，由于消除了劳动分工和社会负担教育费用，简单劳动与复合劳动的差别不是共产主义社会生活资料的主要分配依据。他指出，“在私人生产者的社会里，培养熟练的劳动者的费用是由私人或其家庭负担的，所以熟练的劳动力的较高的价格也首先归私人所有”；“在按社会主义原则组织起来的社会里（从上下文论述看，此处指的是共产主义社会。——引者注），这种费用是由社会来负担的，所以复合劳动的成果，即所创造的比较大的价值也归社会所有”，而“工人本身没有任何额外的要求”①。而我国尚处于社会主义初级阶段，按劳分配原则主要表现为市场型按劳分配，即公有制生产单位的分配主要采用货币形式，从而劳动者报酬也相应地表现为货币工资形式。由于劳动者及其家庭承担的教育和培养费用仍然占较大比重，市场型按劳分配仍需要承认与区分劳动的数量差别和质量差别，充分考虑劳动复杂程度，尤其要充分反映科研劳动、管理劳动和高技能劳动在生产中的实际贡献。因此，公有制经济要通过具体收入分配机制的完善来降低劳动者之间报酬差距的不合理性，促进初次分配领域的相对平等（即共同富裕）。

简言之，在分配层面，扎实推动共同富裕，需要充分发挥“劳主资辅”分配渠道在实现共同富裕中的决定作用，扎实推进按劳分配原则的科学化与合理化，以实现分配中公平与效率的和谐统一。

---

① 恩格斯:《反杜林论》,《马克思恩格斯文集》第9卷,人民出版社2009年版,第209－210页。

三、渠道二：起辅助作用的“国家法策”渠道

习近平总书记指出：“我们是在中国共产党领导和社会主义制度的大前提下发展市场经济，什么时候都不能忘了‘社会主义’这个定语。之所以说是社会主义市场经济，就是要坚持我们的制度优越性，有效防范资本主义市场经济的弊端。”①

国家关于财富与收入分配的相关法律、法规和政策（简称“国家法策”）是以国家为主体、贯穿初次分配和再分配的分配渠道，包括法律法规、税收、转移支付、公共产品和服务等核心子渠道。“国家法策”渠道是国家的财富与收入调节借以实现的机制，在扎实推动共同富裕中具有重要的辅助性作用。扎实推动共同富裕，需要通过“国家法策”渠道发挥国家调节在推动共同富裕中的重要导向性作用。

（一）发挥法律法规在扎实推动共同富裕中的重要作用

国家关于财富与收入分配的相关法律法规为规范和调节财富与收入分配从而引导财富与收入分配朝着共同富裕方向发展提供了法治保障。扎实推动共同富裕，需要充分发挥法律法规在规范调节财富与收入分配上的重要导向作用。

在初次分配环节，国家劳动立法可以为保护劳动者合法权益和扎实推动共同富裕提供坚实的法治保障。具体需要推动劳动法、最低工资标准等收入调节相关法律法规与社会生产力的发展水平相适应，进而推进劳动报酬和劳动生产率同步提高。我国国家劳动立法能够在法制层面体现与维护劳动者的正当权益，如规定劳动合同的签订、维护法定劳动时间、限制加班时间、支付节假日和加班劳动的报酬、企业工资的集体谈判以及惩罚拖欠职工工资、职工保险和福利等，从而推进劳动致富，引导初次分配朝着共同富裕方向发展。

在劳动报酬方面，国家劳动立法为劳动者依法获取合理的劳动报酬提供了法制依据。《劳动法》② 将劳动报酬列为劳动合同的必备条款，规定了工资分配与工资增长原则，为促进共同富裕奠定了法制基础。其中，工资分配的按劳分配原则和同工同酬原则保障了劳动者之间的分配公平；而工资水平“在经济发展的基础上逐步提高”的原则保障了劳动者能够共享经济发展的成果。《劳动法》中的最低工资保障制度条款规定劳动者的工资不得低于当地最低工资标准，并列举了最低工资标准的确定与调整应当综合参考的因素（包括劳动者本人及平均赡养人口的最低生活费用、社会平均工资水平、劳动生产率等）。《最低工资规定》③ 进一步细化了最低工资标准的实施规则。关于最低工资标准的法律法规为最

---

① 习近平：《不断开拓当代中国马克思主义政治经济学新境界》，《求是》2020 年第 16 期。

② http://www.mohrss.gov.cn/xxgk2020/fdzdgknr/zcfg/fl/202011/t20201102_394625.html.

③ http://www.mohrss.gov.cn/xxgk2020/gzk/gz/202112/t20211228_431587.html.

低工资标准的不断提高奠定了法制基础，直接保障了劳动者的收入底线，从而扎实推动共同富裕的底线保障。

在劳动者权益方面，国家劳动立法为劳动者在依法休息和休假的条件下正常获取劳动报酬提供了法制依据。《劳动法》规定“以货币形式按月支付给劳动者本人”的工资支付方式和“不得克扣或者无故拖欠”的工资支付原则，并强调劳动者依法休假和参加社会活动期间享受工资待遇。在此基础上，《工资支付暂行规定》① 通过细化规则进一步规范用人单位的工资支付行为。《保障农民工工资支付条例》② 通过细化农民工工资支付的规则来规范农民工工资支付行为，从而为保障农民工按时足额获得工资提供有力的法制基础。《拖欠农民工工资失信联合惩戒对象名单管理暂行办法》③ 则通过规范拖欠农民工工资失信联合惩戒对象名单管理，为惩戒拖欠农民工工资的行为从而确保农民工按时获得工资提供法制手段。在劳动者组织方面，国家劳动立法为发挥工会在企业工资的集体谈判、交涉拖欠职工工资、职工保险和福利等方面的积极作用奠定了法制基础。《劳动法》规定“工会代表维护劳动者的合法权益”，可以代表职工与企业签订集体合同。《中华人民共和国工会法》④ 细化了工会代表职工与企业签订集体合同的规则，明确列举了工会应当代表职工与企业、事业单位、社会组织进行交涉的侵犯职工劳动权益情形（包括克扣、拖欠职工工资和随意延长劳动时间等多种情形），并强调了工会协助用人单位办好职工集体福利事业的职能。《集体合同规定》⑤ 则进一步规范集体协商和签订集体合同行为。

在再分配环节，国家再分配立法可以发挥国家在财富与收入的调节等方面的导向作用，从而为促进实现共同富裕奠定了法制基础。国家通过政府利率、价格、税收、转移支付等手段调节财富与收入的宏观调控政策，取缔非法收入，以及完善社会福利保障体系，均需以国家再分配方面的法律法规为依据。例如，《中华人民共和国税收征收管理法》和《中华人民共和国税收征收管理法实施细则》为规范税收征收和缴纳行为尤其是查处偷逃税、“阴阳合同”和“天价片酬”等行为提供了法律法规依据。《中华人民共和国社会保险法》为规范社会保险关系从而促进公民共享经济发展成果提供了法律法规保障。《中华人民共和国就业促进法》为国家通过政策促进就业从而增加劳动者的就业机会和就业能力提供了法制保障。

可见，在法治层面，扎实推动共同富裕，需要发挥国家法制法规在保护劳动者正当权

---

① http://www. mohrss. gov. cn/xxgk2020/gzk/gz/202112/t20211228_431557. html.

② http://www. mohrss. gov. cn/xxgk2020/fdzdgknr/zcfg/fg/202011/t20201103_394928. html.

③ http://www. mohrss. gov. cn/xxgk2020/gzk/gz/202112/t20211229_431810. html.

④ 参见人力资源和社会保障部网站，网址为：http://www. mohrss. gov. cn/xxgk2020/fdzdgknr/zcfg/fl/202011/t20201102_394624. html。

⑤ http://www. mohrss. gov. cn/xxgk2020/gzk/gz/202112/t20211228_431588. html.

益、维护劳资双方平等地位、防止收入差距过大等方面的权威保障作用。

（二）发挥国家再分配政策在扎实推动共同富裕中的重要作用

在再分配环节，国家对财富与收入的调节政策能够矫正初次分配造成的贫富差距过大的状况，对促进共同富裕发挥托底保障作用。具体需要完善以税收、转移支付、社会保障等为主要手段的再分配调节机制，推动居民收入和经济同步增长。

首先，在财富与收入的直接调节层面，扎实推动共同富裕，国家需要综合运用税收、转移支付等调节手段对财富与收入的分配进行系统性调节，从而缩小贫富差距，防止贫富两极分化。习近平总书记指出："我们必须坚持发展为了人民、发展依靠人民、发展成果由人民共享，作出更有效的制度安排，使全体人民朝着共同富裕方向稳步前进，绝不能出现'富者累巨万，而贫者食糟糠'的现象。"[①] 当前，我国已完成了消除绝对贫困的艰巨任务，而相对贫困问题仍是需要重视并逐步解决的重要问题。[②]

在我国社会主义市场经济中，国家税收体系能够调节高收入群体过高的财富和收入，以我国税收体系为例，与个人可支配收入直接相联系的税种是个人所得税。1993 年修订的《个人所得税法》实施以来，我国个人所得税的起征水平逐渐提升；中低收入群体适用的个人所得税率逐步降低，个人所得税率的级距设计越来越能发挥对收入的科学的结构性调节作用。可见，我国个人所得税制度体系在实践中有效发挥了对收入的科学调节作用。从税收的阶级属性看，由于征税权具有阶级性，我国社会主义初级阶段的征税权属于无产阶级专政的组成部分，税法规则的制定与完善能够越来越充分贯彻以人民为中心（尤其是以劳动人民为中心）的原则，从而为扎实推动共同富裕奠定坚实的制度基础。因此，国家对财富与收入分配的系统性调节，需要坚持以人民为中心（尤其是以劳动人民为中心）的原则，随着生产力发展水平的提高，通过科学设计税收体系调节高收入群体过高的财富和收入、逐渐减轻收入相对较低群体的税收负担。

国家转移支付体系不仅能够适当提高低收入群体的可支配收入，而且为发展相对滞后的地区和部门改善民生、提高公共服务水平等社会事业提供必要的财力支持，从而促进人民群众共享发展成果。例如，困难群众救助补助资金能够直接为困难群众提供基本生活保障。就业补助资金既可以为失业人员和就业困难人员的职业培训、职业技能鉴定、社会保险、公益性岗位、就业见习、求职创业等事项提供补贴资金支持，又可以为就业创业服务和高技能人才培养提供补助资金支持。中央对地方均衡性转移支付能够通过财力协调推进

① 习近平：《在党的十八届五中全会第二次全体会议上的讲话（节选）》，《求是》2016 年第 1 期。
② 黄树东：《马克思的宏观经济思想及其对中国经济政策选择的启示》，《政治经济学研究》2021 年第 1 期。

区域之间的基本公共服务均等化。基本养老金转移支付能够为城乡居民基本养老保险基金的运转提供补助性资金支持。老少边穷地区转移支付能够为老少边穷地区的民生改善和保障提供补助性资金支持。可见，扎实推动共同富裕，需要充分发挥国家转移支付体系在促进人民群众共享发展成果中的底线保障作用。

其次，在财富与收入的间接调节层面，国家需要不断完善为经济发展托底的社会公平保障体系，从而为扎实推动共同富裕提供底线保障。习近平总书记指出，社会保障“是保障和改善民生、维护社会公平、增进人民福祉的基本制度保障，是促进经济社会发展、实现广大人民群众共享改革发展成果的重要制度安排”，发挥着“收入分配调节器”的作用①。国家在基础设施领域和就业、医疗、住房、教育、社会保障等民生领域持续、系统的投入，能够从整体上提高国民经济效能和居民生活质量，以矫正和缓解初次分配造成的收入差距扩大带来的负面影响，从而为逐步缩小收入分配差距与推动劳动致富提供了底线保障。在基础设施领域，相对于民生领域的投入，基础设施建设具有投资规模大、建设周期长、发挥成效慢的特点，但基础设施项目对于促进城乡区域协调发展具有重大的整体性经济效益和社会效益。国家要依据经济社会发展需要系统规划与科学布局基础设施领域的投入，为缩小与消除地区差别和城乡差别、从整体上提高国民经济效能和居民生活质量提供硬件保障。在民生领域，国家对就业、医疗、住房、教育、社会保障等民生领域的持续、系统的投入，能够维护社会公平正义，直接矫正和缓解初次分配造成的收入差距扩大带来的负面影响。习近平总书记强调，保障和改善民生是一项长期工作，没有终点站，只有连续不断的新起点，要实现经济发展和民生改善良性循环。② 国家要着眼于民生领域的短板，依据经济社会发展实际，与社会生产力发展水平适应，持续、系统地加大对就业、医疗、住房、教育、社会保障等民生领域的投入，从而“在学有所教、老有所得、病有所医、老有所养、住有所居上持续取得新进展”③。因此，基础设施领域的硬件建设和民生领域的软件建设都是从整体上提高国民经济效能和居民生活质量从而扎实推动共同富裕的国家收入调节方式。两者的投入规模和投入结构需要在充分科学论证的基础上根据我国经济社会发展实际状况统筹确定和实施。

因此，发挥国家再分配政策在扎实推动共同富裕中的重要作用，既要在直接调节层面发挥国家对财富与收入调节体系对初次分配环节贫富过度分化趋势的矫正功能，又要通过国家在基础设施领域和民生领域持续的系统性投入从整体上提高国民经济效能和居民生活质量。

---

① 习近平:《促进我国社会保障事业高质量发展、可持续发展》,《求是》2022 年第 8 期。

② 《稳中求进推动经济发展 持续努力保障改善民生》,《人民日报》2013 年 5 月 16 日。

③ 习近平:《在第十二届全国人民代表大会第一次会议上的讲话》,《人民日报》2013 年 3 月 17 日。

四、渠道三：起调节作用的“物价变动”分配渠道

习近平总书记强调，发展社会主义市场经济是我们党的一个伟大创造，关键是处理好政府和市场的关系，使市场在资源配置中起决定性作用，更好发挥政府作用①。在实体经济层面，物价变动对财富和收入分配的调节是市场调节资源配置的重要方面。扎实推动共同富裕，需要重视物价变动渠道对财富和收入分配的调节机制，规范和引导“物价变动”渠道，使之促进财富和收入分配朝着共同富裕方向发展。

（一）物价变动对财富和收入分配的调节机制

认识和把握物价变动对财富和收入分配的调节机制是发挥“物价变动”在推动共同富裕中的调节作用的基础。

首先，单个商品的价格变动引起市场主体之间的收入分配效应。一是单个消费资料价格变动直接引起消费者和生产者之间的收入分配效应。消费资料价格的上涨导致消费者的一部分收入通过商品交换转移到生产者手中。同时，再生产劳动力必需的消费资料价格上涨将导致劳动力价值的提高，在工资没有提高的情况下，将使工资低于劳动力价值。二是单个生产资料价格变动通过产业链和价值链引起市场主体之间的一系列收入分配效应。一方面，单个生产资料价格变动引起上下游生产者之间的收入分配效应。例如，生产资料价格的上涨导致下游生产者的部分收入转移至上游生产者手中。另一方面，单个生产资料价格变动通过产业链和价值链引起相关消费资料价格的变动，从而导致消费者和生产者之间的收入分配效应。由于固定资本的价值逐步转移到新产品的资本周转特点，原料的价格变动对消费资料价格变动产生更大的影响。马克思指出，“原料的价格对产品价格的影响，比固定资本的价格对产品价格的影响要大得多”。②

其次，通货膨胀和通货紧缩引发的普遍物价变动将导致宏观层面的收入分配效应。通货膨胀引发的物价普遍持续上涨将导致固定收入者和收入增加慢于物价上涨的群体的收入购买力下降，债权人的部分收入转移至债务人手中，民众的税收负担加重。通货紧缩引发的物价普遍持续下降将导致企业生产的普遍萎缩甚至企业破产，进而引发较大规模的失业。相应地，因此而失业的劳动者将失去工资收入。

最后，垄断价格的形成使得非垄断组织的部分利润和最终消费者的部分收入被垄断组织所攫取。一方面，垄断组织凭借在原料产地、市场份额、技术专利等方面的支配性地位

---

① 新华社：《加快建设全国统一大市场提高政府监管效能 深入推进世界一流大学和一流学科建设》，《人民日报》2021年12月18日。

② 《马克思恩格斯文集》第7卷，人民出版社2009年版，第123页。

以垄断低价购买自身需要的生产资料，而以垄断高价销售自己的产品，从而攫取了上下游产业链中的非垄断组织的部分利润。马克思指出，“某些商品的垄断价格，不过是把其他商品生产者的一部分利润，转移到具有垄断价格的商品上”①。另一方面，垄断组织以垄断高价销售自身生产的消费资料，从而攫取最终消费者的部分收入。而垄断高价制定的界限在于消费者的消费愿望和购买能力。马克思指出，“垄断价格既不是由商品的生产价格决定，也不是由商品的价值决定，而是由购买者的需要和支付能力决定”②。

（二）运用好物价变动分配渠道在推动共同富裕中的调节作用

运用好物价变动分配渠道在推动共同富裕中的调节作用，就是要依据物价变动对财富和收入分配的调节机制，通过市场调节与国家调节在物价变动中的有机结合，规范和引导“物价变动”渠道，使之促进财富和收入分配朝着共同富裕方向发展。

首先，发挥国家调节对物价变动的规范和引导作用，促进物价的合理确定和基本稳定。一是国家自觉利用物价变动的客观规律，根据社会生产和国民经济的实际运行状况和发展态势，预先制定社会生产的总体性规划，从而推动实现国民经济各产业内部与产业之间产品供给与需求的综合平衡，以避免由供需矛盾激化引发物价的大起大落。二是国家及时跟踪、监控和与研判事关国计民生的重要商品的价格变动，自觉运用包括经济、法律、行政、劝导等手段在内的国家宏观调控体系，规范和引导物价处于合理区间并保持基本稳定。

其次，国家依法治理垄断，防止资本的无序扩张，既发挥大企业在社会化大生产中的规模优势，又反对大企业凭借自身的规模优势实行垄断价格而攫取垄断利润。在现代全球化市场竞争中，具有规模优势的大企业是市场竞争的主体。这种具有规模垄断或自然垄断性质的企业组织形式，能够促进规模经济，推动技术进步，并降低各类成本，从而适应了社会化大生产的发展要求。因此，国家依法治理垄断的核心并不在于反对企业的较大规模，而在于反对与惩戒垄断企业为确定和维持垄断价格从而攫取垄断利润所采取的各种不正当竞争行为。国家依法处罚与限制垄断协议、滥用市场支配地位、经营者集中以及滥用行政权力排除、限制竞争等各类垄断行为，既有利于促进市场的有效竞争，又有利于防止严重的贫富两极分化。

可见，运用好物价变动分配渠道在推动共同富裕中的调节作用，既要充分发挥物价变动在资源配置中的调节作用，又要加强对物价变动的规范与引导，使之促进财富和收入分

---

① 《马克思恩格斯文集》第7卷，人民出版社2009年版，第975页。

② 《马克思恩格斯文集》第7卷，人民出版社2009年版，第864页。

配朝着共同富裕方向发展。

五、渠道四：起胀缩作用的“资本市场”分配渠道

资本市场上证券、债券等金融产品的价格变动，会引起资本市场参与者财富和收入的膨胀或收缩变动。扎实推动共同富裕，需要发挥“资本市场”分配渠道的胀缩作用，依据金融产品价格波动的本质与规律，规范和引导金融服务于实体经济，促进金融与实体经济的良性互动。

（一）资本市场产品价格变动的本质与规律

认识和把握资本市场产品价格变动的本质与规律是发挥“资本市场”分配渠道在推动共同富裕中的积极作用的基础。

首先，资本市场产品价格需要以实体经济发展为基础。以股票为例，股票本身没有价值，其实质是借以索取剩余价值的所有权凭证。与此相对应，股票持有者获得的股息红利，实质是其股票代表的实体经济现实资本雇佣的劳动者创造的剩余价值。马克思指出，“如果没有欺诈”，股票“就是对一个股份公司拥有的实际资本的所有权证书和索取每年由此生出的剩余价值的凭证”。[①] 股票持有者所获股票收益的多少取决于股份公司劳动者创造的剩余价值量。如果股票所代表的现实资本处于亏损状态，持有股票并不一定能获得股票收益。从这个角度看，股票持有者通过获取股份收益来致富，就必须依赖实体经济中劳动者的劳动。可见，金融发展离不开实体经济中劳动者的劳动，而且并不能确保股票持有者通过持有股票而致富。

其次，资本市场金融产品的价格变动受到多种预期因素的影响，从而具有一定的投机性质。以股票为例，在股票交易中，股票价格处于不断波动之中，而并不必然持续地上涨。马克思指出，“这种证券的市场价值部分地有投机的性质，因为它不是由现实的收入决定的，而是由预期得到的、预先计算的收入决定的”。[②] 实际上，任何影响股票预期收益的事件都可能导致股票价格下跌。股票交易的投机性质，很难直接使相关市场参与者同时获益，反而使股票持有者感觉富有程度降低。对具体交易个体而言，股票市场的巨大波动可能不仅没有使其致富，反而令其被洗劫一空。

可见，资本市场产品价格变动以实体经济发展为基础，并受到多种预期因素的影响，从而引发市场参与者之间社会财富价值的转移与分配。

---

① 《马克思恩格斯文集》第6卷，人民出版社2009年版，第386页。

② 《马克思恩格斯文集》第7卷，人民出版社2009年版，第529页。

（二）运用好“资本市场”分配渠道在推动共同富裕中的胀缩作用

运用好“资本市场”分配渠道在推动共同富裕中的胀缩作用，需要依据金融产品价格波动的本质与规律，规范和引导金融服务于实体经济，有效监管治理资本市场的剧烈震荡，从而促进金融与实体经济的良性互动，使之朝着有利于共同富裕的方向发展。

首先，金融发展要不断增强服务实体经济的能力，并提高服务实体经济的科学性、精准性和系统性，从而为实体经济的高质量发展提供强有力的资金支持。习近平总书记指出，金融要为实体经济服务，满足经济社会发展和人民群众需要①。金融服务实体经济的能力，集中体现在金融服务实体经济的科学性、精准性和系统性上。在服务方向上，金融产品体系的设计与发展要直接面向经济社会发展的重点领域和薄弱环节，尤其是处于科技发展前沿的研发设计领域与知识产权保护领域，为创新型国家建设和实体经济高质量发展提供科学、精准和高效的金融支持。在服务结构上，金融产品体系的设计与发展要根据人民群众和实体经济多样化的金融需求，通过提高直接融资比重，改善间接融资结构，促进保险业发挥长期稳健风险管理和保障的功能，以及建设普惠金融体系，从而构建各层面融资方式各尽所长、协同发展的现代化融资体系。

其次，国家要通过金融监管体系有效监管治理资本市场的剧烈震荡，以避免引发市场参与者财富与收入的巨幅胀缩。习近平总书记指出，要扎实推动共同富裕，坚决打击内幕交易、操纵股市、财务造假等获取非法收入行为。② 有效监管治理资本市场的剧烈震荡，需要重点做好以下几方面工作。在金融机构的股权结构上，要防止外国金融资本在中国形成金融垄断，从而既避免其攫取大量的金融垄断利润，又避免中国失去经济自主权和国家安全的屏障。防止外资的金融垄断，需要金融法律法规严格限定外国资本在商业金融机构的参股比例和参股条件，以及在华设立分支机构的条件与经营范围。

在金融监管体系上，要系统推进金融市场的事先、事中和事后全过程的高质量监管，特别是加强以有效治理股灾为重点的股市监管法制和能力建设。一方面，人大要健全与强化金融市场监管的法律制度体系，推动法治建设与金融市场发展实践相适应，使金融监管贯穿金融市场活动的事先、事中和事后全过程，并全面覆盖包括金融市场行为的各个领域，尤其是新兴金融领域。另一方面，金融监管部门要系统增强金融监管部门的金融监管能力，不断提高监管人员素质，创新监管技术手段，并强化监管机制。

在金融对外开放方面，要谨慎对待并充分论证资本项目开放的问题。资本项目管制是

---

① 新华社:《深化金融供给侧结构性改革 增强金融服务实体经济能力》,《人民日报》2019 年 2 月 24 日第 1 版。

② 习近平:《扎实推动共同富裕》,《求是》2021 年第 20 期。

防止国家资本严重冲击国内经济发展的有效手段。资本项目开放的程度和速度要与国内资本市场的抗风险能力和金融监管部门的监管能力相适应。

可见，扎实推动共同富裕，需要运用好“资本市场”分配渠道的胀缩作用，规范和引导金融服务于实体经济，有效监管治理资本市场的剧烈震荡，使之促进财富和收入分配朝着共同富裕方向发展。

六、渠道五：起微补作用的“捐赠穷弱”分配渠道

先富起来的个人和单位对穷弱群体的捐赠，能够在一定程度上帮助穷弱群体克服暂时的困难，对改善低收入群体的生活质量和促进共同富裕具有一定的微补作用。

扎实推动共同富裕，需要发挥“捐赠穷弱”分配渠道的微补作用，通过制度建设和文化感召来鼓励有条件的个人和单位捐赠财物给贫者、弱者、遭灾难者等群体。一方面，要通过公益慈善事业的制度体系建设来规范和鼓励高收入人群和企业为公益慈善事业做出贡献。习近平总书记指出，要加强公益慈善事业规范管理，完善税收优惠政策，鼓励高收入人群和企业更多地回报社会。[①] 另一方面，要通过弘扬社会主义核心价值观和“扶危济困”的中华民族传统美德，倡导“先富者”富而思源、富而感恩、回馈社会、回报人民，积极担负社会责任，向“后富”地区投资生产、转移财富、支持公益、做好慈善等，践行先富带动后富。

总之，在全面建设社会主义现代化国家新征程中，我国应在不断做强做优做大社会主义公有制经济的基石上，通过“劳主资辅”“国家法策”“物价变动”“资本市场”和“捐赠穷弱”等五种分配渠道扎实地整体推进共同富裕。

① 习近平：《扎实推动共同富裕》，《求是》2021 年第 20 期。

国有企业获得了垄断利润吗？

——一个基于线性生产框架的经验研究

刘凤义　计佳成　冯志轩[①]

（南开大学；南开大学；武汉大学）

一、政治经济学框架下垄断程度衡量的方法

（一）理论基础

对于国有企业而言，垄断结构不一定直接带来垄断行为，因此，要衡量国有企业是否获取了垄断利润就不能只通过垄断结构来判断，而应该直接度量其垄断行为，也即获取垄断利润的水平。

本文的一般均衡计算思路除了理论上的优势以外，在经验研究上也有几点优势：一是这种方法可以逻辑一致地计算预付资本利润率，将反映流量的流动资本和反映存量的固定资本统一在一个框架之中；二是这种方法不依赖于产量和价格之间关系的特殊假设，二者在计算上是彼此独立的；三是这种方法可以在给定技术的条件下直接找到均衡点，逻辑上更加直接。

（二）计算方法

首先我们对基础模型，即不考虑固定资本的简单情形进行说明。设 a_{ij} 为 i 行业生产一单位产品所需的 j 行业产品的投入，l_i 为 i 行业生产一单位产品所需的活劳动投入，p_i 为 i 行业单位产品的生产价格，r 为行业平均利润率，w 为工人单位劳动投入所得工资。因此，行业 i 的生产价格可由下式表达：

---

① 作者简介：刘凤义，南开大学马克思主义学院；计佳成，南开大学经济学院；冯志轩，武汉大学经济与管理学院。冯志轩为本文通讯作者。

$$(a_{i1}p_1 + a_{i2}p_2 + \cdots + a_{in}p_n + wl_i)(1 + r) = p_i \tag{1}$$

将 n 个行业表示成矩阵的形式，有：

$$(Ap + wl)(1 + r) = p \tag{2}$$

其中，A 为 n 阶方阵，p 为 n 个行业对应的生产价格列向量。l 为各行业劳动投入的列向量，A 和 l 反映了行业的技术特征。考虑工人消费结构，将工资表示成消费向量与生产价格向量乘积的形式，式（2）可改写为：

$$(A + lc')p(1 + r) = p \tag{3}$$

其中，$c' = (c_1, c_2, \cdots, c_n)$ 为消费行向量，c_i 表示工人每单位劳动投入所需要消费的 i 行业产品的数量，因此工资 w 实际上就是一组实物消费量所对应的生产价格总额，即 $w = c'p$ 。考虑固定资本以及折旧率内生的行业生产价格的表达式为：

$$p = M(r)p \tag{4}$$

$$M(r) = [\varphi(r) + rI]K + (1 + r)(A + lc') \tag{5}$$

其中，p 为待求的生产价格列向量，$M(r)$ 为反映各行业生产时的成本投入技术结构和平均利润获取结构的矩阵，A 为中间投入系数矩阵。c' 为劳动者消费结构行向量，反映了劳动者单位劳动时间投入所对应的实际消费量。l 是各行业劳动投入列向量，lc' 即为各行业劳动投入的实际工资总额矩阵。K 为固定资本投资矩阵。① r 为平均利润率。$\varphi(r)$ 是折旧率对角矩阵，$\varphi_i(r)$ 为行业 i 的固定资本折旧率，依据 SON 简化体系，折旧率是行业平均利润率 r 的函数，如式（6）：

$$\varphi_i(r) = \left(\sum_{h=0}^{\tau_i - 1}(1 + r)^h\right)^{-1} \tag{6}$$

其中，τ_i 为行业 i 生产的固定资本的使用年限。式（4）和式（5）建立的模型的隐含条件是劳动力、资本均能够在行业间自由转移，从而隐含的要求是经济均衡时各行业工人的工资水平是相同的。然而经济现实中，各行业之间工资水平存在差异，因此我们用行业总实际工资矩阵 $W = lc'$ 代替了原来的工资投入，式（5）改写为：

$$M(r) = [\varphi(r) + rI]K + (1 + r)(A + W) \tag{7}$$

一般地，国家针对不同行业产品采用不同的税收政策。因此在式（7）的基础上，我们把间接税对生产价格形成的影响加入模型：

$$M(r) = [\varphi(r) + rI]K + (1 + r)(A + W + T) \tag{8}$$

---

① 固定资本投资矩阵具体估计方法参见 Li Bangxi. Fixed Capital and Wage – Profit Curves à la Von Neumann – Leontief：China's Economy 1987 – 2000. Research in Political Economy, 2014(29)：75 – 93.

其中，T 为间接税矩阵。

马克思经济学中“总生产价格 = 总市场价格”，以此为约束条件式（9），将其统一用货币单位来表示，对生产价格进行标准化：

$$xp = xm \tag{9}$$

其中，m 是各行业市场价格列向量。[①]

对于行业 i 在第 t 年的市场价格对生产价格的偏离程度 dpd_{it}，有

$$dpd_{it} = m_{it} / p_{it} \tag{10}$$

其中，m_{it} 为行业 i 第 t 年的产品总市场价格，p_{it} 为行业 i 第 t 年的产品总生产价格。

二、行业垄断利润获取程度国际比较

考察国有企业对于行业垄断利润获取程度的影响，一个直观的方法是将行业中国有因素较多的情况同行业中国有因素较少的情况进行比较。我们选择美国、日本、德国、法国作为资本主义国家的代表，分别计算中国和这四个资本主义国家生产性行业的 dpd 变量并进行比较。在接下来的比较中，本文使用 $cddpd_{iX} = \dfrac{X\text{国 } dpd_i - \text{中国 } dpd_i}{\text{中国 } dpd_i}$ 作为反映资本主义国家行业垄断利润获取程度与中国对应行业差异的指标。

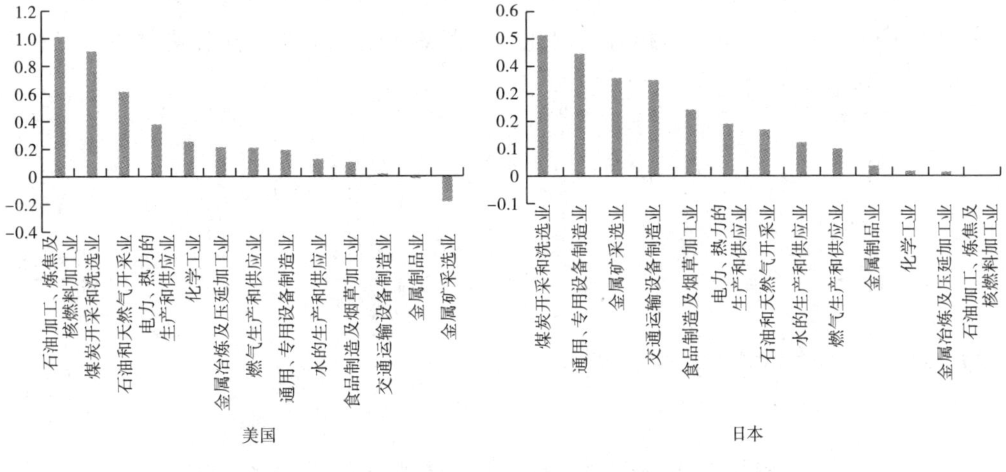

图 1　中国国有企业占比高所在行业 *cddpd* 指标国际比较

---

① 由于市场波动等一系列现实原因，市场价格会对生产价格产生偏离，但从总量上来看，最终形成的各行业商品的市场价格总额必然等于生产价格总额。

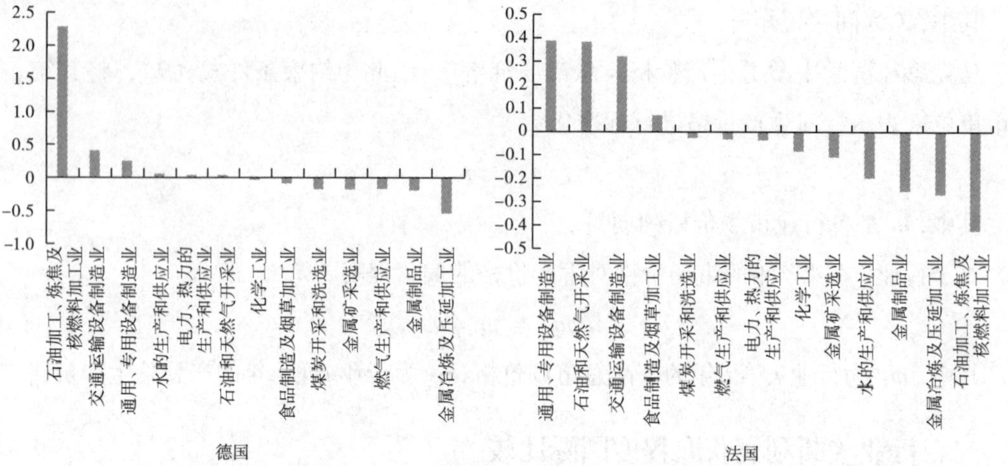

图 1　中国国有企业占比高所在行业 *cddpd* 指标国际比较（续图）

图 1 首先筛选出中国国有企业占比较高的行业作为比较的基础，分别计算了美、日、德、法四国对应行业的 *cddpd* 指标并从大到小排序。① 从图 1 的行业门类可以发现，大多数国有企业占比较高的行业为能源、重要资源、交通、烟草等自然垄断行业。从国际比较结果来看，美国、日本和德国、法国呈现出两种不同的特征。

为了进一步突出这种国别差异，图 2 分别以美国、日本和德国、法国 *cddpd* 指标进行分组对比。很明显地看出，美国、日本组中大多数行业的 *cddpd* 数组位于第一象限，而德国、法国组中各行业 *cddpd* 数组相对均匀地分布在各象限，这种差异反映出两组资本主义国家不同的经济制度特征。

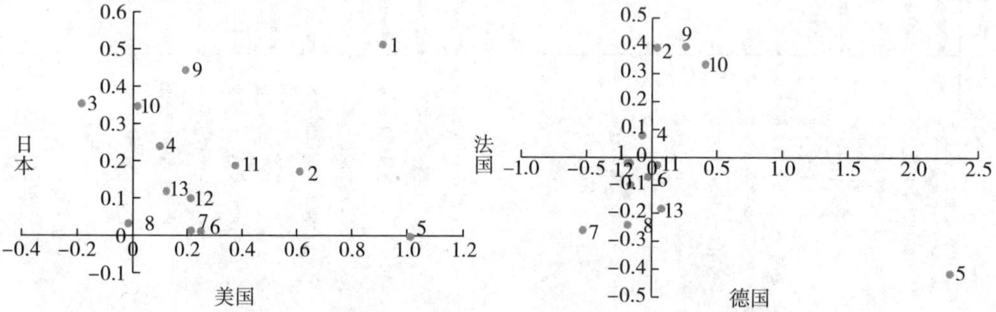

图 2　分组后的中国国有企业占比高所在行业 *cddpd* 指标国际比较②

① 为了比较国有因素对行业垄断程度的影响，这里选取的行业为中国国有企业占比较高的行业，即国有企业占比高于 20% 的行业，其中除食品制造及烟草加工业，化学工业，通用、专用设备制造业和交通运输设备制造业外，其他行业国有企业占比均高于 50%。

② 图中编号 1～13 对应行业门类分别为：煤炭开采和洗选业，石油和天然气开采业，金属矿采选业，食品制造及烟草加工业，石油加工、炼焦及核燃料加工业，化学工业，金属冶炼及压延加工业，金属制品业，通用、专用设备制造业，交通运输设备制造业，电力、热力的生产和供应业，燃气生产和供应业，水的生产和供应业。

图 3 和图 4 对中国上游行业的 *cddpd* 指标进行了国际比较，考察国有因素对于上游行业的垄断利润获取的影响。[①] 从图像来看，图 3、图 4 表现出与图 1、图 2 相似的特征，即美国、日本在中国高上游度对应行业表现出更高的行业垄断利润获取程度，而德国同中国在这些行业中不存在系统性差异，法国在这些上游行业甚至表现出比中国更低的垄断利润获取水平。

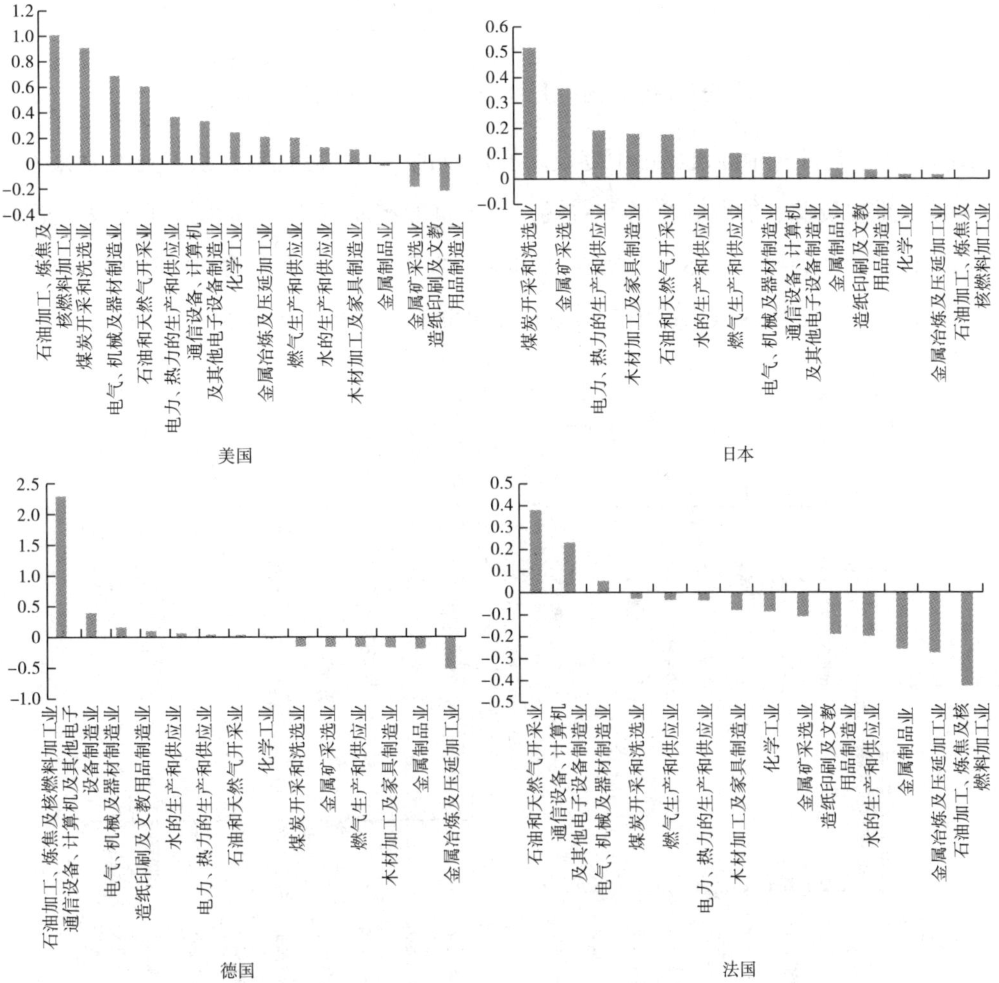

图 3　中国高上游度行业 *cddpd* 指标国际比较

① 行业选择标准为中国行业上游度均大于 3 的行业。

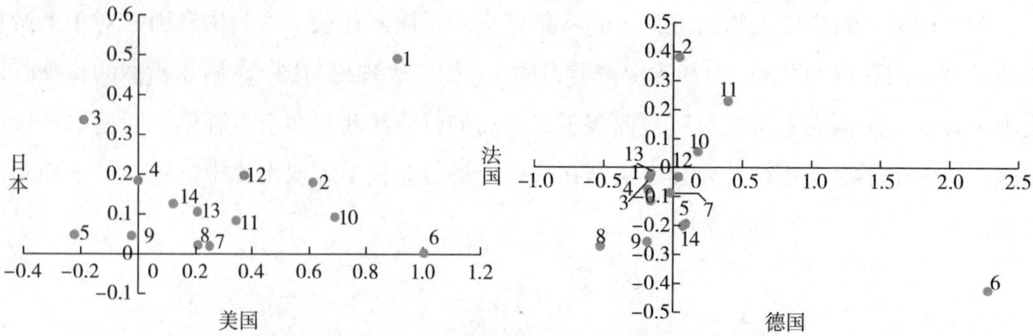

图4　分组后的中国高上游度行业 *cddpd* 指标国际比较①

图5、图6是针对中国市场集中度较高的行业进行的国际比较，从行业类别来看，这些行业涉及重要资源、能源、交通等领域，属于自然垄断行业。② 美国、日本表现出比中国更高的行业垄断利润获取水平，德国大部分行业与中国行业垄断利润获取水平差异不大，法国在这些行业中表现出比中国对应行业更低的垄断利润获取水平。

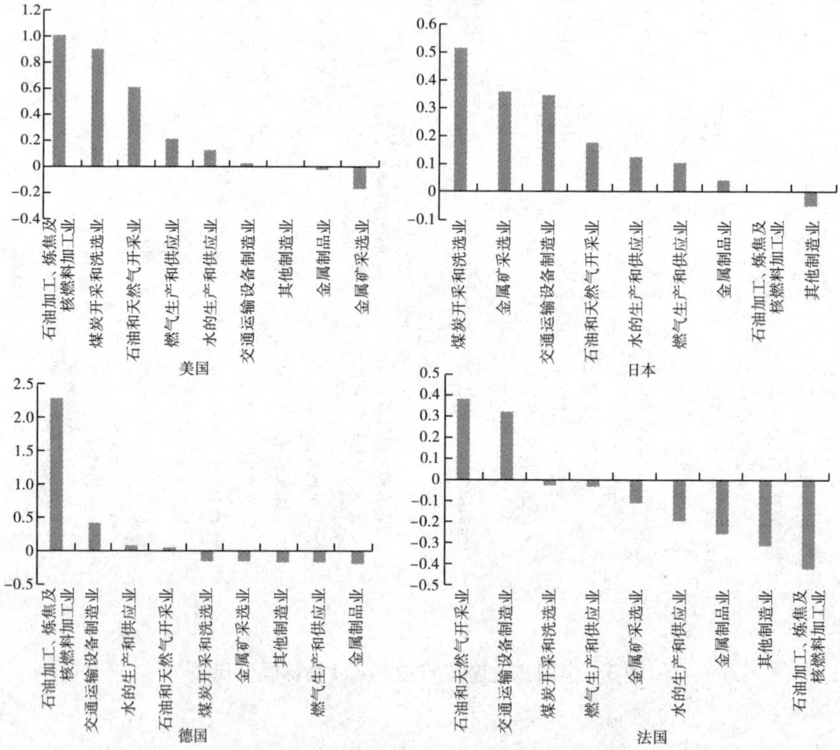

图5　中国市场集中程度高所在行业 *cddpd* 指标国际比较

① 图中编号1～14对应行业门类分别为：煤炭开采和洗选业，石油和天然气开采业，金属矿采选业，木材加工及家具制造业，造纸印刷及文教用品制造业，石油加工、炼焦及核燃料加工业，化学工业，金属冶炼及压延加工业，金属制品业，电气、机械及器材制造业，通信设备、计算机及其他电子设备制造业，电力、热力的生产和供应业，燃气生产和供应业，水的生产和供应业。

② 行业选取标准为赫芬达尔指数大于0.1的行业。

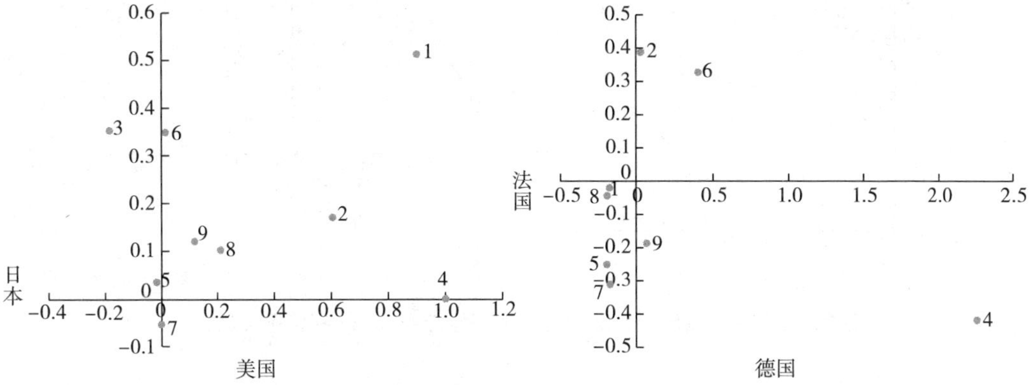

图 6 分组后的中国市场集中程度高所在行业 *cddpd* 指标国际比较①

在以上关于生产性行业的国际比较中，我们发现一些行业市场价格中不仅包含垄断带来的影响，还涉及地租问题。因此，我们对生产性部门中受地租影响较大的部门进行了剔除，对 *cddpd* 指标的比较结果如图 7、图 8 所示。

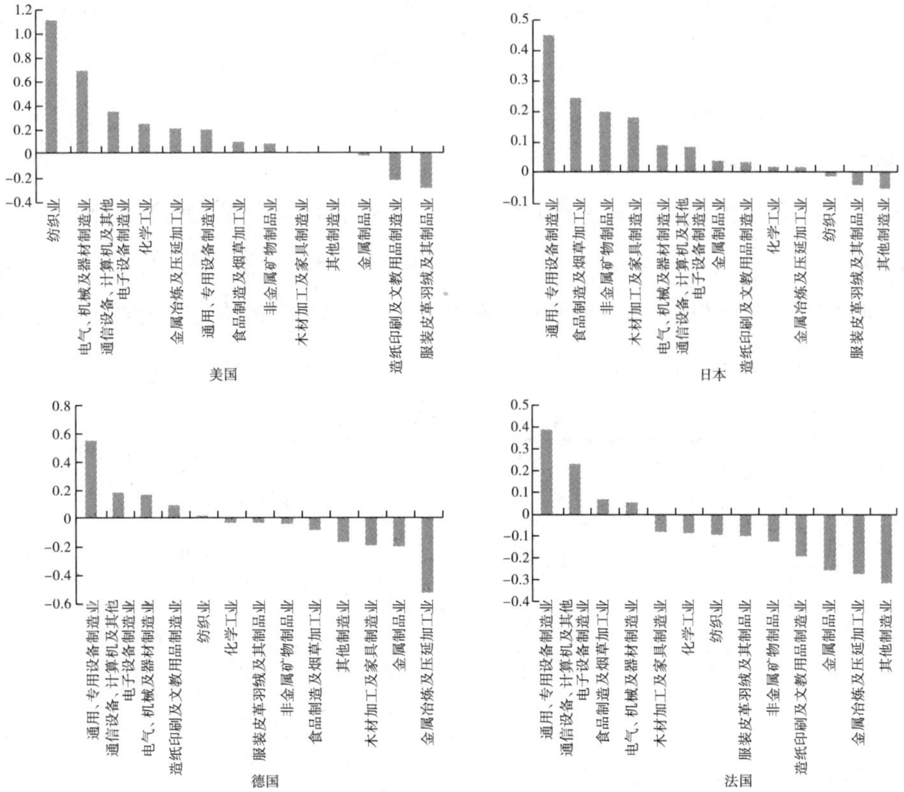

图 7 剔除地租部门后的生产性行业 *cddpd* 指标国际比较

① 图中编号 1－9 对应行业门类分别为：煤炭开采和洗选业，石油和天然气开采业，金属矿采选业，石油加工、炼焦及核燃料加工业，金属制品业，交通运输设备制造业，其他制造业，燃气生产和供应业，水的生产和供应业。

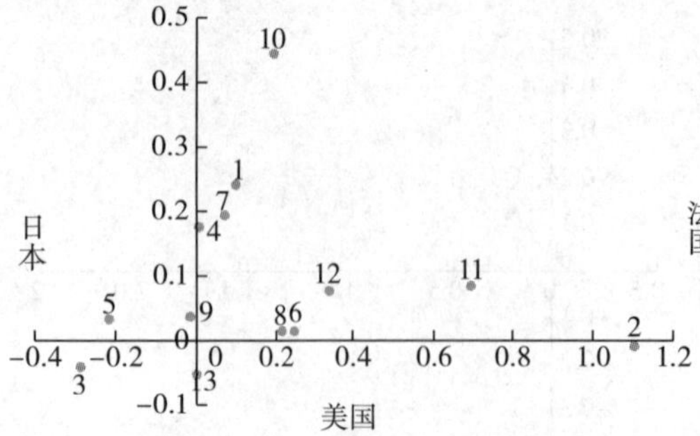

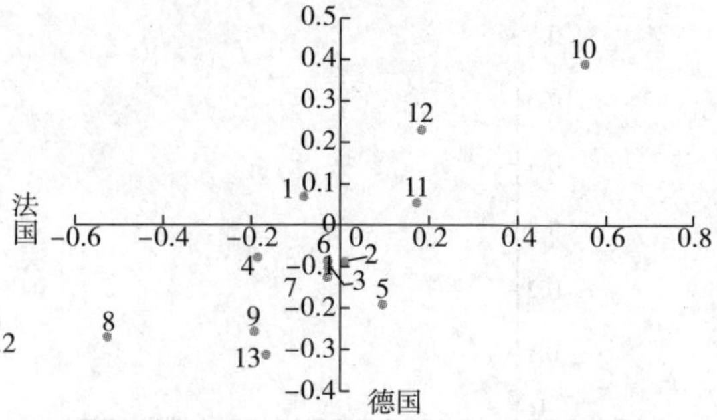

图 8　分组后的剔除地租部门后的生产性行业 *cddpd* 指标国际比较①

三、计量模型说明及数据来源

（一）计量模型设定

本文以 *dpd* 作为度量行业垄断利润获取程度的指标，通过面板数据回归，考察 *dpd* 与国有企业占比之间的关系。本文构建个体固定效应模型，该模型具体形式如下：

$$dpd_{it} = \beta_0 + \beta_1 soe_{it} + \beta_2 sl_{it} + \beta_3 kl_{it} + \beta_4 up_{it} + \beta_5 hhi_{it} + \alpha_i + \varepsilon_{it} \tag{11}$$

其中，dpd_{it} 为被解释变量，即行业垄断利润获取水平，该指标反映了行业市场价格与生产价格之间的偏离程度。

soe_{it} 为国有企业占比，反映了行业中国有企业因素对行业垄断利润获取的影响。我们在模型中加入了一系列控制变量，包括：企业规模变量 sl_{it} 、资本劳动比 kl_{it} 、行业上游度 up_{it} 以及赫芬达尔指数 hhi_{it} 。α_i 为反映个体固定效应的随机变量，ε_{it} 为随机误差项。被解释变量、核心解释变量和控制变量的定义和计算方法如表 1 所示。

表 1　数据与变量定义

	变量名称	变量定义	计算方法
被解释变量	dpd_{it}	行业垄断程度	行业市场价格/行业生产价格
核心解释变量	soe_{it}	国有企业占比	国有企业资产/行业总资产
控制变量	sl_{it}	企业平均规模	行业总资产/行业企业数量
	kl_{it}	行业资本劳动比	行业总资本/行业总劳动小时数
	up_{it}	行业上游度	参考 Antràs（2012）② 计算方法
	hhi_{it}	赫芬达尔指数	行业内企业的市场占有率的平方和

① 图中编号 1～13 对应行业门类分别为：食品制造及烟草加工业，纺织业，服装皮革羽绒及其制品业，木材加工及家具制造业，造纸印刷及文教用品制造业，化学工业，非金属矿物制品业，金属冶炼及压延加工业，金属制品业，通用、专用设备制造业，电气、机械及器材制造业，通信设备、计算机及其他电子设备制造业，其他制造业。

② Antràs, P., et al. Measuring the Upstreamness of Production and Trade Flows. American Economic Review, 2012, 102(3): 412-416.

（二）数据来源

本文数据来自2002—2018年的中国投入产出表、中国统计年鉴、中国工业统计年鉴、中国劳动统计年鉴和国泰安数据库。主要变量描述性统计如表2所示。

表2　主要变量的描述性统计

	变量名称	变量定义	样本数	均值	标准差	最小值	最大值
被解释变量	dpd_{it}	行业垄断程度	184	1.128	0.247	0.542	2.366
核心解释变量	soe_{it}	国有企业占比	184	0.401	0.287	0.017	0.970
控制变量	sl_{it}	企业平均规模	184	0.642	1.327	-1.631	5.058
	kl_{it}	行业资本劳动比	184	0.188	0.403	0.001	2.344
	up_{it}	行业上游度	184	3.634	0.930	1.909	5.744
	hhi_{it}	赫芬达尔指数	184	0.186	0.220	0.008	1

四、回归结果分析

为考察国有企业因素对行业垄断程度的影响，并控制行业特征带来的影响，我们建立个体固定效应模型，进行面板数据分析，回归结果如表3所示。

表3　国有企业占比对行业垄断程度影响的回归结果

	(1)	(2)	(3)	(4)	(5)	(6)
变量	OLS	FE1	FE2	FE3	FE4	FE5
soe_{it}	0.420 *** (0.059)	-0.127 (0.096)	-0.251 *** (0.081)	-0.232 *** (0.080)	-0.218 ** (0.080)	-0.215 ** (0.082)
sl_{it}			-0. 049 ** (0. 018)	-0.035 *** (0.011)	-0.0355 *** (0.011)	-0.029 * (0.016)
klt_{it}				-0.062 (0.062)	-0.062 (0.062)	-0.052 (0.051)
up_{it}					0.008 (0.026)	0.015 (0.020)
hhi_{it}						0.078 (0.146)
cons	0.961 *** (0.023)	1.181 *** (0.039)	1.262 *** (0.038)	1.257 *** (0.034)	1.221 *** (0.117)	1.176 *** (0.071)
观测值	184	184	184	184	184	184
Adj R^2	0.237	0.016	0.101	0.123	0.124	0.132

注：括号内为异方差稳健标准误。*、**、***分别表示10%、5%和1%水平上的统计显著性。

在 OLS 回归中，国有企业占比变量 soe_{it} 系数显著为正，似乎国有企业占比越高，行业中垄断利润获取越严重。然而，在使用个体固定效应控制了行业特征后，该系数为负，这说明，dpd_{it} 与行业特征相关，而并非由国有企业的存在直接导致，国有企业占比提高并未导致垄断利润获取水平的提高。

在选择的 23 个生产性行业中存在一些具有自然垄断特征的行业，我们将地租部门剔除，进一步考察国有企业因素对 dpd_{it} 的影响，结果如表 4 所示。[①]

表 4　剔除自然垄断部门后国有企业占比对行业垄断程度影响的回归结果

	(1)	(2)	(3)	(4)	(5)	(6)
变量	OLS	FE1	FE2	FE3	FE4	FE5
soe_{it}	0.047 (0.107)	-0.216 ** (0.086)	-0.278 *** (0.077)	-0.241 *** (0.056)	-0.077 (0.076)	-0.079 (0.078)
sl_{it}			-0.021 (0.012)	-0.004 (0.019)	0.020 (0.018)	-0.021 (0.019)
kl_{it}				-0.195 (0.124)	-0.442 ** (0.195)	-0.446 ** (0.202)
up_{it}					0.085 * (0.040)	0.085 * (0.040)
cons						0.027 (0.109)
cons	1.040 *** (0.022)	1.096 *** (0.018)	1.111 *** (0.017)	1.112 *** (0.013)	0.806 *** (0.129)	0.806 *** (0.127)
观测值	112	112	112	112	112	112
Adj R^2	0.002	0.082	0.104	0.121	0.229	0.230

注：括号内为异方差稳健标准误。*、**、***分别表示 10%、5% 和 1% 水平上的统计显著性。

在表 4 的基础上，我们对 soe_{it} 变量寻找替代性计算方式进行稳健性检验，结果如表 5（稳健性检验 a："国有企业就业人数/行业总就业人数"）和表 6（稳健性检验 b："国有企业就业人员总工资/行业就业人员总工资"）所示。

表 5　稳健性检验 a

	(1)	(2)	(3)	(4)	(5)	(6)
变量	OLS	FE1	FE2	FE3	FE4	FE5
soe_{it}	0.130 (0.162)	-0.143 ** (0.060)	-0.271 *** (0.090)	-0.209 ** (0.076)	-0.070 (0.139)	-0.069 (0.137)

① 剔除的自然垄断行业为：煤炭开采和洗选业，石油和天然气开采业，金属矿采选业，非金属矿采选业，石油加工、炼焦及核燃料加工业，交通运输设备制造业，电力、热力的生产和供应业，燃气生产和供应业，水的生产和供应业。

续表

	(1)	(2)	(3)	(4)	(5)	(6)
变量	OLS	FE1	FE2	FE3	FE4	FE5
sl_{it}			-0.030 * (0.017)	-0.010 (0.025)	0.018 (0.029)	0.019 (0.029)
kl_{it}				-0.197 (0.153)	-0.450 * (0.239)	-0.453 * (0.249)
up_{it}					0.090 * (0.043)	0.090 * (0.043)
hhi_{it}						0.009 (0.101)
$cons$	1.036 *** (0.021)	1.064 *** (0.006)	1.079 *** (0.010)	1.082 *** (0.008)	0.780 *** (0.141)	0.779 *** (0.143)
观测值	112	112	112	112	112	112
Adj R^2	0.006	0.036	0.068	0.083	0.227	0.227

注：括号内为异方差稳健标准误。*、**、***分别表示10%、5%和1%水平上的统计显著性。

表6　稳健性检验 b

	(1)	(2)	(3)	(4)	(5)	(6)
变量	OLS	FE1	FE2	FE3	FE4	FE5
soe_{it}	0.034 (0.180)	-0.144 ** (0.051)	-0.291 *** (0.078)	-0.236 *** (0.069)	-0.076 (0，138)	-0.075 (0.136)
sl_{it}			-0.034 ** (0.016)	-0.013 (0.024)	0.017 (0.030)	0.018 (0.030)
kl_{it}				-0.208 (0.143)	-0.453 * (0.238)	-0.456 * (0.247)
up_{it}					0.089 * (0.045)	0.089 * (0.045)
hhi_{it}						0.012 (0.102)
$cons$	1.046 *** (0.021)	1.064 *** (0.005)	1.080 *** (0.008)	1.084 *** (0.007)	0.785 *** (0.150)	0.784 *** (0.151)
观测值	112	112	112	112	112	112
Adj R^2	0.000	0.038	0.076	0.095	0.228	0.228

注：括号内为异方差稳健标准误。*、**、***分别表示10%、5%和1%水平上的统计显著性。

综合表3至表6这几组回归可知，国有企业自身并没有获得垄断利润，而是以压低自身产品价格的方式，让渡出本可以获得的利润份额，为非国有企业提供了隐性的补贴。因此，国有企业的组织结构并未导致垄断行为，并未发生“与民争利”的现象，以行业垄断行为对国有企业进行批判不合理。

五、结论

在针对国有企业因素与行业垄断程度关系进行国际比较时，本文发现国有企业因素对于行业垄断利润获取具有抑制作用，这不仅体现在公有制为主体的中国，对于国有成分较多的法国、德国等资本主义国家，也能够发挥类似的作用。

由于国有企业通过价格补贴的方式对自身利润进行了让渡，因此在财务指标上表现出利润率低、产品实现困难等弊端，这些研究本质上是站在非国有企业个体的角度上看问题，并没有真正从国民经济整体循环中理解国有企业的作用。从国民经济整体循环认识国有企业，应该考虑以下两点：

一是要理解国有企业的运行逻辑。我国是公有制经济为主体的社会主义市场经济国家，利润最大化不是国有企业生产经营的首要目标，公益服务也不是国有企业存在的首要原因。

二是尽管国有企业具有垄断的经营结构，但并未依靠其垄断地位获取高于行业水平的垄断利润，因此实际上非国有企业是从国有企业的经营中获利的。因此，国有企业的存在有利于社会化大生产的发展和非国有企业的经营，有利于推动社会主义与市场经济结合，更好实现社会主义生产的根本目的。

新时代共同富裕的理论内涵及测度分析

周小亮　宝　哲　吴洋宏[①]

（福州大学）

一、新时代共同富裕的内涵界定

共同富裕作为马克思主义的根本价值追求，其核心要义不仅在于消除贫困，还在于增进广大人民群众的民生福祉，实现公平正义，最终实现人的自由全面发展。在全面脱贫与全面建成小康社会的基础上，中国开启了“第二个百年”奋斗目标的新发展阶段，共同富裕有了深刻的时代内涵，共同富裕作为中国特色社会主义的本质要求，是中国式现代化的重要特征。因此，必须从全面建成社会主义现代化强国的根本要求来深刻理解新时代共同富裕的理论内涵。

相对于两极分化而言，新时代共同富裕要着眼于全局性、整体性的统筹推进。就领域而言，新时代共同富裕实现了丰富的伦理学与经济学价值，蕴含着经济、政治、文化、社会和生态“五位一体”的全面跃升，整体有机辩证地推进。其中“富裕”体现了生产力发展的高度，“共同”则界定了“富裕”的社会主义属性，体现了社会成员在全面脱贫与全面建成小康社会之后对改革创新成果的占有方式，反映了社会主义生产关系的根本属性。就富裕的内容而言，新时代共同富裕不仅仅是物质生活的富裕，而且是社会生活方方面面的富裕，随着现阶段我国社会主要矛盾的变化，为了满足人民日益增长的美好生活需要，富裕的范围从物质层面逐渐向精神层面拓展，包括物质基础、政治文明、精神文明、社会文明、生态文明的协调发展，具有鲜明的时代特征。因此，新时代共同富裕主要体现在基本要素的构成，应该包含全面性、富裕性、共享性、可持续性等价值理念。其中新时代共同富裕的具体内涵外延如图 1 所示。

---

① 基金项目：福建省以马克思主义为指导的哲学社会科学学科基础理论研究基地重大项目“高质量发展的理论阐述与实践路径研究”（FJ2020MJD2015）。作者简介：周小亮，教授，博士生导师；通讯作者：宝哲，博士研究生；吴洋宏，博士研究生。

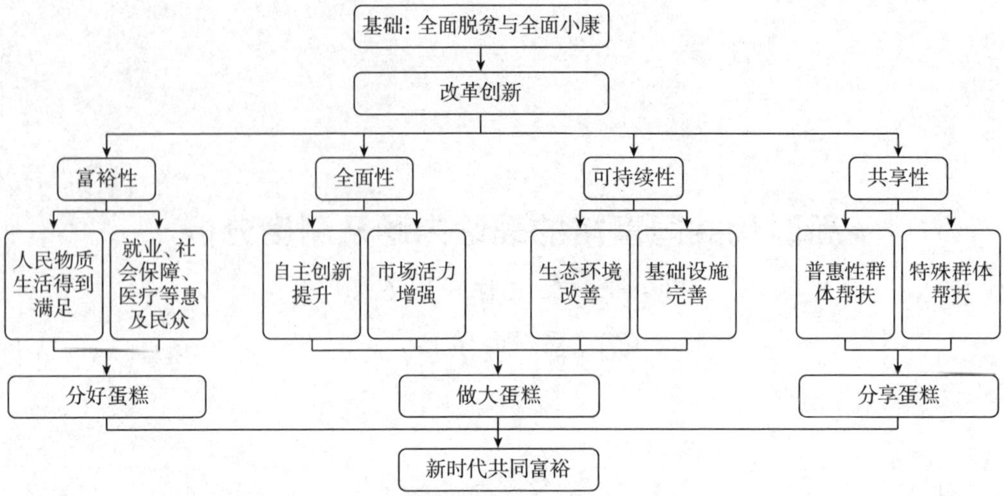

图 1　新时代共同富裕的内涵外延

二、共同富裕指标体系的构建

（一）指标体系构建的原则

新时代共同富裕理念内涵丰富，需要采用复合指标进行评价。因此，本文认为新时代共同富裕发展测度体系构建应遵循以下原则。一是科学性。新时代共同富裕发展测度体系的构建应当遵循客观规律，使得所选取的指标体系能够尽可能地反映客观事实，避免出现主观随意性的错误，准确地展现中国新时代共同富裕的主要特点和内涵要求。二是全面性。新时代共同富裕测度体系的构建应紧扣共同富裕的理论内涵。三是代表性。在新时代共同富裕的测算过程中，避免添加过多非必要指标而出现信息重叠导致测算结果偏差的现象。四是可操作性。新时代共同富裕测度体系的构建应考虑数据选取是否可得以及统计口径是否一致。

（二）测度指标的选取

现阶段中国共同富裕发展的测度研究还处于起步阶段，对于共同富裕发展测度体系的内涵及构建原则还缺乏深入探讨，但是相似的评价指标体系有高质量发展、包容性绿色发展、乡村振兴等。基于此，本文参考《中共中央 国务院关于支持浙江高质量发展建设共同富裕示范区的意见》以及现有研究成果，按照以下步骤选取测度指标：首先，梳理共同富裕发展水平的相关文献，在全面性、富裕性、共享性、可持续性四个维度选取测度指标。其次，邀请相关领域的专家对选取指标进行筛选，剔除隶属度较低的指标，最后确定新时代共同富裕发展水平评价指标。表 1 为新时代共同富裕指标体系。

表 1　新时代共同富裕指标体系

维度层	领域层	指标名称	指标属性
全面性	自主创新	每百人所获国内专利授权量（项）	正
		每百人中 R&D 人员数量	正
		R&D 经费占 GDP 比重	正
	经济循环	年末登记外商企业数	正
		进出口总额占 GDP 的比重	正
	市场活力	市场化指数	正
	基础设施	每万人拥有公共交通数量	正
		人均城市道路面积	正
		互联网上网普及率	正
		移动电话普及率	正
富裕性	就业机会	城镇调查失业率	负
	教育机会	教育经费投入强度	正
	医疗服务	每千人口卫生技术人员数	正
		每千人拥有职业医师数量	正
		每千人口医疗卫生机构床位数	正
	社会保障	养老保险覆盖率	正
		失业保险覆盖率	正
		医疗保险覆盖率	正
		每百万人社会福利院数量	正
	收入消费	城市恩格尔系数	负
		农村恩格尔系数	负
	经济发展	人均 GDP	正
	文化建设	每万人拥有公共图书馆建筑面积	正
	法治建设	犯罪率	负
共享性	普惠性群体	地方财政个人所得税占总税收比重	正
		每百万人获得社会捐赠	正
	特殊群体	城市低保最低标准	正
		农村低保最低标准	正
		贫困发生率	负
	人群差异	基尼系数	负
	城乡差异	城镇化水平	正
		城乡可支配收入	正
	地区差异	泰尔指数	负

续表

维度层	领域层	指标名称	指标属性
可持续性	人居环境	建成区绿化覆盖率	正
		森林覆盖率	正
		生活垃圾无害化处理率	正
		环境治理投资强度	正
		人均水资源	正

（三）数据来源和处理

本研究以2010—2019年中国30个省份为研究对象，因数据获取受限，不包括中国港澳台地区。样本数据主要来源于国家统计局发布的《中国统计年鉴》《中国检察年鉴》《中国科技统计年鉴》《中国环境统计年鉴》，其中社会福利院、社会捐赠、贫困发生率和社会最低保障等稀有数据来源于中国研究数据服务平台（CNRDS）并获得授权使用。

（四）中国新时代共同富裕发展测度体系的实证方法

构建新时代共同富裕发展指数包括标准化和权重确定两项关键环节，标准化处理可以避免指标在单位、量纲等方面产生差异，使数据更具科学性，参考周小亮做法对原始数据进行标准化处理，原始数据标准化的具体处理方式如式（1）和式（2）所示。

$$X_{ij} = \frac{x - \mathrm{Min}(x)}{\mathrm{Max}(x) - \mathrm{Min}(x)} \quad （正向指标） \tag{1}$$

$$X_{ij} = \frac{\mathrm{Min}(x) - x}{\mathrm{Max}(x) - \mathrm{Min}(x)} \quad （负向指标） \tag{2}$$

式中，X_{ij} 为标准化之后的无量纲指标，$X_{ij} \in [0, 1]$，X_{ij} 为第 i 省市区中第 j 项指标的原始数据，$\mathrm{Max}(x)$ 和 $\mathrm{Min}(x)$ 分别为该指标的最大值和最小值。指标数字越大，对其结果的贡献值越大，表现越好。

计算第 i 个省份第 j 项指标的比重：

$$Q_{ij} = \frac{Y_{ij}}{\sum_{i=1}^{n} Y_{ij}} \tag{3}$$

式中，Q_{ij} 表示第 i 个省份第 j 项指标的比重，n 为样本数量，本次研究对象为省域层面，因此 $n = 31$。

计算第 j 项指标的信息熵值：

$$C_j = \frac{-1}{\ln(n)\sum_{i=1}^{n} Q_{ij}\ln(Q_{ij})} \tag{4}$$

式中，C_j 为测度指标 j 项的熵值，$C_j \in [0,\ 1]$

计算第 j 项指标的差异系数：

$$X_j = 1 - C_j \tag{5}$$

式中，X_j 为测度指标 j 项的差异系数，其差异系数值越小，该指标在测度值中所占的权重也越小。

计算第 j 项的指标权重：

$$K_j = \frac{X_j}{\sum_{i=1}^{n} X_j} \tag{6}$$

式中，K_j 为测度指标第 j 项的权重系数。

三、新时代共同富裕测度结果分析

基于前文所构建的测度体系，表 2 报告了 2019 年我国新时代共同富裕指数发展情况。

表 2　2019 年我国新时代共同富裕指数发展情况

区域		全面	富裕	共享	可持续	综合指数
东部	北京	0.1657	0.1358	0.1286	0.0279	0.4581
	上海	0.1701	0.1018	0.1325	0.0284	0.4328
	广东	0.2131	0.0722	0.0748	0.0347	0.3949
	浙江	0.1555	0.1061	0.0837	0.0375	0.3828
	江苏	0.1435	0.1092	0.0964	0.0292	0.3784
	天津	0.1370	0.0797	0.0895	0.0306	0.3369
	福建	0.1014	0.0834	0.0683	0.0444	0.2975
	山东	0.0937	0.0895	0.0571	0.0268	0.2671
	海南	0.0395	0.0945	0.0602	0.0384	0.2325
	河北	0.0558	0.0893	0.0471	0.0244	0.2165
中部	江西	0.0989	0.0810	0.0486	0.0463	0.2749
	湖北	0.0625	0.0974	0.0650	0.0279	0.2528
	安徽	0.0656	0.0835	0.0646	0.0270	0.2407
	湖南	0.0604	0.0958	0.0455	0.0375	0.2392
	河南	0.0504	0.0793	0.0518	0.0244	0.2060
	山西	0.0392	0.0902	0.0498	0.0259	0.2050
西部	青海	0.0299	0.1570	0.0419	0.1029	0.3317
	新疆	0.0380	0.1596	0.0540	0.0728	0.3244

续表

区域		全面	富裕	共享	可持续	综合指数
西部	内蒙古	0.0410	0.1362	0.0638	0.0301	0.2711
	宁夏	0.0512	0.1239	0.0591	0.0312	0.2654
	四川	0.0570	0.0865	0.0648	0.0360	0.2443
	甘肃	0.0362	0.1194	0.0516	0.0356	0.2428
	陕西	0.0579	0.0891	0.0625	0.0294	0.2389
	贵州	0.0372	0.1123	0.0417	0.0354	0.2266
	重庆	0.0652	0.0754	0.0563	0.0297	0.2266
	广西	0.0430	0.0855	0.0529	0.0443	0.2257
	云南	0.0363	0.1060	0.0411	0.0389	0.2224
东北	辽宁	0.0660	0.0848	0.0552	0.0267	0.2326
	吉林	0.0413	0.1161	0.0408	0.0298	0.2280
	黑龙江	0.0444	0.0923	0.0474	0.0377	0.2217

表3报告了2010—2019年中国各省份共同富裕发展指数。由表3可知，2010年以来我国新时代共同富裕指数在稳步上升，东部地区新时代共同富裕指数的均值由2010年的0.2388增长至2019年的0.3398，年均增长率为4.03%。

从全国整体而言，有一半省份的新时代共同富裕指数低于全国平均值（0.2262），其中北京（0.4026）、上海（0.3689）、广东（0.3268）的新时代共同富裕指数处于领先水平，不可否认的是各个省份之间存在较大的差距，其中排名前五的省份北京、上海、广东、浙江、天津的新时代共同富裕发展指数分别是排名末位的河南的2.5倍、2.3倍、2.06倍、2.01倍和1.91倍。

表3　2010—2019年中国各省份共同富裕发展指数

区域		2010年	2012年	2014年	2016年	2018年	2019年	均值	年均增长率
东部	北京	0.3198	0.3653	0.3993	0.4422	0.4345	0.4581	0.40258	4.27%
	上海	0.3254	0.3349	0.342	0.361	0.4117	0.4328	0.36894	3.40%
	广东	0.2691	0.2949	0.3213	0.3343	0.3803	0.3949	0.32682	4.40%
	浙江	0.2657	0.29	0.33	0.3263	0.3562	0.3828	0.31857	4.23%
	江苏	0.2403	0.2804	0.2877	0.3163	0.3497	0.3784	0.3003	5.31%
	天津	0.2595	0.2601	0.2808	0.3142	0.3307	0.3369	0.3024	3.25%
	福建	0.2145	0.213	0.217	0.25	0.2907	0.2975	0.24351	3.92%
	山东	0.1903	0.1997	0.1924	0.2386	0.2589	0.2671	0.22134	3.96%
	海南	0.1781	0.1712	0.186	0.2065	0.2355	0.2325	0.19758	3.09%
	河北	0.1254	0.1588	0.1681	0.1663	0.2084	0.2165	0.17235	6.48%
	均值	0.2388	0.2568	0.2725	0.2956	0.3256	0.3398	0.28545	4.03%

续表

区域		2010 年	2012 年	2014 年	2016 年	2018 年	2019 年	均值	年均增长率
中部	江西	0. 1751	0. 2025	0. 2258	0. 2449	0. 2765	0. 2749	0. 23279	5. 29%
	湖北	0. 1297	0. 1649	0. 1886	0. 229	0. 2316	0. 2528	0. 19314	8. 16%
	安徽	0. 1037	0. 1572	0. 1586	0. 1902	0. 208	0. 2407	0. 17246	10. 17%
	湖南	0. 1361	0. 1416	0. 1692	0. 1778	0. 2123	0. 2392	0. 17777	6. 88%
	河南	0. 0906	0. 142	0. 1574	0. 1723	0. 1924	0. 206	0. 15872	10. 07%
	山西	0. 1382	0. 1583	0. 1789	0. 1886	0. 1956	0. 205	0. 1718	4. 70%
	均值	0. 1289	0. 1611	0. 1797	0. 2005	0. 2194	0. 2364	0. 18445	7. 04%
西部	青海	0. 3167	0. 246	0. 2632	0. 2687	0. 3039	0. 3317	0. 27562	1. 26%
	新疆	0. 238	0. 2731	0. 2823	0. 2923	0. 2825	0. 3244	0. 27765	3. 66%
	内蒙古	0. 1669	0. 1978	0. 1999	0. 2543	0. 276	0. 2711	0. 22483	6. 06%
	宁夏	0. 1506	0. 1724	0. 1939	0. 2083	0. 2464	0. 2654	0. 20449	6. 69%
	四川	0. 1305	0. 158	0. 1805	0. 1884	0. 2231	0. 2443	0. 1836	7. 40%
	甘肃	0. 1217	0. 1437	0. 161	0. 187	0. 2232	0. 2428	0. 17007	8. 31%
	陕西	0. 1649	0. 1739	0. 1779	0. 2125	0. 2246	0. 2389	0. 19532	4. 27%
	贵州	0. 1237	0. 1281	0. 1554	0. 1839	0. 2042	0. 2266	0. 16614	7. 07%
	重庆	0. 1498	0. 1964	0. 1902	0. 1917	0. 2232	0. 2266	0. 19265	4. 90%
	广西	0. 1358	0. 1574	0. 1689	0. 1716	0. 2274	0. 2257	0. 17706	6. 19%
	云南	0. 1351	0. 1233	0. 1841	0. 1737	0. 2116	0. 2224	0. 16894	6. 45%
	均值	0. 1667	0. 1791	0. 1961	0. 212	0. 2405	0. 2564	0. 2033	4. 97%
东北	辽宁	0. 1994	0. 1922	0. 2089	0. 2146	0. 237	0. 2326	0. 21272	2. 01%
	吉林	0. 1646	0. 1498	0. 1788	0. 1979	0. 2271	0. 228	0. 18828	3. 94%
	黑龙江	0. 1518	0. 1469	0. 1964	0. 2315	0. 2115	0. 2217	0. 18829	4. 74%
	均值	0. 1719	0. 163	0. 1947	0. 2146	0. 2252	0. 2274	0. 19642	3. 36%

为了进一步呈现四大区域新时代共同富裕时序分异特征，对各区域求均值，如图 2 所示。从图 2 可以看出，我国新时代共同富裕指数呈现递增的趋势，东部地区较为突出，领先于全国平均水平，中部、西部以及东北地区仍处于全国平均水平之下。

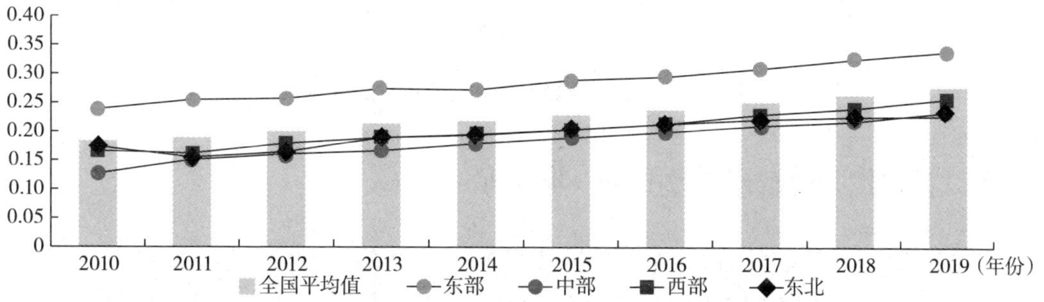

图 2　2010—2019 年新时代共同富裕指数发展时序图

为了进一步剖析影响我国新时代共同富裕增长水平及其变化的内部成因，本文绘制了2010—2019年四大地区新时代共同富裕指数的四个维度变化趋势图。如图3所示，从全面性维度而言，东部地区遥遥领先于其他地区，东部地区工业化、城镇化进程较快，在全面性的指标选取中创新能力、基础设施建设、经济循环能力、市场活力等方面均领先于其他地区。其次为中部地区，中部地区承东启西、连接南北，占据交通要道，拥有较好的产业基础，东北与西部地区由于地理位置缘故产业落后、人才欠缺，因此全面性维度得分较低。从富裕性维度而言，东部地区依然领先，但是相比于全面性维度差距有所减小。这表明在富裕性维度中，教育、医疗和社会保障等方面相比于全面性有所缓解，这充分证明国家近几年医疗、教育等方面通过对口帮扶、协同发展已经有所成效。共享性是共同富裕的核心指标，其指标选取主要为普惠性群体、特殊群体以及区域差异，从指标得分可以看出东部地区在共享性维度上遥遥领先，主要原因为东部地区贫困发生率、社会捐赠以及个人所得税收等优于其他地区，西部地区与中部地区在共享性维度上已经基本持平，这表明在我国脱贫攻坚已取得成效，但与东部地区相比收入差异问题依然突出，这也反映出当下大量资本涌入东部地区，在东部地区出现较多资本获取超高收入的现象。可持续性维度主要衡量区域间绿色发展程度，可持续性意味着新时代共同富裕的发展要与人口、资源和环境相协调，这也是人类幸福生活的基本保障，从指标体系可以看出西部地区可持续性得分最高，其次为东部地区，再次为中部地区，东北地区得分最低，这表明西部地区在生态环境保护方面已经稳步增长，东北地区作为重工业基地，环境问题依然突出。上述现象表明，现阶段全面性维度与共享性维度的差距是制约我国各区域整体实现共同富裕的内在成因。

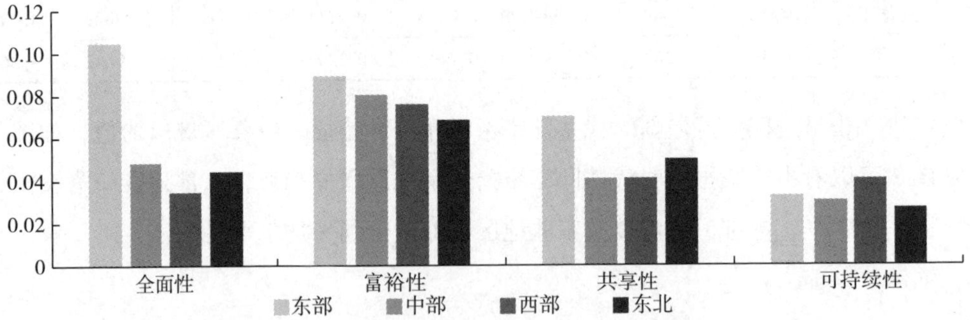

图3　分维度我国新时代共同富裕发展指数

四、新时代共同富裕指数的进一步分析

为探究我国新时代共同富裕发展的空间格局，采用GEODA方法分析2011年、2013年、2016年和2019年我国区域共同富裕指数的动态演化进程。结果显示，在观测年份内

我国东部沿海地区的长三角、珠三角、环渤海三大经济圈始终处于高共同富裕发展阶段，在全面性、富裕性和共享性三个维度得分均领先于其他地区。西部地区的青海、新疆、内蒙古等省份依托可持续维度的高得分推动了共同富裕指数的提升，中部地区江西、安徽和湖北的新时代共同富裕指数也出现逐年递增的态势，东北地区的新时代共同富裕指数出现递减态势。从整体而言，我国新时代共同富裕指数空间上出现明显的“外围—中心”的梯度扩散格局。

五、结论及建议

本文基于对新时代共同富裕的深刻理解，在参考国内外有关文献以及《浙江高质量发展建设共同富裕示范区实施方案（2021—2025）》的基础上，总结出新时代共同富裕的内涵外延，其中新时代共同富裕指标体系由全面性、富裕性、共享性和可持续性四个方面指标构成，运用熵权法测算 2010—2019 年中国 30 个省份及四大地区的共同富裕指数，并从时空双重维度进行了全面分析。研究结论主要有以下几点：

第一，我国四大地区均实现了新时代共同富裕指数的增长，并且呈现出东部 > 西部 > 东北 > 中部的分布形态，与之相反的是，各地区之间共同富裕指数的年平均增长率呈现出中部 > 西部 > 东部 > 东北的分布态势，中西部和东北地区对东部地区共同富裕指数形成了追赶态势。

第二，从我国新时代共同富裕时序特征图可以看出，2010—2019 年我国共同富裕指数呈现递增的趋势，东部地区较为突出，领先于全国平均水平，中部、西部以及东北地区仍处于全国平均水平之下。

第三，在观测年份内我国东部沿海地区的长三角、珠三角、环渤海三大经济圈始终处于高共同富裕发展阶段，从整体而言，我国新时代共同富裕指数空间上呈现出明显的“外围—中心”的梯度扩散格局。

加大初次分配促进共同富裕的理论探析

陈　燕[①]

（福建社会科学院）

2022年10月16日党的二十大报告提出："中国式现代化，是中国共产党领导的社会主义现代化，中国式现代化是人口规模巨大的现代化，是全体人民共同富裕的现代化……"同时在分配领域提出"我们要完善分配制度，坚持按劳分配为主体、多种分配方式并存，坚持多劳多得，鼓励勤劳致富，促进机会公平，增加低收入者收入，扩大中等收入群体，规范收入分配秩序，规范财富积累机制"。尤其要规范财富积累机制，作为居民收入分配差异的重大因素之一的财富积累之间的差异成为政策关注的重点内容。这些政策目标都表明，初次分配的公平性影响居民可支配收入的分配差异。要通过初次分配的调整来改善收入分配差异，需要扩大按劳分配比重、提升劳动工资增长的空间，实现劳动工资增长与劳动生产率增长比率相趋同，从而提高广大劳动者的工资性收入。

一、初次收入分配促进共同富裕的理论分析

共同富裕是社会主义制度的本质要求，是中国现代化的重要内容之一。实现共同富裕既是一个远景目标，也是一个长期发展过程。收入分配改革对共同富裕目标的实现，在中短期内都尤为重要。尤其是初次分配的改革能否解决收入分配差异极化的问题，是能否实现共同富裕的关键。

第一，社会主义基本经济制度决定收入分配改革与共同富裕目标的一致性。宏观层面社会分配关系由社会所有制结构决定。社会所有制结构与共同富裕又都与社会主义本质相联系。社会主义性质决定了社会的所有制结构必须以社会主义公有制为主体，从而分配结构也要以按劳分配为主体。而共同富裕作为社会主义本质规定和社会主义发展目标，需要

① 作者简介：陈燕，经济学博士，福建省习近平新时代中国特色社会主义思想研究中心特约研究员，福建社会科学院研究员。

以社会主义公有制为主体、按劳分配为主体作为社会主义本质的规定性。然而，共同富裕的内涵本身就包含“共同”与“富裕”两部分内容，过去的分配政策在“公平”与“效率”之间权衡选择，也体现“共同”与“富裕”之间的权衡选择。但随着社会主义市场经济体制改革的深入，两者由此消彼长的权衡取舍关系向共生共享的共存关系转变。现阶段的“共同”体现为发展机会的“共享”。而“富裕”在现阶段还不是很发达的社会主义市场经济条件下，更多的解释为社会物质生产力的极大发展、物质财富的极大增加，需要市场的“效率”。因而，现阶段社会所有制结构和社会分配结构需要有各种非公有制经济积极发展和各种分配方式相并存。各种非公有制经济的发展、各种生产要素按贡献参与分配，都是为了极大程度地解放和发展社会生产力，释放各生产要素的活力，做大社会共同富裕的“富裕”部分内容。但市场经济的固有缺陷，以及非公有制经济的私有属性，始终存在对社会主义不利的一些消极作用。至少，效率的提升不能损害社会主义公平正义的属性。

第二，收入三次分配中的初次分配改革对共同富裕起决定性作用。初次分配、再分配与第三次分配之间关系也相对复杂。例如，从三次分配的比例构成来看，初次分配为社会分配的主要形式，并且比重最大，再分配是对初次分配的调整补充，三次分配在社会分配体系内占的份额极小，且处于初步发展阶段。有学者大致测算了我国初次分配、再分配和第三次分配的比例关系大约为82.68%、17.18%和0.14%。这也反映初次分配在社会分配结构中的重要地位。又如，从三次分配的政策侧重点看，初次分配尤其关注生产力发展和整体物质财富创造的效率。再分配尤其关注社会的公平和正义原则，对初次分配的不合理环节进行适当调整和补充，尤其关注社会底层群众的最低生活保障。第三次分配更侧重于弘扬关注弱小扶贫扶弱的中华文化传统美德。因而，需要在社会主义市场经济体制下，始终坚持市场对资源配置的决定性作用，积极释放各生产要素的潜力，发挥市场的最优效率，同时要坚持强有力的政府调控的规范指导。完全不加规范的市场最终形成两极分化的社会结构，也就无法实现全部人的整体富裕。

第三，初次分配下收入分配差异会导致财富分配差异的扩大，背离共同富裕目标。“收入分配”指的是流量分配。而财富分配差异指的是存量分配的差异。财富差异的存量差异由收入分配的短期流量差异历史积累形成，反之，财富差异的存量差异会直接形成下一轮收入分配的流量分配差异。初次分配下的居民收入分配的差异，在收入积累效应下形成居民个人财富的差异，而个人财富的差异直接决定下一轮收入来源的差异。个人财富的存量差距，最显著表现在个人持有可用以投资的资产的差异，从而拉大居民个人资产性收益的差别。存量属性的资产，包括诸如城镇房产等实物资产，也包括各种可供投资的股票、债券等金融资产以及高级教育机会等用于人力资本投资的无形资产。实际上，因为各种资产占有的差异性，居民间贫富差距可能远远大于收入分配造成的差距。初次分配与共同富裕的关键联系在于收入差距和由之积累形成的财富差距，会放大社会分配的不公平性。社会分配由原始的国民收入分配差异扩大到由资产占有差异及各种生产要素占有差异的发展机会差异。最为突出的例子在于城乡房产资产的差异性。城市化进程中得益于各地土地财政的刺激政策，城镇居民房产增值的速度远大于农村自建房的增值收益，而且农村宅基地流转市场发育不足、农村自有住宅的非商品性限制了农村房产的增值空间，农村居民房产收益几乎为零，仅房产收益形成的城乡居民收入差异和城乡居民财富差异巨大，这与共同富裕的现实需求相背离。

二、初次分配助力共同富裕的难点的现实分析

初次分配是收入差距扩大的基础性和关键性因素。从公平与效率关系处理来看，初次分配既要利用市场的效率，也要发挥政府强有力宏观调控的作用，坚持效率与公平同等重要的地位。坚持要素市场化配置改革的同时，也要关注市场化要素配置的“积聚效应”，即完全市场化的要素配置极易形成要素向少数人集聚的现象，从而导致初次收入分配的极化效应。在初次分配领域，始终要坚持按劳分配的主体地位，扩大劳动报酬在居民收入分配中的比重，同时要重视生产要素按贡献参与分配对居民收入分配差距扩大的不利影响，要完善按要素分配的体制机制，促进初次收入分配秩序更规范、更合理。现阶段我国初次分配改革存在诸多现实难点，初次分配改革在助力共同富裕中并没有完全发挥作用。

其一，目前初次分配中按劳分配的主体地位依然不足。我国公有制主体、多种所有制并存的所有制结构要求扩大按劳分配的比例。目前我国国有企业正进入新一轮的混合所有制改革，在国有企业内部存在按劳分配的比重不足、劳动者工资性收入不高、国有企业劳动者工资行业差异大的问题。数据显示，2020 年，国有企业平均工资为 108132 元，农、林、牧、渔业国有企业平均工资为 46047 元，建筑业国有单位就业人员平均工资为 66779 元，而金融业国有单位就业人员平均工资为 161584 元，科学研究和技术服务业相关国有单位就业人员平均工资为 129707 元。此外，公有制经济因为其特殊的性质，有些国有企业负责支持国家重大发展战略和关系国计民生的公共物品及公共服务的供给，并非完全的市场化经营主体，其经营并不完全追求利润最大化的目标。因而，这类国有企业职工劳动报酬可能低于市场化程度较高的国有企业职工劳动报酬。非公有制经济内存在劳资关系的矛盾，相对于资本的强势地位，劳动者议价能力不足导致劳动力工资增长乏力；相对于劳动力报酬，各种生产要素按贡献参与企业利润分配，非公有制企业雇佣的劳动者占有生产要素极少，参与企业的利润分配极少，大部分只获得作为劳动力要素报酬的工资部分。

其二，城乡一体化发展不平衡导致城乡居民可支配收入差距依然较大。从城镇与乡村

收入来源的纵向对比看，城镇居民可支配收入来源广泛，乡村居民收入以工资性的非农收入和农业经营收入为主，财产性收入匮乏。农村居民收入以工资性收入为主，而且以外出务工的工资收入为主。有关数据显示，2021 年全年农民工总量 29251 万人，比上年增加 691 万人，增长 2.4%。其中，本地农民工 12079 万人，增长 4.1%；外出农民工 17172 万人，增长 1.3%。农民工月均收入水平 4432 元，比上年增长 8.8%。城镇居民除了工资性收入之外，其经营性收入和财产性收入明显高于农村居民。2021 年，按常住地分，城镇居民人均可支配收入 47412 元，比上年名义增长 8.2%，扣除价格因素实际增长 7.1%；农村居民 18931 元，比上年名义增长 10.5%，扣除价格因素实际增长 9.7%。城乡居民人均可支配收入比为 2.50，比上年缩小 0.06。可见，居民个人可支配收入名目下的城乡差距依然显著。

其三，非公有制经济内居民要素占有的差异性引致居民收入分配的极化效应。非公有制经济作为社会主义市场经济的重要组成部分，尤其是民营经济，对解决城乡居民就业和促进居民收入增长多样性来源有着重要的作用，必须毫不动摇地鼓励和支持非公有制经济的发展壮大。然而，从初次分配的范畴看，非公有制经济内按劳分配表现为劳动者按照雇佣劳动合同规定的工资取得劳动报酬，资本、土地、管理、技术、数据等各生产要素则按照其对生产的贡献参与企业利润的分配。非公有制经济内资本的逐利性限制了劳动者按劳分配的报酬，加之劳动者集体的议价谈判能力不足，工资增长乏力，而其他各生产要素按贡献参与分配的范围更广，要素取得的报酬更多，非公有制经济下生产要素占有的多寡直接决定收入报酬的多寡，由于城镇及农村居民在生产要素占有上存在着明显的差别，因而内生决定了城乡居民在按要素贡献参与分配中的收入分配不平等。从城乡居民生产要素占有的差距深入分析，城镇居民相对农村居民掌握的生产要素更多，城镇居民获得的财产性收入和资产性收入较高。我国城市居民财产性收入来源主要集中在城市土地、房产和金融资产的要素收益。我国农村居民的财产主要有住宅和土地，农村住宅为自住宅，几乎没有商品化，并不具备市场价值，不可用于市场交易及金融市场的抵押融资，实际上是不可动的资产，增值空间十分有限。农村土地实行家庭联产承包责任制，农村土地流转制度并不完善，农村居民可获得的本地收入主要以在土地上实施农业生产、经营的经营性收入为主，财产性收入来源十分有限。此外，城镇居民受教育程度较高、人力资本积累较足，从而人力资本形成规模要远大于乡村居民，人力资本积累形成的高级劳动力、技术、管理等要素在非公有制经济内的要素报酬较高。从最新的数字经济发展趋势和数据要素报酬分配看，以数字基础设施“接入差距”为特征的一级数字鸿沟和以数字技术“使用差距”为特征的二级数字鸿沟，正在引发以数字化“收入差距”为主要特征的三级数字鸿沟。城市居民的整体受教育水平较高、城市的数字经济基础设施较为完善，城镇居民对数字经济新业态、新发展机遇把握能力更强，拥有更多的数据要素，对数据要素参与分配的收入要远远高于农村居民。城镇与乡村居民对数据要素的占有差距和将数据要素投入生产的现实差距，将进一步拉大城乡居民在非公有制经济内按要素贡献参与分配的收入差距。

三、初次分配助力共同富裕的实现路径

初次分配对收入分配差距扩大存在显著的影响。今后，要在公有制范围内推进劳动者按劳分配报酬增长、在非公有制经济内限制资本无限扩张增加劳动者报酬、提高农村低收入群体的要素报酬占比。具体地：第一，在公有制经济内提高按劳分配的比例，充分发挥国有企业实现共同富裕的作用。要在国有企业范围内做好初次分配改革，解决好企业与职工之间的内部分配问题，扩大按劳分配的范围以增加国有企业职工的工资性收入。第二，缩小城乡收入分配差距。要在城乡均衡一体化发展目标下，增加对农村基础设施建设和公共服务供给的财政投入，为农村劳动力的职业技能培训、子女教育、医疗、社会保障等方面提供更多的资源和财政支持，拓宽农村居民收入来源的多样化渠道。第三，通过规范资本等生产要素的占有差异来规范居民财富积累机制。要注意生产要素分配的差距引致的收入分配差异的扩大效应，在现有分配制度下，需要规范居民财富积累的机制，针对高收入群体财富过快增长的趋势，要积极引导资本要素规范参与生产和分配环节，限制其利用资本的优势地位实行市场垄断和过度榨取剩余价值的逐利行为，引导资本向激发创新、激励创业、拓宽居民财富收入增长来源渠道的积极方向发展。规范资本的地位和作用，就是规范居民财富积累机制的主要着力点。

绿色金融政策、管理层权力与企业环境信息披露质量

——来自中国上市公司的经验证据

高 晶 华桂宏[①]

（南京师范大学）

一、理论分析和研究假设

（一）绿色金融政策与环境信息披露

绿色金融基于环境约束的信贷配给，通过差异化信贷机制，为环境友好型企业提供信贷支持和优惠利率，激励企业及时披露环境信息，进而降低其融资成本。

据此，提出假设1：绿色金融政策有利于企业环境信息披露质量提升。

（二）管理层权力与环境信息披露

基于企业行为理论、业绩反馈理论、信息不对称理论和有限理性的假设，管理层为了提高自身声誉、提升企业形象等，操纵企业环境信息披露。

据此，提出假设2：管理层权力的增强对企业环境信息披露质量有负向影响。

（三）绿色金融政策、管理层权力与环境信息披露

在生态与资源承载力的双重约束下，企业管理层需采取相应的环境管理行为，提高企业价值和可持续发展水平。社会责任、外部形象、市场效益及政治动因是企业管理层披露环境信息的主要动机。

据此，提出假设3：绿色金融政策对有效抑制管理层权力与环境信息披露质量有负向

---

① 基金项目：江苏省商业会计协会重大课题，2020JSSYKJ101；国家社科基金，19BJL033；江苏省教育厅高校哲社一般项目，2019SJA0936。作者简介：高晶，南京师范大学商学院博士生；华桂宏，南京师范大学商学院博士生导师，教授，江苏师范大学“一带一路”研究院院长。

影响。

二、数据收集和研究设计

（一）样本选择和数据来源

本文选取916家沪深两市重污染行业上市公司2010—2019年的生产经营数据进行分析，得到4038个有效样本。本文的数据来源于以下途径：①环境信息披露数据为手工收集，来源于公司年报；②管理层权力的12个指标，除总经理任期来自上市公司年度财物报告的手工收集外，其余11个指标均来自CSMAR数据库；③绿色金融的数据和控制变量的数据来源于CSMAR数据库和Wind数据库。

（二）关键变量定义与说明

被解释变量：企业环境信息披露。采用项目评分法衡量，将环境信息分为十项指标，按照披露的详尽程度进行打分加总得到*EDI*值，分数越高代表环境信息披露越好。

解释变量分为再融资需求和管理层权力。

控制变量包括财务杠杆、公司规模、成长性、盈利能力、是否为四大会计师事务所（为“四大”时取值为1，否则为0）、经营活动现金流量净额、年度、行业。表1为变量定义表。

表1　变量定义表

变量类型	变量名称	变量符号	变量说明
被解释变量	企业环境信息披露	*EDI*	对年报进行分析，十项指标加总之和
解释变量	绿色金融政策	*GFI*	通过优序融资检验中的方法计算资金缺口
	管理层权力	*Power*	采用熵权法计算12个指标的权重加权合成
	结构权力	*Structural power*	总经理是否兼任董事长、董事会规模、独立董事比例、独立董事与上市公司工作地点的一致性、总经理薪酬占高管前三名薪酬总额的比例、董事会会议次数权重的加权合成
	专家权力	*Expert power*	管理层是否具有高级职称、总经理任期权重的加权
	所有制权力	*Ownership power*	是否为股权分散公司、管理层是否持有本公司的股份权重的加权
	声望权力	*Prestige power*	总经理是否在外兼职、总经理是否具有高学历权重的加权

续表

变量类型	变量名称	变量符号	变量说明
控制变量	财务杠杆	*Lev*	公司负债总额除以平均资产总额
	公司规模	ln*size*	公司平均资产总额的自然对数
	成长性	*Growth*	营业收入增长率
	盈利能力	*Roa*	公司净利润除以平均资产总额
	是否为四大会计师事务所	*Big4*	会计师事务所为"四大"时取值为1，否则为0
	经营活动现金流量净额	*Ocf*	经营活动现金流量净额除以期末总资产
	年度	*Year*	设置年度虚拟变量
	行业	*Ind*	按证监会的行业分类标准设置行业虚拟变量

（三）模型构建

本文构建了固定效应回归分析模型，其中，因变量*EDI*代表环境信息披露质量，*Power*代表管理层权力，*GFI*代表绿色金融政策。

$$EDI = \alpha_0 + \alpha_1 GFI + \alpha_2 Lev + \alpha_3 \ln size + \alpha_4 Growth + \alpha_5 Roa + \alpha_6 Big4 + \alpha_7 Ocf + Industry + Year + \varepsilon \quad (1)$$

$$EDI = \alpha_0 + \alpha_1 Power + \alpha_2 Lev + \alpha_3 \ln size + \alpha_4 Growth + \alpha_5 Roa + \alpha_6 Big4 + \alpha_7 Ocf + Industry + Year + \varepsilon \quad (2)$$

$$EDI = \alpha_0 + \alpha_1 GFI + \alpha_2 GFI \times Power + \alpha_2 Lev + \alpha_3 \ln size + \alpha_4 Growth + \alpha_5 Roa + \alpha_6 Big4 + \alpha_7 Ocf + Industry + Year + \varepsilon \quad (3)$$

三、实证结果和分析

（一）变量的描述性统计

从表2可以看出，重污染企业之间的环境信息水平也差异较大，总体环境信息披露水平有待提升，企业的融资需求不均衡，不同企业的管理层权力差异较大。

表2　描述性统计

变量名	观测值	均值	标准差	最小值	最大值
EDI	4038	4. 256	4. 851	3	21
GFI	4038	0. 454	0. 315	0	1
Power	4038	0. 574	0. 549	−0. 356	2. 367
sic	4038	6. 767	0. 175	3. 422	7. 21
State	4038	0. 712	0. 497	0	1

续表

变量名	观测值	均值	标准差	最小值	最大值
Lev	4038	0.478	0.187	0.079	0.913
lnsize	4038	23.145	1.268	20.047	26.742
Growth	4038	0.169	0.357	-0.524	2.611
Roa	4038	0.075	0.108	-0.479	0.354
Big4	4038	0.091	0.305	0.000	1.000
Ocf	4038	0.06	0.09	-0.34	0.56

（二）相关性分析

使用 Pearson 相关系数可以用来分析变量间的单变量关系，如表 3 所示，模型各变量间不存在多重共线性问题。

表 3　Pearson 相关系数

	EDI	*GFI*	*Power*	*Lev*	Lnsize	*Growth*	*Roa*	*Big4*	*Ocf*
EDI	1.0000								
GFI	0.058***	1.0000							
Power	-0.031***	-0.046***	1.0000						
Lev	0.029***	0.047***	-0.026***	1.0000					
lnsize	0.213***	0.076***	-0.003***	0.354***	1.0000				
Growth	-0.034***	-0.035*	0.019	0.072***	0.063***	1.0000			
Roa	-0.095***	0.007	0.052***	-0.174***	0.151***	0.257***	1.0000		
Big4	-0.007	0.021*	-0.011	0.058***	0.378***	-0.007	0.091***	1.0000	
Ocf	0.067***	0.069***	0.007	0.068***	0.427***	-0.012	0.121***	0.252***	1.0000

注：*、**、***分别表示 10%、5%和 1%的显著性水平。

（三）样本均值分组 T 检验

根据上文，表 4 使用 T 值检验和 Z 值检验，将样本分为高资金缺口公司和低资金缺口公司，结果表明绿色金融水平的增强提升了企业的环境信息披露质量；按照管理层权力数值由小到大分为两组，结果表明管理层权力的增强降低了企业的环境信息披露质量。

表 4　信息披露质量分组差异检验

		T 值	Z 值
根据绿色金融水平分组	高资金缺口公司	4.546***	4.814***
	低资金缺口公司		

续表

		T 值	Z 值
根据管理层权力强度分组	强管理层权力	-4.453 ***	-4.786 ***
	弱管理层权力		

注：*、**、***分别表示10%、5%和1%的显著性水平。

（四）基准回归结果分析

为了验证绿色金融政策对环境信息披露的影响，回归结果如表5中第（1）列所示，说明绿色金融政策能显著提高环境信息披露水平。

公司规模、盈利能力、是否选择“四大”会计师事务所和经营活动现金流量净额等指标都在1%的水平上显著，营业收入增长率、财务杠杆与企业环境信息披露的关系未能通过显著性检验。

表5 基准回归结果

变量	(1)	(2)	(3)
GFI	0.036 *** (5.62)		0.032 *** (5.17)
Power		-0.025 *** (-2.78)	-0.021 *** (-2.71)
GFI × *Power*			0.054 *** (2.68)
ln*size*	0.496 *** (9.77)	0.419 *** (8.59)	0.465 *** (8.93)
Lev	0.217 (0.59)	0.168 (0.72)	0.188 (0.67)
Growth	-0.011 (-0.37)	-0.057 (-1.54)	-0.451 (-0.86)
Roa	-1.821 *** (-6.39)	-1.658 *** (-5.78)	-1.724 *** (-5.97)
Big4	-0.826 *** (-6.24)	-0.674 *** (-4.67)	-0.752 *** (-5.43)
Ocf	1.253 *** (3.49)	1.226 *** (2.89)	1.245 *** (3.13)
_ *cons*	-10.242 *** (-12.15)	-8.28 *** (-10.23)	-9.21 *** (-11.26)
$Year_i$	控制	控制	控制

续表

变量	(1)		(2)		(3)	
$Indu_i$	控制		控制		控制	
N	4038		4038		4038	
$Adj-R^2$	0.321		0.318		0.332	
F 检验	F = 44.25		F = 36.14		F = 39.28	
	P = 0.0000		P = 0.0000		P = 0.0000	
Hausman 检验	Chi2 = 112.64		Chi2 = 109.27		Chi2 = 110.92	
	P = 0.0000		P = 0.0000		P = 0.0000	

注：括号内为 t 统计量；*、**、***分别表示 10%、5%和 1%的显著性水平。

为了验证管理层权力对环境信息披露的影响，回归结果如表 5 中第（2）列所示，国有上市公司的管理层权力对环境信息披露产生了不利影响，管理层权力越大，环境信息披露水平越低。

为了验证绿色金融政策对管理层权力和环境信息披露质量之间关系的影响，回归结果见表 5 中第（3）列，说明绿色金融政策可以有效抑制管理层自利和机会主义行为，促使企业承担社会责任，实施环境保护行为，提高企业环境信息质量。

（五）稳健性检验

（1）内生性检验。为缓解绿色金融与企业环境信息披露质量之间内生性的影响，本文采用两阶段回归方法运行。结果见表 6 第（1）列，对比分析可知，绿色金融政府与环境信息披露质量呈显著正相关关系，研究结果与前文基本一致。

（2）更换环境信息披露质量衡量方式。采用润灵国际公益事业咨询有限公司发布的《A 股上市公司社会责任报告蓝皮书》中的内容性评价得分作为对其环境信息披露质量的衡量指标。重新代入模型进行回归，结果见表 6。对比分析可知，主要结果无实质差别。

（3）将变量作滞后一期处理。结果见表 6 第（5）、第（6）、第（7）列。实证结果基本吻合，研究结论具有一定的稳健性。

表 6　稳健性检验回归结果

变量	(1)	(2)	(3)	(4)	(5)	(6)	(7)
GFI	0.021** (4.75)	0.019*** (4.62)			0.021*** (4.67)		
$Power$			-0.017*** (-3.21)			-0.019*** (-3.62)	
$GFI \times Power$				0.019*** (3.25)			0.018*** (3.17)

续表

变量	(1)	(2)	(3)	(4)	(5)	(6)	(7)
控制变量	控制	控制	控制	控制	控制	控制	控制
$Year_i$	控制	控制	控制	控制	控制	控制	控制
$Indu_i$	控制	控制	控制	控制	控制	控制	控制
_cons	-10.115*** (-11.24)	-10.154*** (-11.157)	-8.243*** (-9.35)	-9.175*** (-10.85)	-8.96*** (-9.64)	-8.75*** (-9.51)	-8.91*** (-9.58)
$Adj-R^2$	0.296	0.217	0.209	0.214	0.198	0.214	0.207
F 检验 F 值	36.42	28.61	20.19	25.32	38.59	35.15	36.43
F 检验 P 值	0.0000	0.0000	0.0000	0.0000	0.0000	0.0000	0.0000
Hausman 检验 Chi^2 值	101.84	142.36	124.75	132.57	108.45	124.85	115.86
Hausman 检验 P 值	0.0000	0.0000	0.0000	0.0000	0.0000	0.0000	0.0000

注：括号内为 t 统计量；*、**、*** 分别表示 10%、5% 和 1% 的显著性水平。

（4）作用机制检验。信贷资源配置（*Loan*）的衡量指标分别选取银行借款（*Totalloan*）、短期银行借款（*Shortloan*）、长期银行借款（*Longloan*）、商业信用（*Cc*）。

本文建立如下中介效应模型：

$$EDIit = \alpha 0 + \alpha 1 GFIit + \alpha 2 controlit + \varepsilon it \tag{4}$$

$$Mit = \beta 0 + \beta 1 GFIit + \beta 2 controlit + \varepsilon it \tag{5}$$

$$EDIit = \gamma 0 + \gamma 1 GFIit + \gamma 2 Mit + \gamma 3 controlit + \varepsilon it \tag{6}$$

Mit 为中介变量，分别为信贷资源配置（*Loan*）和商业信用（*Cc*）。式（4）为绿色金融政策影响企业环境信息披露的总效应。式（5）为绿色金融政策对中介变量的影响效应。式（6）中的 $\gamma 1$ 为绿色金融政策对企业信息披露质量的直接效应，系数 $\gamma 2$ 与式（6）中的系数 $\beta 1$ 的乘积 $\beta 1\gamma 2$ 则表示中介效应的大小。回归结果见表 7。

表 7　作用机制的检验结果

变量符号	EDI	Totalloan	EDI	Shortloan	EDI	Longloan	EDI	Cc	EDI
	(1)	(2)	(3)	(4)	(5)	(6)	(7)	(8)	(9)
GFI	0.036*** (5.62)	-0.076*** (-3.45)	0.025*** (5.57)	-0.019*** (-2.87)	0.031*** (5.63)	-0.051*** (-4.21)	0.021*** (5.19)	-0.011*** (-2.98)	0.033*** (5.47)
Totalloan			-0.21*** (-3.56)						
Shortloan					-0.22*** (-0.77)				

续表

变量符号	EDI	Totalloan	EDI	Shortloan	EDI	Longloan	EDI	Cc	EDI
	(1)	(2)	(3)	(4)	(5)	(6)	(7)	(8)	(9)
Longloan							-0.586*** (-4.31)		
Cc									-0.235*** (-3.12)
常数项	10.242*** (12.15)	-2.579*** (-4.25)	8.633*** (8.61)	-1.782*** (-2.89)	8.475*** (7.86)	-3.574*** (5.34)	9.526*** (9.58)	-2.756*** (-4.63)	10.662*** (8.37)
控制变量	控制	控制	控制	控制	控制	控制	控制	控制	控制
个体效应	控制	控制	控制	控制	控制	控制	控制	控制	控制
时间效应	控制	控制	控制	控制	控制	控制	控制	控制	控制
R^2	0.321	0.287	0.315	0.276	0.285	0.298	0.336	0.284	0.311
Sobel 检验 *P* 值	0.004			0.005		0.001		0.003	

注：括号内为 t 统计量；*、**、***分别表示 10%、5%和 1%的显著性水平。

在表 7 中，每一列回归结果均在 1%水平显著，说明银行贷款、短期银行贷款和长期银行贷款作为中介变量是显著的。将信贷资源配置加入模型后，绿色金融政策的系数 γ1 的绝对值有所减少，这说明绿色金融政策会通过抑制重污染企业的信贷资源配置促进企业提升环境信息披露质量。商业信用在绿色金融政策提升企业信息披露质量中发挥了部分中介作用，且中介效应占总效应的比例为 7.18%。表 7 中最后一行为中介效应模型的 Sobel 检验结果，显著拒绝了不存在中介效应的原假设，表明了上述中介效应检验结果的可信度。

四、拓展分析

为了验证绿色金融政策在何种情况下更能抑制管理层权力对环境信息披露的不利影响，本文利用模型（3）按区域异质性、产权异质性、内部控制质量高低以及负债水平高低进行了分组研究。

（一）区域异质性

依据企业注册地对样本进行区域划分，并对上述模型进行分组回归。回归结果如表 8 所示，说明在中西部地区，绿色金融政策抑制管理层权力对企业环境信息披露质量的激励作用更强。

表 8　回归结果

变量	中西部地区	东部地区	高内部控制组	低内部控制组	国企类	非国企类
	(1)	(2)	(3)	(4)	(5)	(6)
GFI	0.042*** (4.95)	0.026* (1.69)	0.039*** (2.86)	0.021*** (2.77)	-0.018 (0.41)	0.061*** (7.24)
Power	-0.015 (-1.31)	-0.042*** (-3.68)	0.051 (0.21)	-0.045*** (-4.15)	0.011 (0.41)	-0.023*** (-2.78)
GFI × *Power*	0.086** (2.45)	0.025 (1.31)	0.022 (0.64)	0.087*** (2.67)	0.028 (0.43)	0.098*** (3.84)
ln*size*	0.359*** (6.84)	0.671*** (11.56)	0.534*** (7.18)	0.326*** (10.74)	0.816*** (9.78)	0.418*** (8.13)
Lev	0.587** (2.23)	-0.318 (-0.81)	1.862*** (4.26)	-0.695*** (2.67)	-.671*** (2.74)	0.175 (0.37)
Growth	-0.533 (-0.92)	0.08 (0.06)	-0.421* (-1.86)	0.046 (0.71)	-0.31 (-0.42)	0.41 (0.33)
Roa	-3.287*** (-6.08)	-1.342*** (-3.42)	-1.972*** (-3.56)	-1.617*** (-3.18)	-1.812* (-1.72)	-1.359*** (-4.26)
Big4	-0.967*** (-5.89)	-0.579*** (-3.76)	-1.214*** (-5.72)	-0.672*** (-5.11)	-0.311 (-1.12)	-0.896*** (-5.86)
Ocf	1.238** (2.17)	1.214** (1.92)	1.054 (0.27)	1.251*** (3.67)	1.881 (3.76)	1.867 (0.57)
_ *cons*	-7.259*** (-6.58)	12.663*** (-10.24)	-9.113*** (-10.95)	-9.315*** (-12.64)	-12.852 (-7.12)	-8.651 (-5.57)
Adj - R^2	0.241	0.227	0.216	0.227	0.271	0.284

注：括号内为 *t* 统计量；*、**、***分别表示 10%、5% 和 1% 的显著性水平。

（二）产权异质性

回归结果如表 8 所示，在非国企中 *GFI* × *Power* 的回归系数为 0.098，且在 1% 的水平上显著，而在国企中交乘项不显著。这说明相对于国有企业而言，绿色金融政策抑制非国有企业管理层权力对环境信息披露质量的作用更强。

（三）内部控制质量分组

内控水平会抑制绿色金融政策改善管理层权力与环境信息披露质量的正向关系。回归结果如表 8 所示，说明相较于内控水平高的企业而言，在内控薄弱企业中，绿色金融政策更能抑制管理层权力对环境信息披露质量的负向作用。

（四）按负债水平高低分组

本文采用资产负债率来衡量企业的负债水平。结果如表 9 所示，说明在负债水平高的企业中，绿色金融政策更能抑制管理层权力对环境信息披露的负向影响。

表 9　按负债水平高低分组的回归结果

变量	负债水平低			负债水平高		
	(1)	(2)	(3)	(4)	(5)	(6)
GFI	0.056 ** (2.38)		0.054 ** (2.35)	0.031 *** (4.96)		0.029 *** (4.85)
Power		−0.048 (−1.01)	−0.046 (−0.98)		−0.021 *** (−2.75)	−0.020 *** (−2.73)
GFI × *Power*			−0.043 (−0.62)			0.051 *** (2.67)
控制变量	控制	控制	控制	控制	控制	控制
$Year_i$	控制	控制	控制	控制	控制	控制
$Indu_i$	控制	控制	控制	控制	控制	控制
_ cons	−1.842 *** (−7.15)	−1.283 *** (−7.23)	−1.716 *** (−7.18)	−8.276 *** (−11.21)	−8.175 (−11.14)	−8.249 (−11.17)
$Adj-R^2$	0.257	0.225	0.241	0.386	0.379	0.381

注：括号内为 t 统计量；*、**、***分别表示 10%、5%和 1%的显著性水平。

五、结论

绿色金融政策对企业环境信息披露质量的提升有显著的促进作用，管理层权力的增强对企业环境信息披露质量有负向影响，绿色金融政策能够有效抑制管理层权力对环境信息披露质量的负向影响。机制分析显示，绿色金融政策通过减少重污染企业可获得的信贷资源和商业信用倒逼企业提升环境信息披露质量。进一步研究发现，相对于中西部地区，绿色金融政策对东部地区企业管理层提升环境信息披露质量的激励作用更强；相对于国有企业而言，在非国有企业绿色金融政策对管理层权力的调节作用更强；随着内控水平的提高，绿色金融对管理层权力的调节作用逐渐被抑制；在负债水平高的企业中，绿色金融政策更能抑制管理层权力对环境信息披露的负向影响。

我国现阶段社会主义生产关系的结构体系及其特点

张作云　刘　煜①

（淮北师范大学；广东仲恺农业工程学院）

一、我国现阶段生产关系的结构体系

联系四十多年来改革开放和社会主义现代化建设的实际，我国现阶段的生产关系作为一个统一的整体，其基本结构大体由以下方面组成：

首先，我国现阶段的生产关系，从宏观上说，是由社会主义性质的生产关系、资本主义性质的生产关系和个体经济的生产关系所构成。其中，属于社会主义性质生产关系的经济包括国有经济和集体经济，属于资本主义性质生产关系的经济是私营经济或称民营经济。另外，还有以独立劳动为基础的个体经济。因此，我国现阶段的生产关系是一个多种性质的生产关系并列存在的多元化结构体系。

其次，从中观来说，我国现阶段国民经济各部门、各个产业、不同地区的生产关系，也由上述生产关系即社会主义生产关系、资本主义生产关系和个体经济生产关系所构成。这里具有特殊性的是农业部门。农业部门的生产关系，前 30 年即由国营农场和人民公社的社会主义生产关系、国营农场职工和人民公社社员的家庭副业及自留地经营的个体经济的生产关系所构成；而现阶段则由国营农场、土地产权、残留的人民公社和其他形式的农村集体经济组织的社会主义生产关系，社会资本或民营资本经营的资本主义生产关系以及仍在家庭联产承包责任制体制下以种田为主的个体农户经济的生产关系所构成。不过，这里需要注意的是：社会资本和民营资本经营的农场一般是常年雇工，存在雇佣劳动关系，因此这类农场实际上是资本主义的生产关系。而由个人经营的家庭农场和种田大户，一般是农忙雇工、农闲雇请帮工，这类农场的经营方式也带有一定的剥削性质，与资本经营的

---

① 基金项目：本文系国家社科基金项目“马克思主义生产关系结构理论及其当代价值研究”研究成果（批准号为 15BKS001）。作者简介：张作云，淮北师范大学当代经济研究所教授。刘煜，广东仲恺农业工程学院马克思主义学院副教授。

农场的生产关系既具有一定的同质性，也具有一定的区别，到底归入哪种性质的生产关系，还有待进一步研究和判断，故作为特殊情况，暂时不列入分析范围。再就是仍在“家庭联产承包制”体制下以种田为主的个体农户经济，目前一不向国家缴纳农业税，二不与村级政权机构分享劳动收益（村级政权机构一般只获取土地所有权收益），属于具有一定私有性质的自劳自得的个体经济，故把它归入个体经济的生产关系范围。另外，一个时期以来，由于农村生产力的发展，对土地大片规模经营的客观要求而陆续产生的各种类型的合作经济，大都以产前、产中、产后服务为前提，或者是以承包权的资本形态直接投资入股、按股分红的股份合作制经济形式出现的。这类经济形式，既有公有制经济的因素，也有私有制经济和个体经济的因素。如果分别把它们按其生产关系的各自性质归入上述三个种类和不同性质的生产关系之中，使其各得其所，则与上述关于生产关系结构的分析也不存在什么矛盾。

最后，我国现阶段的宏观生产关系，是由各个微观经济单位或企业为基础并由这些微观经济单位或企业的生产关系构成的，它们都是我国现阶段生产关系的微观单位形式，或者说，是我国现阶段宏观、中观生产关系的物质承担者，与以上对我国现阶段生产关系宏观、中观分析相适应。这些不同微观经济单位或各个单元形式之间组成的生产关系结构，大体上也由社会主义、资本主义和个体经济等不同性质的生产关系所构成。

对我国现阶段的生产关系，不仅可以从宏观、中观和微观等不同角度来分析，而且也可以从生产关系运动的连续性和不同运行方向即纵向和横向角度来分析。如果从纵向角度来分析，社会主义生产关系包括生产资料公有的所有制关系、以劳动者为主体的劳动关系、以劳动者为主体的互助合作关系、不同社会成员对社会生产过程的民主管理关系以及由上述各种要素所决定的按劳分配关系等；资本主义的生产关系则包括生产资料的资本所有制关系，以劳动力商品为特征的雇佣劳动关系，以资本为主体、劳动者为客体的协作关系，以资本为主导的管理关系，以及由上述各种要素所决定的按资分配关系或按生产要素分配的分配关系等；在个体经济中，则是生产者占有生产资料、独立劳动、自劳自得的生产关系；等等。如果从社会再生产过程来分析，则有生产过程中的生产关系、流通过程中的流通关系、分配过程中的分配关系以及消费过程中的消费关系等，学术界称之为广义的生产关系。同时，在社会再生产过程中的四个阶段或四个环节中的四个关系中，每一种关系又都含有纵向分析中的所有制关系、劳动关系、社会成员之间的协作关系、运行过程中的管理关系和收入分配关系等。上述纵横两个方面的生产关系形成一个系统化的有机整体。

综上所述，我国现阶段的生产关系及其结构，不是多元化、多层次和并列存在的各种性质的生产关系及其结构形成的系统化的有机整体。因此，我们下面的研究和分析，也就以此为基础，来揭示我国现阶段生产关系及其结构的内在矛盾和性质规定。

二、我国现阶段生产关系的内在矛盾及其性质规定

我国现阶段的生产关系及其结构，从空间范围来看，是由社会主义生产关系、资本主义生产关系和个体经济的生产关系所构成。从国民经济的整体来看，其内含的矛盾有社会主义生产关系与资本主义生产关系之间的矛盾、社会主义生产关系与个体经济的生产关系之间的矛盾以及资本主义生产关系与个体经济的生产关系之间的矛盾等。如果从国民经济各个部门、各个地区之间的生产关系结构来看，则含有国民经济各部门之间的生产关系的矛盾，国民经济各个产业之间、各个地区之间的生产关系的矛盾，以及国民经济各个部门分别与国民经济整体生产关系之间的矛盾、国民经济各个产业和国民经济各个地区分别与国民经济整体生产关系之间的矛盾等。从国民经济的微观基层单位或企业之间的生产关系结构来看，既包含国民经济层单位或企业之间生产关系的矛盾，又包含各个微观经济单位分别与国民经济各个部门之间生产关系的矛盾和各个微观经济单位或企业分别与国民经济各个产业、各个地区之间生产关系的矛盾，同时还包含各个微观经济单位或企业与国民经济整体之间生产关系的矛盾等。从不同性质的生产关系来看，矛盾的性质均包括社会主义生产关系、资本主义生产关系和个体经济的生产关系三个种类。上述国民经济整体、各个部门、各个产业、各个地区、各个基层微观经济单位或企业的各类生产关系之间既相互连接、相互依存，又相互交错、相互作用，共同组成宏观范围内的一个较大的生产关系的矛盾系统。

我国现阶段的生产关系，如果从其运动的连续性和方向性来看，则可分为两个不同的方面。一方面是纵向运行的生产关系及其结构中的矛盾，另一方面是横向运行的生产关系及其结构中的矛盾。纵向运行的生产关系结构中的矛盾又可分为社会主义生产关系、资本主义生产关系和个体经济生产关系结构中的矛盾。社会主义生产关系结构中的矛盾大体有：以劳动者为主体的生产资料公有的所有制关系与以劳动者为主体的平等劳动关系之间的矛盾、与以劳动者为主体的社会成员之间的互助合作关系之间的矛盾、与社会生产过程中的民主管理关系之间的矛盾以及与生产成果按劳分配关系之间的矛盾等。在资本主义生产关系结构中，存在着资本家所有制关系与雇佣劳动关系之间的矛盾，与以资本所有者为主体、雇佣工人为客体的协作关系，与以资本为主导的生产过程中的管理关系，以及与雇佣工人剩余劳动所创造的剩余价值按资分配关系之间的矛盾等。由于社会再生产过程是一个连续不断、周期反复的过程，如从横向角度来看，大体上分为生产、流通、分配、消费四个环节或四个阶段，每个阶段又都包含自己的生产关系，即生产过程中的生产关系、流通过程中的流通关系、分配过程中的分配关系、消费过程中的消费关系，而这些不同阶段

的生产关系、不同阶段之间的生产关系，也是一个相互联系、相互交错的矛盾统一体。这个矛盾统一体中的各个阶段的生产关系以及各阶段之间的生产关系系统，又与纵向运行的生产关系系统及其内含的各种要素相互连接、相互作用、相互交错，既相对立又相统一，构成社会再生产过程不同运行方向、不同运行阶段统一的生产关系的矛盾系统。

最后，依据以上对我国现阶段生产关系及其结构的分析，即可把我国现阶段生产关系及其结构总的特点归纳概括如下：第一，从生产关系的空间范围来看，我国现阶段的生产关是以社会主义生产关系为主体、多种性质的生产关系并存和共同发展的结构；第二，从生产关系的运行过程来看，我国现阶段的生产关系，具有以生产资料公有的所有制关系为主体、多种所有制关系并存，以平等劳动关系为主体、多种劳动关系并存，以互助合作关系为主体、多种社会协作关系并存，以对生产过程的民主管理关系为主体、多种管理关系并存，以按劳分配关系为主体、多种分配关系并存的特点。

三、结论和思考

第一，由上面的研究和分析可知，我国现阶段的生产关系及其结构是一个多层次、多环节、多要素组成的复杂化、系统化的有机整体。因此，在我们改革开放和全面建设社会主义现代化国家的征程中，要明确我国现阶段生产关系的宏观、中观和微观构成及其内在联系。我国现阶段的宏观生产关系是生产关系的全局和整体，它关系到我国现阶段生产关系的全局和整体性质，是对我国现阶段生产关系社会主义性质和发展方向的规定和保证。而微观生产关系是宏观生产关系的前提，是宏观生产关系社会主义性质的具体体现、实现形式和物质基础。中观生产关系则是宏观生产关系与微观生产关系的中介和桥梁，在宏观生产关系和微观生产关系的联系中，起着承上启下的作用。宏观、中观、微观生产关系既相互联系、互为条件、相互依存，又相互作用、相互促进、相辅相成。因此，我们在观察、分析、研究、处理与我国现阶段生产关系及其结构相关的改革开放问题时，要用系统论的观点或者说用全面的观点去观察、分析、研究和处理问题。

第二，在具体分析研究与我国现阶段生产关系相关的问题时，必须用两点论的观点，或者用两点论和重点论相统一的观点观察、分析、研究和处理问题。我们在观察、分析、研究和处理改革开放和社会主义现代化建设中与我国生产关系相关的问题时，首先要抓住其中的主要矛盾，抓住社会主义生产关系与资本主义生产关系之间的矛盾。同时，还要抓住这一主要矛盾的主要方面，即抓住社会主义生产关系这一方面。不仅如此，更为主要的是，还要抓住社会主义生产关系中生产资料公有的所有制关系这一方面。在我们的工作安排以及计划、方针、政策的制定和实施中，要解决其中的主要的和关键性的问题，促进其顺畅、健康和快速地发展。

第三，还要十分注意用运动、变化和发展的观点看问题。具体来说，要充分重视我国现阶段生产关系及其结构中各种矛盾和不同方面在运动、变化和发展过程中的转化问题。我国现阶段生产关系及其结构中的主要矛盾及其矛盾着的不同方面也具有这方面的特点。然而，在抓住和处理主要矛盾和主要矛盾的主要方面的问题时，也不能忽视并解决非主要矛盾和主要矛盾的非主要方面的问题。须知，主要矛盾和非主要矛盾、主要矛盾的主要方面和非主要方面在一定条件下还会相互转化。而且，在一定时期、一定环境和一定条件下，非主要矛盾和主要矛盾的非主要方面问题的解决，往往还会有利于主要矛盾和主要矛盾非主要方面问题的解决。

总之，在进一步深化改革、全面建设社会主义现代化国家的新征程中，我们的任务就是：要用系统论的观点，也即用联系的、全面的和发展的观点看问题，把我国现阶段的生产关系及其结构视作一个系统化的有机整体，从全局出发，观察、分析、研究和处理我国现阶段生产关系结构中的各个层次、各个环节、各个方面的关系；既要用两点论的观点观察、分析、研究和处理问题，又要抓住重点，抓住主要矛盾、抓住主要矛盾的主要方面，统筹兼顾，适当安排，做好工作，促进矛盾和矛盾的两个方面向好的方面转化和发展，防止其向不好的或向坏的方面转化和发展，使之顺应历史发展趋势和潮流，不断巩固、完善和发展我国的社会主义生产关系，使之更好地发挥其在我国现阶段生产关系结构中的引领作用、主导作用和决定作用，尤其要不断巩固、完善和发展我国社会主义生产关系中生产资料公有的所有制关系，不断巩固、完善和加强它们在我国现阶段生产关系结构中的主体、主导、决定地位，充分发挥它们在我国生产关系结构中的主导和决定作用。同时，还要处理好与非主要矛盾及其非主要方面的关系，处理好它们亟待解决的问题，使之更好地发挥其在我国生产关系结构中对社会主义生产关系、对社会主义生产关系结构中公有的所有制关系的辅助和支持作用，使我国现阶段的生产关系及其结构形成一个系统化的有机整体，朝着中国特色的社会主义和共产主义方向高奏凯歌，勇往直前。

数字经济与共同富裕何以互洽?

袁　正　陈硕颖[①]

（西南财经大学；中国社会科学院）

数字经济与共同富裕互洽，关键在两个方面：一是把蛋糕做大，这是经济效率问题，数字经济可以促进经济增长，为共同富裕奠定坚实的基础。二是更广泛、公平地分配蛋糕，这是机会、分配公平的问题。数字经济可以实现普惠发展，从而推进共同富裕。

一、数字经济促进经济增长

2017—2021年，我国数字经济规模从27.2万亿元增至45.5万亿元，总量稳居世界第二，成为推动经济增长的主要引擎之一。[②]

（一）数字经济提升资源配置效率从而促进经济增长

数字经济改变传统市场。固定场所的市场对降低搜索和匹配成本大有帮助，然而，实体市场受到物理空间的约束。数字平台突破了这一点，不但容纳数量巨大的虚拟商家，商品或服务的种类也异常丰富，可以满足消费者一站式购物需求。数字平台可以提供支付、物流、金融等全流程市场服务。语义知识库、机器学习、深层神经网络、图像识别技术、机器翻译、AR（增强现实）等搜索和匹配技术使供需匹配更高效更精准。区块链构建分布式、去中心化、开放性的自治系统，使数据全程可追溯、不可篡改，从技术层面建立起信任。[③]

数字经济降低交易成本。数字技术通过比特呈现信息，有效降低了数据产生、存储、

---

① 作者简介：袁正，西南财经大学经济学院教授，经济学博士，2007年毕业于中国人民大学经济学院，四川省学术与技术带头人后备人选。主持完成国家社科基金项目2项，主持完成教育部人文社科项目1项。发表学术论文60余篇，出版专著2部。陈硕颖：中国社会科学院马克思主义研究院研究员。

② 参见国家网信办：《数字中国发展报告（2021年）》。

③ 《经济学人》在2015年10月的封面文章《信任的机器》将区块链比喻为“信任的机器”。

计算和传输的成本，信息总量大大增加，信息成本却不断降低。数字经济可以降低搜寻成本、复制成本、运输成本、追踪成本和验证成本。[①] 数字信息可以无限次使用，数字信息的复制不会损害初始信息的质量。数字信息向更广泛的人群分享，也不会损害初始所有者占有的信息数量和质量。数字产品的交易能够在线交付，无需产生运输成本；实物产品在线交易的物流配送通过空间布局优化、物流技术采用、规模经济效应降低单个订单的运输成本。

（二）数字经济提升社会创新能力从而促进经济增长

数字技术对创新的作用至少有两个方面：一是数字技术提升知识学习能力，二是数字技术提升知识分享能力。

数字技术提升知识学习能力。数字技术提升人们的知识学习能力，主要表现在数字化教学手段、在线课程、丰富的网上资讯、线上知识分享等。多媒体、数字化教学比传统教学形式更丰富，有利于提升学习效果；在线会议、线上直播便于组织在线课堂进行学习和研讨。丰富的网络资讯使人们见多识广，大大拓展网民的知识面。线上知识分享使人们随时能从线上社交圈、知识数据库、网文、线上视频等获得知识。

数字技术提升知识分享能力。数字经济极大地便捷了知识的分享。数字化的网页、数据库、文献库存储着海量数据或文献，任何人都无法掌握全部知识，但可以在需要的时候搜索到这些知识。

（三）数字经济提升规模经济效应从而促进经济增长

数字经济具有强规模经济效应。数字产品、数字平台具有高固定成本、低边际成本特征，[②] 平均成本随着销量扩大而不断降低。[③] 互联网创造的虚拟空间打破时空、物理的限制，实现全球范围大规模用户聚集。

数字经济具有范围经济效应。数字平台产品种类的丰富性大大提升。若平台集中经营多种产品和服务的联合成本低于经营单种产品和服务的成本之和，[④] 则存在范围经济效应。对平台来说，可以避免产品销售大幅波动，部分产品销售下滑可以被另一些产品销售上升所抵消。因为平台受众规模很大，一些小众的利基市场也有生存空间；并且，长尾效应会

---

① Goldfarb A. & Tucker C. Digital Economics. Journal of Economic Literature，2019，57（1），pp. 3 – 43.

② Windows 系统第一张软盘的问世花费了微软公司 5000 万美元，而第二张和随后的软盘只需 3 美元。

③ F 为固定成本，c 为边际成本，平均成本 $AC = (F + c \times N)/N = c + F/N$，随着产量增加，平均成本不断下降，且趋向边际成本 c。

④ 两种产品的数量分别是 q1，q2，若 $[c(q1) + c(q2) - c(q1, q2)]/c(q1, q2) > 0$，则存在范围经济效应。

显现，广泛的小众利基市场加总之后，所获得的收益并不比热门商品差。

数字经济具有网络效应。数字产品属于网络型产业，表现出很强的网络外部性。新消费者加入某产品网络时，为网络中已有消费者带来正的效用。网络的价值随加入网络的消费者增加而增加，这叫网络效应。梅特卡夫法则指出，网络的价值与网络节点数的平方成正比。[①] 网络型产品追求用户网络规模，千方百计吸引消费者加入网络。某种具有初始优势的网络产品在达到临界容量之后，易于形成正反馈，正如花车效应，流行将导致更加流行。

（四）数据要素提升经济增长潜力

数字产业化。数据要素的投入带来经济增长，主要表现为数字产业化和产业数字化。在5G、虚拟现实、智能算法等新型数字技术加持下，数字产业化的规模越来越大。短视频、微电影、数字音乐、直播带货、文献数据库、知识付费、在线慕课、在线会议、在线医疗服务、云计算、大数据等业态蓬勃发展。

产业数字化。数字经济与实体经济深度融合，给其他产业带来数量扩张和质效提升。在生产函数中引入数据要素，可提升其他要素的使用效率，数据要素打通各环节的信息壁垒，可优化要素组合从而扩大生产能力。丰富的数据信息大大降低信息不对称及市场的不确定性，促进资源要素流向最有效率的地方。数据要素成本不断降低，数据要素对其他要素的替代使整个生产的成本效率提高。数字技术增进要素间的协调性和互动性，数据要素赋予市场主体实现精准动态调整的能力。企业及时掌握消费者的特征、偏好及对产品的反馈，更快适应市场变化。数字技术在应对大规模市场的同时，实现灵活设计和制造，使大规模定制成为可能，既有规模经济效应，又满足消费者个性化需求。数据要素使组织效率得到提升，组织倾向扁平化。

二、数字经济促进机会和分配公平

数字经济至少通过普惠发展、共享经济、公共服务三个方面促进共同富裕。

（一）通过普惠发展促进共同富裕

数字经济可以带来包容性增长，[②] 数字经济的普惠性主要表现为低成本、可及性、低技术门槛、广泛受益等方面。

---

① V(N) = K × N2，V是网络产品的价值，N是节点数，K是系数。

② 2021年9月26日，在世界互联网大会乌镇峰会上，时任国务院副总理刘鹤在致辞中指出，要合理界定数字产权，克服“鲍莫尔病”和“数字鸿沟”，实现包容性增长。

数字信息是非竞争性商品，可以同时被很多用户消费和拥有。数字设备、数字信息具有高固定成本、低边际成本特征，这大大降低了广大用户采用信息技术设备、接入信息网络、享受数字信息服务的成本。

我国对数字基础设施建设不遗余力，信息基础设施全球领先，建成全球规模最大的光纤和第四代移动通信（4G）网络，第五代移动通信（5G）网络建设和应用加速推进；[①] 我国网络基础设施全面建成，[②] 数字基础设施均等化取得长足进展，落后地区、农村地区也可以享受网络服务。这大大提高了数字技术的可及性。

降低数字技术使用门槛与提高用户的技能水平同等重要。智能手机、互联网的使用技能要求极低，教育水平较低、偏远农村的人群只需一部联网的手机，就可以参与数字经济。屏幕阅读器、自然语言语音指令等人机交互技术可以进一步降低老人、视障人士使用数字技术的门槛。

消费者参与数字经济可以获得普遍的福利。更低的搜寻成本使消费者更容易购买到偏好的商品，且消费多样性大大增加，这会提高消费者福利。中小企业、个体户通过数字平台获得更平等的参与市场竞争的机会，弱势群体如女性、文化水平较低的人、残障人士也能在数字平台上开设自己的小店，在家就可创业。数字普惠金融让更多的居民享受到便捷的移动支付、信用贷款等金融服务。[③] 通过大数据和智能算法，数字平台可以基于信用评价提供无抵押贷款，且贷款风险极低。数字技术使偏远、欠发达地区的居民也能获得传统模式下难以企及的产品和服务。数字技术对脱贫攻坚起到了应有的作用，非线上零售家庭中贫困户的比例高于线上零售家庭。

（二）通过共享经济助力共同富裕

共享经济能够提高闲置资源所有者的财产性收入和工资性收入。拥有空闲时间的人可以出租其空闲时间的使用权，获得一定的收入。教师、医生、律师、厨师等专业人士将自己的空余时间出租给需要这种专业知识服务的人，从而获得一定的收入，甚至利用碎片化的时间如乘地铁、上厕所也能通过回答专业问题获得收入。

共享经济可以引领第三次分配，有助于推动慈善公益事业的发展。闲置物品的所有者可以将闲置资源免费赠送给需要的人，为闲置物品找到真正需要它的新主人。共享经济平台具备联结和信息优势，带动公众和企业广泛参与第三次分配，并实现精准慈善，为贫困人群提供有价值的资源，这些资源过去常常被闲置和浪费掉了。共享闲置资源是环境友好

---

① 参见《“十四五”数字经济发展规划》，2022 年。

② 参见《我国网络基础设施全面建成》，《光明日报》2022 年 2 月 26 日第 2 版。

③ 蚂蚁金服通过“310”信贷模式（3 分钟申请、1 秒钟审批、零人工干预）向数百万小微主体提供无抵押小额信用贷款。

的行为，共享经济模式可以为绿色或环保公益事业搭建良好的平台。

（三）通过公共服务促进共同富裕

数字技术可以提高公共服务的效率和公平程度，促进城乡公共服务均等化发展。随着移动互联网的普及，政府推进高频政务服务事项掌上办，人们随时随地利用碎片时间就能办理。数字信息网络可以打破时空制约，实现政务服务异地办理，省内通办、跨省通办不断推进，方便群众异地办、线上办、就近办，解决群众异地办事“多地跑”“折返跑”问题。

数字政务比传统政务更有效率，为办事群众节省时间。数字政务减少交通成本，节约纸张等物质消耗，更为低碳环保。随着农村网络基础设施不断健全，数字政务使农村地区以前办事不便的局面得到扭转，大大推进了城乡公共服务均等化，这正是共同富裕的重要内容。

三、加强数字经济监管促进共同富裕

数字经济在推进共同富裕过程中至少存在两大挑战：一是赢者通吃，二是明星效应。需要加强数字经济监管来促进共同富裕。

数字经济具有赢者通吃特征。我国数字平台领域掀起了造富运动，[①] 一些平台企业创始人团队成员凭所持股份成为亿万富翁。数字平台在造富的同时，也对传统商业造成冲击。数字渠道对传统商业的影响取决于是替代还是互补。可替代性越高，对这些商业和技能人员的冲击越大。当机器可以比人类更好地完成一项工作时，这项工作对劳动力的需求将被机器取代。每千名美国劳动者中增加一台机器人，就业率降低 0.18% ~0.34%。[②] 数字技术也会创造一些就业，总的就业水平取决于是创造就业多还是毁灭就业多。工作中使用电脑的劳动者收入比不使用电脑的劳动者高 15% ~20%；[③] 而被信息技术挤出的就业者面临失业和低收入困境，这是共同富裕所面临的重大挑战。数字经济具有明星效应。在数字技术作用下，超级明星在一个扩大的市场中占据更大的份额，第一名可能获得大部分收入。

赢者通吃走向垄断，垄断的低效率、滥用垄断行为是市场失灵的重要内容。要强化反垄断监管，防止资本无序扩张、野蛮生长、冲击经济社会发展秩序。政府要积极应对就业结构的数字化转变，加强数字化技能培训，做好灵活就业、失业保障等工作。超级明星的

---

① 在福布斯 2022 年富豪榜单中，我国前 10 名中数字经济领域占据 5 名。

② 罗汉堂：《新普惠经济：数字技术如何推动普惠性增长》，中信出版集团 2020 年版，第 191 页。

③ 罗汉堂：《新普惠经济：数字技术如何推动普惠性增长》，中信出版集团 2020 年版，第 213 页。

超高报酬要通过税制、第三次分配加以调节，要加大对明星群体的税收监管，严厉打击逃税行为，引导他们积极参与第三次分配，推进慈善公益事业蓬勃发展。

四、结论

共同富裕是中国特色社会主义的本质要求，全面小康之后是共同富裕。在实现共同富裕目标的同时，我国进入数字经济时代，数字经济要与共同富裕目标相契合才能行稳致远。

数字经济要实现与共同富裕互洽，关键是两个方面。一方面，数字经济要有利于促进蛋糕做大。数字经济可以提升资源配置效率，提升社会创新能力，通过规模经济和数据要素使用提升经济增长潜力。另一方面，数字经济要促进更广泛、公平地分配蛋糕。数字经济可以实现普惠发展，为更广泛人群特别是弱势群体提供更多参与市场的机会；可以通过共享经济让有产者分享财富、低收入者享用财富，实现帕累托改进，助力第三次分配；数字技术可以有效提高公共服务的效率和公平程度，促进城乡公共服务均等化。

为了保障不同地区、所有人群从数字经济获得普惠，要着力破解数字鸿沟，解决数字基础设施发展不充分不平衡的问题，加强欠发达地区、农村地区的网络覆盖，降低通信网络资费，降低数字技术产品和服务的技能门槛，增强数字技术的标准化、通用性和便捷性。通过语音识别、图像识别、智能搜索、机器翻译、人机交互等数字技术提升数字经济活动的便利性，使低文化程度、低收入、老年人、残疾人等弱势群体也能从数字经济中获益。

新发展格局下地方政府构建双循环重要节点的产业发展支撑研究

黄启才①

（福建社会科学院）

一、新发展格局下宏观经济环境

新发展格局下，世界百年未有之大变局深度演化，国际经济环境波诡云谲，产业科技变革加速，国内经济进入高质量发展阶段。面对新发展格局，立足新发展阶段，国内经济发展也面临新的挑战和机遇。

一是国际经济环境挑战升级。由于受全球老龄化与生产率下降等长期趋势因素影响，世界传统经济发展动力在减弱，难以支撑全球经济持续稳定增长。当前，世界经济正期待新一轮长波经济增长周期的出现。中美竞争加剧，美国主动退出以 WTO 多边机制为主的全球化模式，通过高端产业链在岸回流、中端产业链近岸回流、低端产业链友岸回流等方式，正在进行二次全球化。在美国主导、欧盟日韩等国配合的全球化重构过程中，美国开始不断进行“筑墙设垒”“脱钩断链”等活动，全球产业链供应链阻滞断裂的风险越来越大，世界原有经济合作秩序将受到长期扰乱。

二是科技产业变革加速。新一轮科技革命和产业变革深入发展，以大数据、物联网、移动互联网、工业互联网、云计算等为代表的新一代信息技术快速发展，以数字技术为引领，生物、新能源、新材料等各领域前沿技术多点突破，数字化、智能化将重构产业链、价值链、创新链，新科技革命和产业革命方兴未艾。全新一轮的科技革命和产业变革为新发展格局下构建产业发展支撑节点提供了技术创新宏观环境与发展契机。

三是中国经济进入高质量发展新阶段。党的二十大作出了全面建成社会主义现代化

---

① 项目基金：本文是福建省习近平新时代中国特色社会主义思想研究中心年度项目“构建国内国际双循环的重要节点研究”（项目批准号：FJ2021XZB074）的阶段性研究成果。作者简介：黄启才，福建社会科学院亚太研究所副所长、研究员，《亚太经济》杂志社副主编。

强国的战略部署，并强调着力推动高质量发展。中国经济正处在转变发展方式、优化经济结构、转换增长动力的攻关期，虽存在发展不平衡不充分、产业升级“卡脖子”等问题，但中国制度优势显著，经济长期向好；市场空间广阔，全产业链特征明显，发展韧性强劲。

二、福建产业发展支撑节点现状

福建是21世纪海上丝绸之路核心区、台胞台企登陆的第一家园和海峡两岸融合发展示范区，拥有自由贸易试验区、生态文明试验区、福州新区、平潭综合实验区、福厦泉国家自主创新示范区等开放和创新的先发先行优势，产业发展节点支撑作用突出。

一是综合实力显著提升，支撑产业发展有力。据统计，2022年福建地区生产总值突破5万亿元。五年来，福建地区生产总值跨越3万亿元、4万亿元、5万亿三个万亿元台阶，人均地区生产总值连跨四个万元台阶，突破12万元，跃升至全国第四位，出口总额突破1万亿元。“两纵三横”综合运输通道全面建成，东南沿海现代化港口群基本建成，国内国际双循环的立体交通网络逐步形成，同时实体经济发达，形成了比较完备的现代产业体系，综合实力的显著提升为福建产业发展支撑节点奠定了坚实基础。

二是产业结构优化升级，主导产业能级提升。根据2022年福建政府工作报告，中沙古雷乙烯、万华化学（福建）产业园等项目已落地开工建设，先进装备制造、石油化工、现代纺织服装等支柱产业不断提升壮大。食品、冶金、建材等传统优势产业数字化改造步伐加快，1442项省重点技改项目得以实施。福建产业结构优化升级，形成了融入服务双循环新发展格局的坚实产业基础。

三是聚集“四大经济”增长极，增添产业发展新引擎。国家生态文明试验区建设积极推进，绿色低碳循环发展深入实施，生态文明指数全国第一，新兴绿色产业不断培育壮大，绿色经济发展方兴未艾。国家文化产业和旅游产业融合发展示范区持续创建，“福文化”与文旅经济品牌全面打响，全域生态旅游省建设扎实推进，文旅产业发展成为经济支柱性产业。数字、海洋、绿色、文旅四大经济发展新的增长极，为双循环产业发展节点支撑提供了强大动力。

四是产业集群持续壮大，提升产业全球竞争力。2022年，福建千亿元产业集群达21个，工业增加值总量跃升至全国第六位，百亿工业企业达58家。宁德市动力电池产业集群被列入国家先进制造业集群，电子信息产业集群“增芯强屏”延链补链，汽车制造产业集群加速集中集聚，石化产业集群规模不断壮大，石油化工产业集群一体化精细化发展、炼化一体产业链不断延伸。随着福建各具特色的产业集群持续壮大，现代化水平不断提升，竞争优势不断增强，将有利于福建产业深度融入国内产业链和全球价值链。

三、福建产业发展支撑节点存在的主要问题

梳理福建产业发展支撑节点，目前还存在产业链发展水平不高、产业链协同创新不强、产业数字化不均衡以及产业链外迁压力等问题。

一是产业链发展水平不高。近年来，福建产业规模不断壮大，部分产业不断向价值链高端攀升，但一些不可替代的关键核心技术、装备、产品、软件等拥有量较少，具有价值链整合能力的链主式企业数量少，设计、研发、精密加工、营销、品牌和管理等价值链高端环节的产业增加值贡献率不高，区域产业链发展优势主要集中在制造生产环节，整体发展水平处于加工制造、产品组装等产业链中低端。

二是产业链协同创新不强。福建产业主要通过"人有我廉"的低价战略融入全球产业链体系，产业进入门槛低，产业链同一环节上企业主体拥挤。由于缺乏链主式企业，产业链整体协调性不足，产业链上大中小企业协同创新联合体也较少。由于不同主体、同一产业链价值链上下游企业之间协同合作不够，大中小企业协调创新能力不强，以及存在同一产业链各环节低水平重复建设等问题，本地产业链特色优势难以发挥。

三是产业数字化不均衡。当前，福建产业数字化不均衡主要体现在经济结构与地区发展水平两个方面。从经济结构方面看，福建产业数字化进程呈现出服务业数字化渗透率高、其他产业数字化渗透率低的特征。其中，生活性服务业数字化转型发展迅猛，而制造业和农业由于数字技术研发应用的投入大、回效慢，产业数字化转型相对慢。从地区数字经济发展水平看，福州、厦门领先其他地区。根据2022年《福建省数字经济发展指数评价报告》，区域不平衡发展态势显著。

四是产业链外迁压力。产业链外迁压力有主客观和国内外等多个原因。其中，受成本影响较大的劳动密集型产业对外转移，客观原因主要是近十年国内劳动力、土地等要素成本急剧上升，而不断升级的中美竞争加速了相关产业向东南亚等国家与地区转移。

四、提升产业发展支撑双循环节点作用的对策

福建要服务并深度融入新发展格局，增强产业发展支撑国内国际双循环战略节点功能，必须打牢产业基础，铸强产业链，做大产业集群，建设现代产业体系，全面推进产业数字化转型。

（一）构建"六四五"产业新体系，强化产业基础支撑

现代产业体系是服务和融入新发展格局的重要支撑和产业基础。福建要着力构建"六四五"产业新体系，夯实产业发展节点支撑物质基础。

一要做大做强电子信息和数字产业、先进装备制造、石油化工、现代纺织服装、现代物流、旅游六大主导产业。其中，电子信息产业要聚焦核心关键技术和设备开发，重点以第三代半导体、存储器、专用芯片等制造为核心，着力打造东南沿海集成电路产业基地；先进装备制造业要聚焦高端化智能化发展，重点铸造新能源汽车全产业链，建设新能源汽车基地；石油化工业要以炼化一体化项目为龙头，重点发展化工新材料、精细化学品等高附加值领域；现代纺织服装业要品牌化发展，织造染等中端环节转型升级，纤维原料产业高端攀升；现代物流业要以交通与物流深度融合为重点，着力推进港区、机场以及铁路等物流枢纽基础设施建设；旅游业要以“清新福建”为品牌，加快推进旅游服务数字化、智慧化发展。

二要以数字、智能、绿色为主要方向，改造提升食品加工、冶金、建材、文化四大传统优势产业，促进产品结构优化和产业转型升级。其中，食品加工业要数字化转型发展，培育食品产业数字化体系，打造数字化生产链供应链，增强食品产业发展国际竞争力；冶金产业要绿色化、融合化发展，建设不锈钢、稀有金属等特种新材料研发应用基地；建材产业要聚焦新型绿色、智能建材产品创新开发；文化产业高质量发展要着力推进文化产业科技化、数字化提升。

三要不断培育壮大新材料、新能源、节能环保、生物与新医药、海洋高新五大新兴产业。其中，重点以福州、厦门两地为中心，以龙头骨干企业为引领，培育新技术、新产品、新业态、新模式，打造战略性新兴产业集群；重点发展金属新材料、锂电池新材料等产业，加强对碳基新材料的研发和应用创新；发展海上风电、风光储充一体化等新能源业态，建设区域新能源产业创新发展高地；以区域特色的生物医药产业园区为重点，积极打造生物医药产业创新发展策源地；以福州、厦门国家海洋经济发展示范区建设为重点，深入实施海洋经济高质量发展行动计划。

（二）增强产业链韧性安全性，铸牢服务双循环节点能级

一要试点链长制，助推产业链协同创新。链长制由“链长 + 链主”构成，体现了政府和市场相互合作的关系。龙头企业是产业链中的“链主”，而“链长”一般是由政府相关产业部门的负责人担任，在制定相关产业链政策、维护市场秩序、政策帮扶等方面的作用不可替代。在产业链协同创新过程中，链主企业处于核心地位，要充分发挥链主企业的强大市场号召力，促进上下游产业链供应链企业在产业标准、技术要求以及行业发展前沿方面进行协同创新。在协调解决“卡脖子”问题时，要充分发挥“链长”作用，通过政府统筹产业链上下内外相关资源，包括企业、资本、科研机构、领军人才、服务机构等，进行科技攻关，突破产业链技术瓶颈，实现产业链协同发展。

二要提升产业链可控性与联结能力。把握好产业链这一融入服务双循环新发展格局的关键核心，着力增强节点支撑能力，畅通产业链各节点联系，增强联结能力。不断提高关键产业链竞争力和稳定性，着力提升电子信息、新能源汽车、化工新材料等重要产业链能级。紧盯“卡脖子”技术问题，突破制约产业链安全的短板，重点以第三代半导体、存储器、专用芯片等制造为核心，打造集成电路产业链，聚焦新型显示制造产业与 LED 芯片研发攻关“增芯强屏”。以宁德时代动力电池技术为核心，打造新能源汽车产业链价值链。重点以厦门国际航运中心、福州国际深水大港为依托，打造世界级现代港口群。建设武夷山、平潭等世界旅游中心，打造国际旅游产业联结点与纽带。

三要发挥合作优势，推进产业链高质量发展。根据比较优势，集聚互补性产业链价值链各环节，形成产业集群，增强区域产业的抗风险能力和国际竞争能力。紧抓 RCEP 协定生效机遇，利用东盟国家的劳动力优势、日韩的技术优势、澳新的自然资源优势，发挥福建侨资源与外向经济优势，参与布局区域产业链价值链分工合作。重点推进台胞台企登陆的“第一家园”建设，加快两岸融合发展，推进闽台集成电路、石油化工、精密机械等产业合作。推进厦门金砖国家新工业革命伙伴关系创新基地建设，加强与金砖国家成员国经贸往来和产业合作。持续打造“丝路海运”品牌，加快建设中印尼“两国双园”等跨境合作项目，找到自身比较优势，参与东亚、东盟等周边地区“小循环”，高质量建设 21 世纪海上丝绸之路核心区。

（三）推动数字化转型，增添双循环节点新动能

一要着力打造数字经济新引擎，壮大数字经济规模。加快建设国家数字经济创新发展试验区、智慧海洋和卫星应用产业集聚区、“数字丝路”核心区。推进国家地球空间信息福州产业化基地、泉州先进计算中心、厦门软件园三期（西片区）、莆田大唐 5G 产业东南总部基地等重点项目建设。加快布局推广 5G 网络、数据中心、物联网、工业互联网、人工智能、区块链等新型基础设施建设和应用，培育扶持数字化“链主”企业，提升数字产业化水平。

二要着力推动产业数字化均衡转型。加快提升农业、制造业、生产性服务业等领域的数字化水平。开展农业生产智能化升级行动，重点推进农业信息化和智能化建设，充分利用农业物联网、5G、大数据、人工智能、卫星遥感等信息化新技术和新装备，重点打造一批现代智慧农业产业园和示范应用基地。坚持存量优化和增量提质并举，推动数字技术与传统制造业的融合，鼓励制造业“链主”企业建立智慧供应链网络、智能工厂，发展服务型制造。推进中小企业数字化转型促进中心建设，构建产业链上下游和跨行业融合的数字化生态体系，赋能中小企业数字化转型升级。在产权保护、科技转

化、质押融资、防伪溯源等生产性服务领域，大力推动数字技术应用，逐步提高数字化程度。适当增加对平潭、龙岩、南平等地市的数字经济发展政策倾斜扶持，推动全省各地区数字经济均衡发展。

从脱贫攻坚到乡村振兴：农村生态政策优化调整研究

郭俊华　王　阳[①]

（西北大学）

一、引言

在巩固拓展脱贫攻坚成果同乡村振兴有效衔接的过渡期内，如何优化调整现有农村生态政策，识别现有农村生态政策退出、延续、升级、新增的优化调整清单，是亟需关注的重点、难点问题。基于此，本文在吸收已有研究的基础上，梳理2013—2021年中国农村生态政策的历史演进及趋势，运用政策工具法、政策效力评估模型对现有生态政策进行量化评估，并构建现有生态政策退出、延续、升级、新增的优化调整清单，以期为我国抓住乡村振兴发展机遇和实现共同富裕提供生态政策优化调整建议。

二、从脱贫攻坚到乡村振兴：农村生态政策的历史演进及趋势

（一）样本选取

为保证政策文本的准确性、权威性与科学性，本文以2013—2021年的国家层面农村生态政策文本为研究对象，所用政策文本主要依托于各级政府官网和“北大法宝”政策数据库。以“生态补偿”“造林绿化”“退耕还林还草”“林下经济”“森林旅游”“绿色种养”“人居环境”等为主题词进行检索，排除政策内容与研究对象无关的政策文本，最终收集到现行有效的农村生态政策共计99份。

① 基金项目：国家社科基金重大项目“西部地区巩固拓展脱贫攻坚成果同乡村振兴有效衔接的路径及政策研究”（批准号：21ZDA063）。作者简介：郭俊华，西北大学经济管理学院教授，博士生导师，从事理论经济学研究。王阳，西北大学经济管理学院博士研究生，从事理论经济学研究。

（二）政策类别分析

党的十八大以来，中央出台了一系列农村生态政策，将其根据政策目标分类，具体可分为生态扶贫政策和生态振兴政策。具体情况如表 1 所示。

表 1　农村生态政策类别表

类别			2013 年	2014 年	2015 年	2016 年	2017 年	2018 年	2019 年	2020 年	2021 年	合计
生态扶贫	生态综合扶贫政策	—	—	—	—	—	—	2	—	—	—	2
	生态补偿扶贫	生态补偿扶贫政策	1	3	—	2	—	2	1	3	—	12
		选聘生态护林员政策	—	—	—	—	—	1	—	—	—	1
	国土绿化扶贫	造林绿化政策	—	—	—	—	1	—	—	1	—	2
		退耕还林还草政策	—	1	2	3	—	1	—	1	—	8
	生态产业扶贫	农业绿色发展政策	1	—	2	1	6	2	1	1	—	14
		木本油料政策	—	1	—	—	—	—	—	1	—	2
		林下经济政策	1	1	—	2	—	1	1	1	—	7
		森林旅游政策	—	—	1	—	2	1	1	—	—	5
		绿色种养政策	—	—	—	1	—	1	2	1	—	5
	生态环保扶贫	畜禽粪污治理政策	—	—	—	—	3	4	2	2	—	11
		农村人居环境政策	—	1	—	2	2	4	3	—	—	12
生态振兴	生态振兴综合政策	—	—	—	—	—	—	—	—	1	—	1
	生态环境振兴政策	环境保护类政策	—	—	—	—	—	—	—	—	1	1
		人居环境类政策	—	—	—	—	—	3	1	1	1	6
	科技支撑类政策	—	—	—	—	—	—	—	—	—	1	1
	生态产业振兴政策	农业绿色发展	—	—	—	—	—	—	2	—	2	4
		林下经济	—	—	—	—	—	—	—	—	1	1
		特色种养	—	—	—	—	—	—	—	—	1	1
		“三品一标”认证	—	—	—	—	—	—	—	—	3	3
合计			3	7	5	11	14	22	14	13	10	99

（三）政策工具分析

由于复合型政策工具的重复计数，本文政策工具响应频数共 385 次。总体来看，农村生态政策兼顾了三种类型的政策工具，但各政策工具的响应频率存在差别，具体结果如表 2所示。

表 2　农村生态政策工具统计

政策工具类型	工具名称	工具描述	响应频数	频率	合计
供给型	针对性措施	政府根据不同的生态文明建设方式，提出针对性的帮扶措施	47	12.21%	36.36%
	人才支持	根据生态扶贫、生态振兴工作需要，进行人才培训、人才下乡	9	2.34%	
	资金支持	政府通过划拨专项资金等方式支持生态扶贫、生态振兴的各项工作	46	11.95%	
	金融支持	金融机构和商业银行通过金融产品和服务支持生态扶贫、生态振兴的各项工作	11	2.86%	
	信息技术支持	政府为生态扶贫、生态振兴的各项工作提供信息管理和服务	27	7.01%	
需求型	政策约束	政府为引导乡村生态发展，制定约束性政策	2	0.52%	18.96%
	品牌认证	为绿色农产品进行“三品一标”认证	5	1.30%	
	产销对接	政府为鼓励绿色农产品发展，开展产销会、政府购买等产销对接模式	6	1.56%	
	示范工程	政府通过引导生态基础好、有实力的乡村开展应用示范，鼓励和引导其他乡村生态发展	28	7.27%	
	生态保护人员	政府通过聘请贫困户为生态保护人员，增强其“内生性”	5	1.30%	
	公私合作	政府与私人龙头企业合作，实现生态振兴	10	2.60%	
	政府补贴	政府通过资金补助、税收优惠、税收减免等措施鼓励生态扶贫和生态振兴的各项工作	17	4.42%	
环境型	目标规划	政府从政治站位、思想认识、工作安排等方面制定生态扶贫和生态振兴的阶段性目标	78	20.26%	44.68%
	基础设施建设	政府依托或新建各项基础设施，为生态扶贫和生态振兴的各项工作提供基本支撑条件	14	3.64%	
	监督管制	政府通过建立相关考核指标体系，对生态扶贫和生态振兴的各项工作进行监督	35	9.09%	
	宣传工作	政府通过发掘生态振兴典型，讲好生态振兴故事，为持续推进生态振兴提供样本示范	41	10.65%	
	风险评估	政府通过建立风险评估指标体系，对生态扶贫和生态振兴各项工作的风险程度进行监控	4	1.04%	

三、从脱贫攻坚到乡村振兴：农村生态政策效力的量化评估

（一）政策效力量化标准

具体量化标准及赋值如表 3 所示。

表 3　政策量化标准及赋值

维度	指标	评估标准	赋值
政策力度（X_1）	—	全国人民代表大会及其常务委员会颁布的法律	5
		国务院颁布的条例；各部委颁布的部令	4
		国务院颁布的暂行条例、意见、方案；各部委颁布的条例、规定	3
		各部委颁布的意见、规划、办法	2
		各部委颁布的通知	1
政策目标（X_2）	—	政策目标清晰、可量化	5
		政策目标清晰，但不可量化	3
		政策目标不清晰，仅有宏观指向	1
政策受众（X_3）	—	针对全部地区、全体农民	5
		针对贫困地区、贫困户	3
		针对部分贫困地区、部分贫困户	1
政策措施（X_4）	资金支持（X_{4-1}）	对生态扶贫和生态振兴项目直接给予财政资金支持	5
		对生态扶贫和生态振兴项目给予补贴、贴息、奖励等财政支援	3
		仅从宏观角度提出对生态扶贫和生态振兴项目给予资金支持，但无具体措施	1
	技术支持（X_{4-2}）	对生态扶贫和生态振兴项目制定了详细的技术支持，并有相应科研单位承接	5
		对生态扶贫和生态振兴项目制定了完善的技术支持	3
		仅从宏观角度提出对生态扶贫和生态振兴项目给予技术支持，但无具体措施	1
	配套基础设施支持（X_{4-3}）	提出给予生态扶贫和生态振兴项目详尽的配套基础设施支持，并提出具体措施	5
		提出给予生态扶贫和生态振兴项目完善的配套基础设施支持	3
		仅从宏观角度提出对生态扶贫和生态振兴项目给予配套基础设施支持	1
	配套公共服务支持（X_{4-4}）	提出给予生态扶贫和生态振兴项目详尽的配套公共服务支持，并提出具体措施	5
		提出给予生态扶贫和生态振兴项目完善的配套公共服务支持	3
		仅从宏观角度提出对生态扶贫和生态振兴项目给予公共服务支持	1
	金融支持（X_{4-5}）	提出给予生态扶贫和生态振兴项目详尽的金融支持，并提出具体措施	5
		提出给予生态扶贫和生态振兴项目完善的金融支持	3
		仅从宏观角度提出对生态扶贫和生态振兴项目给予金融支持	1
	宣传工作（X_{4-6}）	为强化生态扶贫和生态振兴项目的宣传工作，提出具体措施	5
		为强化生态扶贫和生态振兴项目的宣传工作，提出一定措施	3
		仅从宏观角度提出强化对生态扶贫和生态振兴项目的宣传工作	1
	人才支持（X_{4-7}）	对生态扶贫和生态振兴项目制定了详细的人才支持，并有相应单位承接	5
		对生态扶贫和生态振兴项目制定了完善的人才支持	3
		仅从宏观角度提出对生态扶贫和生态振兴项目给予人才支持，但无具体措施	1

（二）模型构建

参考蒋园园和杨秀云（2018）的相关研究成果，设 PE 为政策力度，PG 为政策目标，PA 为政策受众，PM 为政策措施，APE 为政策效力。则政策效力 APE 的计算公式为：

$$APE = (PG + PA + PM) \times PE \tag{1}$$

（三）结果分析

依据政策评估模型的构建方法，采用内容分析法和文本挖掘法对 99 项农村生态政策进行赋值，并根据式（1）计算各政策的政策效力（结果保留至小数点后两位）。大部分农村生态政策效力较高（大于 10），表明国家层面的农村生态政策是我国实现脱贫攻坚全面胜利的有效助推器。然而，部分农村生态政策在力度、目标、受众、措施等方面存在欠缺，尤其是政策力度明显偏低，农村生态政策文件多为部委通知，缺乏顶层设计。基于此，本文构建了农村生态政策退出、延续、升级、新增的优化调整清单，如表 4 所示。

表 4　农村生态政策的优化调整清单

<table>
<tr><th>类型</th><th>政策编号</th><th>政策效力排名</th><th>示例政策名称</th><th>原因</th></tr>
<tr><td rowspan="2">“延续类”政策</td><td rowspan="2">P91、P92、P93、P76、P51、P1、P20、P22、P27、P13、P39、P9、P31、P32、P34、P15、P35、P14、P25、P4、P3、P7、P33、P57、P59、P69、P71、P73、P77、P84</td><td rowspan="2">1 ~ 30</td><td>生态环境部、科技部关于印发《百城千县万名专家生态环境科技帮扶行动计划》的通知（P1）</td><td rowspan="2">“利在长远类”政策
“基础设施类”政策</td></tr>
<tr><td>财政部关于下达 2021 年乡村振兴专项农村人居环境整治中央基建投资预算（拨款）的通知（P3）</td></tr>
<tr><td rowspan="3">“升级类”政策</td><td rowspan="3">P17、P38、P55、P72、P40、P49、P64、P68、P96、P58、P85、P11、P41、P18、P42、P5、P8、P43、P16、P62、P81、P94、P97</td><td rowspan="3">31 ~ 53</td><td>国家发展改革委、国家林业局、财政部等关于印发《生态扶贫工作方案》的通知（P40）</td><td rowspan="3">“对象拓展类”政策
“工作延伸类”政策</td></tr>
<tr><td>国家林业和草原局办公室、财政部办公厅、国务院扶贫办综合司关于开展 2018 年度建档立卡贫困人口生态护林员选聘工作的通知（P41）</td></tr>
<tr><td>生态环境部关于生态环境保护助力打赢精准脱贫攻坚战的指导意见（P49）</td></tr>
</table>

续表

类型	政策编号	政策效力排名	示例政策名称	原因
"退出类"政策	P30、P21、P47、P53、P63、P86、P88、P98、P6、P10、P19、P23、P24、P26、P44、P45、P48、P50、P52、P54、P56、P70、P75、P78、P79、P80、P83、P87、P89、P99、P90、P74、P95、P2、P29、P36、P37、P46、P60、P61、P65、P66、P67、P82、P12、P28	54～99	财政部关于下达2021年农业绿色发展专项（畜禽粪污资源化利用整县推进项目）中央基建投资预算（拨款）的通知（P2） 农业农村部办公厅、财政部办公厅关于开展绿色种养循环农业试点工作的通知（P10） 农业农村部办公厅、国家卫生健康委办公厅关于开展农村"厕所革命"典型范例遴选推介工作的通知（P26）	已完成历史使命
"新增类"政策	新增"需求型"政策 新增"多部门联合发布"政策 新增"选聘贫困边缘户为生态护林员"政策 新增"金融支持"等"供给型"政策 新增"风险评估"等"环境型"政策 新增"顶层设计类"政策			

四、结论与建议

研究发现：①农村生态政策类型显示：既往农村生态政策中，农业绿色发展政策（约14.14%）占比最多，占比最少的是选聘生态护林员政策（1.01%）。②农村生态政策工具分析显示：环境型政策工具使用频率最高，占比约44.68%，其中目标规划占比最多（约20.26%），宣传工作占比较多（约10.65%），风险评估和基础设施建设政策工具占比较少（约1.04%和3.64%），亟须在"5年过渡期"内增加；需求型政策工具使用频率最小，占比约18.96%，增加贫困户自身"造血能力"、引导乡村自主发展绿色产业、重视生态文明建设等方面的政策约束、品牌认证、产销对接、聘请贫困户为生态保护人员、公私合作、政府补贴等需求型政策工具尚未得到足够重视。③农村生态政策效力评估显示：大部分农村生态政策效力较高（大于10），表明国家层面的农村生态政策是我国实现脱贫攻坚全面胜利的有效助推器。然而，部分农村生态政策在力度、目标、受众、措施等方面存在欠缺，尤其是政策力度明显偏低，农村生态政策文件多为部委通知，缺乏顶层设计。为此，构建了农村生态政策退出、延续、升级、新增的优化调整清单。基于上述研究结论，在巩固拓展脱贫攻坚成果同乡村振兴有效衔接的过渡期内，本文提出如下建议：

第一，在充分巩固和发挥环境型政策工具在生态振兴中作用的前提下，一是通过加强对农村生态振兴项目的人才支持、资金支持、金融支持、信息技术支持等，加强供给型政策工具在生态振兴中的作用，直接推动生态振兴项目的开展。二是通过为农村生态发展制定约束性政策，为绿色农产品进行“三品一标”认证，为绿色农产品开展产销会、政府购买等产销对接模式，鼓励示范工程的建立，鼓励与龙头企业合作，给予生态振兴项目资金补助以及聘请贫困户为生态保护人员等，加强需求型政策工具在生态振兴中的作用，从而推动生态振兴项目的开展。

第二，推动特惠性、短期性农村生态政策向普惠性、长期性转变。一是总结脱贫攻坚期间使贫困地区生态振兴的相关政策经验，从全局考虑借鉴相关政策经验并转变为使全体农村受益的生态振兴政策。二是通过确定农村生态政策的类型、时效、受众等，依据农村生态发展的实际情况，采取差异化措施，对“特惠式”产业政策进行分类处理，促使其向“普惠式”政策转变。

第三，加强农村生态政策的顶层设计。通过提升农村生态政策发布主体的级别，使政策在执行过程中更受重视，从而加强相关政策的政策效力。同时，确立多部门政策协作理念，建立起牵头部门统筹规划，相关部门配合、协调的工作平台。

第四，在政策内容方面，以补短板、强基础和利长远为抓手。一是继续推动农村地区开展“厕所革命”“污水革命”，切实改善当地农村的人居环境。二是加大对退耕还林、退耕还草政策的支持力度，继续深化农村地区集体林权制度改革，推动农村地区造林合作社的成立。三是大力推动林下经济的发展，以乡村丰富的自然资源为依托，因地制宜地开发林畜、林蜂、林禽等林下养殖业，开发林果、林药、林菜等林下种植业。同时，鼓励创办林下相关产品加工厂，延长林下经济产业链，在增绿的同时提高农户收入水平。

农村新型集体经济赋能脱贫户生计转型：优势、机制与进路

邓金钱

（兰州大学）

一、后脱贫时代脱贫户生计转型的特征事实

自新中国成立以来，贫困户的生计随着中国经济社会发展实践和扶贫政策框架的变化而变化，从决胜脱贫攻坚到全面建成小康社会，“精准脱贫户”面临的生计资本和政策框架发生了根本性的变化，脱贫户生计逐渐从以务农为主的“单一型”生计向以拥有抗风险冲击能力的“多元型”生计转型，从以解决温饱为核心的“生存型”生计向以实现可持续稳固脱贫的“发展型”生计转型。

（一）从“单一型”生计向“多元型”生计转型

改革开放后随着乡镇企业的异军突起和规模庞大的民工潮的逐渐兴起，非农产业逐渐成为包括贫困户在内的广大农户的第二就业和增收空间，贫困户生计也逐渐从传统纯农业生产型向农业生产为主型、非农活动为辅型转变（杨伦等，2019）。在全面建成小康社会后脱贫户面临的生计资本和制度环境发生了根本性的变化，乡村产业振兴和三产融合步伐不断加快，依托农业景观、乡村文化和生态环境，发展特色产业、乡村旅游、休闲农业等已成为主流趋势，脱贫户生计从以务农为主的“单一型”生计向以拥有抗风险冲击能力的“多元型”生计转型也成为必然趋势。

（二）从“生存型”生计向“发展型”生计转型

贫困户在不同阶段面对的现实需求是不同维度、不同层面的。党的十八大以来，为决胜脱贫攻坚和全面建成小康社会，所有脱贫户完整地达到了“两不愁三保障”脱贫目标，极大拓展了生计资本边界，其中乡村基础设施建设和脱贫户住房安全拓展了物质资本的边界条件，教育扶贫提升了脱贫户的人力资本水平并阻断了贫困代际传递的可能，“两山论”

的实践和生态扶贫拓展了脱贫户的财富边界，衔接脱贫攻坚与乡村振兴的制度框架改变了脱贫户面临的社会环境，普惠金融的发展拓展了脱贫户的信贷可及性。

二、农村新型集体经济赋能脱贫户生计转型的新优势

结合中国农村集体经济发展的历史进程、政策文件和最新学术成果，可以把农村新型集体经济定义为：在党的集中统一领导下建立的，以实现共同富裕为根本价值导向，适应中国特色社会主义市场经济体制要求，在农村土地集体所有制基础上通过财产联合或者劳动联合，实现“再合作”的经济形态。

（一）组织脱贫户对接“大国家”

农村新型集体经济能够依托自身的组织基础和治理优势，把包括脱贫户在内的分散农户组织起来，把分裂的农村社会重新整合起来，以合作与联合再造村社共同体对接国家资源和政策，实现组织再造基础上的赋权增能，可以有效解决“大国家”与“小脱贫户”之间交易成本过高和资源供需不匹配的问题，提高国家向农村转移资源的利用效率。然而大量分散的普通村户和脱贫户不仅无法表达自己的实际需求，也无力融入政府组织的大项目，难以对接“大国家”（贺雪峰，2019）。因此，在后脱贫时代用好这些资源的关键在于发挥基层党组织强有力的组织带动作用，发展农村新型集体经济，把广大脱贫户组织起来对接国家资源和政策，才能实现脱贫户生计转型，彻底摆脱贫困。

（二）组织脱贫户对接“大市场”

在历史性消除绝对贫困后，推动脱贫户生计转型应纳入乡村振兴的整体框架，围绕“农业农村现代化”的现实要求和“大国小农”的国情农情，充分发挥农村新型集体经济的组织和动员能力，通过“劳动联合”或“财产联合”把脱贫户完整纳入集体经济的发展轨道，从而形成农业生产的组织化、规模化和机械化，这不仅符合农业产业结构升级和社会主义市场经济的发展要求，也实现了组织脱贫户对接“大市场”的要求，使得脱贫户在市场中的生存力和竞争力有效提升。另外，农村新型集体经济的可持续发展能够为村级组织的正常运转和激活乡村沉睡资源提供物质保障，基层党组织、村委会（居委会）能够为脱贫户的生产生活提供更好的服务，进一步激发脱贫户参与基层治理的积极性、主动性、创造性，也为提高村集体的组织和动员能力创造了优势条件。

三、农村新型集体经济与脱贫户生计转型的内在机制

纵观中国共产党领导全国人民减贫的伟大历程，始终遵循马克思恩格斯集体所有制下

“合作生产”的理论设想，不断创新农村集体经济的有效实现形式，嵌入科学适宜的内生动力培育机制，形成“赋权—增能—包容”的贫困治理框架，这不仅是中国消除绝对贫困的历史经验，也是后脱贫时代巩固拓展脱贫攻坚成果的必然选择（罗必良等，2021）。

（一）赋权：分享收益扶持脱贫户

马克思主义政治经济学认为，在资本主义“资本雇佣劳动”的生产方式下，“劳动所生产的对象，即劳动的产品，作为一种异己的存在物，作为不依赖于生产者的力量，同劳动相对立”（中共中央编译局编译，2007）。阿玛蒂亚·森在《贫困与饥荒——论权力与剥夺》一书中明确指出贫困、饥饿以及社会不平等的根源在于“权力的丧失和剥夺”。

首先，农村新型集体经济“集体”属性的核心在于坚持农村基本经营制度，落实集体所有权、稳定农户承包权、放活土地经营权，不断探索农村土地集体所有的多种有效实现形式，科学确定集体成员身份，明晰农村集体资产归属，赋予脱贫户等集体成员更加充分的土地产权。其次，脱贫户在农村新型集体经济组织下通过“共同生产、统一经营”实现“劳动联合”，通过土地、资产、技术等入股实现“财产联合”。最后，农村新型集体经济能够把分散的脱贫户组织起来对接国家向农村巨大的资源投入，并通过集体成员权将其分解和量化，确认产权身份，为脱贫户分享收益和参与市场创造条件。

（二）增能：提升能力发展脱贫户

马克思主义政治经济学认为，无产阶级消除贫困的根本出路在于“剥夺剥夺者”，对于农业工人而言，“只有首先把他们的主要劳动对象即土地本身从大农和更大的封建主的私人占有中夺取过来，转变为社会财产并由农业工人的合作社共同耕种，才能摆脱可怕的贫困”（中共中央编译局编译，2009a）。

在赋权中增能，向贫困户提供更多的发展机会，是中国共产党领导百年减贫实践的核心线索。农村新型集体经济多元赋权盘活了农村集体资产，通过优化配置内部生产性资源，不仅强化了脱贫户对各类产权的实施能力和市场参与能力，而且有效改善了脱贫户生计资本质量和生计转型能力。另外，农村新型集体经济以“集体组织”支持的脱贫户技能培训、教育普及大大提升了脱贫户的人力资本水平，拓展了脱贫户的生计转型能力和生计空间。

（三）包容：机会均等富裕脱贫户

首先，农村新型集体经济的发展包容性在党的领导下能够牢牢掌握利益分配的主动权，不仅能够对接国家和社会注入的巨大资源，而且能够把土地和产业增值收益留在集体和脱贫户手中。脱贫户可以根据集体成员资格享受股金和返利，还可以在集体经济中务工、按劳计酬，拓宽脱贫户的增收渠道。其次，农村新型集体经济的发展包容性在组织方式上可通过土地置换、集体赠股、设置公益岗等方式，把脱贫户完整纳入集体经济的发展轨道，让脱贫户能够公平分享集体经济发展红利，实现生计转型。最后，后脱贫时代推动脱贫户生计转型需更加关注体面生活和精神富足，将“包容”的维度进一步拓展。

四、农村新型集体经济赋能脱贫户生计转型的实践进路

在中国特色社会主义市场经济条件下，发展壮大农村新型集体经济不能通过行政命令、“归大堆”的方式强制推广，正如马克思强调的那样，“不是采用暴力，而是通过示范和为此提供社会帮助”（中共中央编译局编译，2012c）。因此，只有顺应脱贫户对美好生活的新企盼，理顺农村新型集体经济赋能脱贫户生计转型的逻辑关系，打通“堵点”，补齐“断点”，才能更好地发展壮大农村新型集体经济，赋能脱贫户生计转型，把脱贫户完整纳入共同富裕的发展道路。

（一）创新农村新型集体经济的组织领导体系，在干部队伍上“识人善用”

中国经济社会发展的历史成就充分证明“做好中国的事情，关键在党”，党组织在农村领导核心地位的弱化和集体经济的空壳化，是导致农村发展滞后和农户陷入贫困的一个重要原因。首先，党能够统领一切、协调各方，发挥好村党组织对农村新型集体经济的领导核心作用，在党组织（村党支部）的基础上建立农村新型集体经济组织。其次，选准配强党组织（村党支部）领导班子，通过“稳”“培”“引”选择头脑活、懂经营、会管理、责任心强的优秀人才进入村“两委”和农村集体经济组织的领导班子。最后，发展壮大农村新型集体经济，必须把加强和改善党的领导作为根本任务。

（二）创新农村新型集体经济的宣传示范体系，在思想观念上“破旧立新”

首先，从理论上讲清楚发展壮大农村新型集体经济不是走回头路，而是在党的领导下建立以“确权”为基础的集体经济组织，能够真正给脱贫户赋予权利、提升能力。其次，通过对相关领导干部和村“两委”领导班子组织集体培训、网络培训进行农村新型集体经济政策宣讲，提高党员干部和群众对农村新型集体经济的政策知晓度。最后，用好农村新型集体经济改革发展的成功案例，强化“示范引领”，农村新型集体经济作为推动脱贫户生计转型、实现乡村振兴的重要抓手，涌现出一批“典型案例”，如贵州塘约村的“再集体化”、山东烟台“党支部领办合作社”等。

（三）创新农村新型集体经济的要素投入体系，在资源使用上“内外结合”

首先，坚持农村土地农民集体所有和稳定的土地承包关系，深化农村集体产权制度改革，把明晰产权作为发展农村新型集体经济的起点，持续推进集体经营性资产股份合作制改革。其次，发挥农村新型集体经济的组织动员优势，能够在更大范围内激活乡村沉睡资源，整合脱贫户小而散的资源，优化村域内资源配置。最后，农村新型集体经济的发展既要用好资本，也要约束资本，只有在党的领导下以规范有序和互利共赢的方式引入金融资本和社会资本，才能容纳资本进入农村，给集体经济发展注入活力，同时利用党在集体经济组织中的领导优势维护脱贫户的利益。

（四）创新农村新型集体经济的生产经营体系，在模式选择上“因地制宜”

具体来看，在集体经济初始禀赋好、有产业优势的村域应围绕农业现代化、农村三产融合发展组织化联结、专业化生产、市场化运营的产业主导型集体经济；在没有集体资产、发展产业难度大的村域应鼓励多种运作方式，通过成立土地股份合作社进行投资入股龙头企业，吸引外出务工经商能人带资金、带项目回乡创业，发展入股分红型集体经济；有文化资源优势和自然资源优势的村域应该在党组织（村支部）的领导下围绕乡村全域旅游、农业生产经营发展生产服务性集体经济。

（五）创新农村新型集体经济的动力培育体系，在发展方式上“市场引领”

首先，完善农村产权制度和要素市场化配置机制，健全农村土地经营权流转体系和农村集体经营性建设用地入市制度，赋予农村集体资源资产完整的市场交易权，明晰农村新型集体经济的权属关系和独立的市场主体地位。其次，根据《中华人民共和国民法典》关于农村集体经济组织取得法人资格的规定要求，借鉴现代企业制度和管理办法，在“政经分开”“折股量化”的制度框架下健全农村新型集体经济组织的法人治理模式。最后，把由脱贫户组织起来的农村新型集体经济作为独立的市场主体。

（六）创新农村新型集体经济的联合管理体系，在利益分配上“保障公平”

首先，农村新型集体经济是在坚持集体所有制前提下的“确权”，将集体成员权以股份合作制等形式具体化，明确了集体成员的资格身份，形成了一套集体和个体产权互认、共融的联合管理体系。其次，通过优化股权比例设置、集体收益分红等方式确定集体成员的持股份额，建立起一套倾向于保障脱贫户利益的产权执行体系，防止农村新型集体经济被大户控制或者垄断，警惕“精英俘获”现象的出现。最后，优化农村新型集体经济收益在普通个体、管理干部以及村集体的分配机制，脱贫户等普通个体获得“工资＋分红”，管理干部获得“工资＋绩效奖金”，村集体获得“企业上缴经营收益＋土地等集体股权收益”。

（七）创新农村新型集体经济的制度供给体系，在政策支持上“凝聚合力”

首先，完善农村新型集体经济组织的规章制度，明确政府、村“两委”以及集体经济组织的职能边界和成员权利，强化农村新型集体经济的市场主体地位。其次，发挥财政金融的政策引领作用，撬动整合各类涉农资金，设立农村新型集体经济发展专项资金，探索建立农村新型集体经济发展的制度化资金投入体系。最后，把发展壮大农村新型集体经济纳入乡村振兴的制度框架，将农村新型集体经济发展与特色产业发展、文化传承创新、生态环境保护等各类政策有机衔接起来，探索建立农村新型集体经济发展的综合性政策支持体系。

数字平台所有权的经济实现形式

——以电商平台为例

潘　越①

（中国社会科学院大学）

一、数字空间与数字平台的本质

学界对数字空间的界定尚未达成一致意见，对数字空间的定义因视角不同而各有侧重：技术视角更关注数字空间的硬件基础，文化视角更侧重于数字空间的社会文化功能等。数字空间是信息技术革命的产物，其本质与信息及信息设备密切相关。

（一）数字空间的本质

数字空间实质上是一种以信息设备和软件算法为基础的数字化信息空间，是数字信息运动的存在形式。信息空间形式多样，而数字空间的特殊性在于其数字化形式，即数字空间内信息以数字化编码的形式运动。数字空间是信息运动的存在形式，因而可以从信息的运动角度来认识数字空间。信息的运动形式主要有信息处理、信息存储和信息传输，其中信息处理又可以细分为信息创造、信息呈现和信息加工，信息存储可以分为本地存储和云存储，信息传输亦可划分为有线传输和无线传输。

（二）数字平台的本质及种类

在数字平台一词中，数字作为定语表征其形式，平台才是其核心内容。人的活动离不开一定的空间，农业劳作主要在“田间”，手工业和工业则发生在“工作间”。人的需要的多样性决定了人的活动的多样性，也必然要求各种各样的活动空间。在社会发展过程中，这些活动空间逐渐具有约定俗成的名称，例如：进行艺术表演的舞“台”、用于体育

① 作者简介：潘越，中国社会科学院大学马克思主义学院博士生。

运动的操“场”、创作团队的工作“室”等。而随着信息技术的发展，互联网+、数字化在人的活动中的作用愈发凸显，越来越多的活动发生在数字空间中，形成了丰富多彩的活动场所。它们有不同的名称，如：微信、QQ等社交平台，淘宝、京东等电商平台，百度、谷歌等搜索平台。由此，可以明确定义数字平台为以信息设备和软件算法为基础的数字空间中人的活动场所。

数字平台既然是数字空间中人的活动场所，其本质上是一种信息空间，因此可以从信息运动的不同形式对其进行分类。根据数字空间的分类，数字平台首先可以分为数字信息处理平台、存储平台和传输平台。进一步来看，数字信息存储平台又可以分为本地存储平台和云存储平台，传输平台亦可划分为有线传输平台和无线传输平台。处理空间中信息运动的多样性也导致数字信息处理平台的种类繁多，同时这类平台又是与人的需求与活动关联最紧密的，因此既可以依据信息的运动形式将之分为信息呈现平台、检索平台以及加工平台等，又可以根据人的活动类型将之划分为生产型平台、交换型平台、消费型平台等。

二、数字平台所有权的经济实现基础

以农业革命、工业革命和信息技术革命为界限，劳动工具逐渐由简单工具发展到机器再到智能终端，土地作为劳动对象的属性逐渐让位于作为劳动场所的空间属性，而劳动场所空间属性的不断强化最终演变为劳动场所的虚拟化。劳动场所数字化及数字平台的垄断是数字平台所有权的经济实现基础。

（一）劳动场所数字化

从20世纪后半叶开始计算机技术逐步发展，到21世纪，手机等移动客户端已成为生活必需品。随着5G通信技术的发展，信息高速公路、智慧城市等一系列信息时代的新事物不断涌现，万物互联的时代或许已经不远。信息技术突飞猛进的同时也深刻地改变了人的生产生活方式，电子商务规模不断扩大，2020年我国电子商务交易额达到37.21万亿元，电子商务从业人员达到6015.33万人。自国家提出“互联网+”概念以来，传统制造业与互联网开始逐步融合产生智能制造，将工人从工业社会的劳动场所即工厂中解放出来，劳动工具也从日渐庞大的机器变为越来越便捷的智能终端，越来越多的劳动者脱离了实体劳动场所转而在虚拟的数字空间中劳动。但人不能直接在数字空间中劳动，必须借助数字平台。

（二）数字平台垄断

数字平台的垄断既依赖于技术要素，又离不开社会文化要素。首先，数字平台本身具有技术壁垒和资本壁垒，构建平台不仅需要大量数字信息设备，还需要大量专业技术人才，为保证平台正常运行还需要相应的网络防护技术，这为后进入者设置了技术和资本障碍。其次，平台一旦构建完成，数据就源源不断地产生，不断积累起来的数据连同算法一起为平台的潜在竞争者设置了进入的藩篱。最后，不能忽视的是平台的用户数量。大量用户能够为平台提供海量数据，同时也意味着更大的市场份额，这些无疑都能强化平台的垄断地位。

三、数字平台所有权的经济实现形式

数字平台从经济属性上可被看作虚拟的土地，对平台租金的分析可以类比土地租金。平台收入由两部分组成，即平台资本的利息和以数字平台所有权垄断为基础的平台租金（以下简称台租）。

（一）级差台租Ⅰ和Ⅱ

级差地租Ⅰ以土地肥力和土地位置为基础，级差台租Ⅰ则主要以位置为基础。在平台空间中，“肥力”是信息量，其与位置密切相关，好的位置往往意味着高的“肥力”，这种高“肥力”所带来的超额利润正是级差台租Ⅰ的基础。以电商平台为例，级差台租Ⅰ依赖于外部流量和内部排名。所谓外部流量是指流入该电商平台的流量，是电商平台“肥力”的表现之一。外部流量越高，电商平台的“肥力”越高，其商品成交概率就越高、成交额就越大。互联网竞价排名屡见不鲜，平台内部竞价排名也很常见，靠前的展示位置往往能够获得较多的流量，进而实现更高的利润。

级差地租Ⅱ与追加资本有关，级差台租Ⅱ同样如此。电商对自身的口碑、信誉的资本投资以及电商平台对自身技术的完善、对知名度的提高所带来的超额利润是级差台租Ⅱ的基础。首先，电商通过建立售前、售中、售后客户服务体系，严格把控商品质量，完善商品物流配送，进而提高品牌信誉、知名度，最终达到提高商品销售额的目的。其次，目前大型电商平台处于垄断竞争状态，各电商平台不断完善自身技术、改进管理、提升平台认知度，以便于吸引更多外部流量，扩大交易规模。而交易额的扩大为商业资本获取更多的剩余价值提供了可能。

（二）绝对台租

和土地资源一样，只要使用数字平台就要缴纳租金，这种区别于级差台租Ⅰ和级差台租Ⅱ的台租形式即是绝对台租。这里以电商平台减少商业资本总量为例：

假设某一商品 A 的电商价格和实体店价格是相同的①，且不考虑资本周转的影响。产业资本的出厂价格为：

$$p_0 = C_0 \times r \tag{1}$$

C_0 表示商品 A 生产过程所耗费的总资本，r 表示平均利润率（已和商业资本平均之后的利润率）。商品 A 由生产领域进入消费领域有两种途径：一是经过传统的各级中间商和实体零售商，二是经过电商平台。那么，在前一种情况下，商品到达消费者手中的价格是：

$$p_1 = p_0 + \sum C_{1i} \times r + C_2 \times r \tag{2}$$

C_{1i} 表示各级代理商和中间商的商业资本，C_2 表示零售商的商业资本。$\sum C_{1i} \times r + C_2 \times r$ 表示各级代理商、中间商以及零售商的总资本量及所获利润量。在后一种情况下，商品到达消费者手中的价格是：

$$p_2 = p_0 + C_3 \times r_1 \tag{3}$$

C_3、r_1 表示电商平台商家的资本量以及其利润率。在电商价格等于实体店价格的条件下，此时电商平台商家的利润率为：

$$r_1 = \frac{\sum C_{1i} + C_2}{C_3} r \tag{4}$$

由此可见，在不考虑资本周转因素时，完成等量的商品销售的条件下，若电商的商业资本量小于传统销售的商业资本量，那么电商可以获得更高的利润率。如果考虑电商加速资本周转的情况亦是如此。因电商面临的存货积压、商品仓储等问题要小于实体代理商、零售商，所以其资本周转速度更快，从而年利润也更高。这部分超出平均利润的利润正是绝对台租的来源。平台所有权的垄断是绝对台租产生的原因，产业资本家转让的剩余价值则是绝对台租的来源。

（三）垄断台租

数字空间具有有限性。首先，数字平台是有限的，技术壁垒、资本壁垒以及品牌效应等限制了平台的数量。其次，数字平台虚拟空间的无限性是相对的。数字平台所提供的虚拟空间远远多于现实中土地的绝对空间，并且能通过优化软硬件设施的方式以相对较小的

---

① 在电子商务发展初期，电商以低于实体零售的价格出售商品，从而吸引消费者。但随着线上消费规模不断扩大以及网购文化的形成，越来越多的人发现线上购物并不比线下省钱。电商也会通过一些手段防止消费者发现其商品涨价，如设置线上或线下专供，使得线上线下产品不同，避免消费者比较价格。因此，不妨假设，线上和线下商品价格相同，并且即使线上商品价格略低也并不影响结果分析。

成本获得相对较多的虚拟空间，因而数字平台的虚拟空间理论上近似于具有无限性。然而，数字空间虽然理论上可以扩展无限大，但要受劳动力数量、智能终端、市场规模等因素的限制，因而具有有限性。

数字平台所提供的数字空间也并不同质。这也造成数字空间中某些位置信息含量和信息流动速度优于其他位置，从而为垄断利润的产生奠定了基础。垄断利润指的是平台的使用者因对某些空间位置的垄断而获得的利润，而非平台的所有者对平台的垄断所带来的收入。数字空间中某些特殊的位置被部分商家占有，这些位置能够提供更好的信息呈现、吸引更多的流量，从而可以实现更快和更大的商品交易，但这种利润依然转化成级差台租，只有商家凭借这种有利位置以超过商品市场价值的垄断价格出售商品而获得的垄断利润才构成垄断台租的基础。

四、台租的实证分析与主要数字平台国有化

投入数字平台的资本的利息和数字平台所有权的经济实现即台租共同构成平台收入，在实际经济生活中二者往往难以明确区分开来。台租的类地租性质表明平台垄断的根源不在于数据垄断，而在于虚拟劳动空间的垄断，这也决定了平台治理的根本途径是数字平台的国有化。

（一）台租的实证分析

台租和平台收入是不同的，平台收入中包含着台租，同时也包含着资本利息，在实际经济生活中二者往往难以明确区分开来。以天猫平台为例，商家在天猫平台从事经营业务要缴纳保证金、软件服务年费和软件服务费（按销售额百分比收取）。首先，所有商铺都必须按时缴纳保证金，用于向天猫平台和消费者支付违约金等。对于不同性质的店铺，保证金金额也不同[①]。在商铺退出时，天猫平台返还其保证金。其次，所有商铺必须缴纳软件服务年费。天猫平台软件服务年费分为 3 万元和 6 万元两档，年费折扣分为 50% 和 100% 两种，商家达到规定销售额及其他要求后，可享受年费折扣。最后，所有商铺必须根据销售额按比例缴纳软件服务费。对于不同经营类目，软件服务费率也不相同，最低为 0. 3%，如有线宽带充值类目，而最高可达 10%，如数字阅读类目。以服饰大类下的男装一级类目为例，该类目软件服务费率为 5%，软件服务年费为 6 万元，销售额达到 36 万元可以享受软件服务年费 50% 折扣，销售额达到 120 万元可以享受软件服务年费 100%

---

① 旗舰店、专卖店：持商标注册受理通知书的店铺保证金为人民币 10 万元，持注册商标的店铺保证金为人民币 5 万元；专营店：持商标注册受理通知书或/和经营未在中国内地申请注册商标的特殊商品（如进口商品等）的店铺保证金为人民币 15 万元，持注册商标的店铺保证金为人民币 10 万元；卖场型旗舰店，店铺保证金为人民币 15 万元。

折扣。

付费推广是平台获取收入的重要手段，推广的核心是增加流量，付费推广的本质是提高付费商家店铺的“肥力”，从而收取级差台租。淘宝（天猫）平台付费推广项目收费标准如表1所示。

表1　淘宝（天猫）平台付费推广

营销工具	工具简介	费用标准
直通车	淘宝直通车的竞价结果可以在雅虎搜索引擎和淘宝网上充分展示	按实际被点击次数付费。（每个关键词最低出价为0.05元，最高出价为99元，每次加价最低为0.01元）；扣费=下一名出价×下一名质量得分/本人质量得分+0.01元
钻石展位	为卖家提供多个淘宝网内最优质展位，帮助客户把广告投向站外	按流量竞价售卖，计费单位为CPM（每千次浏览单价），按照出价从高到低进行展现
超级推荐	主要承接推荐型流量，根据店铺访客特征以及宝贝属性来匹配流量	支持按展现收费（CPM）和按点击收费（CPC），CPM：实际扣费=按照下一名CPM结算价格+0.1；CPC：点击出价先折算成千次展现价格，再按价格高的优先展示
淘宝客	淘宝客先获取商品代码，买家经过其推广进入淘宝卖家店铺完成购买后，可得到佣金	淘宝平台规定最低佣金比例为0.5%，最高佣金比例为50%，具体支付比例由卖家自行设定

从表中不难看出，付费推广的主要作用不外乎增加外部流量和提高商家在平台内部的排名，本质上都是提高平台使用者所使用的虚拟劳动空间的“肥力”。因而通常情况下，付费推广一方面是商家对自身店铺的追加投资，另一方面又是平台凭借其所有权垄断利用“肥力”较高的数字空间而收取的级差台租。

（二）主要数字平台国有化

数字平台国有化主要内涵是数字平台所有权收归国家所有，准确来说就是由国家代表全民持有数字平台的所有权。数字平台是以电子信息软硬件为基础的信息空间，信息革命推动数字平台逐渐成为重要的劳动场所，是类似土地的关键生产资料。在社会主义制度条件下，数字平台理应归全民所有。但是在社会主义初级阶段，社会主义市场经济中存在多种不同所有制经济，因而可以允许一部分数字平台所有权由私人持有，而只把涉及国计民生的关键领域和重要行业的数字平台所有权收归国有。数字平台的所有权国有化并不意味着数字平台的经营管理全部国有化。针对社会主义市场经济以公有制为主体的基本原则以及复杂的国内国际经济环境，数字平台治理可以参照农村土地“三权分置”而将所有权和经营权分置，即所有权由国家代表全民持有，而经营权可自由流转。根据不同经济现实状况，数字平台既可以选择国有国营，也可以选择国有民营。与此同时，不论采取何种形式，国家均需依法履行监管职责。对于现有数字平台应推进混合所有制改革，逐步实现国有控股。不仅如此，还应鼓励国有企业加快研发、建设新型数字平台。在主要平台国有化的条件下，台租收归国有，既能防止平台企业凭借垄断攫取利益，又能推进平台公共财富全民共享。

改革开放后我国小农户分化的变迁研究

赵红梅　郑书书[①]
（山西财经大学；新华保险）

从1978年改革开放至今，我国国民经济快速发展，工业化、信息化、新型城镇化和农业现代化稳步推进，但大国小农仍是基本国情和农情。据第三次农业普查数据，我国小农户数量约2.03亿，占各类农业经营户总数的98.1%，今后小农户仍将是我国农村经济的基本单位，是农业生产经营的主要组织形式，也是全面推进乡村振兴的主体和原动力。党的十九大报告中明确了要"实现小农户与现代农业发展的有机衔接"，从政策层面强调了小农户发展的重要性。

小农户发展就是一个分化变迁的过程，也是一个重新配置劳动力、土地等要素的过程。随着改革开放的整体推进和全面深化，小农户分化由最初的单一性、同质性呈现出深层次、异质性、稳定性等特征。围绕这一问题，学者们对小农户分化的类型、分化的影响以及与现代农业的衔接模式和路径等进行探索。本文拟从历史视角分析我国改革开放以来小农户分化的变迁历程，归纳出小农户分化的特征、动因，对于引导和扶持小农户分化和发展，加快农业农村现代化建设具有一定的理论和实践意义。

在中国农村，一家一户就是一个农业经营主体。小农户就是指以家庭为单位从事农业生产，以家庭成员为主要劳动力，生产资料和劳动所得归家庭所有，生产经营规模较小的农业微观主体。这里的小农户不是指某个农民个体，而是指家庭内部通过分工合作进行独立生产、投资和决策的组织。按统计分类，小农户主要分为纯农户、农业兼业户、非农兼业户、非农农户四种类型。

分化意味着流动和移动，小农户分化指小农户重新配置家庭各种要素，由从事农业的纯农户转化成亦工亦农的兼业户，甚至成为非农农户。分化也意味着差异，小农户分化指

---

① 基金项目：2021年山西省哲学社会科学规划课题"改革开放后我国小农户分化的变迁和动因探究"（2021YJ073）。作者简介：赵红梅，山西财经大学经济学院教授；郑书书，新华保险山西分公司。

农户转变为不同类型的经营主体，具有不同经营规模和不同组织特征的人群，是一个由一致性向异质性、由单一性向多元性转变的过程。小农户的分化表现为农户身份、就业结构、收入结构、组织程度、综合素质等内容的转变。

小农户分化的变迁历程。改革开放前，农村集体土地经营制度、严格的户籍政策和城乡二元的产业特征，强制阻断了农村人口的流动，小农户的分化无从谈起。改革开放后，伴随着农村经济社会发展中的几次变革，小农户分化也随之发生并发展。

一、改革开放至1980年代末，小农户分化初级阶段

中国的改革开放率先在农村取得突破。1978年秋，安徽小岗村18户村民“分田单干”，很快“包产到户”“包干到户”等生产责任制形式扩展到全国，得到了规模发展。至1984年，家庭联产承包责任制被确立为农村一项最基本的经济制度。它重塑了小农户独立经营决策主体的地位，也调动起农民生产积极性，农业生产效率的提高让大量农村劳动力从土地上释放出来，需要寻找非农就业出路。小农户分化拉开序幕。

第一，农业部门内的分化。家庭联产承包责任制改革激活了小农户分化的动力，改革大潮涌向了农产品的流通领域，刺激了农林牧副渔多种经营和商品经济的繁荣，带动了乡村零售业和服务业的发展，这意味着小农户生产经营活动的空间和产业扩容。农业劳动力开始从种植业向林牧渔业部门转移，从农产品的种植生产向农产品深加工的部门流动。这是小农户分化的开端。

第二，本乡本土兼业化。20世纪80年代中期乡镇企业的迅速崛起和小城镇的复兴，拓展了农民非农生产和生活空间，面对从事农业生产成本增加的现状，小农户调整家庭内部分工，部分劳力利用农闲时间就地从事非农生产。当时的乡镇企业吸纳了大量的农村剩余劳动力，成为农民收入增加的主要来源。数据显示，1990年乡镇企业就业占农村劳动力比重从1978年的9.23%上升到22.05%①，同年乡镇企业工资性收入占农民人均纯收入的比重由1978年8.2%提高到23%左右②。这是本土化的纯农户到农业兼业户的分化。

第三，跨职业跨区域兼业化。部分有能力、有技术、敢冒风险并有一定积累的小农户自己投资成为个体工商户、私人企业主；少数中西部农民开始跨区域移动，外出到沿海地区务工，一些小农户甚至自带口粮在集镇落户。这是小农户分化的个别形式。

这一阶段，乡村工业的发展促动小农户分化为“离土不离乡”“进厂不进城”的农业兼业户。这种分化体现为一种不完全的非农就业，小农户的收入仍以农业为主，农地关系

① 国家统计局:《中国统计年鉴2006》,中国统计出版社2006年版。
② 宋洪远:《中国农村改革三十年》,中国农业出版社2008年版,第259页。

黏性较大，未出现大量的人口地域变动的职业转换。

二、20世纪90年代，小农户分化加速阶段

随着市场经济体制的逐步确立、城市化和工业化的推进以及农村市场化改革的不断深入，小农户分化进入积极扩张阶段。

第一，大规模城乡跨区域分化。20世纪90年代初，制度环境和政策限制了乡镇企业发展，减弱了对农村剩余劳动力的吸纳，东部沿海地区的开放推动民营经济的大发展，对劳动力产生了巨大需求。寻找就业机会的小农户尤其是中西部地区的农民，开始流向经济发达地区和城市，形成了大规模“离土又离乡”的跨区域流动。第五次人口普查数据显示，2000年左右跨省流动人口达4242万，从乡村流出人口为8840万，占总流动人口的62%[①]。开启了向非农兼业户的分化。

第二，进城务工人员状态复杂。20世纪90年代，城市粮食购销制、企业招工体制的改革以及城市住房租赁市场的开放，为小农户进入城市提供了基本的生活保障，1999年纯农户占比约47%，兼业户高达44%左右[②]。但是小农户进城务工经商后的状态也呈现出复杂性：一方面，受城乡比较利益驱动的影响，进城务工经商者多为农户家庭的青壮年，他们努力扎根城市，以赚取更多的非农收入，2000年小农户的非农收入几乎占到从业收入的一半。但是这些“农一代”们的根在农村，多处于“半城半乡”“牛郎织女”的“候鸟式迁徙”状态，季节性往返于东部地区和内地农村之间。另一方面，城市化的快速发展加大了城乡差距，农业比较效益降低，农地一度成为农户的累赘和负担，出现粗放经营甚至搁荒弃耕现象。农村劳动力盲目无序地游走于城乡之间打工，基于身份、居住、就医等城乡限制，职业选择基本处于被动状态，多从事高危、低酬、环境差、无劳保的工作。此外，20世纪90年代后期，国企改革的压力以及亚洲金融危机的叠加对农民工留城就业的稳定性产生影响，开始出现农民工回流现象。

第三，农业产业化引导小农户分化。市场经济体制的确立促进了农业生产和流通的市场化，面对着弱小农户与大市场、大生产之间供需脱节、信息不对称的矛盾，“九五”计划和党的十五大均提出积极发展农业产业化经营，为小农户融入市场经济开辟了道路。20世纪90年代中后期，小农户的升级版“专业大户”开始出现，基于共同利益由小农户自发联合组织的农村专业合作社大量涌现，还有外来公司与小农户订立契约，合作进行农业生产经营的“公司+农户”模式。这些农业产业化经营形式搭建了小农户分化的平台。

---

① 刘守英、王一鸽：《从乡土中国到城乡中国》，《管理世界》2018年第10期，第136页。

② 数据来源：《全国农村社会经济典型调查数据汇编（1986—1999）》。

这一阶段，小农户分化兼业化特征突出，农业兼业户占比仍比较大，非农兼业户呈快速上升态势。小农户分化的方向主要是从农村到城市或城镇，家庭形成了以代际关系、夫妻关系为基础的“半工半耕”的劳动分工结构①。劳动力和土地的黏性有所降低，但小农户对土地的依恋并未改变，家庭经营收入中的农业收入占比明显下降。

三、21世纪初至2012年，小农户分化异质阶段

21世纪初城乡关系出现革命性的跃迁，工农业收入差距不断扩大，中国步入以工补农、以城带乡的发展阶段。小农户分化加速且异质性明显。

第一，分化类型和地域差异性突出。从分化的类型看，纯农户、农业兼业户、非农兼业户和非农户并存，2012年四类小农户的占比分别为18.28%、30.07%、35.72%、15.93%②，纯农户比例呈下降趋势，兼业户呈上升趋势；从分化的地域看，东北部地区的纯农户及农业兼业户占比相对最高，累计达到65%以上，东、中及西部地区的非农兼业户在各类农户中所占比重最大③，2012年东部地区的非农户占比为30.4%，远超过中、西部地区的7.12%和6.08%④；从农户家庭的内部分工看，城镇非农就业领域对从业人员有“门槛效应”，经过筛选的青壮年进城务工，妇孺老人则留乡务农，这是典型的纯农户向兼业农户的分化。

第二，土地合理流转加速分化。面对大量农民流入城市带来的村庄“空心化”、土地抛荒、搁荒问题，中央多个一号文件都提出推动农地快速流转。2003年从法律形式承认和保护土地流转行为。2008年中央明确指出：允许农民以转包、出租、互换等形式流转土地承包经营权。借助农村土地流转影响了小农户分化的趋势和程度，纯农户和农业兼业户倾向流入土地扩大经营规模，向规模农户转型；非农兼业户和非农户则倾向流出土地，进一步强化了非农就业倾向。

第三，城市乡村双向流动。21世纪初的农村税费改革和取消农业税，使农民负担重的问题得以扭转，农村劳动力的就业格局得到调整，小农户分化更趋合理。一方面，农地的升值调动起农民劳动积极性，一些进城农民工开始返乡，将务工获得的资金、技术、经验以及生活方式等用于农业生产和乡村建设，这种回流现象带来农户间劳动生产率的差异，通过累积循环使得农户间出现农业经营收入差距的分化；另一方面，城乡管理体制在不断优化，小农户进城务工经商的就业、生活环境得到很大改善，分化方向从原来的县城

---

① 刘守英:《中国小农的特征与演变》,《社会科学战线》2020年第1期,第72页。

② 刘守英、王一鸽:《从乡土中国到城乡中国》,《管理世界》2018年第10期,第139页。

③ 苏群、汪霏菲、陈杰:《农户分化与土地流转行为》,《资源科学》2016年第3期,第378页。

④ 刘守英、王一鸽:《从乡土中国到城乡中国》,《管理世界》2018年第10期,第139页。

为主转向大城市为主，他们更愿意留在城市、融入城市，非农兼业户和非农户占比增加。

这一阶段，小农户分化呈现出异质性和深化的特征。既有农村到城市的加速转移，也有城市到农村的返乡回流；既有同一类型小农户间因个人技术、资金、能力不同造成的差异，也有地域特征和资源禀赋的不同造成不同地区小农户分化的差异。越来越多的农户成为以工资性收入或非农收入为主的兼业农户，农地关系理顺了，土地从经济功能为主转变为安全保障功能为主。

四 、2013 年至今，小农户分化高级阶段

党的十八大以来，农村改革进入全面深化时期，全面推进乡村振兴，实现小农户与现代农业的有机衔接，为小农户的发展指明了方向。小农户分化呈现稳态化和高级化。

第一，分化方向趋于多元性。从外出务工的小农户分化趋向看，由跨省流动为主转为省内流动为主，由东部吸纳为主转向中西部为主；从农村的产业前景看，现代农业的发展涌现出不少新产业新业态，催生的就业岗位为小农户分化开创出电商、网购、乡村旅游等第三就业空间。从现代农业发展看，小农户继续分化，少部分农户会因耕地资源和就业能力的限制，难以向兼业户转化，只能从事传统农业生产；部分小农户会发展成规模化经营的专业大户和家庭农场；部分农户会通过承包、流入少量土地、成为新生代的小规模兼业农户，他们是现代农业发展的中坚力量。

第二，分化的小农户发生蝶变。现代农业的发展和新型城镇化的建设对小农户的素质提出更高要求。一方面，纯农户和农业兼业户仍以家庭经营为主，为了在现代农业生产经营的价值链中占有一席之地，小农户会不断学习提升自我，增加资本和机械化投入，提高经营能力，在分化进程中积极与现代农业衔接。另一方面，随着城镇化深度推进，进城务工经商的主力军是 80 后、90 后甚至 00 后的“农二代”，较之于“农一代”，他们“举家迁移”的比例在上升，他们不再依恋土地，认同城市价值，具有人力资本积累的意识，更强调自我价值的实现。他们在分化中不断发展，越来越多地开始选择自营劳动或作为雇主生产经营①。新时代的小农户已然不同于传统小农户。

第三，小农户向现代农业转型。通过“三权分置”的土地流转政策和现代农业的引领，扶持回乡农民创业，引导小农户由兼业经营向专业经营转变，适当提高经营规模，发展地方特色产业，向专业化、规模化、特色化要效益。充分利用各种新型农业经营主体的组织优势，发展社会化服务体系，引导小农户的生产组织方式由单干向合作经营转变，助推小农户和各类新型农业经营主体合作共生。

---

① 刘守英、王一鸽:《从乡土中国到城乡中国》,《管理世界》2018 年第 10 期,第 139 页。

这一阶段，小农户的就业观念和就业模式发生改变，分化活力表现为利用各种资源优势优化小农户的组织程度和成长路径。兼业小农户的农业收入占比继续下降，土地流转价格不断市场化，为农户分化创造了条件。

随着改革的推进和全面深化，小农户分化是个必然趋势。回望这一变迁历程，小农户作为经营主体，其分化的动因源于内部的拉力和外部经济制度和环境的推力。小农户家庭利用比较优势，有效配置劳动力，在农业与非农之间做出理性选择；人地关系的变化和农业生产效率的提高，助推小农户开始分化外出兼业；乡村工业化、城镇化的发展为多余的农业劳动力转移提供了空间和路径；土地流转制度和政府的相关助农扶农政策为小农户分化提供了制度保障，令小农户分化释放了活力；农业生产体系和经营体系的现代化为小农户分化提供了发展环境和空间；要素市场和各类经营组织的不断完善，为小农户分化提供了平台和依托。

未来小农户及小农户分化仍将长期存在，他们在有机衔接现代农业、实现小农户现代化的进程中，生产方式、加工方式、消费方式会发生新的转变；他们会以各种新型农业经营主体为桥梁，组织程度将会更加高级化；他们的兼业程度会进一步加深，非农农户数量将会越来越多。这是农业农村现代化发展之路的必然现象。

/第四部分/

国际经济问题研究

推进高水平对外开放的理论指引与实践路径

王春丽①

（福建社会科学院）

一、新时代推进高水平对外开放的理论指引

新时代，世界正处于百年未有之大变局。在此变局中，如何正确看待对外开放问题，怎样坚持和发展对外开放，以习近平同志为核心的党中央审时度势，旗帜鲜明地指出我国已经“形成全面开放新格局”的合理答卷，并明确提出“中国开放的大门只会越开越大”这一符合时代特征的方向指引。这一方向的确立及其所依据的相关理论，是以习近平同志为主要代表的中国共产党人，坚持把马克思主义基本原理同中国实际和时代特征相结合，在深刻总结并充分运用党成立以来特别是改革开放以来对外开放发展的历史经验，从新的实际出发所做出的科学论述，是习近平新时代中国特色社会主义思想的重要组成部分，其内容集中体现在习近平总书记关于新时代对外开放的重要论述中。

（一）加快完善开放型经济体系

进入新时代，针对日益复杂的国际经济形势和“逆全球化”思潮涌动，习近平总书记反复强调，要站在历史正确的一边，坚持对外开放基本国策，全面提高对外开放水平，加快完善开放型经济体系。2013 年 4 月，习近平总书记再次表明了对“开放”的决心与态度：“中国开放的大门不会关上。中国将在更大范围、更宽领域、更深层次上提高开放型经济水平。”2013 年 10 月，习近平总书记进一步指出：“我们将实行更加积极主动的开放战略，完善互利共赢、多元平衡、安全高效的开放型经济体系。”2013 年 11 月，党的十八届三中全会《中共中央关于全面深化改革若干重大问题的决定》明确提出“加快完善开放型经济体系”。

---

① 作者简介：王春丽，福建社会科学院亚太所研究员，经济学博士。

（二）推动形成全面开放新格局

推动形成全面开放新格局，这是习近平总书记在深刻把握对外开放的重要性和战略地位的基础上，提出的一种在更高层次上推进对外开放的新理念。为此，他强调，要坚持以开放促改革、促发展、促创新，持续推进更高水平的对外开放。2017 年 10 月，党的十九大报告在新时代中国特色社会主义思想和基本方略中正式提出“推动形成全面开放新格局”，并指出“要以‘一带一路’建设为重点，坚持引进来和走出去并重，遵循共商共建共享原则，加强创新能力开放合作，形成陆海内外联动、东西双向互济的开放格局。”对此，习近平总书记强调，“应该统筹沿海、沿江、沿边和内陆开放，实现同‘一带一路’建设有机融合，培育国际经济合作竞争新优势”。2019 年 11 月，习近平总书记进一步指出，“中国对外开放是全方位、全领域的，正在加快推动全面开放新格局”。

（三）构建人类命运共同体

进入新时代，面对日益深化的国际关系和多变的国际秩序，习近平总书记将开放的视野拓展到全球，他不仅提出了构建人类命运共同体的思想，还基于这一思想提出了推动建设开放型世界经济和改革全球治理体系。2013 年 3 月，习近平总书记首次提出人类命运共同体这一新理念，他指出“人类生活在同一个地球村里，生活在历史和现实交汇的同一个时空里，越来越成为你中有我、我中有你的命运共同体”。2013 年 4 月，习近平总书记指出“要稳步推进国际经济金融体系改革，完善全球治理机制”。2013 年 9 月，习近平总书记第一次提出“共同维护和发展开放型世界经济”的新理念。此后，习近平总书记在各种场合反复提及和阐述这三个理念。党的十九大报告明确提出“推动构建人类命运共同体”，并在其内容中指出“中国支持多边贸易体制，促进自由贸易区建设，推动建设开放型世界经济；中国秉持共商共建共享的全球治理观，积极参与全球治理体系改革和建设”。

二、新发展阶段推进高水平对外开放的实践路径

（一）以创新发展为主线，推进制度型开放

制度型开放既是我国高水平对外开放的重要内容，也是推动投资贸易金融高质量发展的重要举措。党的十八大以来，为了加快构建开放型经济新体制和推进制度型开放，我国从东到西、从南到北先后设立了 21 个自贸试验区，基本形成东西南北中全面覆盖新格局。各个自贸试验区大胆探索、勇于突破，至今有 278 项各具特色的制度创新成果在全国复制推广，为构建开放型经济新体制提供了可靠的改革经验。

当前，国际经贸规则建设和平台发展出现新趋势。传统多边合作机制逐渐失灵，多边合作向双边合作、小多边合作（三方合作等）、多层级合作、区域一体化合作、价值链节点板块化合作转向。国家实力与利益的分化，带来更加激烈的规则、制度甚至意识形态博弈。“边境后”措施逐步成为国际经贸规则谈判的重点。为有效应对外部环境变化给我国带来的风险挑战，接下来，要紧紧围绕国际通行规则进行改革创新，强化高水平对外开放制度体系设计，形成与国际贸易、国际金融、国际投资、国际劳务合作等规则相衔接的制度体系和监管模式。

继续放宽外资市场准入，深入实施准入前国民待遇加负面清单管理制度，进一步缩减外资准入负面清单，扩大外商投资范围，减少外商投资限制，提升投资自由化水平。有序推进服务业开放，增设服务业扩大开放综合试点，加快电信、教育、医疗、文化等领域开放进程，放宽教育、医疗等领域外资股比限制。稳步扩大金融业开放，稳妥推进银行、证券、保险、基金、期货等金融领域开放，深化境内外资本市场互联互通，健全合格境外投资者制度。加强外资法治建设，统一内外资法律，贯彻实施《中华人民共和国外商投资法》，完善公开、透明的涉外法律体制，完善知识产权保护法律体系，完善投资促进和保护、信息报告等制度，营造国际一流营商环境。

（二）以协调发展为核心，持续优化区域开放布局

中国对外开放是全方位、全领域的，优化区域开放布局是扩大对外开放水平的重要突破口和切入点。近年来，国家推动构建形成全方位区域开放新格局，立足东中西协调、陆海空统筹，港澳台加快融入，区域开放提质增效，带动经济协调发展，进一步推动高水平对外开放。但由于长期以来，沿海地区开放先于内陆地区，竞争力强的地区开放快于竞争力弱的地区，传统贸易领域发展快于新型贸易领域，我国对外开放仍然表现出明显的区域不平衡、发展不协调等问题。

进一步推动高水平对外开放，区域、产业协调发展，就要扎实推进自由贸易试验区、海南自由贸易港建设，赋予更大改革自主权，鼓励大胆试、大胆闯、自主改，对标国际高标准经贸规则，加大开放压力测试，形成更多制度创新成果。加快推进粤港澳大湾区建设，不断深化粤港澳互利合作，进一步建立互利共赢的区域合作关系，建设富有活力和国际竞争力的一流湾区和世界级城市群，打造高质量发展典范。继续发挥长三角、珠三角、环渤海地区对外开放的门户作用，围绕沿海经济带、京津冀协同发展和长江经济带等战略布局，有序推进区域协调发展体制机制创新，完善局部区域市场，加快推进市场一体化进程。加快中西部和东北地区开放步伐，推动沿边重点口岸、边境城市、边境经济合作区高质量发展，完善沿边重点开发开放试验区、边境经济合作区、跨境经济合作区功能，更好

发挥重点口岸和边境城市内外联通作用。

（三）以绿色发展为支撑，继续提升开放能级

“十四五”时期，我国提出加快构建以国内大循环为主体、国内国际双循环相互促进的新发展格局。这是适应我国新发展阶段要求，更好利用国内国际两个市场、两种资源的必然选择。客观地看，当前，我国国内外市场环境与构建新发展格局的核心诉求，比如中国市场经济地位等，还有一定落差。在国内市场，区域差距、城乡差距、行业差距等不平衡问题仍然客观存在，这不仅导致国内循环成本较高、循环通道受阻，还限制了消费升级和产业转型。在国际市场，我国产业多数处于世界产业链的中低端，在高端产业等国际科技竞争中，“卡脖子”现象仍然比较难回避。

在新发展格局的指引下，我们要进一步加快以开放促改革促发展的步伐，通过更加畅通的国内外经济双循环相互促进，来解决发展中的“梗阻”问题。要推动进口和出口、货物贸易和服务贸易、双边贸易和双向投资、贸易和产业、物流与交通等协调发展。保持外贸传统优势，加快培育外贸竞争新优势，大力发展绿色贸易，着力破解制约外贸持续发展和转型升级的突出问题。要全面提升外贸竞争力，提高贸易便利化水平，完善进出口贸易促进体系，健全贸易摩擦应对、化解、避免机制，促进外贸提质增效升级。加快货物贸易优化升级，鼓励高新技术、装备制造、品牌产品出口，引导加工贸易转型升级。促进服务贸易创新发展，提升服务贸易战略地位，建立健全服务贸易促进体系，推进服务贸易便利化。培育贸易新业态新模式，支持跨境电子商务、市场采购、外贸综合服务等健康发展，打造外贸新的增长点。更加重视进口的作用，进一步降低关税和制度性成本，培育一批进口贸易促进创新示范区，扩大对各国高质量产品和服务的进口。

（四）以开放发展为动力，深入推进多双边合作

开放合作是增强国际经贸活力的现实要求，也是推动国内高质量发展的重要动力。近年来，世界经济格局发生深刻变化，全球治理新机制新平台不断建设，新旧共存、交替。WTO 在功能发挥和推进改革方面有失灵表现。争端解决机制中的上诉机构停摆问题、有效达成解决方案的周期较长，导致 WTO 无法及时有效应对不断蔓延的单边主义和保护主义。发达经济体和新兴经济体开始将合作重点转向区域、双边和小多边层面。以《全面与进步跨太平洋伙伴关系协定》（CPTPP）、《区域全面经济伙伴关系协定》（RCEP）为代表的超大型区域贸易协定主导的国际经贸规则重构正在全球铺开。

新中国成立以来，中国的发展是在开放条件下取得的，即使是在被极限封锁和打压的年代。当前，面对复杂严峻的国际形势和外部风险挑战，中国要实现高质量发展，必须在

更高水平的开放条件下进行。要坚持真正的多边主义，维护多边贸易体制在全球贸易投资自由化中的主渠道地位，积极推动世界贸易组织改革，主动设置新议题，放大格局参与新议题探讨与深入谈判，支持世界贸易组织加强贸易政策监督机制、完善争端解决机制建设，继续为多边贸易体制贡献中国力量。全面落实《区域全面经济伙伴关系协定》，积极推进加入《全面与进步跨太平洋伙伴关系协定》和《数字经济伙伴关系协定》，深度参与贸易投资、绿色低碳、数字经济等国际合作。高质量推进自由贸易区建设，巩固和扩大自由贸易区成果，推进已签署自由贸易协定升级，推动同更多国家和地区商签高标准自由贸易协定，逐步构筑起立足周边、辐射“一带一路”、达到全球高标准的自由贸易区网络。

（五）以共享发展为引领，高质量共建“一带一路”

高标准共建“一带一路”是顺应经济全球化的重大举措，它不仅为世界各国发展提供了新机遇，也为中国高水平对外开放提供了新路径。作为一种兼具开放性和包容性的新型区域合作模式，“一带一路”倡议提出7年多来，通过深化与沿线国家和地区的政策沟通、设施联通、贸易畅通、资金融通、民心相通等合作，在推动中国与“一带一路”沿线国家和地区经贸合作和带动中国对外开放走向新格局等方面取得了显著效果。为了满足更高水平对外开放合作共赢要求，接下来，“一带一路”倡议还要向纵深推进。

要紧紧抓住发展这个最大公约数、这把总钥匙，秉持共商共建共享原则，坚持开放、绿色、廉洁、公平与高效理念，充分挖掘“一带一路”沿线国家和地区发展潜力，着力把“一带一路”建成和平发展之路、繁荣昌盛之路、开放包容之路、促进创新之路、文明交融之路。以政策沟通、设施联通、贸易畅通、资金融通、民心相通为主要内容，全方位推进与沿线国家和地区的合作，构建利益共同体、命运共同体和责任共同体，通过深化合作领域和创新合作方式，强化有效投资和细化合作，推动传统商品贸易的同时，向高技术商品贸易推进。着眼于打通内陆开放、向西开放通道，畅通海上开放通道，在提升“向东”开放水平的同时，加快“向西”开放步伐，实现开放空间逐步从沿海、沿江向内陆、沿边延伸，带动我国沿海、沿边、内陆地区发展。以科技创新为合作动力，以完善法律支持和人才输送机制为重点，着重于与“一带一路”沿线国家和地区在制造业和高科技领域的合作，共同把握数字化、网络化、智能化发展机遇，共同探索新技术、新业态、新模式，探寻新的增长动能和发展路径，建设数字丝绸之路、创新丝绸之路。

数据资本的利润来源及其极化效应

宋宪萍[①]

（北京理工大学）

一、数据资本的利润来源

（一）数据的商品化

数据并不见得都是商品，只有具有使用价值和价值并用于交换的数据才是商品。当然，具有使用价值和价值的数据商品也不同于物质性商品。首先，数据的虚拟性。数据交换不受时空限制，虚拟的网络化空间是数据存在的媒介，随时、随地都可以发生交换。其次，数据的无限性。数据打破了传统要素有限供给对增长的制约，具有无限重组循环利用的特点，为持续增长和永续发展提供了基础和可能。最后，数据的收益递增性。数据的价值不会随着它的使用而减少，而是可以不断地被处理和挖掘并得到新的价值，具有要素收益递增的特点。

（二）数据资本的利润来源

在数据资本的生产过程中，主要涉及两个阶段。第一个阶段是数据信息的生产过程。在这个阶段，互联网平台上的网络用户、平台用户和平台之间的关系不是企业的雇用和被雇用关系，而是服务的提供者和消费者之间的关系。消费者的在线活动作为原始情感内容、偏好和行为习惯的“元数据”，只是为数据工程师提供了可供成为加工对象的“原材料”。消费并不属于一般生产劳动，甚至算不上是劳动，当然也就不可能成为资本增殖意义下的生产劳动。因此，“生产劳动只是生产资本的劳动”，换言之，“劳动只有在它生产

---

① 基金项目：本文系国家社科基金重点项目“马克思主义视阈下全球价值链中风险的社会放大及其防控研究”（18AJL003）的阶段性成果。作者简介：宋宪萍，北京理工大学人文与社会科学学院教授，博士生导师，从事政治经济学研究。

了它自己的对立面时才是生产劳动”。[1]

第二个阶段则是数据增殖的生产过程。在这一阶段，数据加工过程耗费一定的生产资料价值（硬件、原始加工软件、大数据算法、元数据，即不变资本），并补偿数据工人活劳动耗费的价值（可变资本），不变资本和可变资本构成这一劳动过程投入的成本，当平台获得的价值超过活劳动价值时，则构成这一生产过程的剩余价值。在不考虑垄断的情形下，这一价值是由这一生产过程耗费的社会必要劳动时间来度量的，而与用户在线活动时间的长短并不相关。数据体系产品的一次生产，可以无限供应消费者消费，进而获取无数次剩余价值，社会劳动生产力表现为数据资本的特性以及数据资本对剩余劳动的无限占有。因此，只有第二个阶段才是数据资本的增殖过程。当把剩余价值看作全部预付资本的产物时，剩余价值转化为利润，数据资本的利润来源就产生于数据工人的剩余劳动。这样一来，“将用户的消费活动看作为资本工作的无酬劳动，进而认为价值规律失效是不成立的”。[2]

（三）数据资本利润来源的趋向

数据资本运行包括三大技术——数据本体和标注、个人偏好匹配算法、机器学习系统，在这三项技术中，都需要大量劳动力，尤其是数据本体和标注。

数据标记和注释不需要什么技术，是一种简单劳动，属于劳动密集型服务，很多数据标注公司主要分布在劳动力成本较低的小城市和农村地区。数据标注甚至不需要公司，只需要零工即可。

除了数据本体和标注，个人偏好匹配算法及机器学习系统也需要一定的劳动力。个人偏好匹配算法及机器学习系统都需要数据工程师的劳动，通过编程、分析、决策、管理以及对市场的认知，来维护这两项技术的应用，这两项技术需要具有一定技术水平的劳动力，是一种复杂劳动，属于技术密集型服务，主要分布在具有一定人力资源优势的地区。

无论是劳动密集型数据工人，还是技术密集型数据工程师，只要人的劳动参与其中，劳动力的价值低于资本的价值，这些数据工人和数据工程师的剩余劳动就成为数据资本的利润源泉。要素采用的标准是成本，而不是技术。劳动生产率的全球性差异是数据资本通过数据工人和数据工程师来获得不竭利润源泉的保证。

但是当劳动力的价值高于资本的价值，即“生产机器所费的劳动要少于使用机器所代

---

① 《马克思恩格斯全集》第30卷，人民出版社1995年版，第264页。

② 魏旭：《数字资本主义下的价值生产、度量与分配——对“价值规律失效论”的批判》，《马克思主义研究》2021年第2期，第55页。

替的劳动”[1] 时，随着数字技术、人工智能的发展，不仅人的简单劳动会被替代，而且基于脑机接口技术的人机混合智能、基于脑联网的群体智能也有可能替代人的复杂劳动，甚至有人提出人类终将迎来机器智能超越人类智能的“奇点论”[2]。那么在这种情况下，是否还会判断只有人的劳动才是数据资本的利润来源呢？

机器学习系统，无论再智能，也是按照一定的程序输入才得到能力，“智能”只是一个隐喻。虽然人工智能在计算能力方面可能会超越人类，但它无法赋予这些计算任何意义。先有“人工”才有“智能”，这种能力是人的高阶劳动借助数字系统生成的，没有人的劳动，这种智能就没有存在的可能，更不会替代人类。即使计算机的复杂性和容量与人脑相当，也仍然无法与人类智能的有意识的活动相媲美；即使大数据的周期足够长、样本足够大，也仍然无法解释“休谟问题”。因此，“人工智能归根到底是人类劳动创造的‘技术现象’”[3]，机器学习系统只是改变了生产利润的手段，而不是利润的源泉，人的活劳动才是创造价值的唯一源泉。

二、数据资本的极化效应

（一）资本积累的数据垄断日益强化的生产极化效应

数字驱动市场最关键的问题就是这种模式过于依赖数据和机器学习，而数据和算法并不够多元化，因此海量数据市场特别容易使个别企业形成“超级资本”，数据资本积累循环的轴心不断向大型公司转移。这种垄断来自互联网平台企业的规模效应和网络效应。

除了资本集聚，数据资本还进行大量的资本集中。以人工智能（AI）和海量数据（“大数据”）的收集、处理和分析为主导的这些新兴企业，通过收购对其有竞争威胁的同业企业、通过一系列反竞争行为可以迅速实现资本积累，从而维持和扩大其市场主导地位，维持其垄断特征。对其他领域的企业，数据资本也是竭尽所能为我所用，横跨不同的领域，实现范围经济。资本的本质是同一的，只要有利可图，借助信息技术及产业——金融体系，数据资本运作可以迅速助推资本积累，打通产业间与产业内分工及整合过程中的重塑与再造，在资本积累全链条中所产生的利润越来越大，形成垄断的极化效应，成为市场利润最大化的最优类型。

同时，在大数据独占的情况下，现有平台的信息捕获（以及由此获得的信息租金）可能会阻止消费者寻找市场替代品的任何尝试（也因为搜索活动通常为现有平台所知）。这

---

① 《马克思恩格斯文集》第 5 卷，人民出版社 2009 年版，第 451 页。

② 〔美〕雷・库兹韦尔：《奇点临近》，李庆诚等译，机械工业出版社 2011 年版，第 10 页。

③ 王水兴：《人工智能的马克思劳动价值论审思》，《马克思主义研究》2021 年第 5 期，第 94 页。

一过程内在地增加了现有平台相对于新兴竞争平台的市场力量，以及其相对于最终用户的议价能力。

（二）结构性的数字鸿沟不断凸显的区域极化效应

大型互联网企业借助数据和算法而形成的自然垄断，作为一种复杂多元的网络化生态体系控制系统，具有鲜明的结构性特征，这种垄断极化效应在结构上会形成“数字鸿沟”。这里的数字鸿沟超越了物理接入鸿沟，强调的是在数据的生产与使用上的不平衡权力关系，不平衡的权力关系是促进利润增长的关键。

一方面，在发达国家，农村地区和城市地区存在数据使用服务方面的结构化极化效应。一般来说，数据资本的增殖与订阅者硬件、地区基础设施和使用者到服务器的距离密切相关，基础设施老化的农村地区，由于消费能力和投入成本不同，因此在使用数据方面与城市地区存在越来越大的差别。而相比农村的住宅网络，城市中具有更多的商业网络可以选择，商业互联网更快，具有更多的功能。当然商业互联网更快的网速也意味着更高的价格。

另一方面，大型跨国公司的社会化生产程度不断向全球其他国家延伸，将全球纳入数据资本盈利的视野中。由于数据资本的增殖本性，数字基础设施建设、数字技术终端使用和技术创新能力必然在不同国家存在巨大差距。“技术进步产生于中心，并倾向于把由此带来的愈来愈高的生产率的成果集中于中心”。①互联网经济的全球价值链存在明显的头部效应，信息通信技术的巨大进步反而带来数字鸿沟，“数据富国”与“数据穷国”的反差带来的极化效应，造成数字经济背景下新的区域发展不平衡，严重影响世界经济整体水平的提高。

跨国公司甚至通过在发展中国家的所谓慈善行为来扩展市场。资本主义慈善的新模式是通过提供看似免费的技术平台或穷人负担得起的基本二流产品，让公司进入尚未开发的贫困市场。一旦人们体验到网络和数据流量的便捷与丰富，就会形成习惯，并愿意为此付费，这样互联网平台企业就会增加他们的市场基础和潜在的市场增长。这种新的慈善形式是一种新的自由主义行为，慈善的面纱背后是数据资本的增殖本性，跨国公司在发展中国家以市场为基础的互联网投资，实质只是要使市场为数据资本服务。

在这种极化效应中，与经典殖民主义的技术架构类似，数字殖民主义植根于以盈利和掠夺为目的的技术生态系统设计。如果说过去的铁路和海上贸易路线是全球南方的“开放血管”，那么今天，数字基础设施扮演着同样的角色：大型跨国公司使用专有软件、企业

① 〔阿根廷〕劳尔·普雷维什：《外围资本主义：危机与改造》，苏振兴、袁兴昌译，商务印书馆 2015 年版，第 37 页。

云和集中式互联网服务来监视用户、处理他们的数据，使全球数据流入他们的企业云，然后，为消费者和商业服务处理数据，获取剩余价值。

（三）劳动过程的实际隶属逐渐加深的收入极化效应

在资本逻辑统摄下，数据资本同其他类型资本一样，只要是资本，就会仅仅着眼于强调资本生产的巨大能量和息息法斯式资本积累的必然规律，而规避劳动过程中劳动与资本的关系的审视和质问。表面来看，数据可能会使劳动过程更加精英化和高效化，能够创造更多的就业机会，但是数据的资本主义应用却使劳动过程具有了不一样的意义，劳动过程的实际隶属逐渐加深，收入极化效应不断突出。

其一，数据的应用形成对劳动力的替代。目前新的数字化浪潮有可能使所谓的“知识工作”变得更加多余，并使现存的大量以知识为基础的工作变得更需要技能，并降低其等级。

因此，一方面，这种极化效应产生了高技能、高收入的工作岗位，催生了新的科技和金融工作者、软件程序员等大军；另一方面，数字化产生了数量多得多的低技能、低工资工人。信息技术的发展降低了完成常规性任务的成本，进一步降低了对常规性任务和中等技能劳动力的相对需求，中等技能职业的就业份额显著下降。[①]对于大多数中等技能劳动力来说，只能流入低技能行业。[②]

其二，对在职劳动力的管理采用大数据监控方式。大数据的应用强化了互联网企业对劳动过程的监督和控制。当零工登录应用程序时，算法会收集数据、评估工人的效率、分配任务并产生排名。这种劳动控制机制实际上是一种新泰勒化（Neo－Taylorization）的逻辑，这种逻辑将工作分割成离散的任务，从而使所有工人都可以互换，并通过计件率/交付率指标来强化。在数据资本统摄体系之下，最强有力的缩短劳动实践的工具，却遭受了一个辩证的转向，计件工资直接变为最极致的手段，使工人和他的家庭的整个一生的时间转化为为资本运行的劳动时间，资本以物化的形式全面篡夺了工人的主体地位，事实上是隐藏了新泰勒主义所带来的劳动对资本的实际隶属关系。

其三，对未来劳动力的寻获采用数据分析。与此同时，大数据的这种精确性会让雇主愿意根据有利于企业的条件来选择未来的员工。使用数字技术可以直接监督员工，但毕竟这是一种外生力量，雇主可以直接使用大数据找到和自己的企业理念、企业文化、企业属

① David H. Autor, Lawrence F. Katz and Melissa S. Kearney, The Polarization of the U. S. Labor Market, American Economic Review, Vol. 96, No. 2, 2006, pp. 189－194.

② Daron Acemoglu and David Autor. Skills, Tasks and Technologies: Implications for Employment and Earnings, NBER Working paper, No. 16082, 2010.

性达成度高、自律性强、性格温和的员工。数据分析最终可能会让雇主为同样的生产率支付更少的费用，大众全生命周期所生产出的数据都在被用来“喂养”资本全生命周期的经济活动。

三、结语

数据资本极化效应的根源来自数据的资本主义应用，大数据的私人所有是问题的关键。正如马克思指出的，“决不能从机器体系是固定资本的使用价值的最适合的形式这一点得出结论说：从属于资本的社会关系，对于机器体系的应用来说，是最适合的和最好的社会生产关系”。[①] 只要数据资源不在大众的手中，大众社会互动的时空路径和交往模式就都成为资本获利的数据算法。大众被存储在商业实体所拥有和控制的服务器中，用来排序、预测和管理大众的行为，利润增殖的本质和目标只会加剧极化效应。数据资本、智能技术的发展再次确证了资本主义无法容纳它自己创造的生产力。

中国战“疫”斗争中，丰富的大数据应用，体现了科技的社会主义应用的价值导向和宏观效用。由于数字化的核心机制是数据信息的交互性和互组织性，在数据收集、存储和使用的方式上，越是公共所有、公共分享、公共参与，将隐私、安全、透明和民主决策相结合，越是能够体现大数据的公共产品属性，越是能够提高大数据的使用效率，社会公众越具有创构新文明的能力。因此，大数据的社会主义应用能够极大地促进社会生产力的增长、增进社会的公共福利和满足人民美好生活需要，使“有为政府”和“有效市场”更加紧密结合。在大数据的社会主义应用条件下，大数据的应用越充分、越深入，就意味着人的自由劳动越具有充分发展的空间，从而就越能体现和肯定人的本质内涵，增强和丰富人的全面发展，能够体现出比资本主义应用的更多优势。当代中国的大数据应用已经并将继续确证这一发展趋势。

---

① 《马克思恩格斯文集》(第 8 卷)，人民出版社 2009 年版，第 188 页。

全球化分裂与产业链重置：动因、逻辑与中国应对

魏　旭[1]

（吉林财经大学）

在世界市场上，由于价值规律作用的新变化，不同国家，特别是比较发达国家和较不发达国家之间的交换，呈现出等价交换形式下的贸易利益的非均衡分配——比较发达的国家总是剥削较不发达的国家。这种等价交换所产生的不平等的贸易利益分配，将在较长的时期内持续存在。但随着比较不发达国家影响劳动强度和劳动生产率的一系列条件的改善[2]，这种不均衡的贸易利益分配格局将被打破或动摇，并对原有的国际贸易分工格局产生冲击，进一步加剧了国家间经济关系的冲突。就这一点来说，一方面，由于美国与新兴经济体之间劳动强度和劳动生产率差距的缩小，美国商品的市场竞争力相对下降；另一方面，发展中国家特别是新兴经济体经济发展所引致的结构变化冲击了传统的国际贸易分工格局。这样，以美国为首的发达国家对发展中国家财富的收割机制就受到严峻的冲击和挑战，造成两者之间的矛盾和冲突。正是在这一逻辑的驱使下，美国试图构建能够将中国排除在世界技术体系和产业链之外的新的世界经济体系，谋求重置全球产业链体系[3]，进而全面遏制中国对美国的追赶能力，使全球化出现分裂。

一、全球化分裂与产业链重置的美国因素

从现象形态来看，全球化分裂与产业链重置表现为美国与其他国家之间在国际交换领

---

① 基金项目：国家社科基金重点项目（17AJL004）；研究阐释党的十九届六中全会精神国家社科基金重大项目。作者简介：魏旭，吉林财经大学全国中国特色社会主义政治经济学研究中心教授，主要从事马克思主义经济学与西方经济学比较研究。

② 按照马克思的观点，决定劳动生产率的因素主要包括五个方面：工人的平均熟练程度、科学的发展水平和它在工艺上应用的程度、生产过程的社会结合、生产资料的规模和效能以及自然条件。具体参见：《马克思恩格斯全集》（第44卷），人民出版社2001年版，第53页。

③ 这种重置主要表现为三个重点方面：一是限制中国企业对关键技术和中间品获取能力；二是试图通过所谓的“再工业化”方式使制造业回流美国；三是试图让其他国家替代中国的生产体系，即谋求产业链的不同环节流出中国。

域的摩擦与争端。但从本质上来看，这一摩擦和争端是由各国生产和再生产的结构变化引起的。因此，要探究国际贸易领域冲突的本质，必须深入各自的生产结构①。

（一）资本的时间修复与美国劳动力再生产困境

为应对利润率下降与积累加速导致的资本和劳动双重过剩的“滞涨”危机，美国在里根政府时期开启了以私有化、金融化、市场化为主要特征的“新自由主义”政策，使诸多“非价值生产空间”的社会领域被纳入资本价值增殖体系——社会服务的私有化进程，以延缓资本周转的速度，进而缓解资本积累的矛盾。这就产生了两个结果：一方面，会加剧平均利润率的下降，削弱生产资本的积累能力，使产业工人失业增加及工资下降；另一方面，社会领域的资本化使这些领域以社会利益取向的目标发生转向——也要以价值增殖为导向，这就必然使劳动力再生产成本提高，进而使资本和劳动之间的收入分配进一步两极分化，加剧了资本和劳动之间的矛盾。劳资矛盾的深化，又进一步加剧了资本积累的矛盾。从第二次世界大战结束后的1946年起，美国前10%人口的收入增速明显高于后30%人口。具体情形如表1所示。

表1　二战以来美国收入增长：1946—2014年

项目	税前收入增长（%）		税后收入增长（%）	
收入组	1946—1980年	1981—2014年	1946—1980年	1981—2014年
全部人口	95	61	95	61
后50%	102	1	129	21
后20%	109	25	179	4
最后30%	101	7	117	26
中产阶层40%	105	42	98	49
前10%	79	121	69	113
前1%	47	204	58	194
前0.1%	54	320	104	298
前0.01%	76	453	201	423
前0.001%	57	636	163	616

数据来源：World inequality report 2018。

（二）资本空间修复与产业空心化

资本积累矛盾对生产的限制除了前述的时间限制外，还存在一个空间限制。按照马克思的观点，相对剩余价值生产的内在趋势，最终会使国内市场范围成为对资本主义价值生

① 在马克思看来，社会生产与再生产是一个以生产为核心和统领，以分配、交换和消费为中介的循环体系。

产和价值实现的限制。为了突破国内市场范围对资本主义生产的限制，资本必然走向世界市场。“资本越发展，从而资本借以流通的市场，构成资本空间流通道路的市场越扩大，资本同时也就越是力求在空间上更加扩大市场，力求用时间去更多地消灭空间”①。国际分工和世界市场的形成，在促进国际贸易发展的同时，也推动了资本为追逐更高的利润率而实施的跨国流动——产业的国际转移。这种利润率的空间修复，一方面，使美国出现产业空心化和产业工人萎缩，恶化劳动者生存条件，进而降低美国产业的竞争力；另一方面，加重了经济的金融化趋势——经济脱实向虚。这两方面作用的结果，在使美国企业利用自身劳动生产率优势在后发国家获取超额利润的能力被削弱的同时，也使其失去进行长期技术积累的动力和能力②。

（三）经济金融化与产业资本积累困境

为应对20世纪70年代资本主义“滞胀危机”，以里根和撒切尔夫人为代表的新自由主义奉行者在各自国家实行了大规模的规制放松浪潮，核心是放松对金融业的规制。这种不断深化的经济金融化过程，就导致如下结果：

其一，导致制造业等实体经济领域的积累能力下降。由于个别资本或企业的自有资本限制，为扩大生产规模以提高劳动生产率、拉平资本周转速度的差异以提高年利润量，产业资本不得不借助信用工具来弥补自身资本的不足，使金融资本在GDP附加值的占比和产业利润分割中的份额不断增大，从而弱化了产业资本的积累能力（图1显示了这一利润分割的趋势）。

图1　美国金融业与制造业附加值比较

数据来源：Economic Report of the President2022（Table B－8、Table B－9）。

① 《马克思恩格斯全集》（第30卷），人民出版社1995年版，第566页。

② 适应金融化逻辑的股东利益至上的行为目标，使企业面临巨大的盈利压力，迎合股东利益使企业管理层更加关注短期优势和利益，从而使企业缺乏长期研发投资动力和积累能力，也就弱化了企业原有的生产率优势。与此同时，凭借所谓的知识产权获得垄断利润的能力，也因为技术积累投资弱化而失去作用的空间。

其二，经济的金融化过程，拉大了美国国内收入分配差距，形成了金融精英与产业工人之间收入分配的“中心—外围”结构。这种分配格局的形成，导致美国不同社会阶层之间的社会矛盾日益激烈，社会撕裂程度加深。为解决经济金融化导致的制造业发展不足带来的利润不足和就业难题，美国政府提出了“再工业化”战略，试图使美国的制造业回流，并同时以优惠的投资政策吸引国外产业资本在美国投资。为实现这一目标，美国利用其美元霸权和军事霸权不断制造分裂，并试图以新的规则和协议重置全球产业链，以限制以中国为首的与美国存在竞争关系的经济体的产业发展。

（四）产业结构服务化导致产业竞争力弱化

平均利润率下降规律的作用，使美国创造价值和剩余价值的产业资本盈利空间日益恶化，使资本不断侵入社会领域和其他非实体经济领域，导致美国形成畸形的产业结构——过高的服务业占比（高达70%）。如表2所示。美国所谓的供应链风险，很大程度上源于这种产业结构导致的对世界市场基本消费品和诸多传统产业产品的过度依赖。而美国对新兴经济体特别是中国产业的技术和出口限制，又加剧了这一风险，并推动了美国新冠疫情下的高通胀。

表2　美国服务业附加值及其占比

年 份	服务业增加值（10亿美元）	服务业增加值占比（%）
2008	9798.4	66.3
2009	9762.3	67.4
2010	10164.2	67.5
2011	10526.5	67.5
2012	11065.7	68.1
2013	11442.7	67.9
2014	11972.2	68.2
2015	12598.4	69.2
2016	13076.4	69.9
2017	13579.9	69.7
2018	14503.9	69.7
2019	15018.0	70.3
2020	14698.7	70.3

数据来源：Economic Report of the President 2022（Table B－8）。

总之，资本积累矛盾引致的各种经济困境，一方面使美国试图恢复其制造业的比重以缓解国内就业压力，进而缓解国内的劳资矛盾[①]；另一方面采取各种导致全球化分裂的举措，极力压制其他发达国家特别是新兴经济体的技术进步和劳动生产率的提升。为维护自身的经济霸权利益，稳定原有不合理的贸易国家与金融国家之间的分工格局以保证国内能够享受后发国家廉价商品的稳定供给，美国等西方国家不惜打破原有的全球化格局，试图以重置全球产业链的方式实现上述目标，并将这一矛头主要指向了中国。

二、中国的应对与路径选择

（一）在厘清政府与市场关系基础上推进国家经济治理能力现代化

导致美国积累体制危机很重要的方面，是资本利润的时间修复。而这种修复机制得以建立的重要前提是社会领域的资本化、产业化。这就需要我们重新反思和再定位市场和政府的关系及其作用边界。

社会主义生产方式，由于脱胎于旧的社会制度，其总要带有一些旧社会的痕迹，不可能一蹴而就地建立社会所有制。因此，社会主义国家，作为在阶级属性上维护广大无产阶级和劳动人民利益的机构，必然要代表人民掌握生产资料，而且要通过暴力工具维护这一公有制或以公有制为主导的生产方式，为社会主义生产方式提供政治保障。与此同时，社会主义公有制和人民民主专政决定了社会主义国家的阶级利益和公共利益在根本上具有统一性，这一方面使政府在避免市场的局限性方面有了社会主义制度基础；另一方面为社会主义国家（政府）执行经济职能提供了前提和方向，并在更多的民生领域发挥供给主体的作用。在中国特色社会主义新时代，由于社会主要矛盾发生了变化，这就要求政府的职能特别是经济职能也要发生相应的转变，以推动社会矛盾的解决。总之，一般资源配置领域让市场发挥决定性作用，更好发挥政府作用；社会领域发挥政府的决定性作用，适度发挥市场作用——真正释放国内消费需求，减轻对国际市场的依赖。

（二）在统筹好安全与发展的基础上加快现代产业体系建设

建设现代产业体系，推动产业发展，必须以产业及其要素协调为基础，其核心是在保障产业循环畅通的基础上实现产业升级。就我国现实经济运行来看，建设现代产业体系，从生产力角度，就是要提高劳动力、资本、技术等各种资源要素的质量，优化产业结构，促进转型升级，推动质量变革、效率变革、动力变革等。从生产关系角度，要全面深化改

---

① 事实上，美国国内日益加剧的种族冲突，很大程度上来自美国中产阶级的破产，使其不得不与其他族裔移民竞争底层工作岗位，也即种族冲突本质上是美国现存的经济结构导致的。

革、创新体制机制、提高管理水平等。从生产关系角度，就是要改变同生产力发展不适应的生产关系和上层建筑，进一步完善社会主义市场经济体制，包括完善现代市场体系、宏观调控体系、开放型经济体系等。具体而言，为应对美国对中国的全球产业链重置风险，在现代产业体系建设中，要重新优化产业链布局，构建面向国内生产体系的产业链，以应对美国试图利用“印太经济框架”等对中国产业链的替代风险，缓解产业外迁造成的风险和压力，即不断增强产业链的本土根植性，提升产业链的韧性。

（三）在畅通国内大循环的基础上加快构建新发展格局

为应对美国对中国发起的挑战，需要我们坚持独立自主，同时争取外援，建立自主可控的产业体系。这就要求我们必须加快新发展格局的构建，畅通国内大循环，形成国内国际双循环相互促进的局面。

其一，必须以供给侧结构性改革为核心，实现动力变革、效率变革和结构变革。按照马克思的观点，经济社会的发展表现为一个连续运动的再生产过程，伴随经济再生产过程，又实现着生产关系和社会秩序的再生产。在这一生产再生产体系中，处于核心和主导地位的是生产环节，因此大力推进供给侧结构性改革，实现社会生产的动力变革、效率变革和结构变革，就成为新发展格局构建的应有之意，也是构建新发展格局的核心内容。

其二，必须紧紧围绕国内大循环这一主体，畅通国民经济循环。产业循环的顺畅，会加速产业资本的循环，进而使部门间的技术联系、经济联系以及彼此间的结构和比例不断发生变动，使价值与使用价值的实现得以顺利进行。要构建循环顺畅的国内大循环体系，就要求产业体系在技术研发、社会生产和交换领域要首先立足国内需要，同时辅之以世界市场。这一方面可以保障产业循环顺利进行，另一方面又可为国内生产企业之间提供相互需求和创新的试错场域，从而实现产业发展的自主可控目标。要实现这一目标，就要求要在更高的层次上，建设国内统一的大市场，建设现代流通体系，增强国内供给的韧性。

三、结论与展望

从现象形态来说，美国发起的全球产业链重置，是由其巨额的贸易逆差和新冠疫情因素导致的全球供应链断裂而起的。但从本质上来看，这是美国资本主义经济规律作用的必然，是美国内外因素共同作用的结果。

就其内部因素来看，美国“滞胀危机”后形成的资本积累体制，在导致美国生产结构日益空心化和金融化、资本和劳动之间的收入分配两极分化程度加剧的同时，也引致了资本利润率的时空修复与经济的金融化，还使产业结构日益服务化，使虚拟经济脱离实体经济的发展而自我循环，在失去对实体经济发展的有效支撑的同时，也造成了对世界市场商品供给的过度依赖。一旦全球市场发生变动，就会对美国经济产生较大冲击。就外部因素来看，伴随新兴经济体和其他发展中国家的劳动生产率和劳动强度的提高，贸易国家和金融国家之间的劳动生产率差距日益缩小，导致美国等金融国家生产性企业的利润空间受到挤压。适应经济金融化而形成的美国现代企业制度，为迎合股东利益至上而采取的短期行为，弱化了美国企业研发投入的动力和能力，使美国企业依靠所谓的知识产权获取垄断利润的能力进一步受到限制。这些机制的作用，就是使原有的国际经济规则和体系受到冲击。而且，新兴经济体由于金融国家过度透支货币信用而展开的去美元化、欧元化等行动，削弱了金融国家利用信用货币霸权收割财富的能力，进一步加剧了两者之间的矛盾和冲突。为维护美国的经济霸权和利益，应对国内的积累危机，美国联合部分国家和地区发动了重置全球产业链的行动，以限制和遏制新兴经济体的发展，并将这一矛头重点指向了中国，使全球化出现分裂趋势。

面对美国积累体制的矛盾与危机，作为社会主义的中国，在融入世界体系、利用世界市场发展国内经济的过程中，必须引以为戒，在利用资本的同时，抑制资本的无序发展和扩张。就新型世界经济交往体制来看，以“一带一路”倡议为载体，构建真正意义上的人类命运共同体，将是我国开展未来国际经济交往的有效路径。

中国反外国经济制裁的历史演进与经验启示

陶士贵　高　源[①]

（南京师范大学）

一、社会主义革命和建设时期：同美国的经济制裁和封锁作斗争

（一）美国的经济制裁和封锁

第二次世界大战结束后，美国一直大力扶持以蒋介石为首的国民党政府，直至1949年中华人民共和国成立。美国不仅没有对共和国新政府给予外交承认，更是企图通过经济制裁将新政府扼杀在摇篮之中。

1950年朝鲜战争爆发，同年10月美国将战线逼至中国边境，大批中国人民志愿军跨过鸭绿江抗美援朝。以此为借口，美国商务部颁布《出口管制条例》，禁止一切与中国的贸易。同年12月，美国财政部颁布了《外国资产管制条例》，禁止任何涉及或代表中国的金融交易（包括与旅游有关的交易），冻结了受美国管辖的中国居民的资产，控制了中华人民共和国政府在美国的所有财产。1951年9月1日，美国颁布《贸易协定扩展法》，取消包括新中国在内的所有社会主义国家（南斯拉夫除外）的最惠国待遇。1952年7月，美国成功劝服其盟国在1949年11月成立的巴黎统筹委员会协商的基础上建立“中国委员会”，长期负责协商对华国际经济制裁，进一步提高对华禁运程度。

1962年美国仍未改变对中国的敌视态度，修订《对外援助法》禁止向包括中国在内的社会主义国家提供援助；1964年，再次修订《对外援助法》禁止进出口银行同包括中国在内的社会主义国家进行融资交易，直到1980年4月，美国才宣布取消禁止进出口银行同中国融资交易的禁令；1985年12月，美国宣布放弃对中国的援助禁令。

---

① 基金项目：本文为国家社科基金重点项目“非对称货币权力下国际经济金融制裁与反制裁效果研究”（19AGJ011）的阶段性成果。作者简介：陶士贵，南京师范大学商学院教授、博士生导师，研究方向：国际金融和金融理论与政策；高源，南京师范大学商学院博士研究生，研究方向：国际金融。

（二）中国打破美国对华经济制裁和封锁的策略

1. 坚持独立自主、自力更生的原则

新中国成立后，以毛泽东为领导核心，在对外关系中坚持独立自主、自力更生的原则。从当时苏联领导的社会主义阵营和美国领导的帝国主义阵营在国际舞台上严重对峙的实际情况出发，提出了“另起炉灶”①“打扫干净屋子再请客”②和“一边倒”③的三条基本外交方针。④同印度和缅甸共同倡导举世闻名的和平共处五项原则，参加具有重大历史意义的万隆会议等，显示了执政的中国共产党人高瞻远瞩的国际战略思想和外交智慧，为新中国独立自主的和平外交政策奠定了坚实的基础。

2. 扩大同社会主义国家和其他友好国家政治、经济、文化交流，破解美国对华禁运

面对美国的贸易禁运，中国优先同苏联等社会主义国家互助合作，把对外贸易的重点转向苏联和东欧人民民主国家，同时也扩大了同其他国家包括资本主义国家在内的政治、经济、文化交流。结果证明，美国的封锁政策不仅没能遏制住新中国，反而丧失了自己的在华利益，促使新中国清除美国在华特权的进程加快。同时通过自力更生、艰苦奋斗和争取到的外援，新中国建立起独立完整的工业体系和国民经济体系，形成了以“两弹一星”为代表的现代国防力量。⑤

3. 针锋相对采取反制裁措施

新中国有步骤地清除西方列强在华特权、势力和影响，针对1950年12月3日美国宣布管制中华人民共和国在美国的一切公私财产，12月28日，新中国采取了相应的反制裁措施，包括管制和清查美国政府和企业所有在华资产，冻结中国境内所有银行的美国公司存款。

4. 顺势而为，打破美国对华孤立封锁政策

20世纪70年代，国际形势发生了重大的变化，第三世界兴起，世界开始呈现多极化

① 毛泽东1949年3月5日在中共七届二中全会中提出，即“不受过去任何屈辱的外交传统所束缚，不承认国民党政府同各国建立的旧的外交关系，不承认当时国外政府驻派中国的代表为正式的外交人员”。

② 毛泽东1949年3月5日在中共七届二中全会中提出，即“要在彻底清除帝国主义在中国的控制权及其影响之后，再让这些国家的客人进来”。

③ 毛泽东1949年6月30日在《论人民民主专政》一文中提出，即“宣布中国人不是倒向帝国主义一边，而是坚定不移地倒向社会主义一边”。

④ 宫力：《毛泽东与中美外交风云》，红旗出版社2014年版，第26－27页。

⑤ 朱佳木：《新中国反封锁反制裁反干涉的历史及启示》，《世界社会主义研究》2020年第5期。

的趋势。为了给国内大规模经济建设创造有利的国际环境和周边环境，打破美国对华孤立封锁政策，中国审时度势，重新审视中美关系；恢复了在联合国的合法席位；提出了“一条线，一大片”① 的外交战略，逐步改善了与美国和西方国家的关系，推动中国同资本主义国家普遍建立外交关系。中国对外关系出现了新局面，新中国独立自主的外交政策取得重大胜利。

二、改革开放和社会主义现代化建设时期：打破美国为首的西方国家对华联合制裁

（一）以美国为首的西方国家对华实施联合经济金融制裁

1989 年 6 月 5 日，美国宣布对中国采取以下制裁：暂停中美两国所有政府间和商业的武器贸易和军事交流；暂停美中军事领导人互访；对中国留美学生延长逗留时间的要求给予同情的考虑。6 月 20 日，美国政府中止了和中国之间的所有高层交往，寻求推迟多边开发银行（MDB）向中国提供新贷款。7 月 14 日，美国国会参议院通过对华制裁的修正案，要求重新研究是否给予中国最惠国待遇，重新审查两国间的所有贸易协定，暂停向中国出口卫星，暂停核合作，要求进出口银行推迟批准向中国出口申请的资助，要求境外私人投资公司暂停使用美国资金支持对华贸易，并与盟友磋商对中国采取集体经济制裁。

1996 年 7 月，以美国为首的 33 个国家签署《瓦森纳协议》，旨在对高科技出口进行管制，目前已发展至 42 个国家。而快速崛起的中国正是该技术管控体系最核心的封锁对象。

（二）中国顶住西方国家对华联合制裁的策略

1. 制定应对制裁的战略方针

对于复杂严峻的国际形势，中国及时作了深入分析，提出了一系列切实可行的应对措施和方案。把国家主权和安全放在第一位，决不允许任何国家干涉中国内政。对外，冷静观察、沉着应付，坚决顶住来自以美国为首的西方国家的压力；对内，埋头苦干、韬光养晦，办好自己的事，使中国逐渐站稳了脚跟。

2. 据理力争，掌握国际话语权，争取国际社会的理解和支持

1989 年 10 月 26 日，邓小平会见泰国总理差猜时强调，社会主义的中国谁也不能动

① 1973 年 2 月 17 日毛泽东提出“一条线”外交战略，即从中国、日本经巴基斯坦、伊朗、土耳其到欧洲再到美国这一条线上的国家联合抗苏，形成国际反霸统一战线。1974 年 1 月 5 日毛泽东提出“一大片”的构想，指“一条线”周围的国家，其目的是团结“一条线”和“一大片”的所有国家，共同遏制苏联的扩张势头。

摇，中国要维护国家利益、主权和领土完整。1990 年 7 月 11 日，邓小平会见加拿大前总理特鲁多时再一次表达了针对中国制裁的看法："第一，他们没有资格制裁中国；第二，实践证明中国有抵抗制裁的能力。中国经济虽然受了一些影响，但影响不大。事实上制裁正在逐渐消失。""我们别的本事没有，但抵抗制裁是够格的。所以我们不着急，也不悲观，泰然处之。"①

3. 充分利用对华制裁将丧失巨大利益的矛盾，找准西方对华制裁的突破口，进而予以分化瓦解

首先集中精力把国内的事情办好、稳住自己的阵脚。在此基础上，寻找时机、利用矛盾，在周边国家中寻找西方对华制裁联合阵线的突破口，分化瓦解西方国家的联合制裁。②日本成为西方七国集团中第一个无视制裁中国禁令的国家，也使得中国不到半年就突破了以美国为首的西方国家联合制裁的防线。

打开日本这一突破口后，中国继续与其他西方国家合作，呼吁它们放弃对中国的制裁。就这样，以美国为首的西方国家对华制裁最终"破产"，它们没有达到使中国屈服和被孤立的目的，相反，使中国赢得了更加有利的国际环境和周边环境。③

三、中国特色社会主义新时代：坚决实施反制裁战略

（一）美国对中国全方位的经济制裁和打压

随着中美关系的不稳定，以及在政治、贸易、金融、科技等领域冲突的加剧，美国对华遏制战略进一步升级。2017 年 12 月 18 日，特朗普政府公布首份《国家安全战略报告》，明确中国为其"战略竞争者"。2019 年 3 月 25 日，美国成立了"应对中国当前危险委员会"，标志着美国遏制中国崛起进入全面实施阶段。④ 特朗普政府陆续出台了针对中国台湾地区的相关法案及香港特区、新疆、西藏所谓的人权法案，表明中美之间的经贸争端已随着政治打压的升级持续向其他领域延伸。

新任美国总统拜登实施新政的 100 天内，就陆续发布了包括政治、外交、军事、贸易、科技等领域的对华政策。据有关资料统计，从 2018 年 8 月 1 日至 2021 年 12 月底，共有 611 家中国公司被美国列入制裁名单，而且大部分是高科技企业。受此影响，美国企业将不能直接投资这些中国企业，名单上的中国企业也不能在美国市场上公开募集资金。可

① 邓小平：《邓小平文选》（第 3 卷），人民出版社 1993 年版，第 359 – 361 页。
② 宫力：《邓小平与韬光养晦、有所作为的战略方针》，《中共中央党校学报》2014 年第 4 期。
③ 张士义、王祖强、沈传宝：《从一大到十九大：中国共产党全国代表大会史》，东方出版社 2018 年版，第 279 页。
④ 陶士贵：《美国对华实施金融制裁的预判与应对策略》，《经济纵横》2020 年第 8 期。

见，与特朗普政府相比，拜登政府对华制裁更注重拉拢盟友，更讲究策略，其所带来的冲击将会更大。

（二）中国积极全面应对国际经济制裁的策略

1. 坚持合作共赢，打造人类命运共同体

这一理论已成为新时代中国对外政策的总目标和中国特色大国外交的核心，成为党和人民的共同意志。这是新时代针对新形势新环境，中国提出的新理念新思想，为应对国外的制裁打压提供了方向指导和理论依据。

2. 提出“一带一路”倡议和“以国内大循环为主体、国内国际双循环相互促进的新发展格局”

截至2021年1月，我国已与140个国家、31个国际组织签署了205份共建“一带一路”合作文件，真正致力于解决当前有关国家经济发展不平衡的问题，以实现共同发展为目标，构建开放、包容、均衡、普惠的区域经济合作架构，为建立新型国际经济秩序提供了新实践和新思路。

同时，党的十九届五中全会提出要加快构建以国内大循环为主体、国内国际双循环相互促进的新发展格局。我国更能够掌握自身发展的主动权，减少对外部的依赖性，使得国际交易量名列前茅的同时，国内有效需求得到极大的拓展。这也是对以美国为首的西方制裁打压的积极应对。

3. 主动补“短板”，积极应对国外制裁和挑战

面对美国的科技制裁，习近平总书记提出“关键核心技术必须牢牢掌握在我们自己手里”。面对美国的科技制裁，中国技术创新全面跃进，直接推动我国企业自主创新体系的构建。

面对美国日益加大的金融制裁，中国积极应对，加强政府间协调与合作，签署双边及多边协议以防范美国的单边制裁；坚持本币优先，在商品交易、双边货币结算中扩大人民币跨境使用范围；完善人民币跨境支付系统（CIPS）及配套法律制度，稳慎推进人民币国际化，维护我国经济金融安全，保障金融机构和企业的合法权益。

4. 制定相关法律，坚决实施反制裁措施

针对美欧等西方国家发起的经济制裁，中国及时实施了有理、有节的反制裁措施。2021年1月9日，商务部发布2021年第1号令《阻断外国法律与措施不当域外适用办法》，6月10日，十三届全国人大常委会第二十九次会议表决通过了《中华人民共和国反外国制裁法》。这有力打击了境外反华势力和敌对势力的嚣张气焰，有效提升了我国应对外部风险挑战的法治能力，为我国依法反制外国歧视性措施提供了有力的法治支撑和保障。

四、经验启示

第一，坚持中国共产党的领导。不同的历史阶段，在被以美国为首的西方国家封锁、制裁的情况下，中国人民在中国共产党的领导下自力更生、艰苦奋斗，走出一条中国特色社会主义的发展道路。中国共产党成立一百年以来，始终与时代同步伐、与人民共命运、勇于自我革命、不惧风险挑战，团结带领着肩负复兴使命的中华民族迎难而上、开拓进取，在革命性锻造中坚定走在时代前列，中华民族迎来近代以来最好的发展时期。

第二，积极应对外来经济制裁，健全中国反制裁法律体系和研判反制裁措施。一方面，我们要以史为鉴，坚决给予还击，进行相应的反制裁；另一方面，应参考欧盟的阻断法模式和俄罗斯反制裁法模式，并借鉴美国实施制裁的经验做法，健全中国反经济制裁体系和研判反制裁措施，争取更多的主动权，更好地维护我国的正当利益。在出台反外国制裁法的基础上，及时制定和落实相应的实施细则，讲求实效。

第三，增强我国综合实力，提高本国货币实力，全面推进高质量对外开放。首先，着眼于增强国家综合实力，充分发挥经济的比较优势和后发优势，从广度和深度上扩大对外开放，完善全方位、多层次、宽领域的对外开放格局，努力提高对外开放质量和效益，不单纯追求总量和规模的扩大，坚持以质取胜和市场多元化战略，增强国际竞争力。其次，开拓国内消费市场，进一步拉动内需，挖掘民众的消费需求和潜力。积极开拓国际市场的同时建立国内应急供应链，以确保在经济制裁切断贸易渠道时能迅速发掘替代市场。并且国内市场能做到基本的“自给自足”，降低对国际贸易关系的依赖。最后，更多地向国际市场开放人民币投融资主体，推行以人民币为结算货币来绕开美元霸权。大力发展数字人民币，借助技术创新建立全新的支付系统，以期降低对美元支付体系的依赖。

第四，构建经济制裁风险防范机制，制定相应的应对预案。从国家层面来看，可以制定经济制裁风险等级划分标准，并出台相应的风险预防指导意见。从企业层面来看，及时关注国际间经济制裁动态和制裁清单，结合企业自身特征评估经济制裁风险等级，建立经济制裁风险管理框架，加强企业的合规建设。

第五，加强多边合作，参与制定国际规则，倡导建立国际政治经济新秩序。中国应积极充分利用西方各国利益分歧和自身市场的规模、产业优势，加强多边合作，主动参与全球治理和区域经济发展，分化外来制裁的企图，尽量减少制裁对中国可能造成的不利影响。通过多边路径增强我国在国际社会中的话语权，以建立和平稳定、公平合理的国际秩序为目标，争取国际社会和国际组织的支持，主导成立国际标准组织，包括对国际经济制裁特别是域外制裁制订相应的约束规则，防止制裁的泛化和滥用。

西方主权债务危机演变的内在逻辑探讨

刘爱文[①]

（江西财经大学）

一、西方主权债务危机的历史迁流性

马克思曾说：“我要在本书研究的，是资本主义生产方式以及和它相适应的生产关系和交换关系。”西方主权债务危机则是资本主义生产方式下技术革命与现存的资本积累体制持续紧张的产物，这种由生产技术不断革命而引起的资本积累体制的历史流变，体现为西方主权债务危机的历史迁流性。

（一）生产方式的技术基础革命

“资产阶级在它的不到一百年的阶级统治中所创造的生产力，比过去一切世代创造的全部生产力还要多，还要大”。鉴于资本循环是生产过程和流通过程的统一，加快资本周转速度不仅意味着缩短资本的生产时间，而且意味着最大限度地缩短资本流通时间。因而，旨在通过时间消灭空间的生产技术革命和流通技术革命，都是资本主义剩余价值规律的内在要求。

1. 生产技术革命

物质资料生产是人类社会存在和发展的基础。资本主义社会生产区别于前资本主义社会的一个典型特征——规模日益扩大的社会再生产，这是由剩余价值规律——资本主义的基本经济规律——内在决定的。

事实上，资本主义统治地位得以巩固，这是以技术革命为内核的相对剩余价值生产为前提的，它真正奠定了资本主义社会的物质技术基础。“固定资本的发展表明，一般社会

---

① 作者简介：刘爱文，博士，江西财经大学经济学院教授，硕士生导师，江西财经大学《资本论》与当代经济问题研究所所长。

知识，已经在多么大的程度上变成了直接的生产力”。

在资本主义萌芽期，新生的商业资本逐渐取得主导地位，并借此承担了社会形态除旧布新的历史使命，即：一方面商业资本砸碎了封建社会的自然经济生产方式基础，另一方面它也为资本主义生产方式释放了最主要的生产要素——劳动力。彼时资本主义生产方式的技术基础是脱胎于封建社会手工业技术，生产技术基础并没有发生质变。生产力加速发展只能从改变生产组织形态开始。

机器大工业借助机器生产中应用科技的必然性、稳定性，取代生产者主导的手工业技术的偶然性、不确定性，彻底颠覆了旧的手工业技术基础。至此，资本主义生产方式的物质技术基础真正得以确立，工厂内部的过程管理成为生产技术革命的方向和焦点。这种“产业资本 + 机器体系”的结合模式，加速了以生产过程创新为表现形式的生产技术革命，推动了资本主义成熟期的技术进步和生产力的巨大发展。

信息通信技术（Information and Communication Technology，ICT）颠覆了以前的物质技术基础，彻底改变了人类的生产活动和交往活动。

因此，以整合挖掘劳动对象为目标的生产模式创新成为晚期资本主义生产技术革命的方向。这种由“金融资本 + 信息通信技术”催生的以生产模式创新为表现形式的生产技术革命，急剧地增加了世界经济体系的有机联系，推动了资本主义晚期的技术进步和社会生产力发展。

2. 流通技术革命

“商品流通是资本的起点。商品生产和发达的商品流通，即贸易，是资本产生的历史前提”。事实上，资本循环是生产过程和流通过程的统一，“世界贸易和世界市场在 16 世纪揭开了资本的现代生活史”，开辟新世界市场的需要强化了资本分工，大量资本涌入流通领域，由此开启了流通技术革命的历史征程。

资本主义生产过程决定其流通过程，流通技术革命实质是生产技术革命在流通领域的延伸。相应于资本主义所进行的三次技术革命，迄今为止，人类共经历了五次流通技术革命，主要体现在运输动力革命上。地理大发现以及由此带来的新世界市场急剧增加了对纺织品的需求，第一次工业革命首先是以棉纺织业的机械化为特征的。由于水路交通取代陆路交通的统治地位，极大地提高了运输效率，这种水动力代替人畜动力，型构为资本主义社会第一次流通技术革命。

然而，水动力革命依赖于水资源的分布，还是难以满足日益扩大的世界市场的需要。1785 年英国修理工瓦特改良了蒸汽机，开启了以机器大生产替代工场手工业的历史进程，英国成为大机器工业的发源地，由此标志着人类进入了蒸汽时代。蒸汽机广泛地应用于交通运输上，蒸汽机取代水资源成为新动力源，引起了第二次流通技术的革命。

然而，作为“蒸汽时代”基础构件，煤和铁都存在较大的缺陷。1831 年英国科学家法拉第发现了磁电感应现象，引领了第二次工业革命的浪潮。自此以后，电力逐步取代蒸汽，遍布欧美的电力网络使其成为生产生活中的主要能源，由此开启了一个新的“电气时代”。

第二次工业革命首先使第三次流通技术革命朝标准化方向发展。酸性转炉生产的钢铁极为廉价，这种号称现代工业肌体、性能卓越的工业原材料在交通运输行业得到广泛应用，因此在前一阶段基础上标准化成为特征。第二次工业革命另一个主要的技术创新体现在内燃机上。由于内燃机结构装备精巧、功能转化效率高，各种各样的交通工具都以内燃机取代蒸汽机作为新动力源，由此使得第四次流通技术革命朝着多样化的方向演进。1908 年汽车巨头福特发明了汽车生产流水线，随着流水线生产的推广，标准化、批量化的大规模生产时代来临；美国莱特兄弟发明了飞机，它的广泛应用使得第四次流通技术革命开辟了一个全新领域——空运。因此，第四次流通技术革命实现了商品流通的海、陆、空等领域的全覆盖。随之而来的是各类交通网络的形成，标志着交通运输技术达到了一个新的高度。

20 世纪 70 年代初，英特尔公司在加利福尼亚的圣克拉拉研制成功了微处理器芯片，其低廉价格引起了商业上广泛的应用。在此基础上，众多与海量数据快速传输处理相关的技术和产品，如廉价微电子产品、计算机、软件等，统称为 IT 技术。这场以 IT 技术为代表的信息技术革命，我们称之为第三次科技革命，它标志着信息和远程通信时代来临。

不言而喻，交通运输技术也深受第三次科技革命的影响，特别是信息技术革命在其身上打上了深深的烙印。因此，以高效、便捷、智能为主要特征的第五次流通技术革命得以形成。第五次流通技术革命进一步缩短资本流通时间，促进了社会生产力的发展。

（二）生产方式的关系内容嬗变

当然，生产力和生产关系的关系本是一体两面，生产力发生改变，生产关系也随之发生改变。

1. 生产关系嬗变

地理大发现引爆的商业革命，催生了以手工业技术为基础的生产组织模式创新，它加速了封建社会解体以及资本主义生产方式的初步确立。为此，这段时期也被称为资本主义导入期。此后，在商业资本的主导下，社会生产组织形态历经多次嬗变，直接的人身依附关系被逐渐打破，生产资料日益集中在富商巨贾手中，资本雇佣劳动条件已然成熟，资本主义生产方式初步确立。

第三次科技革命，特别是20世纪80年代以来的信息技术革命，使得秩序成为“一个形容词的矛盾”，这在丰田制生产过程创新中已初现端倪。金融革命催生了以信息技术为基础的生产模式创新，在迅速流动的金融资本操控下，生产模式创新历经三种形态：定制化生产模式创新、流程化生产模式创新和协同化生产模式创新等。在所有这些模式创新中，信息技术借由嵌入资本主义生产体系而使其得以软化，先前的刚性生产被柔性生产所取代。这种以柔性生产为基础、以争夺市场控制权为目的、由“金融资本 + 信息技术”催生的生产模式创新的出现，意味着资本主义进入一个新的历史时期——新自由资本主义阶段。

2. 交换关系嬗变

众所周知，资本主义经济建立在高度发达的商品经济基础之上，资本循环是资本生产过程和资本流通过程的统一。

在资本主义导入期，直接生产者日益与生产资料分离的同时，少数富商巨贾手中却集中了越来越多的生产资料。面对迅速扩张的新世界市场，两类不同性质的私人信用在包买商——富商巨贾的代表——生产者之间产生。一类是包买商和个体生产者之间的消费信用，另一类是包买商之间的商业信用。

信息技术作为技术背后的技术，能够对生产技术起支撑和操控作用。信息技术的广泛应用使得资本主义生产体系柔性化。资本主义生产关系的变化同样会引起交换关系的变化，主要体现在两个方面：其一，对内是生产信用转化为消费信用；其二，对外是财政信用衍生为主权信用。

由此表明，资本主义阶级矛盾被其民族矛盾遮蔽了，西方主权债务危机正是资本主义基本矛盾推动交换关系嬗变的必然结果。

二、西方主权债务危机的结构衍变性

（一）危机形态转换

自资本主义基本制度确立以来，生产力和生产关系的冲突矛盾也在不断加剧，从而产生了适应不同生产力水平的资本主义体制和资本积累模式。

西方主权债务危机爆发的历史情景就是，新自由主义取代凯恩斯主义，进而全面主导发达资本主义社会的政治经济生活。西方主权债务危机历史依据就是新自由主义的国际经济秩序的形成。新自由主义体制本身充满内在矛盾，在运行过程中，最终必定以强行回归的暴力形式爆发出来，欧洲主权债务危机和美国主权债务危机就成为西方主权债务危机的两种特殊表现形式。因此，生产危机—金融危机—西方主权债务危机的演进序列是一个自然历史过程。

（二）危机地域转换

美国演变为以金融控制为特征的新型帝国主义，其帝国主义国家权力的资本逻辑与政治/领土逻辑矛盾运动，型构为一种新型的世界体系。由此，西方主权债务危机在空间上就经由两条逻辑进路演化：外围主权债务危机转化为西方主权债务危机，以及欧洲主权债务危机转化为美国主权债务危机。

外围主权债务危机转化为西方主权债务危机。“二战”后不久，亚非拉地区民族解放运动风起云涌，获得民族独立的亚非拉各国就构成了世界外围地区。20 世纪 80 年代前后，新自由主义成为主要资本主义国家经济指导思想，信贷市场基准利率迅速提高，大量国际金融垄断资本急速流出外围地区，因而迅速在外围地区掀起了一系列的主权债务危机。霸权国家主权作用的私利性与其媒介全球生产所要求的公益性冲突加剧，霸权国家主权债务的历史瓶颈最终引爆了西方主权债务危机。

欧洲主权债务危机转化为美国主权债务危机。欧盟各国之间存在较严重的经济结构差异性问题，导致其内部也存在着不对称的经济主权。欧盟外围国家面临这种双重的主权不对称，不得不通过政府大量向欧盟中心地区举债来维持虚假繁荣。最终引爆了整个欧洲主权债务危机，危机的结局就是加深了欧洲对美国的依附关系。美国通过将本国主权债务美元化，掌握了全球财富的度量权，实现了不从事生产就能增殖财富的梦想。然而，美国金融霸权的滥用削弱了美元国际价值基准地位，最终又引发了一种特殊类型的美国主权债务危机。

（三）危机主体转换

美国私人部门金融危机导致大量金融机构倒闭破产，大量工人失业，社会动荡加剧。于是，美国政府通过增加财政赤字的方式对那些大型金融机构进行救助，最终使得美国私人部门金融危机转化为美国公共部门金融危机表现形式之一的财政危机。并且，美联储也配合债务上限提高，通过量化宽松政策开动印钞机，故意放纵美元的滥发，借此将美国外债美元化。至此，美国财政危机发生转向，建立在美国主权信用基础上、作为美国公共部门金融危机表现形式之一的美国主权债务危机爆发。

三、小结

综上所述，基于历史发生学方法，按照质量互变规律，通过对资本主义社会有机体内部进行科学观察，得出西方主权债务危机的客观演变逻辑。西方主权债务危机就是资本主义基本矛盾运动不断嬗变的结果，体现在西方主权债务危机的历史迁流性和结构衍变性上面。

就前者而言，不断革命的物质技术基础是推动资本主义生产方式演进的最终力量。一般而言，生产技术革命改变生产关系的内涵，而流通技术革命改变交换关系的内涵，而交换关系的典型表现就是资本主义信用结构的优化升级。生产力与生产关系持续紧张，这种量变的累积或其历史迁流，最终必然引起西方主权债务危机的爆发。

就后者而言，生产力与生产关系的矛盾累积引起阶段性质变，从而引起危机结构转换。这可以分别从危机形态、危机地域和危机主体等三个维度进行观察，从而发现资本主义不同类型危机的内涵及其演变。西方主权债务危机就是资本主义不同类别危机结构演变的最终结果。所谓察古知今，本文通过考察西方主权债务危机的迁衍性，意图观照其当代特质性，从而使我国最大限度地防范西方主权债务危机的负面影响。

中美发展比较：优势、问题与应对

王 勇[①]

（中国民航大学）

中美两国作为世界重要国家，各自的发展都在世界上产生了极大影响。但如何分析和评价要基于客观事实，也就需要对两个国家发展中的一些关键指标认真加以梳理，总结各自的优势和问题。

一、中国发展的优势与问题

（一）优势

1. 人口红利依然存在

目前，我国拥有8.8亿劳动年龄人口，平均年龄为38.8岁，人口红利依然存在。同时，具有大学文化程度的人口超过2.18亿，人才红利加快形成和释放。随着国内国际双循环战略深入实施，巨大的市场需求潜力不断释放，超大规模市场优势持续增强。

2. 经济具有强大韧性和活力

我国经济规模已突破110万亿元，人均GDP突破1.2万美元，已成为世界第二大经济体、第一大工业国、第一大货物贸易国、第一大外汇储备国。而且拥有全球最完整、规模最大的工业体系和强大的生产能力、完善的配套能力。

3. 重要原材料资源丰富

以生产电动汽车为例，中国掌握着电池的大部分原材料，而电池是电动汽车的核心。中国占全球化学锂产量的50%、多晶硅的60%、稀土金属的70%、精炼钴的80%，这些都是电池生产的必需品。

---

① 作者简介：王勇，复旦大学博士后，中国民航大学马克思主义学院教授，研究方向：马克思主义政治经济学。

4. 对外开放政策的延续

在过去 20 年里，中国已经逐渐发展为可以与美国相媲美的 FDI 优先目的地。2020 年，中国成为吸纳外商直接投资最多的国家。2000 年至 2020 年，流入中国的外商直接投资额由 410 亿美元上升至 1630 亿美元。未来，随着中国进一步扩大开放，中国市场对投资者的吸引力将会进一步增长。

5. 全球供应链的关键环节

由于制造业的突出表现，中国成功地巩固了其作为全球供应链中最关键环节的地位。尽管部分经济体存在与中国脱钩的言论，但在新冠病毒大流行期间，外国经济对中国的依赖程度有增无减。

（二）问题

1. 目前中国的人口已经达到顶峰并持续老龄化

根据国务院发展研究中心课题组预测，到 2035 年和 2050 年，中国 65 岁及以上老年人口规模将分别达到 3.46 亿和 4.49 亿，老龄化率达到 20.5% 和 37.3%（国务院发展研究中心课题组，2022）。如果劳动生产率的提高不能抵消劳动力减少的影响，那么劳动年龄人口的持续减少，必将制约经济发展，减小经济规模。

2. 大国关系变动、贸易战等带来负面影响

日益加剧的地缘政治紧张局势尤其是不断恶化的中美关系，会影响我国和平发展的外部环境，特别是实现和平统一的进程及与周边国家的外交关系，会分散我们进行经济、政治、文化、民生、生态等方面建设的注意力、集中度，会影响我国对外开放政策的进一步实施。

3. 对粮食和能源存在进口依赖

中国是世界上最大的粮食和能源进口国。数据显示，我国进口最多的是大豆、豆制品及油料，大豆和油料成为我们对外依存度最高的两种产品，是我国的软肋所在。如果这些农副产品过度依赖于进口，就会导致国内相关产品的物价飞涨，从而埋下隐患。

我国是世界最大的矿产资源和能源进口国，同时也是世界最大的原油、成品油和液化天然气的进口国，未来十五年对关键矿产和能源的依赖程度仍将不断加大。

（三）未来的机遇与挑战

1. 机遇

（1）中国经济在未来十年将会以美国两倍的速度增长

美国国会预算办公室（Congressional Budget Office）预计，2021—2031 年，美国 GDP

每年平均增长1.8%。而国际货币基金组织预计，2023年后，美国GDP的年增长率将不超过1.7%。相比之下，国际货币基金组织、英国智库机构——经济与商业研究中心（Centre for Economics and Business Research，CEBR）和其他经济预测机构预计，从现在到2030年，中国的年平均增长率将为4.5%～5%。

（2）中国国家治理体系和治理能力的独特优势

在国家治理体系和治理能力方面，我们能做到：全国一盘棋，国家治理体系高效运转；集中力量办大事，调动一切积极因素；广泛发动人民群众，集民智汇民力；统筹调配力量，加强协同协力。

（3）外国经济的依赖

尽管在新冠病毒大流行期间各经济体中的一些媒体和政客存在与中国脱钩的言论，但全球制造中心早已从美洲和欧洲转移到了亚洲，尤其是中国，而中国早已成为无可争议的世界工厂，在产业链中的地位无人可以撼动。2020年以来，外国经济对中国的依赖程度有增无减。

（4）庞大的消费市场

虽然在未来15年内中国人口会持续老龄化，但中产阶级的人口数量仍十分可观，预计到2035年中产阶级将再增长4亿人口。这将引发一波消费浪潮，使中国不仅成为大多数公司所青睐的生产地点，而且也成为它们最大的消费者市场。

2. 挑战

（1）企业债务压力

自2008年金融危机爆发以来的10多年里，中国的总债务从占GDP的140%增加到270%。虽然从表面上看债务总额增加了不少，但其中我国政府的杠杆率仍在45%左右，居民的个人负债比例也不大，而最大的问题是企业负债。改革开放以来，中国GDP平均每年增长在7%以上，如此高的增速自然抬高了企业的增长预期，同时也带来了负债的需求。

（2）社会发展不平衡的利益格局

中国在经济发展过程中，消除二元结构，实现利益均衡，始终是我们追求的和不容易达到的目标。首先，城乡之间、不同区域之间的贫富差距仍然过大。其次，我国城乡居民在享受基本公共服务方面的不平等程度甚至比收入差距还大。最后，非正规就业造成利益失衡。以上这些对中国经济未来发展也都形成了严峻挑战，需要加以研究解决。

二、美国发展的优势与问题

（一）优势

1. 与部分国家结成盟友

美国今天的优势，除了美元霸权、高科技、移民等，最重要的就是全球强大的盟友链条，其是美国软实力的体现。

在与美国的关系中，最亲密的是英国、加拿大、澳大利亚和新西兰，也就是“五眼联盟”。在欧洲，西欧国家几乎都是美国的盟友，它们在意识形态领域、宗教文化上高度重合；东欧和南欧国家基本是美国抵御俄罗斯或者进行北约东扩的前沿阵地，也是美国在欧洲的附庸。在亚洲，美国也网罗了一帮盟友，其中东亚、东南亚地区有日本、韩国、菲律宾、马来西亚、新加坡等。而在西亚特别是海湾地区，沙特、阿联酋、卡塔尔等都是美国的好朋友。最后，还有一些曾经与美国有矛盾或被美军征服过的国家，也想成为美国盟友。

2. 产业发展的竞争能力

美国的 GDP 总量位居世界第一，之所以这么高，主要是来自第三产业的巨大贡献，但是第二产业同样不能忽视。一方面，大量的低端制造业早已转移到了美国之外的新兴市场，美国不仅从来没有放弃高端制造业，并且还在不断加强对全球的控制。

另一方面，美国的劳动力成本始终明显高于其他国家，但美国的生产率水平弥补了这一点。3D 打印、人工智能技术以及物联网和大数据的利用提高了生产率，使美国既表现出制造业活动萎缩的假象（生产率提高减少了人员使用），又使其成为高科技制造公司投资的诱人之地。

3. 在金融领域仍占据主导地位

（1）美元霸权

目前，美国仍然是全球金融体系中无可争议的领导者，世界各地的央行依旧将美元作为主要外汇储备，美元占外汇储备总额的 60% 左右。同样，美元在外汇交易、全球支付和贸易方面仍然保持中心地位。因此，美元霸权十分明显：①世界上有很多国家依赖美元资本（外资）来发展经济，美国只要威胁对其进行金融制裁，那么该国就会失去大量外资，从而有可能导致经济崩溃。②获得铸币税收入。③美国政府（美联储）通过自行印发美元，就可以凭空创造外汇储备，并且可以解决长期贸易逆差问题。也就是说，美国不受外汇储备的制约，也不会因贸易账失衡而爆发国际收支危机。

（2）股票市场与银行业

在全球的股票市场中，美国的华尔街股市是最具影响力的股市，以致对整个世界经济都有巨大的影响力。首先，2021 年底，美国股市总市值为 67 万亿美元，占世界股市市值的一半以上，其升跌都是可以影响全世界其他股市的。其次，全球 500 强的大企业大部分都是集中在华尔街股市，这些公司的动向都会影响全球股价的上涨和下跌，也会影响到全球经济和就业情况等。最后，美国股市是一个全球投资资金汇聚的地方，因此也导致美国股市的每一个举动都是举足轻重的，是被全世界投资者所瞩目的。

根据总资产排名，在 2021 年世界前十大银行中，第六家和第八家分别为美国的摩根大通和美国银行，资产总价值为 4.97 万亿美元。

（3）移民的贡献

美国所具有的军事、经济和科技霸权，吸引了全世界的人才移民美国。据统计，在过去二十年，有近 1500 万人入籍美国。来自世界各地的移民在美国经济中扮演着重要角色，从科技创业、科学实验到互联网企业，可以说是撑起了美国各行各业的半壁江山，对美国经济社会发展起到重要的促进作用。

（二）问题

事物的发展并非一成不变，不能顺应时代潮流和及时调整政策，优势的方面也会逐渐丧失甚至会走向反面，美国就是如此。

二战结束后，美国曾经是促进自由贸易的领导者，还带头设计了跨太平洋伙伴关系（TPP），但 2017 年 1 月 20 日，美国总统特朗普在就职当天宣布从 TPP 退出。而中国已经申请加入 CPTPP，同时还争取大多数亚洲主要经济体建立了区域全面经济伙伴关系协定（RCEP）。此外，为了加强与欧盟的关系，中国于 2020 年 12 月还签署了《中欧全面投资协议》，以促进外国的直接投资。

在产业发展特别是制造业方面，美国在全球所占份额不断下降。以中国为代表的发展中国家随着科技水平的提高，突破了美国对科技的垄断，大幅降低了美国知识产权的利润率，直接动摇了美国的科技霸权地位。

在金融方面，美国呈现出来的问题更是明显，主要是美元的主导地位不保。摩根士丹利（Morgan Stanley）预计，到 2030 年人民币将成为世界第三大储备货币。桥水基金（Bridgewater Associates）的创始人雷·达里奥（Ray Dalio）通过分析金融帝国的兴衰，预测中国的货币和资本市场在不远的未来将成为美国的真实竞争者。美国为了维护庞大的军费开支，应对其周期性的经济危机，进行了疯狂的印钞，从而彻底击碎了美元的信用。当美国政策制定者刚刚开始讨论引入数字美元时，中国已经在全国范围内推动经济的数字化。中国已开发出自己的数字人民币，可以为公民提供更快、更便宜、更安全的金融交易。

在移民方面，过去几年里，美国政府不断收紧原先比较宽松的“移民政策”。表面上看，似乎严格控制了“移民”数量，但是在广大移民心中留下的隔阂和分歧却难以弥补，其给美国社会造成的分裂和分化，需要几代人的努力方可缓解。

三、中国的借鉴与应对

通过上述比较，我们看到了中美各自发展的优势与存在的问题，接下来中国要考虑的是如何取长补短，强弱项、扬优势，在巩固和优化现有资源与成果上下功夫。

首先，要不断提升自身的能力。要进一步提高劳动者的素质和技能，增强创新力。美国发动贸易战的根本目的在于阻止中国产业升级和技术进步，继续维持美国高技术产业在全球的领导地位。因此，对我们来说，一方面要始终高度重视提高劳动者素质，培养宏大的高素质劳动者大军；另一方面要充分发挥科学家和企业家的创新主体作用，培养一大批能够把党和国家科技政策贯彻落实好的组织型人才，发扬光大“两弹一星”精神。

其次，要解决好资源利用与市场开发。我国经济社会发展中面临的一个突出问题是能源的对外依赖，它既涉及能源安全问题，也直接影响着我国的碳排放和环境保护。因此，要立足我国基本国情和发展阶段，确立生态优先、绿色发展的导向，坚持在保护中发展、在发展中保护，深化能源的供给侧结构性改革，优先发展非化石能源，推进化石能源清洁高效开发利用。一方面要优先发展非化石能源，另一方面要清洁高效开发利用化石能源。

与此同时，要解决好中国的粮食安全问题。第一，要保护和建设耕地，特别是强化地方政府的责任，各地粮食的播种面积总体实现稳中有增；第二，要调整粮食产业结构，扩大大豆油料的种植面积，大力培育推广优良品种；第三，要提高农机装备水平，使用无人机等智能设备，推动农业机械化、智能化，有效解决劳动力减少的问题；第四，要提高最低收购价格，并扩大农业政策性保险覆盖范围和力度，进而提升农民生产的积极性。

再次，要进一步增强软实力，打造朋友圈。为此，我们需要不断完善我国全方位、多层次、立体化的外交布局，并以周边和大国为重点，团结更多的国家特别是一些西方国家，在实现经贸领域共赢的同时，深入开展文化等领域的交流合作，尊重彼此关切，从而赢得更多的理解和支持，缔造更多的全面战略伙伴。

最后，要切实推进治理体系与治理能力现代化。在未来中国经济的发展过程中，企业过度负债和贫富差距过大是两大隐忧，必须认真对待、妥善解决。因此，需要政府始终坚持以人民为中心的发展思想，加大宏观调控力度，在推进国家治理体系与治理能力现代化的过程中，不断规范企业经营行为，根据全社会投资和消费构成变化，及时调整货币、财政、税收等政策，利用这些政策对产业结构和产品结构加以完善。只有做到这些，才能从根本上解决资本凭借支配力量攫取巨额利润并造成贫富差距过大、社会不公平等问题。

从 Libra 到 Diem：私人数字货币的霸权化与美元霸权的数字化

——基于马克思主义货币理论的探讨

王 娜 李 彬[①]

（中国农业大学；中国社会科学院）

马克思主义理论一直强调对经济问题的研究不仅要关注生产力的变化，更要注重生产关系的分析，而数字货币的发展正是体现了数字技术应用在货币领域后所代表的生产力与生产关系突破。本文首先梳理从 Libra 到 Diem 演变过程中货币设计的调整内容，并以马克思主义货币理论为基础，探讨货币的权力本质及数字货币的权力关系，接着分析 Libra 对国家和金融资本货币权力的挑战及体现的私人数字货币的霸权化，以及更名为 Diem 后所体现的美元霸权数字化。

一、Libra 引发的争议与 Libra 到 Diem 的演变

2019 年 6 月，全球最大的社交网络平台脸书（Facebook）发布了数字货币项目 Libra 白皮书，但发展并不顺利。首先遭到主要国家监管层明确反对，之后又面临主要协会成员的退出。为了顺利通过监管的合规要求，Facebook 在 2020 年 4 月 16 日发布了 Libra 白皮书 2.0，之后又在 2020 年 12 月 1 日更名为 Diem。

（一）Libra 白皮书 1.0 的最初构想

Libra 白皮书 1.0 指出“Libra 的使命是建立一套简单的、无国界的货币和为数十亿人服务的金融基础设施”。

从技术层面来看，“它建立在安全、可扩展和可靠的区块链基础上”。核心的技术主要包括设计和使用 Move 编程语言以及使用拜占庭容错（BFT）共识机制等。

---

① 作者简介：王娜，中国农业大学马克思主义学院教授，博士生导师，研究方向为货币金融政治经济学。李彬，中国社会科学院马克思主义研究院，助理研究员，研究方向为政治经济学。

从经济层面来看，“它以赋予其内在价值的资产储备为后盾”。将全部使用真实资产储备作为担保，并采用一系列低波动性资产进行抵押。

从治理层面来看，Libra 协会是 Libra 区块链和 Libra 储备的监管实体，总部位于瑞士日内瓦。Libra 理事会是最高权力机构，由各验证者节点各指派一名代表构成。① 图 1 为 Libra 结构。

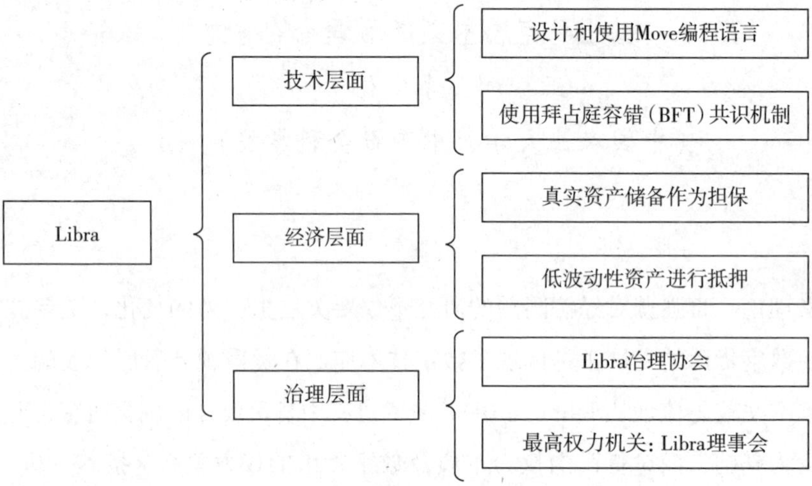

图 1　Libra 结构

（二）Libra 白皮书 1.0 引发的争论

Libra 白皮书 1.0 自 2019 年 6 月 18 日发布以来，进展并不顺利。2019 年 6 月 19 日，美联储主席鲍威尔表示 Libra 有潜在的优势与风险，并不大担心美国央行会因数字货币或加密货币而无法再执行货币政策，相信美联储对此在安全和监管方面最终将保持良好预期②。英国央行行长卡尼也表示需要对 Facebook 的加密数字货币 Libra 项目持开放态度③。

① Libra 1.0 白皮书。

② Michael Sheetz. Facebook discussed the launch of its cryptocurrency with the Fed, Jerome Powell says, https://www.cnbc.com/2019/06/19/facebook-discussed-the-launch-of-its-cryptocurrency-with-the-fed-jerome-powell-says.html.

③ Joumanna Bercetche. Bank of England keeps an "open mind" on Facebook's cryptocurrency Libra, https://www.cnbc.com/2019/06/21/bank-of-england-mark-carney-on-facebooks-libra-uk-digital-economy.html.

但不久，他俩的态度就发生了转变①。之后，以欧盟各国为代表的国家则持更加坚决的反对态度②。

除了面对外部的压力，Libra 内部也面临主要协会成员的退出。因此，经过 10 个月以来的多方协调，Facebook 在 2020 年 4 月 16 日发布 Libra 白皮书 2.0，可以说是在尽量满足各国监管的要求之下保持初衷的版本。

（三）Libra 白皮书 2.0 的新变化

2020 年 4 月 16 日，Facebook 发布了 Libra 白皮书 2.0。在开篇首先强调了在新的白皮书中有四个关键更新：一是增加提供锚定单一法币的稳定币；二是通过强大的合规性框架提高 Libra 支付系统的安全性；三是在保持其主要经济特性的同时，放弃向无许可系统的过渡计划；四是在 Libra 的资产储备设计中加入强大的保护措施。

（四）Diem 的变化和方案

2020 年 12 月 1 日，Facebook 将"Libra"正式更名为"Diem"，同时原 Libra 协会也更名为 Diem 协会，并准备于 2021 年在美国推出锚定单一美元的稳定币。但是，时至今日 Diem 仍没有正式问世。从形式来看，Diem 的更名正是为了凸显新的数字货币框架的独立性，从而获得监管部门的批准。从内容来看，Diem 事实上已经偏离了私人数字货币去中心化的构想，锚定单一美元事实上已经演化成为美元的数字化。

二、马克思主义货币理论与数字货币的发展

马克思认为货币并不是人们协商的产物，也不是君主的人为设定，而是价值形式演化的结果。因此，货币的本质是一般等价物，实现了商品从私人劳动向社会劳动的转变。

---

① 2019 年 7 月 10 日，美联储主席鲍威尔在众议院金融服务委员会听证会上表示，鉴于 Facebook 网络的规模，Libra 也可能规模庞大，因此它很快就会具有系统重要性，金融监管方需要对 Libra 及其支付系统采取最高水平的审查。强调 Libra 有关隐私、洗钱、消费者保护和金融稳定方面的严重担忧。美联储正在协同全球其他央行解决这些担忧，但在此之前不应该继续推进 Libra 项目。2019 年 7 月 10 日，美联储主席鲍威尔在参议院银行业委员会的听证会上表示，需要细致、耐心地评估 Facebook 数字货币 Libra 的风险，准备 12 个月就推出 Libra 也许不可行。此后，英国央行总裁卡尼表示，Facebook 必须证明其计划推出的数字货币"坚如磐石"，而后才能开始使用，指出 Libra 还有亟待解决的问题。

② 2019 年 8 月 21 日，欧盟反垄断监管机构已经在探讨对 Libra 数字货币项目进行反垄断审查。9 月 12 日，法国经济和财政部长布鲁诺表示，由于对加密项目"非常关注"，他们不会允许 Libra 在欧洲发展。9 月 13 日，法德发表联合声明称，任何私营实体都不能拥有国家主权固有的发行货币权，反对加密数字货币 Libra 在欧洲推行。在亚洲，一些国家相关部门的负责人也表示 Libra 的发行还不成熟。2019 年 6 月 27 日，新加坡金融管理局（MAS）表示，该央行正积极与 Facebook 就 Libra 数字货币的推出进行讨论，其仍处于早期发展阶段，需要更多信息对此作出判断。2019 年 9 月 24 日，日本央行行长黑田东彦表示，如果类似 Libra 的稳定货币被引入，它将对社会产生巨大的影响。因此对其实施最高水平的监管是必要的。

（一）货币职能的矛盾与货币形式的变化

马克思认为货币具有价值尺度、流通手段、支付手段、贮藏手段和世界货币等五种职能，其中价值尺度和流通手段是货币的基本职能，在此基础上，货币的其他职能派生而出，这五种职能之间的内在矛盾推动着货币形式发展变化。

首先，货币价值尺度与流通手段的矛盾推动着纸币的发展。随着商品交换的快速发展，货币作为流通手段的职能日益凸显，铸币及纸币逐渐代替贵金属广泛流通起来。谁来保证纸币价值呢？在现代社会，国家正是通过中央银行来发行强制流通的纸币并保证纸币的价值。

其次，货币基本职能与支付手段的矛盾推动着信用货币的发展。当货币在清偿债务时，就发展出支付手段的职能。马克思分析了简单商品流通中债权人和债务人的产生①，即商业信用形成的基础。除了商业信用外，还必须有其他的信用形式来补足。银行信用就是为了适应这种需要而在商业信用基础上发展起来的一种信用形式，而基于商业信用的汇票和基于银行信用的各种金融票据也就发展成为信用货币。

最后，货币转化为资本与货币矛盾的转化。马克思认为，货币所有者必须在市场上买到一种特殊的商品，具有创造价值的能力，实现价值的增值，它才能够成为资本，而这种特殊的商品就是劳动力。当创造剩余价值的劳动力进入生产领域，货币就转化为资本，从而货币与商品生产以及整个经济运行之间就建立起不可分割的必然联系。

（二）货币—资本的内在矛盾与国家的调节

一是资本流通与信用体系的发展。在具体层面，货币转化为资本首先需要预付一定数额的货币资本，用来购买厂房、机器、原材料和劳动力；其次，资本流通也对货币体系提出了更高的要求。此外，信用体系的发展必不可少且至关重要，社会闲置的货币通过信用体系转化为生息资本，进入资本积累过程中。

二是信用在资本主义体系中的重要作用与内在矛盾。虽然马克思并没有完成对信用体系的系统分析，但一方面，他深刻认识了信用体系对资本主义生产过程的重要作用，它熨平了货币在不同商品生产、流通和消费中的各种障碍，使货币持续流通；另一方面，马克思也深刻分析了信用体系的矛盾，信用体系的发展一方面节约了货币作为流通手段的职能，另一方面则大大拓展了货币作为支付手段的职能。

三是国家的调节作用与中央银行的两难。马克思生活的时代，中央银行逐渐演变成国

---

① 《资本论》(第1卷),人民出版社1975年版,第155页。

家的专门机构，成为货币金字塔的顶端。而中央银行一方面需要通过创造信用来维持资本积累，另一方面还需要维护货币的品质，这使现代中央银行面临两难选择。

（三）货币—资本矛盾在世界市场的展开与数字货币的发展

一是美国生产力的发展与美元霸权的确立。美元不仅通过国际商品贸易作为流通手段，还依靠国际债务这种信用关系成为国际支付手段。二战后，美国还作为战胜国和世界经济霸主，在国际格局重建中获得了国际政治经济关系的主导地位，一系列国际制度的建立和发展保障了美元的霸权地位。

二是美元霸权体系的内在矛盾与国际金融危机。美元霸权体系虽然建立，但这并不意味着这种体系是稳定并合理的。随着二战结束，其他经济体生产能力迅速恢复，美国产业资本的优势逐渐减弱。美国产业资本的衰落催生了金融资本的扩张，大量学者用实证数据说明了美国经济金融化转型的过程。虽然，美国利用霸权优势可以借助利息调控、流动性投放等手段延缓危机，但长期来看这反而会加剧金融市场的脆弱性并酝酿出更严重的金融泡沫。

三是国际金融危机的爆发与数字货币的兴起。2008 年，美国的次贷危机引爆了一场遍及全球的国际金融危机。为了尽量减少危机后对经济的负面影响，美国分别实施了四轮量化宽松政策。美国此举虽然凭借美元霸权地位并没有引发严重的通货膨胀，却也给美元体系乃至国际货币体系带来巨大的不稳定，并持续引发各国政府和各市场主体对美元霸权体系的质疑和反思。

2008 年日本中本聪运用区块链技术发明了一种私人数字货币——比特币。但是，由于私人数字货币没有国家价值的支撑，并受到投机资本的追捧，慢慢沦为一种投机工具。直到世界最大的社交网络平台脸书宣布发行与法币挂钩的 Libra 计划，才在各国监管层引发了巨大讨论，并导致强烈的反对。

三、Libra 的货币权力基础及私人数字货币的霸权化

一直以来，私人数字货币因为没有国家信用的支撑，并没有成为真正意义上的货币，一些国家的监管机构虽然并没有严格限制其发行，但还是颁布了相关监管举措。但作为全球最大的网络社交平台脸书发布 Libra 设计方案，却引来各国监管层的强烈反对，因为虽然 Libra 没有国家信用为其价值背书，但其社交网络地位为其提供良好的流通优势，这会迅速赋予其作为流通手段职能以及支付手段职能。Libra 虽然运用了去中心的技术，但并不是真正意义上去中心化的私人数字货币，而是建立了一种数字货币霸权。

首先，脸书的社交网络地位为 Libra 提供流通优势。如果主导社交网络平台的脸书发行 Libra，Libra 将迅速被赋予流通手段职能，即使没有国家信用为其价值背书，但其作为

货币的职能被广泛接受将使其成为形式上的货币，从而使 Libra 治理委员会像国家和金融机构一样具有发行和管理货币的权力，这对国家和金融资本的利益提出了严峻挑战。

其次，Libra 本质上体现了科技资本的崛起并获取权力的尝试。20 世纪以来，随着美国产业资本力量的上升而英国产业资本力量的衰弱，美元逐渐替代英镑成为世界货币。而进入 21 世纪，随着网络信息技术的快速发展，大量科技公司崛起，伴随科技资本力量的上升，其自然寻求驾驭资本和控制资本的权力，而资本最终要表现为货币，因此发行代表科技资本利益的数字货币就成为其重要的路径。

再次，Libra 对国家货币权力提出了严峻挑战。Libra 的发行使各种虚拟的网络场景中有了数字形式的计价货币和流通手段，会对央行的法币发行产生替代效应，进而减少企业和个人对法币的需求，影响央行的资产负债表规模，在此基础上，央行通过货币政策工具调节货币发行的能力也会被削弱，这对国家货币权力带来了严峻挑战。

最后，Libra 的实质是科技垄断资本全球扩张背景下私人数字货币的霸权化。Facebook 是一个全球的社交网络平台，其网络规模效应使其在同领域具有垄断地位，在许多国家都有重要的影响力。虽然 Libra 在技术上运用了区块链，旨在与其他私人数字货币一样形成去中心化的机制，但是其依托脸书在社交网络媒体垄断地位的性质注定其难以真正去中心化，反而会导致私人数字货币的霸权化。

四、Diem 的单一美元制与美元霸权的数字化

（一）Diem 的单一美元机制与美国货币主权的统一

Diem 方案的核心在于由锚定多种货币变为锚定单一美元机制，并从三个方面表现为与美国货币主权的统一。

一是 Diem 由美元、美元等价物和短期政府债券等美元资产支撑，与美国货币主权保持内在一致。二是 Diem 满足区块链技术与美元监管框架的结合，受美国金融监管体系的制约。三是 Diem 事实上成为美元支付系统的构成部分。

（二）对传统金融机构的实质性挑战

由于 Diem 从属于美元体系，特别是成为美元支付体系的组成部分，势必对传统金融机构造成挑战。一方面，Diem 更能适应网络经济这种新的生产方式，另一方面，Diem 以互联网企业为支撑，相比传统金融部门有技术优势。

虽然 Diem 可能对传统金融业务构成竞争，以脸书为代表的科技企业会对传统金融机构带来实质性的挑战，但是二者背后所反映的资本利益具有一致性，二者之间不是完全对

立的关系。金融机构也有可能与发行数字货币的科技公司合作，Diem 治理协会也一直非常积极将银行等金融机构纳入其中，从而与金融资本达成合作。

（三）Diem 的未来与美元霸权的数字化

一方面，Diem 对其他国家主权货币造成竞争和取代。一是数字货币以互联网为载体，突破了当前跨国金融基础设施中的障碍，便捷了国家间的资本流动；二是相比于法币，流通更便利，交易成本更低，执行世界货币职能更具优势。

另一方面，Diem 削弱其他国家的资本管制手段。数字货币超越传统金融机构，促进跨境资本流动，突破其他国家已有的资本管制框架，削弱其他国家已有的资本管制手段。

因此从 Libra 向 Diem 的转变，将美元的霸权地位与数字货币的垄断地位相结合，在物质生产和数字化流通方面通过线下线上重构美元的霸权地位。

五、Diem 发行给我国带来的挑战及应对之策

目前，Libra 乃至 Diem 的问世虽然遭遇了各国监管的强烈反对，但从长期来看将是大势所趋，因此需要引起我国相关部门的高度重视。实践中，我国一直严令禁止私人数字货币的发行，但明令禁止比特币等虚拟货币的流通仍然挡不住私人之间的交易，Diem 一旦通过发行即使监管也很难挡住，因此我国必须提前研究和布局应对之策。

一是要加强对新型数字货币的研究和监管。虽然目前 Diem 仍未正式发行，但我国要提前研究和构建 Diem 等新型数字货币发行的应对方案，并且要加强研究 Diem 成为美元霸权的数字化形式后我国的应对之策。先行构建各国可能推行的法定数字货币在我国资本管理制度、金融监管和货币管理政策下的监管框架，重在保护人民币的主权地位，维护我国金融稳定和金融安全。

二是要推动数字人民币的开发和应用。我国目前拥有世界最大和最丰富的电子支付系统，具有数字货币落地的良好基础和广阔场景。因此，央行要推动数字人民币在我国的应用测试，大力发展境外数字支付及数字货币支付系统，在竞争发展中逐渐推动数字人民币的成熟落地。

三是要参与全球数字货币治理体系的构建。虽然比特币等私人数字货币发展超过十年，但全球并没有形成统一的监管框架。我国应积极加入全球数字货币和数字支付治理体系的构建工作，在国际上与主要经济体的央行和相关国际组织加强合作，参与到全球对 Libra 的监测、监管政策框架的制定工作中。并在全球数字货币治理体系中关于客户身份识别、数据储存和运输、跨境支付、个人隐私和数据安全监管框架和治理机制等重要问题上提出中国方案，提升中国话语权。

平台资本主义中的社会主义因素探析

胡　莹　方太坤[①]

（中山大学）

一、平台资本主义中孕育的社会主义因素分析

目前，在平台资本主义的发展中主要存在五种类型的平台，包括提供社交服务的广告平台、出售商品的产品平台、支撑远程软硬件业务的云平台、实现传统产业数字化的工业平台和促成供需信息匹配的即时信息平台。从一般的角度来看，这五种平台中共同孕育着社会主义因素。

（一）平台日益成为全体劳动者共同使用的生产资料

平台作为一种全新的社会化生产资料正是资本主义在新的生产力发展基础上的应然产物。平台与传统生产资料不同，它们的一个鲜明区别在于平台这一生产资料的排他性极大降低，共享性显著提升。这一情况的出现有其必然的资本逻辑。从生产领域来看，平台可以集各生产主体和环节于一体，实现生产全过程数字化、可视化、可控化和智能自动化，生产的各个要素得以在平台算法和工人的共同调配控制下实现最优组合生产。在此条件下，生产效率、质量、成本、安全等极大提升，这为资本实现价值增殖提供了强大支撑。从流通领域来看，平台作为各类信息的集散和处理中心能够使商品销售、存储、运输等各方面准确、流畅、高效、优质进行，这可以有效助推商品本身完成“惊险的跳跃”。在进行平台化运营生产的过程中，数据是核心生产要素，而数据的采集主要依赖于广大的平台用户，平台用户的数量和活跃程度直接影响平台的价值增殖，平台资本家要实现剩余价值最大化，必须尽可能多地吸纳用户进行数据生产劳动，而平台的共享使用为达成这一目标

---

① 基金项目：国家社会科学基金重大项目“数字经济时代的劳动过程研究”（编号：20&ZD056）。作者简介：胡莹，中山大学马克思主义学院教授；方太坤，中山大学马克思主义学院博士研究生。

提供了可能。鉴于此，现实生产中的各行各业日益趋向于数字化转型和平台化运营，这为平台成为社会化生产资料提供了坚实的物质基础。虽然绝大部分平台劳动者暂时不具有平台的所有权，但是他们可以共同享有平台的使用权，这是平台生产资料走向社会主义应用的一个重要阶段性胜利，同时也为平台生产资料实现公有制准备了历史前提。

（二）生产与消费精准匹配使生产的计划性逐步增强

社会再生产是一个极其庞大的复杂系统，要实现其科学有效运转离不开提供生产资料和生产消费资料两大部类的比例协调。然而，资本主义制度本身所固有的基本矛盾即生产社会化和生产资料的资本主义私人占有之间的矛盾经常使这种比例关系遭到破坏。随着资本主义生产力的日益发展，平台日益成为整合各方生产要素进行社会化生产的系统载体。诚然，平台在资本主义社会中的应用使资本主义生产具有一定计划性，但这主要存在于资本主义生产部门内部，资本主义社会生产整体计划性的提升是有限的，因为用于社会调节的庞大生产数据在资本主义制度下无法真正实现共享，因而这种计划性并不意味着资本主义可以通过技术手段消解其固有矛盾。平台助力资本主义生产日趋具有计划性是资本主义社会发展中孕育的社会主义因素在新生产力基础上的萌发，这种生产力日益要求把平台等生产资料进行社会化占有和使用。因为平台本身是劳动者劳动的产物，理应归劳动者所有，平台增强生产计划性的功能发挥的基本前提是平台要被广泛下载和使用，这种平台社会化的使用权是平台功效得以提升和展现的基石，脱离了广大劳动者共同使用这一生产资料的先决条件，平台就永远只是观念上的平台，而不是真正的平台生产力。

（三）平台联结多方主体形成新型劳动合作组织模式

平台基于数字技术有效整合并盘活了社会中的活动资源和闲置资源，不仅将部分常规的劳动群体纳入资本增殖的网络之中，而且使“沉睡”或被忽略的可以创造经济价值的劳动者劳动被唤醒并从属于资本。平台在实际运行中普遍采用“云端制”的组织形式，“大平台＋小前端”的“原型结构”日益成为各个商业组织的平台化发展模版，在此平台组织框架下逐步衍生出了新的劳动合作组织模式。在平台的信息连接和资源调配下，分布于同一劳动过程或具有相互联系的不同劳动过程之中的劳动者在共同使用平台生产资料的基础上各自付出劳动，各劳动之间相互衔接和依靠或者相互联系形成了一种劳动合作关系。平台构筑起的劳动合作组织模式的一个鲜明特点是将社会中原本较为松散的劳动者以平台为中枢纽带联合了起来，这种联合本身是出于经济利益的自愿选择，虽然联合的目标一致性和组织团结性不强，但这种联合无疑反映了在资本主义新生产力发展条件下所孕育的社会主义劳动合作因素呈现出的最新形态。

（四）平台对劳动精准计量为按劳分配提供可靠参照

平台在工人劳动中的资本主义应用始终以攫取剩余价值为唯一目的，平台对工人劳动的全方位数字记录是资本对劳动更加紧密控制的一种手段。工人在平台中每个阶段、每个环节、每个步骤的劳动以及工人劳动的时长、持续度、合规度都能被平台系统记录，这些劳动数据的采集和运用的主要用途并不是服务于工人而是服从于资本增殖。但是这种数字记录在客观上也使得工人的劳动量得到了精确计量，工人的劳动数字清清楚楚地显示着工人劳动的实际创造情况，这为工人根据自己的劳动贡献度公平获得劳动收入提供了强有力的可靠证据和参照。虽然在现实中平台资本家可以凭借自身的优势地位操纵数据算法向着有利于自身利益的方向发展，进而遮蔽甚至篡改工人劳动的某些数据，但是这些数据主要限于进行工资结算参考的数据，工人劳动的原始真实数据则被完好保留。因此，平台本身对劳动数据计量的技术功能是实现工人按劳分配的有利条件。从资本主义社会向社会主义社会发展过渡的历史进程角度来看，平台对劳动的全方位数字记录为行将到来的社会主义奠定了基础，一方面这些劳动数据在科学运用的基础上可以促进社会劳动力资源的合理配置和社会生产力的有效提升，另一方面在全面实行按劳分配的社会主义社会中，工人劳动的数据可以运用于社会分配的整体计算，在根据工人实际的劳动贡献以及进行社会主义社会中必要的各项扣除后，工人在“社会领回的，正好是他给予社会的。他给予社会的，就是他的劳动量”。劳动分配公平正义将在此真正得到彰显。

（五）平台在一定程度上助推工人实现部分劳动解放

虽然平台剥削工人劳动，但平台在一定程度上也推进了工人部分劳动解放的进程。从劳动手段丰富来说，平台发展带来的生产力不仅促进了物质劳动工具的丰富，为工人劳动提供了大量物质手段，而且在数字空间中创造了各种共享或付费的数字软件工具，在非物质劳动日益壮大的数字时代，工人拥有多种多样的数字化劳动手段。从劳动机会均等来看，平台的发展衍生出诸多新的就业机会，其中相当部分的劳动岗位需求量大、入职标准低，在劳动机会信息方面，信息服务平台对外共享大量劳动就业信息，这些均使工人较以往拥有相对较多、更加均等的劳动机会。就劳动时空自由而言，平台依托数字技术打破了时空界限，使得诸多劳动可以数字化远程灵活进行，工人可以相对自由地进行劳动。

平台在积极的一面推动工人实现部分劳动解放，同时也在消极的一面倒逼工人劳动能力多方面发展。平台依托数字技术不仅衍生出了一批新劳动，而且对现实世界中的部分劳动进行了数字化重塑，在平台的影响下传统劳动、情感劳动、知识劳动、按需劳动等日益呈现出不稳定化发展趋势。诚然，平台的发展给工人的劳动解放提供了一定的机会和便利，但不可否认的是资本对劳动力的要求也在随着资本的需要而不断提升，它以无形的力量强迫着工人必须自我约束、自我学习、自我提升，这在客观上倒逼工人进行多方面能力发展，唯有如此工人才能维持生存和生活。除此之外，符合平台盈利方式的外包模式也使得工人劳动具有较强的流动性，这种模式也“使工人在不同行业就业的流转及培训中，劳动能力得以被动地向全面性发展”。

二、科学看待平台资本主义中的社会主义因素

（一）平台资本主义中的社会主义因素是社会生产力发展的必然性结果

在资本逻辑推动下，平台发展狂飙突进，平台资本主义在社会再生产过程中的作用日益突出。由于生产力决定生产关系，平台资本主义的发展必然孕育出与平台资本主义生产力相适应的生产关系、分配关系、交换关系、消费关系或者是人与自然、人与人之间的关系。平台资本主义中的社会主义因素主要就体现在新生产力基础上萌生出的这类具有新社会性质的物质关系以及由其影响或决定的各种具有社会主义属性的现实表征。具体来看，由于本身的功能属性和技术水平，平台不得不作为一种社会化的劳动资料被劳动者共同使用，而且使用者越多、使用量越大，平台的价值就越大。平台强大的算法和数据采集、存储能力使得生产与消费的精准匹配有了坚实的物质和技术支持。正是由于平台对传统劳动过程的介入和数字化创新变革，新型劳动合作组织模式和劳动成果的精准计量才得以实现。虽然平台使部分类型的劳动者的劳动具有不稳定性，但是平台也源源不断提供了许多新的劳动机会、手段和劳动技能的学习资源等，劳动者在新的条件下在一定程度上得以劳动解放。由此可见，这些包含有社会主义因素的新变化均离不开平台本身的直接影响和促进。

（二）平台资本主义中的社会主义因素并没有改变资本主义的基本矛盾

平台资本主义的社会生产力越发展，平台资本家就越想占有这种社会生产力，而这种平台社会生产力本身则越想按其社会性质发挥作用，这两者之间存在矛盾。因此，即使平台资本主义中的社会主义因素显示出了新社会的一些可喜内容和现象，但这并不意味着资本主义对其固有矛盾的消解。在资本主义社会中，平台作为一种新兴生产力正处于快速发展阶段，还远没有达到其上限，资本主义仍然具有包容平台生产力发展的广阔空间。平台资本主义中的社会主义因素是由平台生产力发展本身所萌发的，但这种社会主义因素还处于初级发展阶段，没有形成足以颠覆资本主义制度的力量，并且自诞生起便被资本纳入其

增殖的网络之中。虽然，平台资本主义中的社会主义因素暂时无法消弭资本主义的基本矛盾，但是其必将随着平台生产力的发展而不断壮大，在其积蓄社会变革力量的历史进程中，资本主义基本矛盾也将日益突出。虽然，平台资本主义实现了平台使用权的社会化，但是平台的所有权仍然属于平台资本家，平台使用的人越多，可供平台资本家剥削的劳动力就越多，平台资本家可以攫取的剩余价值就越大。原本生产与消费的精准匹配有利于在整个社会中实现产销和谐，但是平台资本主义使这种应用限于企业本身，由于对平台生产资料的私人占有进而对生产消费等数据的私人占有使得平台和数据无法真正成为整个社会生产与消费调节的公共生产资料和手段，因而整个社会的生产在相当程度上依然处于无政府状态。即使企业可以借助平台生产与消费的精准匹配数据进行有组织的生产，但是由于无止境追逐剩余价值的资本主义生产目的和平台资本主义内部的竞争，使得平台资本主义企业生产脱离既定市场需求的趋势不断扩大。特别是部分平台资本主义企业凭借自身资本和科技实力进行平台垄断，这更加剧了资本主义的基本矛盾，资本主义必然灭亡。

三、结语

平台资本主义中的社会主义因素是资本主义发展到一定阶段的产物，这种新社会的因素预示着资本主义发展本身是一个不断自我否定的过程，这也恰恰显示了资本主义的历史暂时性。平台资本主义中平台作为劳动者共同使用的生产资料使得劳动资料的社会化使用度空前提升，这为平台生产资料的劳动者共同占有提供了物质条件并训练了劳动群众队伍。平台促进了生产与消费的精准匹配不仅为资本主义企业内部的生产供给和产品性能提升提供了可靠决策依据，同时也为未来在整个社会中进行生产调配积累了技术条件和一定的运营管理经验。平台资本主义中的新型劳动合作组织模式虽然仍处于平台资本主义的剥削体系之中，但是全社会平台劳动者之间的联系被广泛建立了起来，劳动者自愿进行合作劳动极大提升了社会生产力水平，劳动者之间的纠纷也可以在组织条件的协商和规制下有效化解，这种新型的组织模式或将是未来资本主义社会向社会主义社会过渡的一个重要的劳动组织“原型”模式。平台资本主义中劳动的数字化精确计量在资本主义条件下无疑是资本最严密控制劳动的有效手段和资本克扣工资最狡猾的伎俩，但不可否认的是工人劳动的精确计量使工人价值创造的贡献以最直观的方式显露了出来，这为社会主义按劳分配提供了强有力的数据参考基础。

从唯物史观来看，平台资本主义的发展是资本主义社会生产力发展的新形式，平台资本主义中的社会主义因素正是资本主义社会生产力发展到一定阶段的结果，这也昭示着随着平台资本主义的不断发展，其内部孕育的社会主义因素也必将不断丰富和成熟。

但是，不可忽视的问题是资本主义决不会坐等自己解体并向着社会主义过渡，资本主义必将采取一系列手段和方法调整或在一定阶段抑制自身机体中所生长的社会主义因素，因此对社会主义取代资本主义的斗争我们要有充分估计和准备。资本主义必然灭亡、社会主义必然胜利是一个漫长曲折的历史过程，但同时也是一个不以人的意志为转移的历史必然结果。

马克思主义视角下的当代国际分工理论：缺失、复归与重构

李　直　刘　越[①]

（中国人民大学）

一、当代国际分工理论演化中的马克思：缺失与复归

（一）经典国际分工理论

马克思指出，19 世纪的国际分工格局“由大工业中心强制推行的新的国际分工使地球的一部分转变为另一部分的农业生产地区，而这后一部分则成为地道的工业生产地区”，[②] 即形成了工业国和农业国的二元结构分工。这种分工由个别资本在一国内部资本积累中遭遇的劳动过程组织矛盾和资本—资本竞争导致的低水平利润率驱动，也即在个别国家内部，“利润率的下降引起资本之间的竞争斗争……引起工资的暂时提高和由此产生的利润率进一步暂时下降”。[③] 因此，个别资本开始在全球范围内寻找更有利于资本再生产的条件：“如果资本输往国外……并不是因为它在国内已经绝对不能使用……是因为它在国外能够按更高的利润率来使用。”[④] 所以，国际分工格局背后反映了不同资本积累能力的差异化，亦即个别资本在榨取剩余价值与分配全球劳动力创造的总价值中的区别。这种区别构成基于国际分工的国家利益基础。

在此基础上，伊曼纽尔·沃勒斯坦建立起 WST，[⑤] 强调了国际分工与“核心—（半）

---

① 作者简介：李直，中国人民大学经济学院讲师，全国中国特色社会主义政治经济学研究中心研究员。主要研究方向为马克思主义政治经济学。刘越（通讯作者），中国人民大学经济学院博士研究生。主要研究方向为马克思主义政治经济学。

② 马克思：《资本论（第一卷）》法文版，《马克思恩格斯全集》第 2 版第 43 卷，人民出版社 2016 年版，第 474 页。

③ 马克思：《资本论（第三卷）》，人民出版社 2004 年版，第 285 页。

④ 马克思：《资本论（第三卷）》，人民出版社 2004 年版，第 285 页。

⑤ 伊曼纽尔·沃勒斯坦：《现代世界体系（第一卷）》，罗荣渠等译，高等教育出版社 1999 年版，第 463 页。

外围”国家分化之间的关系。但 WST 对生产过程的分析较为单薄，[1] 更侧重于描述国家与国家的关系，并以此突出全球与地方的辩证关系及其经济影响。因此，WST 没能重点关注资本和资本由竞争产生的差异化积累能力，以及资本—劳动关系在国际分工中的作用，马克思主义的分析传统由此开始出现弱化的倾向。

（二）新国际劳动分工理论

以马克思主义经济学为理论基础的 NIDL 兴起于 20 世纪 80 年代。不同于经典国际劳动分工的二元格局，新的国际分工格局基于二战后生产能力从发达资本主义国家向后发新兴国家扩散，因而生产型与“原料 + 消费”型的国家界限得以突破，出现资本密集和劳动密集型生产过程的国家间分化。最终，劳动密集工业品的生产从发达资本主义国家转移到发展中国家，形成发达资本主义国家生产资本密集工业品，而发展中国家生产劳动密集工业品与初级品的新国际劳动分工格局。

NIDL 认为国际分工的新格局由以下两方面因素推动：一方面，发达资本主义国家内部资本积累面临矛盾；另一方面，发展中国家广泛存在的小生产方式中蕴含大量的低成本劳动力。在资本主义生产方式的冲击下，小生产的瓦解将释放大量可供雇佣和剥削的自由劳动力，为国际流动的生产资本提供了庞大的国际产业后备军。[2]

NIDL 继承了马克思主义的分析传统，从资本主义运行的基本规律出发，以劳动过程的控制以及资本竞争为基础，分析了新国际分工现象产生的原因与机制。这有助于解释生产中的全球与地方关系。NIDL 正确认识到资本—劳动关系在价值生产和劳动过程具体组织形式上的重要性，但未能对资本和资本的竞争关系形成的积累能力差异做出分析，因而对资本和剩余价值的国际流动机制缺乏分析基础。

（三）全球商品链和价值链理论及马克思传统的缺失

GCC 从国际劳动分工的进一步分化以及垂直非一体化程度的加深出发，讨论基于商品生产的分割而形成的国际劳动分工，意在探究企业之间在全球商品链中支配结构的动力来源。全球商品链分为生产者驱动和购买者驱动两种。[3] 生产者驱动型全球商品链以精密生产的汽车和飞机等产业为主，制造商及其众多子公司和分包商居于全球商品链的上游，分

---

① 吴苑华：《世界体系的马克思主义研究——以沃勒斯坦的学说为切入点》，重庆出版社 2011 年版，第 185 页。

② John Bellamy Foster, Robert W. McChesney, and R. Jamil Jonna, The global reserve army of labor and the new imperialism, Monthly Review, vol. 63, no. 6 (November 2011), p. 1.

③ Gary Gereffi. The Organization of Buyer - Driven Global Commodity Chains: How U. S. Retailers Shape Overseas Production Networks, in Gary Gereffi and Miguel Korzeniewicz, eds., Commodity Chains and Global Capitalism, London: Greenwood Publishing Group, 1994, pp. 95 - 96.

销商居于中游而零售商和经销商居于下游。

可见，GCC 的分析视角逐步转向微观，着重刻画资本间不对等权力关系的类型。但其只是基于企业不同业务分类下资本权力的不对等趋势，未能充分揭示权力不对等的根源。几近放弃马克思主义分析传统的 GCC，无法从资本主义运行的基本规律出发分析资本—劳动关系与具体生产的劳动过程组织形式，对全球与地方的辩证关系分析也流于现象描述，这是其相对 NIDL 的明显薄弱之处。

GVC 从服务业国际分工兴起及企业间关系更为复杂的不对等权力关系类型出发，讨论基于增加值生产分割形成的国际劳动分工，意在探究决定全球价值链支配或治理结构的核心因素。

GVC 看似使用了价值范畴，却没有分析价值的来源与分配，也没有探讨具体劳动过程的作用，因此愈发模糊了国际分工中的价值来源。[①] 以 GCC 为基础的 GVC 进一步远离了马克思主义分析传统。

（四）全球生产网络理论与马克思的复归

GPN 兴起于 21 世纪初，其理论建立在对 GVC 批判的基础上，复归了马克思主义关心价值生产与资本—劳动关系的传统。

GPN 对 GVC 的批判主要集中在以下几个方面：[②] 其一，GVC 只关心产业或企业层次的问题，即关注于描述资本和资本之间点对点的权力不对等现象；其二，GVC 所刻画企业之间的联系是点对点的联系，进而构成链的理论，而 GPN 则以链为基础扩展至网络的分析，力图得以巧妙地囊括更多经济现象；其三，GVC 内部没有资本—劳动关系的存在余地，淡化除企业外的其他主体，所以劳动过程与资本—劳动关系的分析都被 GVC 排斥在外；其四，GVC 的爬升概念过于简化，即实现价值链位置的跃迁就代表了爬升；其五，GVC 愈发接近比较优势理论下剥离批判性分析，倡导加入国际分工与贸易即能有所发展的政策指向。

GPN 的核心观点有以下几个方面：其一，价值由劳动力创造，劳动力本身再生产的价

---

① 实际上，GVC 所谈的价值与马克思主义经济学所强调社会意义上的交换价值截然不同。GVC 的价值只是以货币价格表示的使用价值。

② Neil M. Coe, et al. Global Production Networks: Realizing the Potential, Journal of Economic Geography, vol. 8, no. 3 (May 2008), pp. 271 – 295.; Timothy Sturgeon, How Do We Define Value Chains and Production Networks?, IDS Bulletin, vol. 32, no. 3, pp. 9 – 18.; Jeffrey Henderson, et al, Global Production Networks and the Analysis of Economic Development, Review of International Political Economy, vol. 9, no. 3 (August 2002), pp. 436 – 464.

值与其生产出来的新价值才是 GPN 所需要阐述的理论对象。① 其二，全球生产网络是地方网络和国际网络的复杂组合。② 其三，地方性的制度、法律、文化、传统等社会条件对于当地可行的劳动过程具有重要影响。③表 1 为当代国际分工理论中马克思主义分析传统的逐步缺失与复归。

表 1　当代国际分工理论中马克思主义分析传统的逐步缺失与复归④

理论特色 具体理论	马克思主义 分析传统	资本—资本关系 价值分配与资本积累	资本—劳动关系 价值生产与劳动过程
世界体系理论 （CIDL，WST）	具有，但出现弱化倾向	以国家为资本外在表现	开始模糊
新国际分工理论（NIDL）	具有	薄弱	强调
全球商品链理论（GCC）	不具有	简单的点对点关系， 类型学表述	不具有
全球价值链理论（GVC）	不具有	更加细致的点对点关系， 类型学表述	不具有
全球生产网络理论（GPN）	具有	力图精进， 但囿于 GCC 和 GVC 范式	具有，但其地方性 案例分析过于细致

二、当代国际分工理论的马克思主义重构

（一）调节资本及其再生产条件

具有调节性生产条件的资本成为调节资本，⑤ 是规定某种行业或地区（在全球生产网络的国际分工中，特定行业往往在特定地区集聚）再生产条件的资本。⑥ 由于不同调节性生产条件对资本再生产的要求不同，因此不同行业或地区的调节资本对再生产条件的要求差别巨大，使得资本在竞争和淘汰的过程中出现分化⑦：一方面，一些资本经过竞争的筛

① Andrew Herod. From a Geography of Labor to a Labor Geography: Labor's Spatial Fix and the Geography of Capitalism, Antipode, vol. 29, no. 1 (January 1997), pp. 1 –31.

② Peter Dicken. "Geographers and 'Globalization': (Yet) Another Missed Boat?", Transactions of the Institute of British Geographers, vol. 29, no. 1 (March 2004), pp. 5 –26.

③ Neil M. Coe and Henry Wai – chung Yeung. Global production networks: Theorizing Economic Development in an Interconnected World, New York: Oxford University Press, 2015, p. 17.

④ 本表为作者根据本文内容自绘。

⑤ Anwar Shaikh. Capitalism: Competition, Conflict, Crises, New York: Oxford University Press, 2016, pp. 267 –268.

⑥ Tsoulfidis, Lefteris, and Persefoni Tsaliki. Marxian Theory of Competition and the Concept of Regulating Capital: Evidence from Greek Manufacturing. Review of Radical Political Economics, vol. 37, no. 1 (March 2005), pp. 5 –22.

⑦ Guido Starosta. Global Commodity Chains and the Marxian Law of Value, Antipode, vol. 42, no. 2 (March 2010), pp. 433 –465.

选，成为需要取得高于平均利润率才能维持其再生产的调节资本，存活下来后都实现了较大程度的资本积累，且其再生产将仍然保持相对稳定的速度扩张，具有较强的增殖能力，因而可以实现较大的资本规模。因此在与其他行业的资本进行竞争和议价的过程中具有优势，可以获得额外剩余价值的流入，被称为“增强型正常资本”“增强型资本”或“大资本”（enhanced normal capitals）。另一方面，一些资本经过竞争，在一些行业中，成为仅依靠低于平均利润率就得以维持再生产的调节资本，被称为“小型资本”或“小资本”（small capitals）。这些资本在与其他资本的竞争中处于弱势，常面临剩余价值转移的问题。最后在竞争和淘汰的过程中，一些资本能够取得平均利润，相对其他行业的增强型资本和小资本，在竞争和议价方面无明显劣势和优势，被称为“正常型资本”或“普通资本”（normal capitals）。在由剥削全球劳动力而产生的全球剩余价值池中，[①] 不同类型资本具有不同的分配能力，而调节性生产条件就成为其分配的依据。以资本的差异化增殖能力（differential valorisation capacity）为标准，不同类型的调节资本在利润率方面的差异化，就是剩余价值依据资本不同权力分配的外在表现。基于调节性生产条件形成的产业资本分化，实际上就成为 GCC 和 GVC 的国际分工中资本不对等权力的根源。

（二）调节性生产条件与产业资本现实分化

不同再生产条件调节资本的存在，使不同行业乃至地区之间资本权力高度不对等，而其关键是剩余价值从小型资本所处的弱势行业或地方，向增强型资本所处的强势行业或地方转移，深化了 WST 所强调的“中心—外围”国际分工结构。需要说明的是，这里提到的“增强型资本”和“小资本”并不仅是从其规模角度界定的，甚至可能由于资本所处生命周期不同，“增强型资本”可以规模很小而“小资本”可以规模很大。[②]

具体的国际分工动态中，以大型跨国公司为代表的增强型资本成为国际经济活动的主体。发达资本主义国家带动后发民族国家，在贸易和金融自由化的经济理论指导下，主导的财富等级体系长期稳定，南北收入差距仍然十分明显。[③] 而后发国家萌生更为强烈的自由发展愿望，有助于资本主义生产方式的扩张。而基于各异的地方性社会条件，资本可以实现对地方性劳动过程更有效的控制，并充分利用全球范围内调节性生产条件的差异。这

① Duncan K. Foley. Rethinking Financial Capitalism and the “Information” Economy, Review of Radical Political Economics, vol. 45, no. 3 (September 2013), pp. 257 – 268.

② Juan Inigo Carrera. The General Rate of Profit and Its Realisation in the Differentiation of Industrial Capitals, in Greig Charnock and Guido Starosta, eds, The New International Division of Labour—Global Transformation and Uneven Development. London: Palgrave Macmillan, 2016, pp. 43 – 44.

③ Giovanni Arrighi, et al. Industrial Convergence, Globalization, and the Persistence of the North – South Divide, Studies in Comparative International Development, vol. 38, no. 1 (Spring 2003), p. 3.

种全球资本积累过程塑造的增强型资本与小资本的分化，是形成国际分工现象中持续性的资本积累能力与权力差异化的根源。

（三）迈向一个马克思主义的国际分工理论重构框架

由于地方性社会条件存在差别，处于全球生产网络内的资本对劳动的雇佣关系将适应地方性社会条件的特征而发生因地制宜的改变，形成具有地方特色的资本主义劳动过程，塑造了不同地方的调节性生产条件。资本利用不同地区的调节性生产条件形成不同行业的调节资本，资本和资本的竞争关系也随之发生改变，塑造了全球生产网络中资本差异化的积累能力和权力。同时，地方性生产网络就在以民族国家为界限的地理区域内形成，深刻影响了国际分工形态，进一步深化了全球和地方的辩证关系。地方性的劳动过程总体创造了全球范围内的剩余价值，而基于调节性生产条件出现的增强型资本与小资本的分化，则成为剩余价值分配的核心机制。这一更为全面的马克思主义国际分工理论框架如图 1 所示。

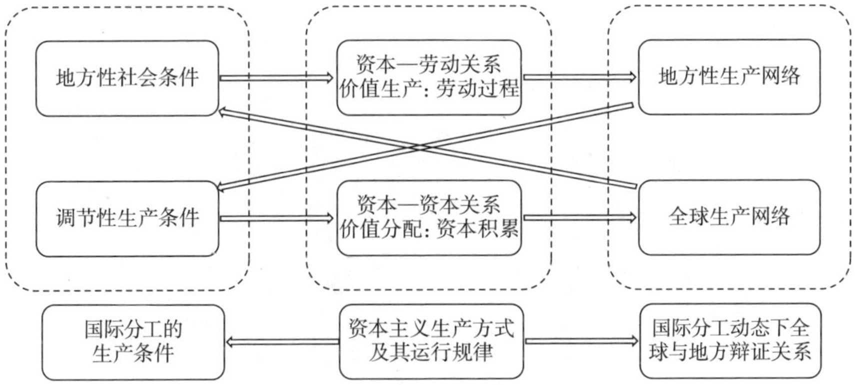

图 1　一个马克思主义国际分工理论的重构框架①

其一，地方性社会条件塑造了具有地方特征的劳动过程组织形式，形成地方性生产网络。

其二，地方性生产网络的形成塑造了不同地方或行业的调节性生产条件。

其三，调节性生产条件塑造了不同行业或地方资本和资本的竞争关系及其积累能力差异，形成了全球生产网络。

三、结语

全球资本主义生产组织形式变革带来的国际分工新现象呼唤理论对其加以解释。然

① 本图为作者根据本文内容自绘。

而，作为分析资本主义经济现象的理论，当前的国际分工理论却出现了马克思主义传统缺失的问题。据此，本文给出了一个全面的马克思主义国际分工理论框架，其中地方性社会条件塑造的可行劳动过程形成了不同的地方性生产网络，引发了调节性生产条件的差异，进而导致不同产业资本的积累能力和权力差异化。这也促使灵活化和弹性化的生产组织向全球范围扩张，影响了全球生产网络与地方性生产网络的辩证关系，塑造了全球生产网络的国际分工。